L'ÉTRANGER AU MAROC,
« droit et pratiques »

Collection *Les mobilités africaines*

La collection « les mobilités africaines » a pour ambition d'appréhender la pluralité des formes de mobilités contemporaines dans les Afriques méditerrannéenne et subsaharienne - migrations, voyages initiatiques, touristiques ou d'affaires, navettes, circulations transfrontalières, nomadismes, pèlerinages, transports, transits – et d'apprécier dans quelle mesure elles contribuent à la transformation des sociétés et des territoires.
Elle a été initiée dans le cadre du Laboratoire Mixte International MOVIDA (Mobilités, Voyages, Innovations et Dynamiques dans les Afriques méditerrannéenne et subsaharienne) dont les travaux sont aussi présentés dans le blog http://movida.hypotheses.org
Responsables de la collection : Cheikh Oumar BA, Sylvie BREDELOUP, Jérôme LOMBARD et Aly TANDIAN

Nadia KHROUZ

L'ÉTRANGER AU MAROC,
« droit et pratiques »

Collection *Les mobilités africaines*

L'Harmattan

5-7, rue de l'École-Polytechnique ; 75005 Paris

http://www.librairieharmattan.com
harmattan1@wanadoo.fr

ISBN : 978-2-343-17560-7
EAN : 9782343175607

Tout se passe comme si l'immigration avait besoin, pour pouvoir se perpétuer et se reproduire, de s'ignorer et d'être ignorée comme provisoire et, en même temps, de ne pas s'avouer comme transplantation définitive (Sayad 1991).

SOMMAIRE

PARTIE III
L'ÉTRANGER CATÉGORISÉ

PRINCIPALES ABRÉVIATIONS ET ACRONYMES

AFVIC Association amis et famille des victimes de l'immigration clandestine

ADFM Association démocratique des femmes du Maroc

AMCI Agence marocaine de coopération internationale

AMDH Association marocaine des droits humains

ANAFE Association nationale d'assistance aux frontières pour les étrangers (France)

ANAPEC Agence Nationale de Promotion de l'Emploi et des Compétences

APDHA Association pour les droits humains en Andalousie

BRA Bureau des Réfugiés et Apatrides

CCDH Conseil consultatif des droits de l'Homme

CEI Comité d'entraide international

CESAM Confédération des Élèves, Étudiants et Stagiaires Africains Étrangers au Maroc

CIMADE comité inter mouvements auprès des évacués, devenu d'Entraide

CNDH Conseil National des Droits de l'Homme

CTE Contrat de travail pour étrangers

DGSN Direction Générale de la Sûreté Nationale

FMAS Forum des alternatives Maroc

GADEM Groupe Antiraciste de Défense et d'Accompagnement des Étrangers et Migrants

GHNAI Groupe de Haut Niveau Asile et Immigration

GISTI Groupe d'information et de soutien des immigrés

HCP Haut Commissariat au plan

MAP Maghreb Arabe Press (agence marocaine de presse – officielle)

MCMREAM Ministère chargé des Marocains Résidant à l'Étranger et des affaires de la migration

MSF	Médecins Sans Frontières
MRE	Marocains Résidant à l'Étranger
NPIA	Nouvelle politique d'immigration et d'asile
OIM	Organisation Internationale pour les Migrations
OMDH	Organisation marocaine des droits humains
ONG	Organisations Non Gouvernementales
OI	Organisations Internationales
OUA	Organisation de l'Unité Africaine
PAF	Police aux Frontières
PV	Procès-verbal
RAM	Royal Air Maroc
REMDH	Réseau euro-méditerranéen des droits de l'Homme
RGPH	Recensement général de la population et de l'habitat
SNIA	Stratégie Nationale d'Immigration et d'Asile
TA	Tribunal Administratif
TPI	Tribunal de Première Instance
UE	Union Européenne
UNHCR	Haut Commissariat des Nations unies pour les réfugiés [ou HCR]

REMERCIEMENTS

M'investir dans la publication d'une recherche doctorale, soutenue deux ans auparavant, m'a permis de me replonger dans ce travail qui constitue une partie de moi, de ma vie, et continue de m'animer au travers de mes engagements actuels et projets de recherche.

Je remercie vivement le laboratoire Movida pour l'opportunité qu'il m'a donnée de publier ce travail et pour le soutien apporté. Je remercie également Movida pour le souffle régénérant que cette dynamique transnationale apporte à la recherche sur les questions migratoires. Un remerciement particulier à l'équipe de l'IRD. Merci à Sylvie Bredeloup et Jérôme Lombard pour les remarques et conseils apportés, merci à Alice Jeannelle. Merci à Sophie Bava de m'avoir soutenue, merci aussi pour ta veste prêtée qui cachait mes rondeurs de début de grossesse pour la soutenance de ma thèse, merci pour la soutenance blanche organisée au pied levé, pour ta présence depuis.

Ces quelques lignes de remerciements sont bien insuffisantes pour que je puisse rendre hommage à tous ceux qui m'ont soutenue et ont permis que je mène mon travail de recherche doctorale à terme.

Je remercie tout d'abord, Baudouin Dupret, mon directeur de thèse, qui m'a accompagnée, a répondu à mes questionnements, m'a guidée et fait découvrir une nouvelle manière de faire de la recherche. Ce travail est le fruit d'une réflexion mûrie par les échanges, par la rencontre et la confrontation d'approches et de perspectives différentes.

Sans le soutien du Centre Jacques Berque (CJB), cette recherche n'aurait pu être menée. Le CJB a aussi constitué un espace de discussions et d'échanges riches. Il m'a permis de participer et contribuer à de nombreux débats, parfois animés, de rencontrer des chercheurs aux parcours et aux approches divers, du Maroc et d'ailleurs.

Ce travail s'appuie sur un ensemble de rencontres, de moments d'observations, d'échanges qui se sont déroulés entre 2008 et 2016. Je ne peux poursuivre décemment ces remerciements sans exprimer ma reconnaissance au GADEM. Cette structure m'a forgée. Mon passage dans cette association a constitué l'une de mes expériences professionnelles les plus riches, humainement et en acquisition de compétences. Le GADEM, c'est également une expérience militante qui a démarré bien en amont, en 2006, lorsque revenant au Maroc je me suis liée à des personnes qui partageaient sincèrement le souci d'un Maroc plus juste et ouvert à l'autre. Le GADEM m'a aussi nourrie de rencontres et d'expériences diverses qui abreuvent mon travail de recherche, tout en me soutenant dans ma démarche. Merci aux amis du GADEM, à Camille, Hicham, Anneso, Aminata, Abdou et Mamadou et pour ce que vous apportez !

Ce travail a été largement nourri d'épisodes de la vie de personnes, certaines anonymes, d'autres que je connais pour les avoir côtoyés. Merci à tous et toutes ces anonymes. Merci également à ceux qui ont accepté de livrer une partie d'eux-mêmes dans ce travail. Merci aux fonctionnaires, aux avocats et acteurs institutionnels qui contribuent à nourrir mon travail. Merci aussi aux différents professionnels et contacts qui m'ont permis de développer et d'actualiser mes connaissances sur le sujet, qui m'ont facilité l'accès au terrain, à certains entretiens et m'ont amenée à mieux comprendre certains phénomènes ou mécanismes par les échanges, formels ou informels, qu'ils m'ont accordés.

Pour les relectures de certains de mes écrits, je suis infiniment reconnaissante à Assia Boutaleb, à Agnès, Aminata, Anaïs et Camille, sans oublier Anne Balenghien, ma mère, trop souvent coach à ses dépens. Merci aux ami-e-s qui étaient là, et qui m'ont soutenue jusqu'au bout, parfois intrigués par ce que je faisais.

Il est d'ailleurs injuste que mes parents et ma famille apparaissent en fin de remerciements. Ce travail a été une expérience de vie autant qu'une expérience de recherche. Pour le soutien moral et matériel qu'ils m'ont apporté depuis le début de cette thèse, pour l'ouverture dont ils ont fait preuve par rapport à certains de mes choix, pour leur présence pendant ces années qui ont parfois été compliquées, je voudrais adresser à mes parents ma plus vive reconnaissance et gratitude. Je tiens aussi à exprimer des remerciements particuliers à Aïcha qui, sœur de cœur, a toujours été à mes côtés, s'est plongée avec moi dans le décryptage de certains documents ou discours.

Ce travail a ponctué ma vie personnelle. De la rencontre de mon conjoint qui, depuis notre rencontre, m'a vue redevenir étudiante, s'est adapté à mes contraintes et m'a apporté un énorme soutien. Cette période de thèse s'est achevée avec sa soutenance et alors que la venue de notre petite fille se préparait. Cette publication a marqué une nouvelle étape où, sortant du travail, je m'enfuyais, le soir et les week-ends pour travailler dans les cafés.

Enfin, pour terminer, une pensée particulière à ceux qui subissent le droit, sans avoir de prise sur les procédures qui s'appliquent à eux et orientent des aspects souvent fondamentaux de leur vie, à ceux pour qui cela joue favorablement ou à ceux qui passent de situation de précarité en situation de précarité, de situation de stigmatisation en situation de stigmatisation.

PRÉFACE

L'étude de Nadia Khrouz est passionnante à plus d'un égard. Elle porte sur une question – le traitement judiciaire des étrangers au Maroc – aussi sensible que peu explorée. Elle aborde le droit comme un objet social de part en part travaillé par l'humain, dans sa grandeur comme dans ses bassesses. Elle recourt à une façon de faire de la recherche qui porte toute son attention sur le droit tel qu'il se fait, en contexte et en action.

De longue date pays d'émigration et de transit, le Maroc est aujourd'hui au cœur des tensions migratoires qui traversent la Méditerranée. Le phénomène migratoire n'est pas nouveau au Maroc et la présence d'étrangers, dont de nombreux Européens rarement comptabilisés au même titre que ceux qui sont originaires d'Afrique, est aussi ancienne que... la colonisation. Il reste que les migrations sont devenues un enjeu géopolitique majeur, au-delà de leur réalité démographique toute relative. Objet fantasmé, ressource politique, réalité sociale complexe, elles ont pris une ampleur particulière aux frontières méridionale et orientale de l'Europe qui, pour protéger sa forteresse, a largement externalisé leur traitement et exporté leur impact. Le livre de Nadia Khrouz aborde un aspect de cette question. Il convient sans doute d'opérer ici une première distinction entre la catégorie générale d'étrangers, confrontés à toutes sortes de démarches et mesures administratives, voire policières et judiciaires, et la catégorie particulière de migrants, c'est-à-dire ces hommes et femmes arrivés et vivant sur le territoire marocain, souvent originaires d'Afrique sahélienne et subsaharienne, en situation souvent irrégulière, bien que le propos mérite d'être largement nuancé. Les uns et les autres sont confrontés au droit et aux institutions du royaume, mais à des titres souvent différents et parfois même contradictoires. Relations avec la police, questions d'état civil, problèmes de santé, démarches administratives, procédures judiciaires, obtention de papiers, refoulements, autant de moments plus ou moins routiniers, souvent difficiles, parfois dramatiques, où les destins individuels se trament dans un rapport complexe avec un droit formel, des pratiques effectives, des procédés informels et un environnement plus ou moins hostile. Par le traitement qu'elle en fait, Nadia Khrouz lève un coin du voile qui recouvre, pudiquement ou honteusement, selon le point de vue qu'on adopte, dans un souci d'invisibilité ou de respectabilité, les usages de contrôle, voire de répression, de l'appareil juridique et judiciaire de l'État marocain. Elle ne dresse pas pour autant un procès à charge de celui-ci, consciente qu'elle est de ce que le tableau à brosser est nuancé et contrasté, entre une véritable volonté de faire les choses honorablement et un déni non moins avéré des droits élémentaires, dans un souci du paraître international qui le dispute avec les obsessions sécuritaires, au centre de tendances contradictoires où se jouent des relations ambivalentes et de véritables évolutions sociétales à l'égard de l'autre, étranger ou migrant. Ce qu'elle nous montre, ce sont les obstacles administratifs, juridiques et judiciaires qui parsèment la route des étrangers et des migrants, d'un côté, et les façons de faire des institutions et agents de l'État, de l'autre. On en ressort avec des sentiments ambivalents, entre tristesse, amertume et rage, mais aussi sollicitude à l'égard de ceux qu'on pourrait appeler, comme Franz Fanon en son temps, les damnés de la terre, qui n'ont souvent pour seul défaut, par rapport à nombre d'étrangers mieux traités, voire accueillis à bras ouverts et choyés, que de ne pas partager les mêmes origines nationales, ethniques et sociales. Je dois aussi confesser mon intérêt et, parfois, mon empathie à l'égard de ces fonctionnaires dont apparaît plus qu'à son tour l'impuissance plutôt que le défaut d'humanité, tout comme je pense essentiel de reconnaître l'importance des efforts consentis par le Maroc, de nombreux agents de l'État et d'innombrables Marocains et Marocaines pour améliorer la condition des migrants et leur faire une place digne dans la société. Comme le montre Nadia Khrouz, il ne s'agit pas d'un tout, ou rien, mais de processus souvent paradoxaux qui ne peuvent être envisagés que de manière contextuelle, au risque sinon de montées en généralité trop souvent réductrices.

Le droit, tel que le conçoit Nadia Khrouz, n'est pas celui des livres, mais un objet intégralement social, un objet qui ne vit que dans les lectures, les interprétations et les mises en œuvre qui en sont faites à tout moment. Cela ne revient pas à dire que le droit des livres n'importe pas, dès lors que c'est par rapport à lui que les gens, professionnels et profanes, s'orientent dans le cours de leurs interactions avec l'administration et la justice. Cela consiste – simplement, bien que le dogmatisme ne l'admette pas nécessairement – à souligner que la règle (de droit ou autre) est à la fois, dans le même mouvement et indissolublement, énoncé et application de la règle. Point de règle sans énoncé, fût-ce tacitement – on pourrait parler d'un énonçable ; mais point de règle non plus sans pratique de la règle, fût-ce pour la contourner, la vider de son sens, l'enfreindre. Autrement dit, la règle ne prend son sens que dans les usages qui en sont faits. Des usages en creux, éventuellement, où la signification de la règle émerge dans les façons que l'on a de s'en affranchir. Dans cette perspective, le droit est affaire de langage, mais un langage doté d'une efficace. C'est au lieu où se nouent les mots et leur action que s'ouvre un espace de négociation, plus ou moins asymétrique, quant au sens et à la portée que l'on donne à la règle. Nadia Khrouz nous montre, de manière vivante et documentée, comment s'accomplit ce passage au droit qui transforme le langage en action, par le jeu de la performativité. À partir de cas concrets, elle met en évidence la façon dont le droit est façonné, invoqué, utilisé, détourné, ignoré, appliqué, interprété, bref, comment il vit et, ce faisant, rejaillit sur la vie des gens.

L'ouvrage de Nadia Khrouz peut aussi se lire comme un guide d'introduction à une certaine façon de faire de l'anthropologie du droit. On l'a dit, le droit dont il s'agit est un droit en action, c'est-à-dire saisi dans le cours de son accomplissement ordinaire. L'observation et la description de ce droit passent par l'acquisition d'une double compétence : compétence dans le domaine des sciences sociales du droit, d'une part ; compétence quant aux activités, métiers et contextes observés, de l'autre. On peut parler, à la suite de Garfinkel, d'exigence d'adéquation unique. Comment, en effet, décrire adéquatement les faits et gestes des membres d'un groupe social donné sans connaissance intime de ce en quoi consistent leurs vies, leurs métiers, leurs expériences ? Est-il possible de prendre la mesure de ce que fait un avocat sans jamais avoir occupé la position qui est la sienne ? Par son activité militante, au sein du GADEM, Nadia Khrouz a non seulement côtoyé de nombreux étrangers et migrants en quête de soutien juridique, mais elle a aussi fréquenté leurs dossiers et les institutions marocaines qui avaient à en traiter. Plus d'une fois, elle les a aidés à réunir leurs documents, à préparer leurs auditions, à faire face aux policiers, aux juges, à l'administration. Sa compétence n'est donc pas seulement extérieure ; elle procède aussi d'une véritable pratique de l'aide juridique. Sur cette connaissance empirique est venue se greffer un savoir-faire anthropologique, qui consiste à transformer le « vu, mais non remarqué » du monde ordinaire en quelque chose sur lequel on s'arrête, parce qu'il est remarquable dans la compréhension de la façon dont le monde social s'organise. Je soulignerai un mécanisme, parmi d'autres, qui revêt une saillance particulière dans ce travail, celui des catégorisations. Tout au long de leurs interactions avec l'administration, le droit et la justice, mais aussi au fil de leur vie quotidienne, les étrangers sont l'objet de catégorisations visant non seulement à les désigner, mais aussi à attacher à ces caractérisations toute une série de droits et obligations, de conséquences et d'inférences.Cela vaut pour le langage ordinaire comme pour le langage juridique : de l'étiquetage ou de la qualification découlent des jugements en morale comme en droit. Ainsi en va-t-il, précisément, de la distinction entre étranger et migrant, dont résulte le traitement humain, voire privilégié, des uns et la déchéance, allant jusqu'au déni des droits les plus élémentaires, des autres. Le travail de Nadia Khrouz démonte remarquablement les rouages de ces opérations de catégorisation si lourdes d'implications dans le devenir des gens.

Il est rare qu'une étude permette de faire progresser le savoir sur un objet – les pratiques juridiques relatives aux étrangers au Maroc, en l'occurrence –et sur la façon de pratiquer les sciences sociales – une approche ethnographique et praxéologique, dans le cas qui nous occupe. Nadia Khrouz a pleinement réussi dans cette double entreprise. Elle doit en être remerciée.

Baudouin Dupret
CNRS/LAM, Bordeaux

Grenoble[2]. Il a pour but d'éclairer les pratiques du droit des étrangers au travers de l'analyse des mécanismes de déploiement et de mobilisation du droit tel qu'il se pratique quotidiennement dans un environnement marocain. Il ne s'agit pas de traiter de la culture marocaine ou des cultures marocaines par une analyse portant sur le droit, ni de considérer la culture marocaine comme déterminante des modalités de déploiement du droit. Celle-ci n'intervient que comme l'« une des multiples composantes du contexte, toujours singulier, jamais uniforme, dans lequel se déploient les pratiques du droit » (Dupret, 2006b : 24). Son objectif est donc d'observer, en contexte, le déploiement des activités d'acteurs impliqués ou confrontés à des questions touchant au droit des étrangers au Maroc. Si un intérêt particulier est porté ici à l'activité judiciaire et aux pratiques administratives en la matière, le matériau empirique utilisé est bien plus large. Il vise à appréhender le droit des étrangers au travers des « modes de production et de reproduction, l'intelligibilité et la compréhension, la structuration et la manifestation publique de la nature structurée du droit et des différentes activités qui lui sont liées » (Dupret, 2006a : 186), qui ne se cantonnent pas toujours à l'enceinte des institutions, ni à celle des tribunaux. Au-delà d'éclairages sur les phénomènes sociaux entourant les droits des étrangers, il s'agit d'envisager les modalités par lesquelles le droit peut être appréhendé, les relations du droit avec la société et de la société avec le droit, ainsi que le droit comme phénomène social et politique. Comment le droit se donne-t-il à voir et se pratique-t-il concrètement à travers des interactions entre étrangers et acteurs du droit ? Comment et selon quelles modalités les catégorisations produites interviennent dans les discours publics, le raisonnement ordinaire et en contexte institutionnel ?

Organisation de l'ouvrage

Une première partie consistera en l'exposition des éléments de l'arrière-plan méthodologique et conceptuel qui constituent les soubassements de cette recherche. Il s'agit, dans un premier temps, de présenter les objectifs de ce travail et les grandes lignes de la démarche adoptée qui considère l'analyse du droit dans ses déploiements concrets, décloisonne les pratiques du droit de la seule sphère de l'analyse juridique pour les déployer plus globalement dans leurs dimensions sociales et politiques. Un second chapitre traitera de mon rapport au terrain et des modalités de collectes du matériau empirique utilisé. Ce chapitre contribue par ailleurs, au travers de l'explicitation de ma posture et de mes expériences associatives, à éclairer le lecteur sur certains enjeux et dimensions de l'action associative, notamment lorsque celle-ci s'oriente vers

[2] Ce travail de recherche a été supervisé par Baudouin Dupret, directeur de recherche au CNRS.

la défense des étrangers au Maroc. Un troisième chapitre fournira des éléments de l'environnement législatif, institutionnel et politique, dans lequel se situent les actions et pratiques du droit des étrangers au Maroc envisagées dans la suite de ce travail. Il ne s'agit pas de surdéterminer a priori l'impact de l'évolution historique du droit des étrangers, des dispositions juridiques en vigueur, des coopérations et dispositifs de lutte contre la migration irrégulière, du déploiement de la société civile ou de la réforme du droit dans la société marocaine sur les orientations des acteurs dans leurs pratiques quotidiennes. Ces éléments ne sont pourtant pas indiqués par hasard et constituent une émanation à un moment donné de la démarche, consistant à « repenser le contexte comme travail omniprésent de l'analyste » (Schegloff, 1992 : 215), restituant a posteriori[3] certains des éléments d'arrière-plan relevés comme pertinents dans les orientations et pratiques des participants.

La deuxième partie de cet ouvrage constitue le cœur de ce travail. Au travers de l'analyse d'une série d'épisodes de rencontres de l'étranger avec l'administration et la justice, il s'agit d'éclairer les déploiements pratiques du droit en contexte, les rapports entre l'étranger et les autorités publiques concernées, que ce soit le juge, le policier, lors de procédures d'éloignement de l'étranger (chapitre 4), d'un interrogatoire de police (chapitre 5), d'interpellations d'étrangers pour séjour irrégulier (chapitre 6), d'une affaire familiale relative à une procédure de reconnaissance de paternité d'un étranger en situation administrative irrégulière (chapitre 7), ou encore relativement au travail des étrangers au Maroc (chapitre 8). Il ne s'agit pas d'omettre l'intervention d'une diversité d'autres acteurs, comme il peut en être des représentants consulaires des étrangers concernés, du greffier, de la secrétaire du juge ou du procureur, des agents de l'ANAPEC, de citoyens et de compatriote lambda, de l'agent de sécurité du tribunal ou des intervenants de ministères ou d'autres institutions marocaines. L'étranger n'est pas non plus dans une posture de passivité ni dénué d'un quelconque pouvoir d'intervention sur les procédures qui le concernent. Cela permet ainsi notamment d'envisager comment les médiations opérées par certains ou les pratiques d'acteurs associatifs, associées à l'assistance, à la défense des droits ou au plaidoyer ("*advocacy*"), sont mobilisées comme modalités de pression sur les pouvoirs publics et d'intervention sur les pratiques du droit (Siméant, 1994, 2013 ; Israël, 2001, 2003). Au travers des significations, de l'interprétation et des modalités de mise en œuvre du droit des étrangers, appliqué aux étrangers ou à certaines catégories d'étrangers, cette démarche amène à traiter d'une multitude de phénomènes politiques et sociaux, dont le champ et les thèmes méritant intérêt ne sauraient être épuisés par ce travail. L'analyse des catégorisations en action, mobilisée de manière transversale dans ce développement, facilite une meilleure compréhension des modalités par

[3] Ce chapitre, qui fournit des éléments de l'arrière-plan juridique et politique, a été rédigé à la suite de la rédaction des autres chapitres de ce travail.

lesquelles les acteurs s'orientent vers la mise en œuvre de telle ou telle procédure, mais permet également de percevoir des normes et contraintes procédurales en action.

La troisième partie s'intéresse de manière centrale aux modalités par lesquelles les catégorisations interviennent dans les discours publics, dans le raisonnement ordinaire et en contexte institutionnel pour traiter de différents mécanismes de production et de pratique du droit des étrangers. Dans cette partie, sont envisagés des éléments centraux dans la compréhension de la grammaire du droit qui ont émergé de manière transversale dans les cas d'étude présentés. Si chaque phénomène social se structure selon une trajectoire de déploiement qui lui est propre, les routines, les airs de famille et les « mécanismes de production, visibilisation et maintien de la norme et de l'action normée » (Dupret & Ferrié, 2006) permettent non seulement de saisir certaines régularités, mais éclairent plus largement les modalités de déploiement du droit, et du droit pour les étrangers, tel qu'il peut être pratiqué quotidiennement par une grande variété de personnes impliquées ou confrontées, à titres divers, à l'administration et à l'institution judiciaire au Maroc.

Le chapitre 9 apportera des éléments conceptuels et de compréhension de l'analyse des catégorisations d'appartenance, en amont d'un regard porté sur différents mécanismes et outils de catégorisation de l'étranger, qui apparaissent dans les discours publics et les pratiques des acteurs ordinaires.

Le chapitre 10 appréhende la fabrication de la réalité migratoire par un focus sur la construction de la notion de transit et sur son usage situé concernant la catégorie des « migrants subsahariens ». Seront traitées, dans un premier temps, les modalités par lesquelles le transit est alimenté par le cadre juridique formel et différentes pratiques du droit, en lien également avec les perspectives d'établissement sur le territoire. La mobilisation de certains cours d'action soutiendra, dans un second temps, l'analyse succincte du recours aux catégories du transit, en tant que référentiel permettant de qualifier et de situer certains étrangers au Maroc. J'entends par cours d'action, une action telle qu'elle se développe dans le temps. Saisir quelque chose dans un cours d'action, c'est donc la saisir dans le contexte processuel de déploiement de l'action en question. Il s'agira enfin de s'intéresser à certaines évolutions liées à la nouvelle politique migratoire impulsée en 2013, pour appréhender l'évolution des perceptions et modalités de prise en compte des migrations sur le territoire et du Maroc comme pays de transit et/ou d'immigration.

À partir d'une vidéo diffusée dans le journal électronique d'une localité proche de la frontière marocaine, limitrophe de l'Espagne, le chapitre 11 traitera du travail de production factuelle et d'énonciation de vérités telles qu'elles émergent d'une actualité associée à la migration africaine. Dans un premier temps seront présentées la construction et l'organisation séquentielle de la vidéo, sa socio-logique et certaines lectures possibles en contexte, en se basant sur les pratiques des acteurs telles que rendues visibles. Seront ensuite appréhendés ce qu'apporte le texte à la vidéo et la vidéo au texte, ainsi que les modalités par lesquelles les différents éléments tendent à conforter ou à contredire la réalité telle que présentée par le site *Nadorcity*. Sera également envisagé ce que le texte ne dit pas.

Dans un dernier chapitre (12), un retour sera fait, au travers de pratiques de différents acteurs institutionnels et dans des contextes variés, sur certains mécanismes et méthodes de mise en œuvre du droit en contexte institutionnel. En référence aux analyses des chapitres précédents, l'acteur institutionnel sera appréhendé comme un individu soumis aux contingences de ses propres perceptions et à ce qui est perçu comme adéquat par son environnement. Une première section traitera de contraintes institutionnelles et procédurales dans lesquelles s'insère le travail quotidien des acteurs de l'administration et de l'institution judiciaire. Il s'agira, ensuite, d'analyser différents mécanismes de catégorisation en contexte institutionnel émanant pour l'essentiel de cours d'action préalablement traités, en vue de saisir partiellement « la façon dont les structures des activités quotidiennes sont produites et soutenues de manière ordinaire et routinisée » (Garfinkel, 2009 : 100), tout en s'intéressant au mode de production de l'ordre, tel que rendu visible par les participants au cours d'action.

PARTIE I

CONSIDÉRER LE DROIT DES ÉTRANGERS DANS SES DÉPLOIEMENTS PRATIQUES

CHAPITRE 1

ARRIÈRE-PLAN MÉTHODOLOGIQUE ET CONCEPTUEL

I. INTRODUCTION À LA RECHERCHE

A. Objectifs de la recherche

Ce travail a pour but d'éclairer les pratiques du droit des étrangers au Maroc au travers de l'analyse des mécanismes de mobilisation du droit, tel qu'ils se déploient quotidiennement. Notre préoccupation première est donc la manière dont le droit se donne à voir et se pratique concrètement sur le terrain, dans le cadre de différents cours d'action, et permet de mieux comprendre des phénomènes renvoyant à des dimensions, souvent oubliées, de la mise en œuvre pratique du droit et de politiques publiques. Cela suppose une rupture épistémologique et un déplacement des questions habituellement soulevées, telles que savoir si le Maroc applique ou non son droit. Si le droit apparaît le plus souvent en toile de fond comme un élément donné, évoluant au gré des réformes et posé comme « superstructure », il est ici appréhendé comme objet de recherche en soi. Nous prenons le droit et les activités pratiques qui le constituent comme des sujets d'analyse en soi, susceptibles d'éclairer les relations entre droit et société, et non pas comme ressources au service de théorisations plus larges. Nous considérons ici le droit en lui-même, dans son déploiement contextuel, ses interactions, son activité de production de sens, ses pratiques, en partant du postulat que le droit est « tout ce que nous attachons au label droit » (Tamanaha, 1997 : 128).

Les débats sur ces questions ne sont pas nouveaux et ont alimenté un nombre grandissant de recherches portant sur le droit dans une perspective non juridique. Ces recherches sont cependant le plus souvent restées en marge des sciences politiques, bien que cette tendance semble s'atténuer. Pourtant, les phénomènes politiques, la vie politique, comme les programmes d'action mis en place par les institutions sont constitués de phénomènes sociaux divers, que l'étude du droit comme objet permet d'éclairer. Appréhender ces dimensions enchevêtrées entre le droit dans sa mise en œuvre pratique et le politique, c'est s'interroger sur ce que cela nous dit du politique ou sur les modalités par lesquelles droit et politique interagissent ou s'entremêlent. Cela renvoie notamment aux modalités par lesquelles le politique, ou la manière dont les gens conçoivent ce qui est politique, intervient dans les phénomènes sociaux. Il en sera ici question à partir des rencontres impliquant l'étranger au Maroc. D'une manière ou d'une autre, la migration et les manières de considérer l'étranger occupent une place importante dans les débats publics, les discours médiatiques et des acteurs politiques au Maroc, depuis les événements de Ceuta et Melilla[4] en particulier. Ces débats influent sur les catégorisations opérées et les manières d'appréhender des phénomènes comme celui de la migration, régulièrement évoqué d'un point de vue global et homogène et devenu un problème politique. Dans ce sens, certaines questions liées aux étrangers au Maroc ou au droit des étrangers sont politiques pour les participants aux cours d'action sur lesquels se base ce travail. Mais elles ne le sont pas toutes et, pour beaucoup, en sont éloignées. Pour illustration, l'étranger qui franchit une frontière sans y avoir été autorisé par l'administration n'a pas conscience d'accomplir un acte politique (certains pourront le qualifier de déviant ou de résistant, mais ce n'est pas ici le propos), tout comme l'agent de la préfecture qui ne renouvelle pas le récépissé d'un étranger qui en remplit légalement les conditions. C'est pourtant au travers des activités de la vie ordinaire, identifiées par les gens comme étant (ou pas) politiques ou intervenant sur le politique, que les faits sociaux acquièrent leur réalité objective. L'attribution du qualificatif de déviant, qui peut être associé au franchissement illégal des frontières, les modalités de circulation des personnes, les manières de penser et de mobiliser le droit pour les agents administratifs, les routines de travail des agents de police, la grammaire du discours d'un ministre chargé de questions liées à la migration pour justifier de la refonte d'un programme politique ou le travail de qualification juridique opéré par le juge, constituent un ensemble de thèmes susceptibles d'éclairer les procédures, programmes d'action et politiques liées au droit des étrangers.

Il s'agit donc alors de décrire « comment des activités spécifiques sont enchâssées dans les environnements sociaux auxquels elles appartiennent et dans les pratiques qu'elles accueillent » (Dupret & Ferrié, 2010 : 1163). À partir de cas pratiques, ce travail éclaire des objets d'études traditionnels des sciences politiques, au Maroc et ailleurs, en s'intéressant à ce que les praticiens font et comprennent qu'ils font dans le cours de leur activité

---

[4] En 2005, à la suite de plusieurs tentatives de franchissement des frontières qui séparent le Maroc des enclaves espagnoles de Ceuta et Melilla, onze personnes originaires d'Afrique de l'Ouest et centrale sont tuées par la police aux frontières. Ces événements sont suivis, dans plusieurs régions du Royaume, de l'arrestation et du refoulement d'une centaine de personnes originaires d'Afrique de l'Ouest et centrale. Différentes réactions, à un niveau national et international, dénoncent le traitement réservé par les autorités marocaines à ces « migrants aux portes de l'Europe », bloqués au Maroc, qui feront dès lors l'objet d'une attention politique et médiatique particulière (cf. chapitres 4 et 10).

quotidienne[5]. Comme tout système ou dispositif formel, ce qui nous intéresse ici est plutôt la manière dont le droit se déploie, en aval du travail du législateur ou en parallèle de ce qu'en perçoit le citoyen, sans aucun angélisme démocratique, mais sans également être dans une démarche de présupposés critiques considérant que ces pratiques se déploieraient de manière quasi mécanique, par une intériorisation des normes par les acteurs professionnels ou nécessairement au détriment de l'individu. Le droit positif tout comme le programme d'actions prévu par une ou plusieurs autorités publiques ne préjugent pas la manière dont ce droit ou ces actions seront mis en œuvre par les acteurs. L'étranger n'est généralement pas non plus acteur passif des cours d'action dans lesquels il est impliqué. Il s'agit alors de questionner les relations entre le droit — dans ses déploiements pratiques —, et plus spécifiquement le droit appliqué aux étrangers, et le politique.

B. Démarche de recherche

Envisager le déploiement pratique du droit, en le resituant dans son contexte et non pas de manière générale, pourrait nous en dire davantage sur le Maroc contemporain et sur son organisation sociale et politique, que de se borner à des cadres théoriques (notamment normatifs) censés être appliqués. Cela nous conduira à envisager différemment l'action politique, en vue de voir, comme l'exprime Manzo, les arbres qui nous cachent la forêt (1997 : 12). Cela implique d'adopter une démarche visant à réinterpréter les phénomènes indépendamment de la grille de lecture qui leur est communément imposée. Pour ce qui est de notre objet d'étude, il s'agit de se pencher sur les modalités par lesquelles les acteurs mobilisent le droit et laissent transparaître le contexte de leurs pratiques. L'une des préoccupations majeures et sous-jacentes de ce travail consiste à s'interroger sur les modalités par lesquelles ces pratiques du droit impliquant l'étranger sont à la fois contraintes par le contexte, notamment politique et institutionnel, dans lequel elles interviennent et participent à la confection de ce même contexte. Cela nous amènera à décrire le droit dans sa réalité phénoménologique, à le considérer comme phénomène social, comme objet, et non pas comme ressource qui n'intéresserait que les juristes et pourrait, à tort, être saisi de manière isolée tant de ses pratiques (en action) que de l'environnement dans lequel il opère. Dans le même sens, nous serons régulièrement amenés à nous pencher sur l'analyse de pratiques de la vie quotidienne pour envisager des phénomènes liés au droit. Ces dimensions éclairent le politique, au travers des modalités par lesquelles les pratiques et décisions prises par les acteurs remodèlent constamment les cadres d'interprétation et d'action du politique, se traduisent en pratique et

---

[5] Ce que Garfinkel (2009 - éd. originale 1967) nomme le « quelque chose qui manque » (*missing what*)

interpellent les relations entre institutions, entre les acteurs de ces institutions et leurs environnements.

Le droit, objet d'étude de ce travail, est donc appréhendé non pas comme notion abstraite, mais comme quelque chose « qui existe empiriquement, c'est-à-dire dans le discours et l'action de la société ordinaire » (Maynard & Manzo, 1997 : 211). Savoir ce que font les acteurs en premier lieu en contexte juridique, prime sur la question plus secondaire qui consiste à se demander si les acteurs en contexte juridique accomplissent ce que la loi prescrit (cf. Manzo, 1997). Le droit n'est pas un ensemble de règles qui s'appliqueraient indifféremment et de façon dépersonnalisée à toute situation qui correspondrait à une « qualification juridique donnée », tout comme l'acteur n'est pas un « idiot culturel » (Garfinkel, 2009). À vrai dire, le droit des livres est une ressource aux mains des praticiens et parfois des usagers du droit. En revanche, il ne peut être considéré comme son déterminant. Ce sont ces pratiques du droit, en les réintégrant dans leurs différentes dimensions, notamment politiques, et dans leur contexte de déploiement, qui nous intéressent ici. Le système judiciaire, l'administration marocaine et l'étranger au Maroc vont bien souvent être amenés à effectuer des choix directement liés à leur environnement et à la perception qu'ils en ont. Dans ce sens, les sciences sociales ont permis de faire évoluer la compréhension du droit, plus largement qu'en se limitant à l'activité juridique proprement dite. Tout en s'émancipant a priori des macrostructures, des systèmes de domination, des rapports de classes, des institutions, des processus de pouvoir, qui, comme le souligne Quéré, procèdent souvent « d'une vision statique, déterministe et substantialiste de la réalité sociale » (1986 : 75), il s'agit de ne nier ni les dimensions contextuelles qui alimentent les pratiques des acteurs, ni les modalités par lesquelles ces pratiques nourrissent le contexte, notamment social, institutionnel et politique. Les acteurs des administrations et de la justice ne sont pas déconnectés de leur contexte institutionnel, ce qui n'implique pas pour autant qu'ils s'y conforment par une opération mécanique de qualification juridique et d'application des normes formelles qui en découleraient. Au-delà, se limiter aux acteurs institutionnels reviendrait à occulter le rôle joué par d'autres, tels que l'étranger lui-même ou toute personne influant sur la procédure. Le décloisonnement des disciplines et des objets d'étude permet de rapprocher études de droit et études sur le droit, « dans une démarche prenant en considération ses dimensions, cohérences, logiques, langages d'un point de vue aussi bien interne qu'externe, faisant la part à ses déterminations étatiques sans les y réduire, admettant sa capacité à avoir une incidence sur le social et sur l'action tout en ne prétendant pas qu'il les détermine intégralement » (Dupret, 2000b : 495). Par l'intérêt porté aux pratiques du droit, en particulier celles déployées par des acteurs institutionnels, nous souhaitons interroger, sans en préjuger, l'incidence que peuvent avoir ou pas l'environnement et les normes institutionnels et judiciaires, en orientant particulièrement notre regard vers les rencontres du droit avec l'étranger, dans un contexte où la présence de certaines catégories d'étranger est présentée de manière récurrente comme problématique.

Il s'agit ainsi de traiter des relations qu'entretiennent les pratiques analysées avec le politique et les modalités par lesquelles le politique — les perceptions et discours publics, ce qui s'intègre formellement ou effectivement dans les politiques ou dispositifs publics, ce que les acteurs perçoivent comme politique ou ce qui est communément étiqueté comme sujet politique — nourrit ces pratiques. Le politique est alors perçu tel qu'il émerge des pratiques des acteurs, sans que cela signifie une adhésion à la tendance pragmatique du « tout politique ».

Les modalités par lesquelles les questions migratoires et le traitement accordé aux étrangers sur le territoire — au Maroc, en Europe ou ailleurs — sont régulièrement érigées en problème politique confortent irrémédiablement la capacité de ce travail à éclairer les questions politiques. Cela renvoie à la conception même du politique comme enchâssé et nourri de pratiques et relations sociales, et non pas uniquement constitué d'institutions, de règles et d'acteurs figés dans des perceptions formelles auxquelles les membres de la société seraient censés répondre et se conformer. Si ce travail ne vise pas à proposer des remèdes pour des actions pratiques, des réformes politiques, il souhaite apporter un regard nouveau sur les pratiques constitutives de l'action sociale, institutionnelle et politique, en cherchant à rendre compte de la « société-en-train-de-se faire », à partir d'une analyse empirique et en interrogeant les modalités par lesquelles le droit et ses déploiements pratiques peuvent contribuer à mieux comprendre le politique et les politiques envers les étrangers au Maroc.

Le choix ici est de s'intéresser à la figure de l'étranger. Si la catégorie de celui régulièrement qualifié de « subsaharien » apparaît au premier plan dans ce travail, cela découle notamment de mon expérience acquise dans le cadre d'associations d'assistance et de défense des droits des étrangers au Maroc, orientées vers cette catégorie du « migrant subsaharien », ainsi que du matériau empirique collecté. Il s'agit aussi d'une orientation contextuelle qui fait écho à l'intérêt accordé à cette catégorie d'étrangers ou de migrants au Maroc, considérée le plus souvent dans un projet de transit et de migration vers l'Europe (cf. chapitre 10), dans les discours politiques et médiatiques, les programmes des organisations non gouvernementales (ONG) et Organisations internationales (OI), les recherches universitaires et les études menées sur le droit des étrangers ou sur la migration au Maroc ces dernières années. Cela renvoie aux modalités, envisagées dans cet ouvrage, par lesquelles cet intérêt particulier émerge dans l'espace public et la sphère politique depuis le début des années 2000. Ce prisme de la migration des ressortissants d'Afrique de l'Ouest et central au Maroc, est clairement partiel et contribue, comme nous le montrerons, à l'invisibilité d'autres dimensions et phénomènes de la migration au Maroc. Comme il en est de la notion d'étranger, cette recherche déconstruira et questionnera différents concepts mobilisés.

Il s'agit alors de porter son regard sur les routines, les savoirs d'expérience et de sens commun, et d'interroger les modalités par lesquelles les imputations catégorielles ont une incidence sur les interactions, le déploiement de cours d'action et la mise en œuvre du droit pour les étrangers. Une grande partie des cours d'action mobilisés concernent d'ailleurs l'étranger considéré comme irrégulier. Cette dernière catégorie, comme celle d'« étranger en situation administrative irrégulière » ou « irrégulière vis-à-vis de son séjour sur le territoire », désigne formellement celui qui n'a pas été autorisé par l'administration à séjourner sur le territoire. Nous montrerons que ces catégorisations, administratives et de sens commun, interviennent bien au-delà de la seule sphère administrative.

Cette recherche s'inspire largement de la tradition praxéologique, se nourrit de travaux mobilisant l'analyse de catégorisation et traitant plus particulièrement du contexte institutionnel du droit, des pratiques des acteurs du droit ou du droit des étrangers. Sous le terme « acteurs du droit », nous désignons ces professionnels ou profanes qui, par leurs actions et les interactions auxquelles ils participent, influent sur les mobilisations du droit et le déroulement des procédures.

II. ÉTUDIER LE DROIT EN LUI-MÊME ET POUR LUI-MÊME

Le sens de la loi et la nature du droit restent privilégiés dans une large majorité des études menées sur la justice ou le droit. Élargir la compréhension des pratiques permet de mettre le doigt sur des réalités qui concernent le contexte institutionnel du droit et son fonctionnement, de mettre en valeur les normes qui régissent les activités ayant effectivement un impact sur le droit. Il s'agit donc de prendre le droit comme objet d'investigation en lui-même et pour lui-même.

Le droit, en tant que phénomène social, ne peut être réduit aux seules dispositions d'un code juridique (le droit des livres). Il serait également erroné de penser que le droit positif n'est pas une partie intégrante de la pratique du droit. Autrement dit, étudier le droit signifie nécessairement étudier le « droit en action » (Dupret, 2006b). De ce fait, les études praxéologiques du droit (ethnométhodologie, analyse de conversation, ethnographie du travail juridique) privilégient la compréhension quotidienne que les gens ont du contexte social.

A. Démarche ethnométhodologique

L'ethnométhodologie est une démarche des sciences sociales qui renvoie à l'étude des manières (les « méthodes ») « par lesquelles les gens (les membres d'un groupe, d'une "ethnie" quelconque, l'"ethno" de l'"ethnométhodologie") prêtent un sens à leur monde d'action, s'orientent vers ce monde et le pratiquent quotidiennement et routinièrement » (Dupret, 2006 : 173).

Fondamentalement empirique, l'ethnométhodologie s'intéresse au « comment » (*How*) et se penche sur les « procédures intelligentes par lesquelles, consciemment ou non, les acteurs sociaux reconnaissent, produisent et reproduisent des actions et des structures sociales » (Héritage, 1991 : 92).

Initiateur de l'ethnométhodologie, H. Garfinkel[6], qui s'inspire de la pensée d'Alfred Schütz, définit le fait social comme étant un « accomplissement continu des activités concertées de la vie quotidienne des membres qui utilisent, en les considérant comme connus et allant de soi, des procédés ordinaires et ingénieux pour cet accomplissement » (Garfinkel, 2009).

Tout individu se réfère, pour comprendre les événements ou les objets du monde, à un schéma sous-jacent présupposé vers lequel cet objet pointe et que confortent les « preuves documentaires individuelles » (Héritage, 1991 : 101). Ce schéma sous-jacent permet de donner un sens à des événements futurs, tout en permettant que le jugement soit révisable rétrospectivement. Le postulat est celui de l'intersubjectivité de nos connaissances ordinaires qui s'ancrent dans un « horizon de familiarité » à partir d'un stock de connaissances, lié aux expériences passées, en renouvellement permanent.

L'analyse ethnométhodologique souligne l'impossibilité d'isoler une question des détails circonstanciels de son déploiement. La notion d'*indexicalité* postule la propriété du langage à dépendre de son contexte d'énonciation, mais aussi que les pratiques en général sont indexées aux situations locales qui leur donnent sens. Ainsi, tout usage du langage est régi par des attaches contextuelles (Héritage, 1991, 111). Cette approche suppose que « l'ordre, la régularité, la concordance manifestés par les phénomènes sociaux sont le résultat d'opérations interactives effectuées en situation » (Quéré, 1989). La perspective à privilégier est donc endogène à la situation que l'on entend décrire, celle des membres ordinaires de la société. C'est à cette capacité des membres à donner sens à une situation, à ordonner des événements, que renvoie la notion de *réflexivité*. Il ne s'agit pas de comprendre cette notion en tant qu'acte de conscience par lequel les gens réfléchissent à ce qu'ils font, mais comme le fait « qu'en parlant nous

[6] Elle émerge dans la série d'études élaborée par Garfinkel, compilée dans son ouvrage de référence *Recherches en ethnométhodologie* (*Studies in Ethnomethodology*), qu'il publie en1967.

construisons en même temps, au fur et à mesure de nos énoncés, le sens, l'ordre, la rationalité de ce que nous sommes en train de faire à ce moment-là » (Coulon, 1987 : 37).

C'est déjà autour du droit comme objet que H. Garfinkel se penche en 1954, en s'intéressant à des délibérations de procès, à la capacité des jurés à faire valoir des savoirs de sens commun, tout en n'étant pas spécialistes du droit, ainsi qu'au raisonnement pratique mis en œuvre quotidiennement par chaque individu dans le monde social. Cette recherche s'est nourrie de cette démarche et de différents travaux mobilisant, à des degrés divers, l'ethnométhodologie. On pourra citer Travers et Manzo (1997) ou Turner (1974) qui présentent des terrains et des objets d'études variés, Hester et Housley (2002) qui traitent d'un élément de première importance en science politique, à savoir l'identité nationale. On sollicitera également les travaux sur le traitement médiatique (Dupret & Klaus, 2010, 2010a) ou sur la délibération parlementaire (Dupret & Ferrié, 2014 ; Dupret, Ferrié & Klaus, 2008 ; Dupret, Ferrié & Legrand, 2008 ; Dupret, Belhadj & Ferrié, 2007), ceux de Duranti et Goodwin (1992) autour de l'appréhension du contexte dans les interactions, de Drew & Héritage (1992) sur le langage-en-action en contextes institutionnels, de Tamanaha (1997) sur les études socio-juridiques du droit, de Coulter (1989) sur la praxéologie de la cognition. Citons également la description plus radicale de Robillard autour de l'expérience interne de la paralysie (1999). Il ne s'agit pas d'un inventaire exhaustif, mais chacun de ces travaux traite de dimensions multiples du raisonnement pratique (moralité, intentionnalité, relations aux instructions, catégorisations, etc.) fondées empiriquement. Ils apportent des éclairages sur l'organisation pratique d'activités situées sur des terrains et concernant des groupes d'acteurs particuliers qui nourrissent l'étude du droit « en action ».

B. L'analyse des catégorisations d'appartenance

L'analyse des catégorisations (cf. Fradin *et al.*, 1994 ; Jayyusi, 2010), et en particulier des catégorisations d'appartenance, développée par Sacks et prolongée par différents auteurs, a été largement mobilisée dans ce travail et fera l'objet d'une attention particulière dans la partie III de cet ouvrage (cf. chapitre 9). Je ne reviendrai pas ici sur l'évolution du sens donné à la notion de catégorie, d'Aristote à Kant (théorie des catégories), en passant par Durkheim et Weber.

L'analyse des catégorisations d'appartenance, initiée par Sacks, constitue un outil qui s'est développé à partir du début des années 1980 autour d'auteurs tels que Jayyusi (2010), Hester & Eglin (1997, 2003), Watson (1994, 1997) ou Drew & Heritage (1992).

L'analyse des catégorisations d'appartenance est intéressante à plus d'un titre dans le cadre de ce travail et notamment de par l'attention qu'elle porte sur le « savoir de sens commun présumé des structures sociales sur lesquelles les membres s'appuient dans la conduite de leurs activités de la vie quotidienne » (Jayyusi, 2010 : 34). L'emploi des catégories intègre un ensemble de dispositifs qui permettent de qualifier une personne ou une chose. Au travers des catégorisations, des qualifications opérées, des catégories administratives, juridiques et de sens commun, qui sont attachées à des collections de catégories et des dispositifs et ne peuvent être appréhendées qu'en contexte, il s'agit de décoder et d'analyser les modalités par lesquelles les gens organisent la réalité. Les catégories de Sacks sont en effet entendues comme étant « les "méthodes" qui permettent à un "membre" d'identifier, au moyen de certaines règles d'application, les éléments suffisants à une détermination d'objet localement et temporellement située » (Ogien : 1994 : 253). Les catégories d'appartenance ont, comme le souligne Jayyusi, des conséquences pratiques et sont à prendre au sérieux. Elles se révèlent d'un apport indéniable pour comprendre les croyances et comportements de sens commun, constituants nécessaires de « toute conduite socialement organisée » (Coulon, 1987 : 26). L'analyse de catégorisation ouvre ainsi « un horizon pour appréhender de plus larges réseaux et trajectoires de subjectivités, activités et conséquences qui participent à la production endogène du monde social » (Jayyusi, 2010 : 11).

Pour ce qui est de mon propre terrain, l'étranger, l'agent administratif, le policier, le juge, etc., se conçoivent en relation directe avec la façon dont les personnes vers lesquelles ils se tournent sont catégorisées et les catégorisent. Il s'agit d'identifier les catégorisations et leurs dispositifs, au travers des propriétés qu'elles désignent en contexte, ce qui ouvre un large champ d'interprétation des caractéristiques associées à telle ou telle personne, ainsi que des attentes d'arrière-plan. L'analyse des catégorisations d'appartenance nous fournie des outils soutenant un regard porté aux modalités par lesquelles les acteurs saisissent le monde qui les entoure, les événements auxquels ils font face et analysent les phénomènes sociaux sur la base de leurs connaissances et expériences. Comme l'indique Dupret, cette notion est reprise par Schütz pour signifier que « nous saisissons d'emblée les objets, les événements, les personnes comme étant d'une certaine sorte, nous les appréhendons dans leurs propriétés typiques, c'est-à-dire selon des déterminations générales, liées au type, et non pas dans leurs particularités individuelles » (Dupret, 2006b : 59). Cette préconnaissance n'est cependant ni fixe ni déterminée. Elle s'alimente de son contexte d'énonciation, comme elle nourrit ce même contexte, en s'élaborant mutuellement. Les opérations de catégorisations sont donc également susceptibles de nous informer ou de refléter des dimensions du contexte dans lequel se déploient les rencontres de l'étranger avec les acteurs de l'administration, relatives à la compréhension de phénomènes migratoires, à des caractéristiques associées à un groupe de personnes, à des événements qui peuvent être associés à la rencontre, à des contraintes sociales ou institutionnelles, comme il en est de celles associées au travail administratif, etc., et donc à un ensemble de phénomènes sociaux et politiques qui constituent l'arrière-plan sous-jacent à l'opération de catégorisation que réalisera l'individu dans son interaction et pour orienter son action. En tant qu'expressions indexicales, le sens des catégorisations est donc situé et dépendant du contexte, comme nous l'expliciterons, en particulier dans les chapitres 9 et 12.

Si ce travail ne recourt pas à l'analyse de conversation en tant que telle, il s'imprègne des méthodes et études menées dans le cadre de cette démarche orientée vers l'analyse des interactions et activités conversationnelles. Coulon (1987) définit l'analyse de conversation comme étant l'étude des structures et des propriétés du langage.

C. Connaissances du droit, des professionnels et des environnements institutionnels

Sous réserve de « l'exigence de l'adéquation unique [qui] réclame de l'observateur-analyste qu'il possède une compétence réelle concernant les pratiques qu'il ou elle observe » (Watson, 2001 : 22), envisager le droit en action implique de mobiliser des travaux permettant d'éclairer l'objet d'étude auquel on s'intéresse et son environnement..

L'une des thématiques centrales de cet ouvrage est le droit des étrangers. M'intéresser aux droits des étrangers dans d'autres contextes que le contexte marocain m'a apporté beaucoup dans la compréhension de phénomènes qui ne sont pas propres au contexte marocain (notamment Fassin, 1996, 2005 ; Fischer, 2006, 2009a 2009b ; Bouagga, 2010 ; Jobard & Névanen, 2007 ; Jobard & Levy, 2009). Les travaux mobilisés traitant du droit des étrangers au Maroc, intègrent une dimension historique (Sefrioui, 1972 ; El Madmad, 2001, 2004) ou soutiennent l'analyse de la mise en œuvre du droit en lien les dispositions formelles existantes, les politiques migratoires ou des politiques régionales (Perrin, 2008) et de coopération avec l'Union européenne sur la migration et les droits des étrangers (Belguendouz, 2003a, 2003b, 2005, 2009 ; El Qadim, 2010, 2015). La production qui traite des pratiques du droit semble encore embryonnaire, en dépit de certains travaux pionniers sur la corruption (El Mesbahi, 1994), consistant davantage en une mise en parallèle entre le droit positif et ses pratiques. Ce type de travaux s'est développé au Maroc essentiellement hors du monde académique, par l'élaboration de rapports dits de plaidoyer par des ONG (cf. chapitre 3).

La mise en œuvre du droit des étrangers et l'action des institutions en la matière ne peuvent être envisagées sans un intérêt majeur accordé aux liens entre le droit, la justice et le politique, de manière décontextualisée, mais également spécifique au contexte marocain (Boudahrain, 1994 ; Mouaqit,

2015 ; Amzazi, 2013). Il s'agit alors de tenir compte de l'évolution de la vie politique, de la place de l'État de droit, des réformes, du rôle joué et attribué à la société civile (Santucci, 1995 ; Dupret, 2006c ; Ferrié & Boutaleb, 2008 ; Dupret & Ferrié, 2011 ; Vairel, 2004 ; Catusse & Vairel, 2010), ainsi que de dimensions sécuritaires plus globales (Bigo, 1991, 1998). Cela implique de mieux saisir les modes de fonctionnement et contraintes des organisations et acteurs auxquels ce travail s'intéresse, tels que la justice administrative (Aït Sakel, 2007 ; Benabdellah, 1998, 2004), la justice pénale, les professionnels du droit, l'avocat, le procureur ou le juge administratif (El Yaagoubi, 2006).

En s'intéressant au droit et à la dimension morale de l'activité judiciaire (Dupret et Ferrié, 2004), aux « crimes normaux » (Sudnow, 1965), au travail quotidien de la police (Bittner, 1967 ; Komter, 2001), au traitement policier et judiciaire de la délinquance juvénile (Cicourel, 1968), au lien entre travail policier et traitement judiciaire (Dupret, 2006b, Komter, 2001, Van Charldorp, 2011), à l'activité au sein des tribunaux (Atkinson & Drew, 1979 ; Scheffer, 2010, Travers & Manzo, 1997 ; Maynar, 1984 ; Komter, 1998) ou au travail de l'avocat pénaliste, tel que décrit par Sacks (1997), différentes recherches, s'ancrant dans l'étude praxéologique du droit, permettent de mieux percevoir les modalités d'analyse des pratiques qui nous sont données à voir, ainsi qu'une multitude de mécanismes du droit en action, à partir d'objets d'étude et dans des contextes variés. L'univers technique et organisationnel des juristes et de leur rôle dans la société (Champy & Israël, 2009 ; Israël, 2001, 2005 ; Vauchez, 2006), le travail des militants associatifs et de leurs usages du droit (Fischer, 2006, 2009 ; Siméant, 1994, 2013 ; Israël, 2003 ; Siméant & Taponier, 2014, Ollion & Siméant, 2015) ont été appréhendés au travers de travaux s'ancrant également dans le champ de la sociologie politique, de la sociologie des organisations et celle des professions. Ces travaux ont nourri ma recherche au travers des analyses portant sur les modalités d'appréhension du droit par les professionnels de la justice, sur le rôle joué par les organisations ou actions de revendication liées au droit, autour de la défense des causes publiques ou des mouvements de contestation, mais également en soutenant mes interrogations relatives à la posture de membre d'une « association de défense des droits des étrangers » que j'occupe dans certains cours d'action analysés (cf. chapitre 2).

S'intéresser à la rencontre de l'étranger avec l'administration, comme il en est de manière centrale dans cet ouvrage, implique par ailleurs de se nourrir de sociologie de l'action publique et de travaux qui se sont penchés sur les relations entre l'administration et les administrés, ce qui est communément appelé « relations de guichet » (Dubois, 2010 ; Spire, 2007 ; Mainsant, 2008) ou, plus largement, sur les formes de l'intervention de l'État, notamment dans son rapport avec les publics (Weller, 2003 ; Lipsky, 2010).

Chacune de ces analyses et approches est alors susceptible de fournir des éléments permettant d'éclairer les réalités appréhendées à différents niveaux, si le point de vue de l'analyste ne cherche pas à se substituer à celui des acteurs et si tant est que l'on ne cherche pas à faire dire aux matériaux davantage que ce qu'ils nous disent de la situation.

CONCLUSION DU CHAPITRE

L'analyse praxéologique peut contribuer à une meilleure compréhension du droit comme objet en éclairant des phénomènes sociaux, politiques et juridiques. S'intéresser à ce qui est communément appelé traitement des étrangers, gestion de la migration ou mise en œuvre des dispositifs publics vis-à-vis des usagers, au travers d'une analyse des pratiques, amène à envisager les actions situées et contextualisées d'une diversité d'acteurs institutionnels, politiques, issus de la société civile ou tout simplement de personnes impliquées dans un cours d'action. L'intérêt d'un tel objet pour la science politique et les sciences sociales est d'envisager les mécanismes, les procédures, les méthodes, les opérations de catégorisation mis en place par les acteurs dans le cadre de leurs activités quotidiennes. Cette démarche n'a alors aucune raison d'être limitée à une catégorie d'action ou de personnes et éclaire des dimensions bien plus larges que le droit des étrangers. Elle cherche à « substituer à l'élaboration de grandes théories modélisatrices, l'investigation minutieuse de données réelles reflétant les façons propres aux gens d'un groupe social donné de faire sens de leur monde quotidien, de s'orienter vers lui et de le pratiquer » (Dupret, 2006a : 189). C'est d'ailleurs tout l'intérêt des perspectives praxéologiques de se préoccuper davantage des orientations des acteurs vers une pertinence située. Il s'agit d'éclairer le fonctionnement d'un certain nombre d'institutions, des relations entre acteurs et des dimensions contextuelles, institutionnelles, politiques et sociales du droit des étrangers pour ce qui nous intéresse ici, mais, de fait, également de la vie sociale et politique marocaine. Cette démarche et le traitement de ce sujet sont à considérer en lien étroit avec les modalités d'accès au terrain et de recueil d'information, développées dans le chapitre suivant.

CHAPITRE 2

POSTURES ET TERRAINS DE RECHERCHE

Ce chapitre fournit des éléments relatifs aux modalités d'accès au terrain et au déploiement de la recherche. Y sont exposés des éléments de mon parcours personnel et professionnel, qui m'ont amené à m'intéresser au droit des étrangers, en France et au Maroc en particulier, à la mise en œuvre du droit, aux inférences associées à l'altérité, ainsi que, de manière large, aux questions de migration. Ces éléments de biographie apparaissent pertinents pour éclairer ma double compétence, analytique et pratique, ainsi que mes postures d'actrice, de membre ou d'observatrice de certains cours d'action.

II. Accès au terrain

A. Des expériences associatives dans la défense des droits des étrangers

L'intérêt particulier porté aux pratiques du droit des étrangers telles qu'elles se déploient sur le terrain a en partie émergé de mon expérience professionnelle au sein du Groupe antiraciste de défense et d'accompagnement des étrangers et migrants (GADEM), entre 2008 et 2011. Association marocaine créée en 2006, le GADEM s'est fixé pour objectif d'« œuvrer pour la mise en œuvre effective des droits des migrants et des étrangers au Maroc »[7], face à l'absence d'assistance légale pour les étrangers précaires et dans un contexte où les distorsions dans la mise en œuvre du droit positif venaient d'être particulièrement mises en lumière par les événements de Ceuta et Melilla d'octobre 2005.

C'est au cours d'un précédent stage au service d'assistance aux migrants subsahariens du Comité d'entraide internationale (CEI), structure sociale de l'église protestante au Maroc, que j'ai pu côtoyer les futurs membres fondateurs du GADEM. Mon rôle de représentation et de coordination de la

[7] Cette association a été créée par un groupe de personnes déjà impliquées dans l'assistance et/ou la défense des étrangers auprès d'associations comme l'AFVIC, la Cimade, le CEI de l'Église protestante, Caritas, Homme et Environnement, la CESAM (Confédération des élèves, étudiants et stagiaires africains étrangers au Maroc), Hommes et Environnements. .

structure m'a alors permis d'être quotidiennement en contact avec les personnes que recevait l'association. J'ai ainsi pu me déplacer dans différents quartiers et régions, et interagir avec des acteurs et responsables d'ONG ou d'institutions, dans une période postérieure aux événements de Ceuta et Melilla où de nombreuses rencontres ont été organisées, au Maroc et à l'étranger[8]. Celles-ci m'ont permis de m'imprégner de dimensions variées de l'analyse des politiques migratoires, à un niveau régional et international, et de la défense des droits des étrangers, tant par une appropriation du droit positif que des dynamiques impulsées par les acteurs dits de la société civile (cf. chapitre 3). L'essentiel de ces activités et mobilisations était alors orienté vers les ressortissants d'Afrique de l'Ouest et centrale[9], réfugiés[10] ou en séjour dit irrégulier au Maroc.

J'ai rejoint le GADEM en 2008, dans le cadre d'un partenariat avec le Groupe d'information et de soutien aux immigrés (GISTI). La proximité des objectifs de ces deux associations, à des étapes de vie et d'expériences différentes[11], est soulignée par Claire Rodier, juriste du GISTI : « Finalement, le GADEM a les mêmes aspirations que le GISTI à sa création : se servir du droit pour la défense des migrants. La création du GADEM m'a semblé répondre à un réel besoin au Maroc, car si ce pays a une longue tradition de résistance et ne manque pas de militants chevronnés, engagés et très actifs au service de la cause des migrants et de l'antiracisme, la dimension "défense juridique" reste encore marginale. Jusqu'ici, l'essentiel des mobilisations s'est fait à partir de réflexes d'indignation, en parant au plus urgent. L'étape suivante est l'action juridique[12] ».

---

[8] Plateforme migrants (mise en place en mars 2004 - cf. chapitre 3) ; Université ouverte « Migrations, liberté de circulation et développement », mars 2006 (INSEA, Rabat et Université Panthéon-Sorbonne) ; réunion du réseau Migreurop à Rabat (mars 2006) ; Conférence non gouvernementale « Migrations, droits fondamentaux et liberté de circulation » (30 juin, 1er juillet 2006).

[9] Mon mémoire de Master a porté sur les« migrants subsahariens » francophones à Rabat, sur leur implication dans l'espace public, auprès de réseaux associatifs ou communautaires, en orientant ces questionnements vers leur statut légal et social. Cf. Khrouz Nadia, « Survie et capacité d'adaptation des migrants subsahariens et traitement de la migration sur le territoire marocain », 2006, Université Lumière - Lyon II.

[10] La prise en charge sociale des réfugiés reconnus par l'UNHCR par des associations au budget limité, considérant qu'une partie de la charge devait être assumée par l'organisation internationale ou les institutions publiques, et la question du rôle de cette organisation onusienne dans ce qui était appelé « l'externalisation des politiques européennes », rendaient, au sein de certaines structures, l'intervention sur cette question polémique.

[11] Le GISTI constitue une référence en France en termes d'expertise juridique sur les droits des étrangers et pour les actions menées en justice ayant permis l'émergence d'une jurisprudence. Voir à ce sujet GISTI, « 30 ans après le « grand arrêt » Gisti de 1978 : défendre la cause des étrangers en Justice », colloque du 15 novembre 2008, Paris.

[12] « Au nom du droit ! La défense des étrangers, c'est légitime et ça s'impose ! », entretien de Claire Rodier, juriste, permanente du GISTI par Nadia Khrouz, p. 7, *Vue d'Europe*, octobre 2008

Ma formation universitaire pluridisciplinaire, tout en étant orientée vers l'analyse des politiques publiques et le développement social, intégrait des enseignements juridiques, notamment ceux de droit public, pénal, civil et de la famille. J'ai bénéficié, parallèlement à mes études universitaires, de différentes expériences, en tant que stagiaire ou salariée, dans des programmes d'assistance aux étrangers en France, ainsi que plus généralement auprès de populations précaires (centres sociaux, services d'assistance sociale et hébergement d'urgence pour les populations sans domicile fixe). Ces expériences m'ont aussi amenée à soutenir des étrangers dans leurs démarches administratives et à me rapprocher d'associations d'assistance aux étrangers.

J'ai rejoint le GADEM pour occuper un poste dont l'objectif était de renforcer l'action de l'association naissante, en bénéficiant du soutien du GISTI, par un partage d'expériences et un appui dans les activités de défense des droits des migrants. C'est ainsi que le GADEM s'est investi dans l'élaboration d'outils visant à une meilleure maîtrise des dispositions juridiques concernant les étrangers, mises en parallèle avec les pratiques constatées sur le terrain, en s'appuyant notamment sur des activités d'accompagnement juridique et administratif d'étrangers au Maroc. Ces outils soutiennent la production de rapports de plaidoyer, de guides juridiques, et constituent autant de « dispositifs pratiques caractéristiques de l'association et d'un certain mode de domestication du droit à usage politique », pour reprendre Israël qui s'intéresse aux activités similaires mises en place par le GISTI (2003 : 117).

Ce partenariat s'est également nourri de relations et d'expériences partagées avec des structures telles que Migreurop[13], la Cimade[14] ou l'ANAFE[15], mais aussi avec un ensemble d'associations, d'organisations et de réseaux d'acteurs mobilisés autour de revendications communes pour un « autre modèle de société »[16], régulièrement réunies dans le cadre de

---

[13] Migreurop est un réseau européen de militants et chercheurs dont l'objectif est de faire connaître la généralisation de l'enfermement des étrangers dépourvus de titres de séjour et la multiplication des camps, dispositif au cœur de la politique migratoire de l'Union européenne. Ce réseau réunit, en 2018, 51 associations et 60 membres individuels dans 18 pays du Moyen-Orient, d'Afrique et d'Europe.

[14] La Cimade a été fondée en 1939 au sein des mouvements de jeunesse protestants pour soutenir des « évacués » de l'Alsace-Lorraine fuyant l'avancée nazie, comme l'indique la signification d'origine de son nom (« Comité Inter-Mouvements Auprès Des Évacués »). Elle intervient aujourd'hui en apportant un soutien administratif et juridique aux étrangers en France, notamment au sein de centres et permanences d'accueil situés dans différentes villes, ainsi que dans certains centres de rétention administrative (après avoir été pendant des années la seule organisation d'assistance aux étrangers dans lesdits centres). Elle intervient également dans différentes actions de plaidoyer pour les droits des étrangers, en France et à un niveau supranational.

[15] ANAFE : Association nationale d'assistance aux frontières des étrangers.

[16] Ce partenariat entre le GADEM et le GISTI était porté par l'association Échanges et partenariats (EP), située au sein d'une maison d'associations, le Centre international de culture populaire (CICP).

rencontres comme les Forums sociaux ou la dynamique « des ponts pas des murs »[17]. J'ai ensuite été chargée jusqu'en 2011 du programme de défense des droits des étrangers au GADEM.

Au cours de ces quatre années passées au sein du GADEM, l'équipe et les partenariats se sont étoffés, les activités de l'association ont pris de l'ampleur, les expériences et compétences acquises par l'association ont permis d'affiner ses méthodes de travail et orientations. J'ai ainsi pu être impliquée dès le début dans les réflexions, les prises de décision, les difficultés et controverses internes ou concernant des acteurs extérieurs. Les actions des uns et des autres s'élargissant régulièrement pour accomplir des démarches qu'aucune structure ne prenait réellement en charge, ou de manière partielle, et que les institutions marocaines ne soutenaient ni pour les nationaux ni pour les étrangers. Cela se pose régulièrement pour des besoins en assistance sociale ou à l'accomplissement de démarches administratives. Le GADEM a rapidement mené des actions de plaidoyer, notamment par la diffusion de rapports dénonçant les violations des droits des étrangers. Il intervient aussi dans des collectifs d'acteurs, essentiellement associatifs, mobilisés pour l'organisation d'événements ou d'actions de dénonciations et de plaidoyer communes, comme il en est par exemple du réseau Migreurop, de la « plateforme migrants »[18], de la dynamique du Manifeste euroafricain que j'évoquerai dans le chapitre suivant (cf. chapitre 3), ou encore du réseau Loujna-Tounkaranke impulsé avec le soutien de la Cimade[19].

Dans ses actions, le GADEM se base sur la référence au droit positif marocain, mobilisant les textes juridiques internationaux que le royaume a ratifiés, régulièrement en opposition avec des dispositions de textes juridiques nationaux. Ces derniers sont aussi parfois en dissonance avec les principes et valeurs qu'affiche l'association, comme il en est notamment du respect de la dignité ou de la liberté de circulation des personnes. J'ai donc régulièrement eu à mobiliser des références au droit positif, à mettre en exergue les écarts entre les dispositions juridiques et les pratiques observées sur le terrain. J'ai également eu recours à des techniques de négociation pour modifier les caractéristiques associées à une situation ou à une personne, convaincre mes

[17] Le réseau international « Des Ponts Pas Des Murs » est né de l'initiative « Sommet citoyen sur les migrations » des 17 et 18 octobre 2008. Il regroupe plus de 300 associations de défense des droits des migrants, des associations de solidarité internationale issues ou non de l'immigration, des syndicats.

[18] Cf. chapitre 3, II-B-1, « Mobilisation de la société civile et associations d'assistance et de défense des migrants ».

[19] Le réseau Loujna-Tounkaranké, « Pour une reconnaissance et une meilleure protection des droits humains des migrants », réunit depuis 2009 des associations d'Algérie, du Mali, du Maroc, de Mauritanie, du Niger, du Sénégal, de Tunisie et de France autour de la volonté de contribuer au renforcement de l'accès effectif aux droits des migrants, de mettre en avant un changement de regard sur les migrants et les migrations, ainsi que de mener un plaidoyer en direction des instances nationales et régionales, afin de favoriser une meilleure prise en compte des droits humains des migrants.

interlocuteurs du bien-fondé d'une décision. Il s'agissait d'orienter mon intervention et mes discours vers ce que je pensais pouvoir être entendu et pertinent pour mon interlocuteur. Ces interventions ont amené à solliciter une diversité d'acteurs pour les inciter à s'impliquer dans la résolution de situations problématiques. Outre des membres d'ONG d'assistance sociale ou de soutien à l'accès aux droits, il s'agit des membres des communautés d'origine associées à ces étrangers, de communautés ou d'associations dites de migrants, des acteurs d'organisations internationales d'institutions, marocaines et étrangères, comme il en a été de la tentative d'impliquer les autorités consulaires de certains États dans l'assistance à leurs ressortissants. Je me suis pour cela également appuyée sur mes connaissances de la société marocaine et mon sens commun. J'interviens en tant que membre du GADEM dans certains des cours d'action sur lesquels je me penche. Je suis alors, pour reprendre la formule de Mehan et Wood (1975), le phénomène étudié[20]. Je chercherai à ne pas amputer les contextes dans lesquels se déploient les phénomènes concernés de mes propres pratiques et de ma présence, qui intègrent parfois ma posture de membre du GADEM, d'actrice associative, mais également de membre de la société marocaine. D'autres appartenances catégorielles agissent sur le regard que mes interlocuteurs peuvent porter sur moi ou sur la situation. Mon point de vue sur les situations et les personnes mérite également de ne pas être négligé lorsque j'interviens dans l'interaction ou la procédure.

B. Familiarisation avec les mondes sociaux et terrains complémentaires

L'accès au terrain s'est en partie fait en amont du lancement de ma recherche et a contribué à motiver ce projet, au travers du souci de dépasser la perspective mettant en parallèle droit positif et application du droit. Les acteurs de la défense des étrangers sont tout à fait conscients de ce qui se passe hors du droit des livres ; leur objet est cependant le plus souvent d'œuvrer pour l'application du droit positif ou de dénoncer les dimensions de ce droit qui leur semblent lacunaires en matière de protection et d'accès aux droits fondamentaux. Cet engagement auprès du GADEM m'a amenée à interroger les pratiques du droit que j'observais et les modalités par lesquelles les acteurs les rendaient descriptibles et intelligibles. Si lire les pratiques du droit à l'aune du droit positif et des mandats officiels des institutions ne suffit pas à comprendre les modalités et mécanismes par lesquels le droit se déploie, ces pratiques apparaissent rarement comme irrationnelles ou injustifiables dans l'ordre produit. C'est ce que souligne Coulon avec « l'idée, banale, que le monde est fait de désordre, mais plus fondamentalement [avec] celle que les membres ont une intelligence du désordre, qu'ils fabriquent continuellement

---

[20] « Becoming the phenomenon » est le titre du dernier chapitre de Mehan & Wood (1975).

un ordre instable et éphémère, mais suffisamment affirmé et clair cependant pour qu'on se comprenne et qu'on puisse vivre ensemble » (1986 : 62).

Je me suis parfois révoltée et n'ai pas toujours compris les mesures prises par les autorités marocaines, les pratiques d'acteurs associatifs ou professionnels du droit, que je percevais comme injustes, irrespectueuses, illégales, anormales ou irrationnelles. Ces pratiques me renvoyaient régulièrement à des événements vécus ou rapportés, dans le cadre d'expériences professionnelles, mais aussi à ma vie dans la société marocaine où j'ai grandi. La plupart de ces pratiques ne m'ont pour la plupart pas surprise. Les activités observées ne renvoyaient par ailleurs pas à une absence de droit, comme nous en traiterons de manière transversale dans le cadre de ce travail.

J'ai orienté davantage mon terrain vers une meilleure compréhension des mondes sociaux de l'administration et de la justice marocaine en particulier, dans une démarche visant aussi à décloisonner mes regards et perceptions concernant des acteurs et professionnels du droit avec lesquels j'avais partagé des expériences et interagi en tant qu'intervenante associative. Mon objectif n'était pas d'acquérir les compétences propres à chaque acteur professionnel (objectif définitivement illusoire), mais de m'imprégner de leur environnement pour mieux cerner leurs pratiques situées, appréhender les contraintes de leur travail quotidien, de leur environnement bureaucratique et institutionnel. Ce travail n'a pas pu être mené de manière approfondie ni équivalente pour l'ensemble des professionnels du droit intervenant dans mon travail (juges, officiers de police, forces armées royales, etc.), ce qui aurait été une ambition bien trop large et m'aurait éloigné du cœur de ma recherche. Cela m'a cependant apporté des clés de compréhension précieuses sur le travail quotidien de ces professionnels, sur le cadre législatif qui réglemente leurs professions, etc. Certaines dimensions des pratiques du droit ont été volontairement écartées de cette réflexion, car elles demandaient à ce que je sois mieux informée, au risque sinon de porter un jugement surplombant ou d'émettre des déductions hâtives.

La participation à de nombreuses rencontres, réunissant des responsables de ministères, des députés, des professionnels du droit ou des ONG et organisations internationales, ainsi que les entretiens réalisés avec des acteurs et responsables d'institutions ou de ministères chargés des questions de migration ont largement complété mon corpus et renforcé mes connaissances initiales. Soulignons que, depuis 2005, les rencontres au Maroc sur la migration, les migrants, les réformes engagées par l'État, les droits des étrangers sont récurrentes et portées par une diversité d'acteurs, institutionnels ou non.

Au cours de cette période, je me suis également intéressée aux modalités de délibération au sein du parlement marocain, aux conditions et au contexte dans lesquels les textes relatifs aux droits des étrangers ont été adoptés, reçus et discutés, ou aux difficultés pratiques telles qu'exprimées par les acteurs chargés de la mise en œuvre des politiques et du droit. Des dimensions liées aux relations régionales (politiques migratoires, mais pas seulement) ou bilatérales ont été approfondies, tout comme des thématiques plus spécifiques du droit (droit du travail, évolution du droit des étrangers, droit de la famille ou dispositions pénales) ou de l'organisation politique marocaine.

Des temps d'observation dans certains espaces classiques de fabrication et de déploiement du droit, comme il en a été de débats au sein du parlement marocain, de l'enceinte du tribunal de première instance ou de la préfecture de Rabat, d'activités et actions associatives et d'organisations internationales, ont alimenté mon terrain et servi de base à ce travail. Des observations postérieures à mon expérience au GADEM m'ont permis de constater l'évolution de l'environnement social et politique, de me pencher sur des événements intervenus après 2011, comme il en est d'épisodes d'éloignement d'étrangers ou des mesures mises en œuvre dans le cadre de la nouvelle politique d'immigration impulsée à partir de 2013. Tout au long de ma recherche, j'ai également réalisé un travail d'analyse des articles de presse collectés sur les questions de migration au Maroc, de politique migratoire, de présence étrangère (notamment les événements concernant des étrangers sans lien établi avec la migration), de questions de justice ou de sécurité. Visant à mieux comprendre des dimensions du contexte politique et social dans lesquels s'ancrent différentes pratiques d'acteurs du droit, cette analyse de presse m'a régulièrement révélé des dimensions qui ne m'étaient pas apparues au premier abord.

Si mon questionnement de recherche s'est orienté vers les pratiques du droit des étrangers impliquant ceux identifiés comme Subsahariens, il s'est avéré d'autant plus important d'élargir le champ de mes questionnements non seulement à d'autres catégories d'étrangers, mais aussi aux pratiques du droit déployées vis-à-vis des Marocains et au droit des étrangers dans le contexte marocain. Cette posture m'a permis d'apporter un autre regard sur les pratiques quotidiennes et routinières des acteurs engagés dans des actions liées au droit des étrangers.

II. Postures d'actrice, de membre et d'observatrice

J'ai été impliquée directement dans des situations que j'analyse dans ce travail. L'observation participante a longtemps été dénigrée et, comme le note Tamanaha, « pour les scientifiques, le participant à une pratique ne peut être impartial - participer, c'est nécessairement être subjectif » (1997 : 176). Ce déni du statut de participant est actuellement largement remis en question et l'on ne compte plus les travaux dans lesquels la participation du chercheur a fait émerger des résultats qu'une présence plus distanciée n'aurait pas permis.

Pour Robillard, qui a fait l'expérience de la paralysie et observé dans cette situation les interactions et pratiques qui l'entouraient, « l'analyste doit pouvoir être un participant reconnaissable dans les pratiques qu'il ou elle décrit » (1999 : 50-51). Il s'agit non seulement d'une présence différente sur le terrain, mais surtout d'une posture de membre ou de participant, qui va au-delà de la proximité de l'observateur/observant. Dans les cours d'action où j'interviens en tant que membre du GADEM, ma posture renvoie à celle que Lapassade qualifie de « participation complète par opportunité » (2002 : 379). Pour celui-ci, cette posture correspond au statut « où le chercheur met à profit l'occasion d'enquêter du dedans - une opportunité qui lui est donnée par son statut déjà acquis dans la situation » (ibid. : 379). Il s'agit notamment de la situation de la personne qui, de praticien, devient chercheur. En tant que membre et actrice du GADEM, j'ai pu adopter une perspective interne à l'action de l'association, mais également, à des degrés divers, de différents groupes intervenant dans le droit des étrangers au Maroc (institutions, acteurs partenaires, etc.).

Tamanaha parle de communauté interprétative pour désigner les « groupes de personnes liées par un savoir, un langage ou une terminologie commune et souvent aussi par un corpus de base, d'idées, de croyances et d'attitudes » (1997 : 148). Il distingue acteurs juridiques et acteurs non juridiques, sur la base du « moule de la formation juridique », en considérant comme acteurs juridiques, les membres de la communauté juridique intersubjective, « c'est-à-dire de la communauté interprétative des personnes formées au droit d'une tradition juridique donnée » (ibid., 148). Si certaines compétences et formes de communication relèvent des professionnels du droit que sont les avocats et les magistrats, à côté de ces juristes, certains professionnels associatifs notamment, ayant le plus souvent suivi une formation en droit, sont susceptibles de faire partie de la même communauté interprétative. Ce mouvement d'acteurs associatifs est récent au Maroc et proche de celui qui a pu se développer en France autour d'associations comme le GISTI ou la Cimade, pour ce qui est du droit des étrangers (Fischer, 2006, 2009; Israël, 2003). La distinction opérée par Tamanaha (1997 : 148-149) entre acteurs juridiques et non juridiques omet non seulement le rôle des interventions de non-juristes dans le déploiement du droit (Fischer, 2006 ; Israël, 2001, 2003 ; Milburn, 2002), mais semble ignorer ces praticiens du droit qui ne sont pas pour autant des professionnels au sens institutionnel. Ceux-là bénéficient d'une expertise juridique spécialisée, maîtrisent les dispositions du droit et des procédures, sont coutumiers de l'usage des outils juridiques, tout en n'agissant pas dans un rôle de représentation formelle pour des clients et devant les juridictions. Ils interviennent alors dans la constitution de dossiers, le conseil juridique, la préparation des audiences et l'orientation de professionnels du droit (avocat ou huissier de justice en particulier), la formulation de recours écrits, la médiation auprès des institutions et pour des structures comme le

GADEM ou le GISTI, dans le lien entre accompagnement juridique et plaidoyer pour la défense des droits. Ils peuvent alors collaborer avec des professionnels du droit que sont les avocats et les magistrats, dans une posture de complémentarité. Cette collaboration est, de plus, perçue comme partie intégrante des objectifs de renforcement de l'État de droit que ces associations se fixent régulièrement (cf. chapitre 3). Ces acteurs ne peuvent pas être considérés comme des acteurs non juridiques, qui « rencontrent le droit en posture de consommateurs, utilisateurs, sujets, victimes potentielles, que ce soit volontairement ou non » (Tamanaha, 1997 : 150). Il s'agit aussi de considérer « l'idée que l'usage, l'action, l'engagement concret dans la réalisation d'une activité initient un mode de présence spécifique au monde, un mode de disposition particulier du savoir, des intérêts, des caractéristiques de l'environnement qui sont investis dans l'action » (Quéré, 1986 : 34). C'est davantage le fonctionnement du groupe de ces professionnels du droit (avocats, magistrats, huissiers, etc.), de l'institution judiciaire et de la mise en œuvre de certaines procédures, que ces praticiens associatifs saisissent plus difficilement. La collaboration dans ce sens avec certains professionnels du droit s'avère alors importante. Comme le souligne Tamanaha, si Dworkin et Kennedy[21] n'ont jamais été juges, leur expérience en tant qu'assistant de justice leur a permis de bénéficier d'un accès particulier et de découvrir ainsi certains aspects de l'activité de juger, sans pour autant y être engagés comme véritables participants (1997 : 176).

Les activités de défense des droits et d'accompagnement juridique m'ont amené à côtoyer une diversité de professionnels du droit (magistrats, policiers ou avocats), tout en entretenant des relations et des collaborations plus étroites avec certains avocats. Ce lien a été en outre alimenté par les différentes activités et formations organisées par le GADEM à destination des avocats, induisant des échanges en amont avec des membres des barreaux et organisations travaillant sur les questions de justice. Ces rencontres ont aussi eu pour objet de mobiliser des avocats en vue de les impliquer dans l'accompagnement juridique et la défense de cas individuels d'étrangers orientés ou accompagnés par le GADEM[22]. Cette implication sur des questions d'accès aux droits, les différentes techniques et connaissances acquises en lien avec l'accompagnement juridique, la recherche commune de réponses juridiques relatives aux dossiers suivis de manière collaborative m'ont permis de me familiariser avec le langage propre aux acteurs de l'institution judiciaire et de l'administration. J'ai ainsi pu adopter une perspective interne et pratique du droit, dans et par mon travail quotidien, tout

[21] Ronald Dworkin et Duncan Kennedy sont deux juristes américains (cf. Tamanaha, 1997 ; Dupret, 2006a).

[22] Les modalités de collaboration entre avocats et organisations de défense des droits, comme l'engagement de certains avocats dans la défense de causes, constituent des axes de recherche développés notamment par les tenants du « *Cause-lawyering* ». Voir notamment à ce sujet Israël (2001, 2003).

en partageant partiellement un langage du droit et une compréhension commune avec ces professionnels, sans que cela fasse formellement de moi ni une juriste ni un membre de ces professions.

Je n'étais ni complètement intégrée ni totalement étrangère ou profane. J'ai pu ainsi non seulement m'interroger sur des significations données ou pratiques qui me paraissaient étranges, mais également considérer comme normales d'autres dimensions du déploiement de ces pratiques. Cela a incontestablement orienté mes propres pratiques, tout comme le fait d'appartenir à d'autres communautés interprétatives (cf. infra).

Cette perspective de membre soutient une démarche réflexive (cf. chapitre 1), dans laquelle interviennent, dans mon interprétation, mes propres pratiques et expériences. La réflexivité renvoie au fait que nos descriptions du monde deviennent partie intégrante de ce qu'elles cherchent à décrire. Au-delà de la dimension langagière, la réflexivité de l'organisation des activités ordinaires de la vie de tous les jours, telle qu'appréhendée par Garfinkel, est « une propriété singulière des actions pratiques, des circonstances pratiques, de la connaissance de sens commun des structures sociales et du raisonnement sociologique pratique. C'est cette réflexivité qui nous permet de situer et d'examiner l'occurrence de ces différents éléments ; en tant que telle, elle fonde la possibilité de leur analyse » (Garfinkel, 2009 : 46).

La diversité des pratiques qui constituent ma recherche et des acteurs qui y sont impliqués me positionne en tant que participante ou non-participante, observateur interne ou externe, selon les cours d'action sur lesquels je me penche dans le cadre de ce travail.

Il existe une multitude de communautés interprétatives. Le fait d'être marocaine, d'avoir grandi au Maroc, de maîtriser des langues marocaines (darija et amazigh) m'a aussi donné accès à une connaissance de l'intérieur de certains aspects de l'ordre social marocain. Je reste relativement étrangère à d'autres de ces aspects. Cela renvoie également à ce que Garfinkel (2009) appelle la « compétence unique », c'est-à-dire la connaissance de l'intérieur des phénomènes que le membre prétend décrire. Les membres d'une société ou d'un groupe « disposent d'une connaissance non savante et partagée des structures sociales et ils s'en servent aux fins pratiques de leurs activités et de leurs interactions. C'est aussi cette connaissance qui leur donne l'assurance d'appartenir à un monde commun, de partager une réalité commune » (Quéré, 1986 : 36). Cela ne prédispose pas à la proximité, à l'intelligibilité des pratiques sociales, qui ne peuvent être analysées que dans le cadre de contextes et de situations particulières et localisées. Le fait d'être membre d'autres communautés interprétatives a d'ailleurs autorisé la distance critique que je pouvais développer vis-à-vis de certains phénomènes sociaux. L'on n'est pas membre d'une communauté de manière figée et définitive et les degrés d'implication en tant que participant peuvent largement différer. J'utiliserai le « je » pour évoquer ma posture de participante/membre d'un cours d'action, mais envisagerai également des situations où, si ma connaissance de l'arrière-plan et le sens commun me permettent d'interpréter certaines méthodes déployées par les participants, je suis davantage dans la posture ethnographique de la mouche sur son mur pour reprendre une expression de Latour (2002).

Ces caractéristiques personnelles, les manières dont j'apparaissais aux gens sont partie intégrante de ma posture d'actrice que je devais prendre en compte dans la compréhension de ce qui se passait et des interactions, comme de ma propre observation. Pour Schütz, en sciences sociales, « les objets de pensée, construits par les chercheurs se fondent sur les objets de pensée construits par la pensée courante de l'homme menant sa vie quotidienne parmi ses semblables et s'y référant » (1987). Il semble donc important de les exposer raisonnablement.

L'immersion rendue possible par l'expérience dans un cadre associatif a été suivie d'une prise de distance lors de mon entrée en thèse de doctorat. Cette expérience m'a en effet assigné à une posture de militante pour certains interlocuteurs, susceptibles de la juger menaçante, ou au contraire de me percevoir comme une alliée idéologique. Son corollaire est qu'une distance critique à l'égard de mes propres jugements ou sentiments m'a semblé être, dans un premier temps, une exigence méthodologique et éthique importante. S'il s'agissait d'une prise de distance à même de soutenir l'analyse de phénomènes dans lesquels j'avais été immergée, cela consistait surtout, pour reprendre une expression de Jayyusi, à vérifier mes valeurs sur le pas de la porte, en adoptant une « attitude de compréhension de l'espace propre à ces "moments analytiques" » (2010 : 9). Jayyusi fait ici référence à la posture d'« indifférence ethnométhodologique » qui peut « caractériser la phase de l'analyse qui consiste à rendre le phénomène étudié anthropologiquement étrange et permet à l'analyste de restituer les méthodes de compréhension et d'accomplissement endogènes des membres engagés dans leurs activités situées » (2010 : 12). Cette posture ne veut pas dire traiter des faits avec indifférence ou neutralité. Mon intérêt pour ce sujet découle clairement d'un engagement vis-à-vis du fonctionnement de l'ordre social considéré et de questionnements sur des pratiques qu'il m'a été donné de vivre ou d'observer. Pour reprendre Jayussi, « cette double expression de l'engagement et de l'indifférence et des deux logiques d'enquête qui en découlent, qui forment les deux registres de "questionnement" possibles dans un projet de recherche qui se veut global, est effectivement concevable. Aujourd'hui, cela paraît plus important que jamais » (2010 : 12).

III. Matériau d'analyse et contraintes de terrain

Mon expérience associative m'a permis d'assister à nombre d'interactions impliquant l'étranger, principalement originaire d'Afrique de l'Ouest et centrale, et les acteurs du droit. Si le matériau recueilli au cours de cette expérience des cas pratiques n'avait pas été capitalisé en vue d'une ethnographie, les notes prises et les comptes-rendus de ces affaires, particulièrement détaillés, ont été utiles. Cela s'explique notamment par les différents questionnements qui accompagnaient le lancement des activités du GADEM et, en particulier, le cadrage des modalités d'accompagnement pour l'accès au droit (éthique, juridique, place donnée à l'accompagnement social, cadrage du mandat de l'association, moyens disponibles, perception des interventions, etc.). Ces actions s'intégraient à un contexte d'accès difficile à la justice, de procédures judiciaires longues et compliquées, impliquant le recours à des avocats, le plus souvent non spécialisés, de la quasi-absence de services sociaux et de procédures administratives pas toujours accessibles tout en conditionnant l'accès à certains droits. Au-delà, elles concernaient des personnes pour lesquelles il s'agissait de rendre effectif l'accès aux droits (reconnus par le droit positif), impliquant, pour les acteurs associatifs intervenants, des dilemmes réguliers entre coopération avec les acteurs publics et contestation pour revendiquer la mise en œuvre du droit. Une grande partie des personnes reçues par le GADEM ne bénéficiait pas d'autorisations de séjour sur le territoire marocain, ce qui impliquait de prendre des précautions dans la mise en œuvre des interventions et dans la contestation de mesures prises par l'administration visant à limiter les sanctions susceptibles d'être prises contre les étrangers concernés. L'ensemble de ces procédures, relatives à l'accès au(x) droit(s) et à la justice, au sens de justice procédurale (Fischer, 2006 ; Franguiadakis *et al.*, 2004), ont fait l'objet d'adaptations et de réajustements constants avec le terrain, l'évolution des connaissances, ainsi qu'avec les expériences, que ces notes et échanges soutenaient.

La collecte d'informations sur la situation des étrangers, au-delà des dimensions légales, sur les différents intervenants et interlocuteurs rencontrés, leurs positions situées, avait aussi pour objectif sous-jacent d'être utilisée pour parfaire les modalités d'actions de l'association, d'identifier les réticences et les marges de manœuvre vis-à-vis de certains acteurs, tout en permettant de laisser une trace des séquences et interactions ayant constitué le suivi des dossiers. La capitalisation de ces informations était également orientée vers l'alimentation de rapports de plaidoyer sur le respect des dispositions légales et des engagements internationaux pris par le Maroc. Cela impliquait d'élargir les centres d'intérêt, au-delà de la motivation de tel ou tel accompagnement, à des questionnements sur les mécanismes d'accès à la justice, l'accès au travail, aux soins, à l'éducation, à l'état civil, au mariage, les discriminations ou les relations et tensions entre étrangers et Marocains, profanes et professionnels. Les notes prises ont donc été régulièrement plus proches du journal de bord de l'ethnologue que du compte-rendu associatif, intégrant les séquences de l'accompagnement et celles ayant marqué l'affaire, les rencontres et interactions, des éléments du contexte, mais également des ressentis, questionnements personnels, liés aux dispositions légales, éthiques ou aux pratiques rendues visibles, et qui, dans un « récit sur le vif », a limité partiellement le caractère rétrospectif de l'analyse effectuée dans le cadre de cette recherche.

Comme nous ne notons jamais tout, le risque était grand d'une adaptation de la réalité et donc des souvenirs, susceptibles d'être, partiellement au moins, fantasmés, selon le degré d'attention prêtée aux détails et à l'observation au moment de l'action, ainsi que du degré d'émotion qui a pu accentuer ou rendre invisible des éléments déterminants de la situation en contexte. Il a été important d'être attentive à réinterroger les postures adoptées au cours de ces événements, tout en cherchant à limiter les dérives liées à ma propre surinterprétation a posteriori, en particulier pour les notes prises alors que j'intervenais moi-même dans la situation observée. Cependant, comme relevé précédemment, il existe un écart inévitable entre la situation observée et sa retranscription, quelle que détaillée et éclairée qu'elle puisse être (Barthélémy & Quéré, 2009 : 14), ainsi qu'avec la description qui en est faite. En effet, « décrire c'est effectuer des choix d'interprétation et être conduit à clarifier les nouvelles ambigüités possiblement ouvertes par ceux-ci » (ibid., 2009 : 26).

Outre ces cours d'action observés et ces situations suivies, ce travail s'appuie également sur un ensemble de documents de procédures relatifs au droit des étrangers liés à des cours d'actions suivis directement ou qui m'ont été fournis. Il s'agit pour l'essentiel de jugements, de procès-verbaux et documents de police constituant le dossier de l'inculpé. Certains sont centraux dans les analyses développées dans cette recherche. D'autres n'ont servi que pour mieux comprendre certaines contraintes pratiques, modalités de mobilisations du droit ou les contextes dans lesquels ces pratiques prenaient place. Si ces matériaux écrits seuls nous en disent peu sur les modalités de leur élaboration, ils nous fournissent un grand nombre d'informations, à condition que l'on accepte de ne pas chercher à leur en faire dire davantage que ce qui en émerge et si l'on en reconnaît les limites (Dupret, 2006b : 140). Des comptes-rendus de débats, de réunions ou de délibérations, ainsi que des entretiens réalisés avec des acteurs associatifs, des professionnels du droit, des responsables politiques et des étrangers au Maroc ont complété ce matériau, me permettant notamment de mieux cerner les perceptions et positionnements affichés par les intervenants ou mes interlocuteurs.

J'ai pu effectuer des observations dans des lieux et contextes variés au cours de ma recherche. J'ai cependant fait face à des difficultés d'accès à certains espaces, documents et à la parole de certains acteurs. Ces difficultés sont courantes dans la recherche au Maroc, sans nécessairement renvoyer à une volonté délibérée de ne pas permettre l'accès aux données et à l'information. Elles peuvent être accentuées pour des questions perçues comme politiquement sensibles. Mon objet d'étude relatif aux pratiques du droit, aux étrangers, amène à traiter de l'implication d'acteurs, comme il en est de ceux associés à la sécurité et à la police dont l'action est un objet qui, pour reprendre Brodeur, « oppose une résistance délibérée au projet de connaître » (1984 : 7). Dans le contexte marocain, un certain nombre de pratiques et d'actions, relatives à la police, à la justice ou à la fabrication du droit ont, pour ceux qui tentent de s'y intéresser, un arrière-goût de dissidence ou de recherche de l'objet inaccessible, quand bien même il s'agirait de demandes concernant des documents a priori publics. Cet accès limité à certaines informations, pour ce qui est de la thématique migratoire notamment, détonne avec la sur-médiatisation et le foisonnement de déclarations qui concernent ce sujet. Ce constat n'est cependant pas propre au Maroc. L'accès à certaines informations m'a cependant été facilité, non seulement par mon statut antérieur d'acteur associatif, mais également par des contacts personnels qui m'ont permis d'accéder à des personnes, à des paroles et à des terrains d'observation peu accessibles à l'anonyme ou à la militante.

Mes observations ont aussi été complétées par des enregistrements audio réalisés à l'occasion de conférences ou rencontres, qui ont soutenu la compréhension du contexte et de positionnements d'acteurs, en particulier institutionnels. Ces enregistrements ont concerné essentiellement des interventions orales adressées à des auditoires mixtes constitués de chercheurs, d'acteurs associatifs ou d'organisations internationales et de différentes institutions marocaines et étrangères.

La praxéologie du droit apparaît comme une approche originale, en particulier dans l'environnement de la recherche marocaine. L'importance accordée aux pratiques des acteurs et à l'intelligibilité donnée par les gens à leurs actions, la distance prise avec les théories et modèles couramment admis, ainsi que le fait que la démarche n'ait ni pour objet d'aboutir à des états des lieux, ni d'apporter des solutions aux cas pratiques envisagés, bousculent les schèmes de la recherche telle qu'admise et pratiquée par de nombreux chercheurs. Cela est plus prégnant dans des contextes où les moyens donnés à la recherche sont réduits et orientés vers certains objets et démarches, et où les chercheurs sont souvent mobilisés dans le cadre de consultations, d'évaluations et d'états des lieux commandés par les institutions publiques ou des organisations internationales. Les orientations données à ces projets, comme à ceux des associations (statut juridique qui ne nous dit pas grand-chose de ce qu'il traduit), et leurs sources de financements sont des objets d'étude et d'analyse en soi, qui ne sont pas ignorés dans ce travail.

J'ai rapidement compris que parler de pratique des acteurs était ressenti comme une intrusion par nombre d'acteurs institutionnels, dans une sphère qui soit n'avait pas à être rendue visible, soit me situait dans une posture pointant du doigt le travail des acteurs institutionnels et administratifs. Lorsque j'évoquais mon sujet de recherche, la réaction la plus courante de la part d'acteurs institutionnels consistait à revenir sur les difficultés liées à la gestion de la migration, sur les effets néfastes pour le Maroc de l'immigration irrégulière, et en particulier des personnes originaires d'Afrique de l'Ouest et centrale, sur le rôle du Maroc, pris à ses dépens, sur l'externalisation des politiques migratoires imposée par l'UE (de manière générale), ainsi que sur les avancées réalisées par le Maroc en matière de respect des droits de l'homme.

Au-delà des difficultés relatives à l'étude des pratiques des acteurs administratifs, qui renvoie à la visibilité extra-institutionnelle de pratiques internes aux institutions marocaines, j'ai également été fortement contrainte dans l'accès à des informations formellement publiques. Malgré l'ouverture affichée de l'appareil judiciaire marocain sur son environnement, qui constitue l'un des axes majeurs de la réforme de la justice en cours (cf. chapitre 3), les recherches sur les pratiques des acteurs de l'administration en général, de l'institution judiciaire et de la sécurité en particulier, sont rares, voire inexistantes, et il reste difficile d'avoir accès aux données, documents de procédure et à certains terrains d'observation.

Si l'accès à l'information publique a été promu au Maroc, à la suite notamment de l'adoption de la Constitution de 2011 (art. 27)[23], différentes contraintes institutionnelles et la culture du secret[24] rendent opaques certaines procédures - relatives notamment à des circulaires précisant ou limitant des dispositions prévues par des textes juridiques. Les difficultés d'accès aux données publiques entravent l'accès à ces ressources riches pour le chercheur.

---

[23] « Les citoyennes et les citoyens ont le droit d'accéder à l'information détenue par l'administration publique, les institutions élues et les organismes investis d'une mission de service public. Le droit à l'information ne peut être limité que par la loi, dans le but d'assurer la protection de tout ce qui concerne la défense nationale, la sûreté intérieure et extérieure de l'État, ainsi que la vie privée des personnes, de prévenir l'atteinte aux droits et libertés énoncés dans la présente Constitution et de protéger des sources et des domaines expressément déterminés par la loi ».

[24] Conforté par le flou qui entoure l'accès à l'information publique. Citons à cet égard l'article 18 du décret portant statut général de la fonction publique, promulgué le 24 février 1958 et ainsi formulé : « Indépendamment des règles instituées dans le Code pénal en matière de secret professionnel, tout fonctionnaire est lié par l'obligation de discrétion professionnelle pour tout ce qui concerne les faits et informations dont il a connaissance dans l'exercice ou à l'occasion de l'exercice de ses fonctions. Tout détournement, toute communication contraire au règlement de pièces ou documents de service à des tiers sont formellement interdits. En dehors des cas prévus par les règles en vigueur, seule l'autorité du ministre dont dépend le fonctionnaire peut délier celui-ci de cette obligation de discrétion ou le relever de l'interdiction édictée ci-dessus ». Décret royal sur le statut général de la fonction publique, 24 février 1958, bulletin officiel 2372, 11 avril 1958, article 18.

Pour ce qui est de l'observation des audiences dans les tribunaux, celles auxquelles j'ai pu assister et la rapidité de la confrontation de l'étranger avec le juge, lorsqu'il s'agissait d'audiences relatives au séjour des étrangers en particulier (mais pas seulement), ne permettent pas de saisir ce qui se passe effectivement. Elles révèlent des actions et interactions qui ne sont alors le plus souvent accessibles que par l'accès au dossier de l'inculpé ou en suivant le juge, le procureur et l'avocat au moins dans les bureaux et couloirs du tribunal. Comme le souligne T. Scheffer, « les conditions individuelles d'accès au terrain enseignent quelque chose sur le terrain en étude » (2010 : XXII).

Malgré ces difficultés, durant ces quatre années, les conversations observées, les épisodes auxquels j'ai pu assister, sans prendre de notes ou effectuer d'enregistrements (dans les commissariats, les préfectures, au parlement, etc.), ont enrichi indéniablement mon arrière-plan de compréhension des postulats de sens commun, du savoir ordinaire de différents acteurs.

CONCLUSION DU CHAPITRE

Ce chapitre renseigne le lecteur sur les conditions de mon observation, de la collecte du corpus utilisé et sur les difficultés rencontrées. Il fournit des réflexions sur la place du chercheur, sur ses relations avec différentes communautés interprétatives, ainsi que sur les modalités par lesquelles les postures analytiques et pratiques s'alimentent mutuellement. Le retour opéré sur ma posture de terrain et sur mes relations avec les environnements, associatifs ou institutionnels, qui ont constitué mon terrain d'analyse, au sein duquel se déroulaient interactions, négociations, diffusion d'informations, construction de cultures communes et d'oppositions ou d'alliances, donne également à voir des éléments du contexte d'intervention des acteurs associatifs. Il dresse en creux les bases d'une cartographie des acteurs de la société civile impliqués dans la défense des étrangers et révèle certains enjeux tant de l'action des professionnels du droit et associatifs que de l'activité de recherche elle-même.

Les postures adoptées dans un travail empirique ne sont pas anodines. Il convient non seulement de les expliciter, mais également d'évaluer leur incidence sur les descriptions et analyses qui en découleront. Il s'agit de limiter les points de vue essentialistes et culturalistes, en considérant que ses propres expériences et sa compréhension de sens commun peuvent influencer la compréhension du phénomène social investigué. S'intéresser à ce que les gens identifient comme étant du droit implique non seulement de porter son attention sur le droit en action, mais également d'exclure une position surplombante. Cela conduit à s'interroger sur la rationalité pratique des acteurs et à étudier le droit au travers des « méthodes utilisées par les gens engagés dans une activité qu'ils identifient comme juridique pour accomplir cette activité de manière intelligible, de sorte à pouvoir agir et interagir de manière ordonnée » (Dupret, 2006a : 97). C'est au travers de l'intelligibilité rendue disponible par les individus dans leurs pratiques qu'un certain nombre de mécanismes à l'œuvre sont rendus visibles et seront traités dans cet ouvrage.

CHAPITRE 3

POUR UNE MEILLEURE INTELLIGIBILITÉ DU DROIT DES ÉTRANGERS AU MAROC : ARRIÈRE-PLAN POLITIQUE ET JURIDIQUE

Ce chapitre a pour objet principal de fournir des éléments d'informations sur le cadre juridique relatif au droit des étrangers, ainsi que sur l'environnement dans lequel se déploie le droit des étrangers au Maroc. Dans un premier temps seront présentées les principales dispositions relatives à ce qui est communément appelé « droit des étrangers », en traitant succinctement de son évolution, avant 2003 puis à partir de l'adoption de la loi n° 02-03 relative à « l'entrée et au séjour des étrangers au Royaume du Maroc, à l'émigration et à l'immigration irrégulières ». Cette approche, privilégiée par les juristes et certains sociologues du droit, fournit un panorama des ressources légales à la disposition des acteurs du droit. Ce chapitre est également l'occasion de présenter des données relatives aux étrangers établis au Maroc qui seront mobilisées et complétées ultérieurement. Par un aperçu sur l'organisation institutionnelle juridique et administrative, cette présentation soutiendra une meilleure compréhension du rôle formel attribué par ces textes juridiques à certains intervenants, organisations et institutions. Dans un second temps, seront exposés des éléments de l'environnement politique, juridique et social dans lequel s'insère, sans le déterminer, le droit des étrangers. Seront évoqués succinctement des éléments relatifs au contexte d'adoption de la loi n° 02-03, tenant compte des négociations et coopérations entre le Maroc et l'UE, et de délibérations dans l'enceinte du parlement marocain. Certains mécanismes et enjeux de la réforme par le droit seront traités, comme il en est de la question de l'intervention d'acteurs de la société civile, ainsi que de l'idée de la réforme du droit, sous-tendue par des notions comme l'État de droit.

Ne constituant pas un état de l'art, ce chapitre réunit un ensemble d'informations permettant d'éclairer l'organisation institutionnelle du droit des étrangers au Maroc et des enjeux politiques qui en constituent l'arrière-plan de compréhension, complétant ainsi les composantes variées du contexte, multiforme et toujours singulier qui transparaissent de ce travail.

I. L'IMMIGRATION AU MAROC À L'AUNE DES TEXTES JURIDIQUES

A. Migration et droits des étrangers avant 2003

Le droit des étrangers, entendu comme l'ensemble des droits et devoirs associés à l'étranger, existait bien avant la période des protectorats espagnol et français, au cours duquel le droit marocain a commencé à être positivé. Un ensemble de textes juridiques vont être élaborés à la fin du XIXe et au début du XXe siècle pour encadrer la présence de l'étranger ou de certaines catégories d'étrangers. Sans remonter plus en amont dans l'histoire, le régime des capitulations a permis que certains ressortissants étrangers bénéficient d'un privilège de juridiction, en les soumettant à leurs juridictions consulaires présentes au Maroc. Ce régime fit son apparition au Maroc en 1836 d'abord pour les ressortissants américains, avant d'être étendu aux Britanniques en 1856[25]. Il leur accordait notamment la liberté d'aller et venir, de séjourner, de s'établir et de commercer. La convention internationale de Madrid (1880) reconnaît le droit de propriété à tous les étrangers des États concernés (art.11), l'allégeance perpétuelle au Maroc de tout sujet marocain naturalisé à l'étranger (art.15) et le bénéfice du traitement de la nation la plus favorisée en matière commerciale à tous les signataires (Sefrioui, 1973 : 20). Ce régime de capitulation s'est progressivement étendu à des citoyens marocains placés sous la protection des juridictions consulaires étrangères.

Différents textes ont réglementé l'entrée, le séjour et l'émigration en « zone française de l'Empire chérifien »[26]. Le dahir du 12 août 1913 sur la condition civile des Français et des étrangers au Maroc marque la prééminence de la législation française sur le territoire marocain et est concomitant à l'institution de juridictions françaises au Maroc. Selon l'ordonnance du 13 novembre 1914

[25] Des accords sont conclus antérieurement avec la France pour l'établissement de consulats français dans les ports marocains, la liberté de commerce et des douanes (accords de 1631 et 1685) ; avec la France, l'Espagne, l'Autriche, la Sardaigne et le royaume des deux Sicile (traité de paix et d'amitié de 1767), ainsi qu'avec les États-Unis (traité de 1787) sur « la liberté de voyage, trafiquer, naviguer, les libertés d'accès, de débarquement et de sortie du Maroc, d'une part, et l'application aux ressortissants des pays contractants de leur loi nationale en matière de statut personnel, d'autre part » (Sefrioui, 1973 : 20). En 1860, un traité signé à Tétouan protège les missionnaires espagnols.

[26] Le dahir du 15 novembre 1934 réglementant l'immigration en zone française de l'Empire chérifien qui conditionne la présence de l'étranger et de sa famille à l'exercice d'une activité professionnelle (salariée ou profession libérale) ; le dahir du 2 janvier 1940 réglementant le séjour de certaines personnes en zone française de l'Empire chérifien ; le dahir du 16 mai 1941 relatif aux autorisations de séjour en zone française de l'Empire chérifien ; le dahir du 17 septembre 1947 relatif aux mesures de contrôle établies dans l'intérêt de la sécurité publique ; le dahir du 8 novembre 1949 portant réglementation de l'émigration des travailleurs marocains.

du commissaire résident général, relative aux personnes arrivant ou séjournant dans la zone française de l'empire chérifien, l'étranger ne s'étant pas soumis aux formalités et enregistrements en vigueur pouvait être passible d'une amende, d'un emprisonnement (de 2 jours à 1 mois) et/ou être expulsé par les autorités militaires. Les formalités d'entrée et de séjour impliquaient notamment la détention d'un passeport, à partir du 15 janvier 1915, et d'un visa pour les étrangers y étant soumis, une déclaration de résidence ou d'immatriculation[27], une procédure de demande et d'obtention de l'autorisation de séjour, ainsi que la possibilité que les autorisations de séjour soient « annulées ou retirées à tout moment » par l'administration (art. 2 du dahir du 16 mai 1941). L'immigration au cours du protectorat, tout en intégrant des dispositions largement restrictives, ne semblait pas faire l'objet d'une grande attention. Pour Sefrioui, « cette législation sociale était en grande partie une législation de guerre ; elle était plutôt favorable aux Français qu'aux autres Européens » (1973 : 22). C'est en 1937 que la protection consulaire a été définitivement supprimée (Jmahri, 1994 : 11). Le statut des ressortissants des États protecteurs du Maroc (Espagne et France), de ceux bénéficiant de traités de protection ou accordant des privilèges - parfois réciproques - d'établissement sur le territoire, les personnes associées à un statut subalterne d'esclave, les habitants du Maroc sans état civil ou membres de groupes refusant l'allégeance à l'État central, renvoient à des catégorisations qui ne sont plus valables aujourd'hui. Celles-ci sont à interpréter à l'aune des caractéristiques qui leur étaient alors associées et situent différemment les perceptions mêmes de l'étranger. Cela renvoie au problème classique du nominalisme, le fait que « l'usage du même mot à différentes époques ne signifie pas nécessairement que le mot renvoie à la même signification et à la même définition technique » (Dupret, 2006b : 85-86).

Si les textes concernant la condition des étrangers et mis en place au cours du protectorat sont restés en vigueur à la suite de l'accès à l'indépendance du royaume, différentes réformes législatives ont abouti à la promulgation de nouveaux textes, comme il en est du code du statut personnel et successoral (qui concerne les Marocains et étrangers en relation avec un.e Marocain.e), du code de la nationalité marocaine, du code de procédure pénale et du code pénal. La loi de marocanisation de 1973 interviendra sur la condition des étrangers en rendant formellement inaccessible l'emploi public pour les non-Marocains, en instituant la récupération de terres et en limitant l'investissement étranger dans le commerce et l'industrie marocaine.

Au lendemain de la période des protectorats sur le royaume, les relations privilégiées du Maroc avec certains États, notamment européens et africains, aboutissent à la conclusion de conventions bilatérales accordant des avantages aux ressortissants des États partis. Les principales sont les conventions

---

[27] Ordre du Joumada II (15 janvier 1964) relatif à l'arrivée et au séjour des étrangers au Maroc ; dahir du 17 septembre 1947 relatif aux mesures de contrôles

d'établissement signées en 1963 avec l'Algérie, en 1964 avec le Sénégal et avec la Tunisie, qui accordent une égalité des droits pour les ressortissants des deux États, notamment en matière d'accès à l'emploi. À cela s'ajoutent les conventions de dispense de visa, permettant aux ressortissants d'un nombre non négligeable d'États européens, d'Afrique de l'Ouest, d'Amérique, d'Asie, d'entrer sur le territoire sans visa pour un séjour de 90 jours [cf. annexe n°1].

Le Maroc a également ratifié une grande partie des conventions et pactes internationaux de protection des droits de l'homme. La ratification de la convention de Genève de 1951 relative au statut de réfugié s'est accompagnée de l'adoption d'un décret royal, en 1957, en fixant les modalités d'application[28]. Le Maroc a adhéré en 1974 à la convention de l'Organisation de l'Unité africaine (OUA) régissant les aspects propres aux problèmes des réfugiés en Afrique. S'il s'est retiré de l'OUA en 1984, le royaume n'a pas dénoncé depuis son adhésion à cette convention[29]. La ratification de la convention de Genève de 1951 est régulièrement présentée comme n'ayant pas été de l'initiative des autorités marocaines alors sous tutelle française. Le fait est que le Maroc ne dispose, à ce jour, pas de système d'asile effectif, bien que les autorités marocaines aient, dans le passé, accordé l'asile à un certain nombre d'étrangers (El Madmad, 2001). Le Haut Commissariat des Nations unies pour les réfugiés (UNHCR) est représenté au Maroc depuis 1956. Pourtant, comme le souligne Valluy : « Pendant cinquante ans, du 7 novembre 1956, date de ratification de la convention de Genève sur les Réfugiés (1951) par le Royaume du Maroc, jusqu'à l'automne 2004, la représentation au Maroc du haut commissaire aux réfugiés (HCR) de l'Organisation des Nations Unies était symbolique : un simple délégué honoraire, notable marocain, peu spécialisé dans le domaine de l'asile et des réfugiés et un assistant réalisant le travail administratif d'information du siège international à Genève et de suivi des 272 réfugiés reconnus par le HCR au Maroc » (Valluy, 2007 : 2).

[28] Ce décret prévoit la mise en place d'un Bureau des réfugiés et apatrides (BRA) dont le mandat est de reconnaître la qualité de réfugié, d'assurer la protection juridique et administrative des réfugiés ou de délivrer les documents nécessaires à l'accomplissement des actes de la vie civile. Le décret prévoit également une commission des recours pour les demandeurs d'asile déboutés de leur demande. Outre les dispositifs et pratiques mis en œuvre concernant l'asile et la protection des réfugiés développés dans la suite de ce chapitre, les évolutions dans ce domaine impulsées à partir de 2013 dans le cadre de la nouvelle politique d'immigration et d'asile sont traitées dans le chapitre 10 de cet ouvrage.

[29] En janvier 2017, le Maroc a réintégré l'Union africaine (UA) dans un contexte de réorientation diplomatique et économique vers le continent africain.

D'après les données du recensement général de la population (tableau n°1), les étrangers présents au Maroc, ne représentent globalement qu'une part minime de la population marocaine[30].

Tableau n° 1 - Évolution du nombre de résidents étrangers recensés dans la population au Maroc

	1935	1952	1960	1971	1982	1994	2004	2014
Résidents étrangers	265 000	539 000	395 823	111 909	61 935	50 181	51 435	86 206/84 001[31]
en % pop. Marocaine	3,64	5,77	3,4	0,73	0,30	0,192	0,172	0,25

Source : RGPH/divers- Haut commissariat au Plan (HCP)

Ne seront pas évoqués ici les différents mouvements de l'émigration marocaine. Pourtant, dans la deuxième moitié du 20e siècle, le Maroc est devenu l'un des principaux pays d'émigration vers les États européens, puis vers l'Amérique du Nord, les pays du Golfe et, plus subsidiairement, vers d'autres États d'Afrique. L'importance des transferts de fonds des émigrés et les relations entretenues entre les ressortissants marocains à l'étranger (MRE) et leur pays d'origine ont pris une importance croissante dans les préoccupations politiques et économiques, conduisant à la mise en place de mécanismes institutionnels visant à « œuvrer pour le maintien des liens fondamentaux que les Marocains résidant à l'étranger entretiennent avec leur patrie et de les aider à surmonter les difficultés qu'ils rencontrent du fait de leur émigration »[32].

---

[30] Le recensement (RGPH) est basé sur les déclarations des enquêtés et ne tient pas compte du statut administratif de l'étranger.
[31] Pour le RGPH de 2014, la note publiée par le HCP en mars 2015 annonce 86 206 étrangers recensés. Ce chiffre est revu à la baisse (84 001) dans la note publiée le 18 décembre 2017 et détaillant les données du recensement de la population de 2014.
[32] Extrait de la loi n° 19-89 du 13 juillet 1990 portant création de la Fondation Hassan II pour les Marocains résidant à l'étranger.

Avec la mise en place de l'espace Schengen et de restrictions à l'entrée sur le territoire européen, s'est développée une émigration irrégulière[33] en provenance du Maroc. Aujourd'hui, le Maroc compte près de 5 millions de ressortissants à l'étranger[34].

C'est en tant que pays d'émigration que le Maroc s'est impliqué dans l'élaboration et la promotion de la convention internationale des Nations unies sur les droits de tous les travailleurs migrants et des membres de leur famille. Cette convention établit des standards applicables à l'ensemble des travailleurs migrants[35]. Elle a été ratifiée par le Maroc en 1993, est entrée en vigueur à un niveau international en 2003, mais ne sera publiée au bulletin officiel qu'à la suite de la promulgation de la Constitution de 2011. L'étranger au Maroc est également concerné par certains droits rattachés à sa législation nationale. La convention de Vienne sur les relations consulaires de 1963 a pour objet de soutenir l'accomplissement de leurs fonctions par les missions consulaires au nom de leurs États respectifs (cf. chapitre 7 et 12).

L'importance accordée à ces conventions est variable, comme il en est de la place qu'elles prennent formellement dans les dispositifs juridiques nationaux, dans les programmes et mandats des institutions gouvernementales, des organisations internationales non gouvernementales, ainsi que de la promotion médiatique et politique dont elles peuvent faire l'objet.

D'après les données du RGPH, si le nombre d'étrangers résidant au Maroc a diminué depuis la fin du protectorat, il connaît une légère augmentation depuis 2004, tout en ne représentant qu'une proportion minime de la population (0,17 % en 2004 et 0,25 % en 2014). Le tableau ci-dessous (tableau n°2) donne des informations sur l'évolution de la population étrangère et de certaines catégories d'étrangers, selon l'appartenance nationale et régionale, sur la base des données et catégories du RGPH de 2004 et 2014. Pour

[33] Comme l'explique Belguendouz, la notion même d'irrégularité mériterait d'être réinterrogée. En effet, si, au moment où l'Europe avait besoin de main-d'œuvre pour sa reconstruction, les étrangers (issus pour l'essentiel des anciennes colonies) passaient pour certains par une procédure de sélection et de placements des travailleurs (convention de main-d'œuvre), une majorité arrivait spontanément et se voyait régularisée sur place et après-coups (ou pas), sans que cela ne soit problématique pour l'État d'accueil. L'immigration irrégulière a alors été tolérée, voire encouragée par les États européens, bénéficiant ainsi de travailleurs à moindre coût (2009 : 2).

[34] « Plus de 5 millions de Marocains établis à l'étranger : Abdelkrim Benatiq dresse le bilan de l'opération Marhaba 2017 en conseil de gouvernement », *Libération*, 5 juillet 2017. Le nombre de Marocains résidant à l'étranger pose des problèmes de détermination (nombre de Marocains nés au Maroc et résidant à l'étranger, nombre de Marocains enregistrés sur les registres des consulats marocains à l'étranger, binationaux).

[35] L'attention était alors peu portée sur la situation des étrangers sur le territoire marocain. Cette convention internationale intègre des dispositions concernant les droits des migrants en séjour régulier, mais aussi des dispositions indépendantes de la situation administrative, régulière ou irrégulière, du travailleur migrant.

envisager l'évolution de ces chiffres entre 2004 et 2014, il est nécessaire de relever l'évolution des catégories mobilisées par le HCP.

Les Européens constituent 45,9 % de la population étrangère au Maroc en 2004 (soit 23 608 personnes) et 40 % (33 615 personnes) en 2014. Il est important de tenir compte tant des données relatives, exprimées en pourcentage, que des données absolues. Les ressortissants français représentent en effet 29% de la population étrangère en 2004, contre 25,4 % en 2014. Pourtant, en données absolues, cela implique que la population française recensée est passée de 14 916 personnes en 2004 à 21 336 personnes en 2014, connaissant ainsi une augmentation de 6 420 Français recensés entre 2004 et 2014. La communauté française est depuis des années la population étrangère la plus importante au Maroc, malgré des départs massifs de Français comme d'Espagnols après l'indépendance. Depuis, le mouvement s'est de nouveau inversé et des Français, des Espagnols, mais également d'autres étrangers s'installent au Maroc.

On peut également noter une augmentation, plus légère, du nombre des Européens non français (+ 3 587 pour une augmentation de 10 000 Européens). Les données fournies par le HCP ne nous permettent pas de déterminer l'évolution des différentes origines nationales concernées par cette catégorie.

Dans les notes publiées par le HCP, le nombre des Européens est mis en parallèle avec celui des Africains en 2014. Le RGPH 2004 dénombre 8,3 % de ressortissants d'« autres pays d'Afrique, essentiellement subsahariens », et 23,9 % de « Maghrébins ». En cumulant ces deux catégories, cela correspond à 16 562 « Africains ». Au cours du même recensement, soulignons que le nombre de Français et d'Espagnols était à peu près équivalent (17 693). En 2014, les deux catégories sont jointes pour constituer la catégorie « Africains ». Cette catégorie représente alors 41,6 % de la population étrangère recensée (34 966 personnes).

À se pencher de plus près sur les données fournies par le HCP, 64,5 % des Africains recensés en 2014 sont « issus de pays subsahariens ». En distinguant de nouveau les ressortissants des pays subsahariens (22 545) et les ressortissants du Maghreb (11 142), on constate également une augmentation des ressortissants d'Afrique subsaharienne recensés au Maroc (de 4269 en 2004 à 22 545 en 2014), mais une légère baisse du nombre des Maghrébins recensés entre ces deux dates. Soulignons cependant le fait qu'en 2014, le nombre des ressortissants d'Afrique subsaharienne recensés (issus de plus de 40 pays dont une vingtaine sont représentés au Maroc) est à peu près le même que celui des Français (non binationaux Marocains) recensés la même année (21 336).

Si le nombre des ressortissants maghrébins n'a connu qu'une légère baisse (de 12 293 à 11 142) entre 2004 et 2014, le nombre de ressortissants algériens a fortement diminué (passant de 9 104 à 5 710) sur cette même période. Cela laisse présumer d'une augmentation du nombre de ressortissants d'autres pays maghrébins recensés. La communauté algérienne apparaît cependant comme étant la troisième présente au Maroc (6,8 %), après la communauté française (25,4 %) et la communauté sénégalaise (7,2 %) et juste avant la communauté syrienne (6,2 %).

Outre la diminution de nombre de Maghrébins et d'Algériens recensés, notons la présence non négligeable de ressortissants du Moyen-Orient recensés, dont le nombre a presque doublé de 2004 à 2014.

Si la présence des ressortissants syriens est rendue plus visible depuis le conflit en Syrie et l'arrivée de réfugiés, les ressortissants syriens constituent moins de la moitié du nombre de ressortissants du Moyen-Orient recensés. Le nombre de ressortissants du continent asiatique et américain reste apparemment relativement stable et limité, bien que peu de détails aient été fournis par le HCP.

La question des présences étrangères et de l'origine des immigrés fait l'objet d'une attention particulière au Maroc. Mais ces données officielles restent partielles[36]. Elles ne permettent pas de saisir des dimensions relatives à l'entrée des étrangers, aux modalités de leur séjour au Maroc ni même à leur profil ou statut sur le territoire marocain. Comme souligné auparavant, l'attention est focalisée, depuis plusieurs années, sur les étrangers originaires d'Afrique de l'Ouest et centrale, quand bien même des données officielles existent sur la présence d'étrangers de diverses origines nationales. Au-delà de ce que peut nous apprendre l'évolution de ces chiffres sur les présences des étrangers, ou de certaines catégories nationales d'étrangers, les catégorisations mobilisées dans le cadre des données du HCP ont elles-mêmes évolué (chapitre 12).

---

[36] Le recensement général de la population est la source de données la plus complète permettant de connaître le nombre d'étrangers recensés et leur origine nationale. Il donne accès à un ensemble d'informations quant à leur localisation géographique, le statut de leur ménage et leurs conditions socio-économiques. Les données fournies restent cependant trop imprécises pour permettre une réelle compréhension de la situation des étrangers recensés au Maroc. Le nombre de titres de séjour délivrés a été rendu public pour les années 2002, 2003, 2005, 2010 et 2013, sans indications quant au type et à la durée de ces titres de séjour (cf. tableau n°3). Jusqu'en 2010, la ventilation par origine nationale des étrangers est rendue publique. Pour l'année 2013, un chiffre global est publié dans le rapport *état des lieux et diagnostic* élaboré par Capital consulting en amont du lancement de la SNIA, ainsi que la ventilation par origines régionales (mais pas nationales). Le ministère de l'Emploi intègre dans ses rapports annuels certaines données relatives aux contrats de travail visés et à leur renouvellement, ainsi qu'à l'intervention de l'inspection du travail. Certains chiffres, partiels, existent sur les mariages binationaux ou sur les investisseurs étrangers au Maroc.

Tableau n°2 – Ventilation par origines régionales et nationales des étrangers recensés

	2004				**2014**				
	Pourcentages d'étrangers / origines régionales	Nombre de ressortissants / origines régionales	Part de certaines origines nationales		Pourcentages d'étrangers / origines régionales		Nombre de ressortissants / origines régionales		Part de certaines origines nationales
Europe	45,9 %	23 608 Européens	29 % de Français = *14 916*	**Europe**	40 %		33 615		25,4 % de Français = *21 336*
			5,4 % d'Espagnols = *2 777*						12 279 Européens hors Français
Maghreb	23,9 %	12 293 Maghrébins	17,7 % d'Algériens = *9 104*	**Afrique**	41,6 %	Dont 31,9 % du Maghreb	34 966 Africains	11 142 Maghrébins	Algériens (6,8 %) = *5 710 Algériens*
			3,4 % de Tunisiens = *1 748*						*5 432 Maghrébins hors Algériens*
			Autres Maghrébins = *1 441*						
Autres pays d'Afrique, essentiellement subsahariens	8,3 %	4 269				Dont 64,5 % issus de pays subsahariens		22 545 issus de pays subsahariens	Sénégalais (7,2 %) = *6 048 Sénégalais*
Moyen-Orient	11,5 %	5 915		**Pays d'Asie**	15,2 %	Dont 82,8 % du Moyen-Orient	12 771 des pays d'Asie	10 773 du Moyen- Orient	6,2 % Syriens = *5 208 Syriens*
									5 565 d'autres pays du Moyen-Orient
Autres pays d'Asie, d'Amérique	10,4 %	5 349				*Dont 17,2 % d'autres pays d'Asie*		*1 998 d'autres pays d'Asie*	
				Autres continents	3,2%	Dont 76,9 % des pays d'Amérique.	**2649 d'autres continents**	Dont 2 037 des pays d'Amérique	
						23,1 % d'autres continents (non américains)			
Total	**51 435 / 0,172 % de la population**				**84 001 / 0,25 % de la population (86 206 annoncés en mars 2015)**				

Sources : HCP, RGPH 2004, 2014 et Note d'information du Haut-commissariat au Plan à l'occasion de la journée internationale des migrants, 18 décembre 2017

NB : en italique, données issues de calculs.

B. La loi 02-03

1. Quelques éléments relatifs à la loi n° 02-03

Le 11 novembre 2003, la loi n° 02-03 relative à « l'entrée et au séjour des étrangers au Royaume du Maroc, à l'émigration et à l'immigration irrégulières » est adoptée. Ce texte abroge les lois auparavant en vigueur et intègre des dispositions relatives aux conditions d'entrée et de séjour de l'étranger, à la délivrance des titres de séjour, à la sortie du territoire et aux sanctions concernant les délits au séjour.

L'étranger se rendant sur le territoire marocain est soumis à un certain nombre de conditions, dont celle de fournir un visa d'entrée sur le territoire. Comme évoqué précédemment, les ressortissants d'un certain nombre d'États bénéficient de conventions de dispense de visa d'entrée sur le territoire pour un séjour de 90 jours. Une demande de prolongation peut par ailleurs être adressée aux services de police. Le contrôle à l'entrée peut porter sur les moyens d'existence, les motifs de la venue au Maroc de la personne concernée et les garanties de son rapatriement (article 4). De plus, l'accès au territoire peut être refusé à tout étranger dont la présence constituerait une menace à l'ordre public ou qui fait l'objet, soit d'une interdiction du territoire, soit d'une expulsion. L'étranger, qui ne remplit pas les conditions considérées comme suffisantes par l'administration aux frontières, peut ainsi se voir refuser l'entrée sur le territoire marocain. Au-delà de ces dispositions, l'article 40 de la loi 02-03 stipule que l'étranger, autorisé à séjourner au Maroc sous couvert d'un titre de voyage revêtu d'un visa requis pour les séjours n'excédant pas trois mois, peut voir son visa annulé, s'il exerce au Maroc une activité lucrative sans y avoir été régulièrement autorisé, s'il existe des « indices concordants permettant de présumer que l'intéressé est venu au Maroc pour s'y établir » (ces indices ne sont pas précisés) ou si son comportement trouble l'ordre public.

Les acteurs chargés du contrôle aux frontières bénéficient donc d'une marge d'appréciation non négligeable. Si l'étranger, dont l'entrée est refusée, a le droit d'avertir ou de faire avertir la personne chez qui il a indiqué qu'il se rendait, le consulat de son pays ou l'avocat de son choix, « la décision prononçant le refus peut être exécutée d'office par les autorités compétentes chargées du contrôle aux postes-frontière » (art. 4). L'étranger peut également être maintenu en zone d'attente « pendant le temps strictement nécessaire à son départ ou à l'examen tendant à déterminer si sa demande n'est pas manifestement infondée » (art. 38). Les conditions d'entrée sont fondamentales dans ce dispositif qui rend quasiment inaccessible, selon les dispositions de la loi n°02-03, toute perspective de régularisation de l'étranger entré irrégulièrement sur le territoire marocain. Des refus d'entrée sont régulièrement prononcés par les autorités aux frontières, notamment pour des étrangers dispensés de visas d'entrée. Les recours prévus par la loi n° 02-03 contre de tels refus sont rendus difficilement accessibles par des procédures régulièrement menées de manière partielle (absence de notification ou de motivation, difficultés à établir un contact avec l'extérieur, à constater du maintien de l'étranger en zone d'attente, à saisir le juge, etc.). Une fois sur le territoire, différentes procédures de régularisation du séjour existent. Les titres de séjour prévus sont la carte d'immatriculation, la plus commune, ou la carte de résidence, associée aux conditions d'un séjour durable sur le territoire. Le décret n° 2-09-607 du 1er avril 2010 prit pour application de la loi n° 02-03 et différents textes d'application ont été depuis adoptés[37], précisant notamment les conditions de délivrance et de renouvellement des titres de séjour.

La loi n° 02-03 prévoit des sanctions administratives et pénales (éloignement, amendes et/ou peines de prison) dans le cadre des délits liés à l'entrée, au séjour irrégulier, mais aussi à la sortie irrégulière et à l'assistance à l'immigration/émigration irrégulière (art. 51 et 52). Les sanctions administratives sont de deux ordres : la reconduite à la frontière, comme sanction au séjour irrégulier, ou l'expulsion, lorsque l'étranger est considéré comme constituant une « menace à l'ordre public ». Certaines catégories d'étrangers sont légalement protégées de ces mesures d'éloignement (art. 26 à 29 de la loi)[38]. Des procédures de recours sont prévues par la loi contre les refus d'entrée, de délivrance d'un titre de séjour ou des sanctions prises en lien avec une entrée ou un séjour irrégulier.

---

[37] La loi et son décret d'application sont complétés par différents textes (circulaires, notes, etc.) qui limitent parfois l'accès à ses procédures, tout en étant, pour certains, rendus difficilement accessibles. Le ministère de l'Intérieur a publié les arrêtés suivants : n° 498-12 fixant la forme et le contenu de l'imprimé de demande d'obtention des titres de séjour, n° 499-12 fixant la forme et le contenu du récépissé du dépôt de la demande d'obtention ou de renouvellement d'un titre de séjour, n° 500-12 relatif à l'autorisation exceptionnelle de séjour, n° 501-12 fixant les documents devant être joints à la demande d'obtention ou de renouvellement des titres de séjour, n° 502-12 relatif au document de circulation, n° 503-12 fixant les mentions de la carte d'immatriculation, n° 504-12 fixant les mentions de la carte de résidence.

[38] La femme étrangère enceinte et le mineur étranger ne peuvent être éloignés (art. 29 relatif à la reconduite à la frontière et à l'expulsion). Selon l'article 26, « ne peuvent faire l'objet d'une décision d'expulsion 1 - l'étranger qui justifie par tous moyens qu'il réside au Maroc habituellement depuis qu'il a atteint au plus l'âge de six ans ; 2 - l'étranger qui justifie par tous moyens qu'il réside au Maroc habituellement depuis plus de quinze ans ; 3 - l'étranger qui réside régulièrement sur le territoire marocain depuis dix ans, sauf s'il a été étudiant pendant toute cette période ; 4 - l'étranger, marié depuis au moins un an, avec un conjoint marocain ; 5 - l'étranger qui est père ou mère d'un enfant résidant au Maroc, qui a acquis la nationalité marocaine par le bienfait de la loi (...) ; 6 - l'étranger résidant régulièrement au Maroc sous couvert de l'un des titres de séjour prévus par la présente loi ou les conventions internationales, qui n'a pas été condamné définitivement à une peine au moins égale à un an d'emprisonnement sans sursis (...) ». Par ailleurs, « aucun étranger ne peut être éloigné à destination d'un pays s'il établit que sa vie ou sa liberté y sont menacées ou qu'il y est exposé à des traitements inhumains, cruels ou dégradants » (art. 29).

Les étrangers au Maroc ne sont cependant pas concernés uniquement pas la loi n° 02-03 ; d'autres textes juridiques conditionnent leur présence, tout en traitant plus spécifiquement de procédures comme celles de l'accès au travail ou au mariage. Certains textes concernent ainsi les étrangers au même titre que les Marocains (code pénal, code de procédure pénale, loi sur l'état civil, etc.) ou intègrent des dispositions qui leur sont parfois spécifiquement applicables (code de la famille, accès au travail, établissements pénitentiaires, etc.). Ils sont également exclus de l'application de certains textes juridiques, comme il en est de la loi sur l'enseignement fondamental qui concerne exclusivement les enfants marocains[39].

2. Principaux acteurs administratifs et judiciaires intervenant sur le droit des étrangers

Les services de la Direction générale de la sûreté nationale (DGSN) sont centraux dans le dispositif et bénéficient d'un pouvoir d'appréciation dans le cadre de l'entrée sur le territoire, des demandes de prolongation de séjour, de l'obtention du titre de séjour ou de la délivrance d'une carte de résidence pour certaines catégories d'étrangers. La police aux frontières (PAF) est chargée du contrôle aux postes-frontière. D'autres agents, comme ceux des compagnies de transport, contrôlent les documents des passagers à l'embarquement ou à l'entrée sur le territoire, dans le cadre de la responsabilité susceptible d'incomber aux compagnies de transport de réacheminer sans délai à son point de départ l'étranger dont l'entrée sur le territoire est refusée[40] (art. 37).

Parallèlement, les services de la DGSN interviennent également dans la mise en œuvre des procédures d'éloignement liées au séjour irrégulier (cf. chapitre 4) et, plus largement, dans le cadre des délits et crimes, de l'enquête

[39] Loi n° 04-00 relative à l'obligation de l'enseignement fondamental. Le ministère de l'Éducation nationale a publié, en 2013, la circulaire n° 13-487 « concernant l'intégration des élèves étrangers issus des pays du Sahel et subsahariens dans le système scolaire marocain » qui, si elle constitue une avancée non négligeable, en accord avec des conventions internationales ratifiées par le Maroc, ne cible que certaines catégories d'enfants et maintient des conditions d'accès aux établissements scolaires qui ne permettent pas de les intégrer. La publication de cette circulaire a été concomitante avec le lancement en septembre 2013 de la NPIA (cf. chapitre 10). Des instructions relatives à la scolarisation des enfants syriens et yéménites ont été ensuite publiées. Soulignons le fait que l'accès à l'école publique marocaine posait déjà problème pour des enfants de mères marocaines avant la réforme de la Moudawana (2004) Cf. Hinde Taarji, « Elles ont "osé" - couples mixtes 2 », *Kalima*, n° 13, mars 1987.

[40] Ces dispositions sont également applicables pour l'étranger en transit au Maroc pour un autre pays, si l'entreprise de transport qui devait l'acheminer dans le pays de destination ultérieure refuse de l'embarquer ou si les autorités du pays de destination lui ont refusé l'entrée et l'ont renvoyé au Maroc. Dans certains cas, l'entreprise de transport peut avoir à assumer les frais de séjour de l'étranger, pendant le délai nécessaire à son réacheminement, ainsi que les frais de réacheminement, ou être condamnée à verser une amende (article 48).

judiciaire et de l'interpellation de délinquants. Le parquet (*niyâba*), représentant du ministère public, est placé sous l'autorité du ministre de la Justice et représenté par le procureur du Roi, qui bénéficie de prérogatives en tant que représentant de l'administration, comme il en est des décisions de reconduites à la frontière. Ce dernier assume par ailleurs la direction des services de la police judiciaire, de l'interpellation d'individus à la mise en œuvre de l'enquête judiciaire. Comme le souligne Amzazi, les prérogatives du ministère public ont été, depuis la promulgation du code de procédure pénale le 10 février 1959, continuellement renforcées (2013 : 44).

C'est un dahir de juillet 1974 (décret royal n° 1-74-338) qui fixe l'organisation judiciaire du Royaume du Maroc et prévoit l'instauration d'une Cour suprême[41], placée au sommet de la hiérarchie judiciaire, de cours d'appel et de tribunaux de première instance (TPI). Ce texte a ensuite été modifié à plusieurs reprises, par la création de nouvelles juridictions et le réajustement de certains mandats. Les TPI ont une compétence dite générale et peuvent connaître toutes les affaires civiles, immobilières, pénales et sociales qui ne sont pas formellement de la compétence d'autres juridictions. Différentes sections ont été instituées au sein des TPI pour traiter d'affaires spécialisées. Depuis 2003, les sections de la famille sont ainsi chargées des questions relatives au statut personnel, familial et successoral.

Pour répondre aux conditions d'accès au séjour, l'étranger doit accomplir, en amont de sa demande de titre de séjour, des procédures faisant intervenir un ensemble d'acteurs et d'institutions. Il en est ainsi de l'Agence nationale de promotion de l'emploi et des compétences (ANAPEC), chargée de la mise en œuvre de la procédure de préférence nationale pour l'accès d'un étranger au marché de l'emploi marocain, et du ministère de l'Emploi, qui instruit et valide les contrats de travail pour étrangers (cf. chapitre 8). Les instituts de formation, pour les étudiants du privé, ou l'Agence marocaine de coopération internationale (AMCI), pour les formations publiques, interviennent pour les demandes de séjour au titre des études. L'étranger souhaitant bénéficier d'un titre de séjour en tant que conjoint.e de Marocain.e peut contracter un mariage sous la législation marocaine, auprès de la section de la famille du TPI. Les services de police sont chargés de mener l'enquête précédant l'autorisation de mariage délivrée (ou pas) par le procureur du Roi. Les notaires musulmans (ădûl) interviennent en amont de la demande d'autorisation de mariage, s'il est besoin d'établir un acte de conversion du futur conjoint non musulman d'une Marocaine. Ils interviennent aussi en aval de la délivrance de cette autorisation, pour l'établissement de l'acte qui sera ensuite enregistré au tribunal. Il peut s'agir d'une retranscription du jugement ou un jugement en exequatur en cas de mariage d'ores et déjà formalisé à l'étranger.

---

[41] La Cour suprême contrôle la légalité des décisions rendues par les juridictions de fond pour lesquelles elle est saisie. Depuis 2011, la Cour suprême est appelée Cour de cassation (loi n° 58.11 relative à la Cour de cassation).

Le tableau n°3 reprend le nombre et l'évolution de la délivrance des titres de séjour délivrés entre 2002 et 2013[42].

Tableau n° 3 - Titres de séjour délivrés par les services de la DGSN

	2002	2003	2005	2010	2013
Afrique	25 262	23 932	25 486	**28 021**	NC
Dont Algérie	14 392	11 452	11 581	**11 066**	NC
Europe	28 053	27 682	28 203	**32 518**	NC
Dont France	17 175	17 175	17 792	**21 857**	NC
Asie	5 946	6 414	6 946	**9 584**	NC
Autres	1576	1651	1713	**4193**	NC
Total	**60 837**	**59 679**	**62 348**	**74 316**	**77 548**

Sources : Pour les années 2002, 2003, 2005 et 2010 : Direction générale de la sûreté nationale, « Foreign population residing in Morocco by country of nationality », 1936-2010.

Pour 2013, ces données émanent du *rapport d'état des lieux et diagnostic. Élaboration de la stratégie nationale de l'immigration et de l'asile,* élaboré par Capital Consulting, publié en juin 2014, p. 21.

Selon le décret du 1er avril 2010, l'étranger soumis au visa d'entrée sur le territoire dispose du visa correspondant au motif de sa demande de titre de séjour. Cela implique formellement d'effectuer les démarches d'accès à l'emploi ou aux études, par exemple, ou d'être marié sous la législation marocaine avec un.e Marocain.e, en amont de l'arrivée sur le territoire marocain et de l'obtention du visa auprès d'une ambassade marocaine à l'étranger. Si les ambassades marocaines sont placées sous la tutelle du ministère des Affaires étrangères et de la Coopération (MAEC), les services du ministère de l'Intérieur et du Renseignement peuvent également intervenir dans la décision d'accorder ou de refuser certaines demandes de visa.

Les refus d'entrée sur le territoire, de délivrance d'un titre de séjour ou les sanctions prises à l'encontre de l'étranger s'accompagnent de procédures susceptibles d'impliquer des intervenants comme le consulat du pays d'origine, un avocat ou un interprète, ainsi que des professionnels du droit agissant dans l'enceinte des tribunaux (services du greffe, magistrat du siège, procureur du Roi). Pour les contestations de refus, de retrait de titres de séjour

42 Ces données n'intègrent pas les étrangers régularisés à partir d'octobre 2013 (pour les réfugiés statutaires du HCR) ou dans le cadre de l'opération exceptionnelle de régularisation menée en 2014.

ou de décisions de reconduites à la frontière, c'est le président du tribunal administratif (ou son délégué) qui peut être saisi[43]. Le recours formulé contre une décision prise par l'administration refusant l'entrée, la délivrance d'un titre de séjour ou consistant en l'éloignement de l'étranger, comme il en est de certaines contestations relatives au droit du travail, de la famille, etc., sont rendus possibles par l'information transmise à l'intéressé sur le contenu de la décision (notification) ou par le constat établi par un professionnel du droit habilité (huissier de justice). Le recours, écrit, nécessite l'intervention d'un avocat inscrit à un barreau marocain. Les tribunaux administratifs ont été institués en 1991 et sont habilités « à juger tout litige concernant les recours en annulation pour excès de pouvoir formés contre les décisions des administrations et les actions en réparation des dommages causés par les actes et activités des personnes de droit public » (loi n° 41-90). La décision du juge administratif peut être contestée devant la chambre administrative de la Cour suprême (art. 24). La loi prévoit également l'intervention du président du TPI (ou son délégué) dans le cas du maintien d'un étranger en cours de renvoi « dans des locaux ne relevant pas de l'administration pénitentiaire » (art. 34)[44].

À côté des acteurs intervenant plus particulièrement sur les questions de séjour, de justice et de sécurité, nombre d'administrations agissent dans des domaines variés, comme il en est des procédures relatives à l'emploi ou au mariage, qui conditionnent l'accès au séjour des étrangers concernés au Maroc[45]. Une diversité de professionnels intervient aussi dans l'accès aux soins ou à la scolarité. Après cette présentation du cadre juridique relatif aux étrangers au Maroc avant 2013 nous traiterons de dimensions politiques, juridiques et sociales intervenant sur le droit des étrangers.

---

[43] Le juge doit être saisi en sa qualité de juge des référés (procédure accélérée), dans un délai de quinze (15) jours suivant la date de notification de la décision du refus ou du retrait du titre, dans un délai de 48h suivant la notification pour ce qui est de la décision de reconduite à la frontière.

[44] Pour un maintien au-delà d'un délai de 48h et après avoir été saisi par « l'autorité compétente » pour auditionner l'étranger concerné et statuer par ordonnance sur le maintien dans ces locaux. Ces ordonnances peuvent faire l'objet d'un recours en appel devant le premier président de la cour d'appel ou son délégué ; l'appel peut être formulé par l'intéressé, le ministère public, le wali ou le gouverneur (art.35). Le procureur est quant à lui chargé de contrôler les conditions de maintien des étrangers dans ces locaux.

[45] Certaines dimensions du droit peuvent être du ressort de plusieurs administrations, comme il en est de l'état civil, pour lequel l'étranger peut s'adresser aux autorités consulaires de son pays d'origine (ambassade) et aux services d'état civil marocains, sous le contrôle des procureurs du Roi près des TPI et du ministère de l'Intérieur.

II. PROBLÉMATIQUE MIGRATOIRE, RÉFORME PAR LE DROIT ET SOCIÉTÉ CIVILE

A. L'adoption de la loi n° 02-03

L'émigration irrégulière a d'abord été un phénomène nié au Maroc (El Qadim, 2015 ; Belguendouz, 2009). Les responsables européens de la sécurité ont entrepris, dès le début des années 1990, des démarches de coopération, en vue de limiter le phénomène de l'immigration irrégulière sur leur territoire. Le Maroc se positionne progressivement (et d'abord discrètement) comme partenaire incontournable pour lutter contre la migration irrégulière à destination de l'Europe.

1. Coopération avec l'UE pour lutter contre la migration irrégulière

Le partenariat euro-méditerranéen (découlant de la déclaration de Barcelone du 28 novembre 1995) vise l'accélération du développement au sein des pays de la région sud de la Méditerranée, par un rapprochement avec l'UE. Il mêle des dimensions sociales, politiques et économiques et suppose une coopération accrue pour réduire les pressions migratoires. Ce partenariat se traduira par un accord d'association UE/Maroc entré en vigueur le 1er mars 2001. À la suite de la réunion du Conseil européen de Vienne (décembre 1998), un « Groupe de haut niveau asile et migration » est chargé d'étudier les possibilités de coopérer avec les États de départ, de formuler des propositions afin de « combattre les raisons de l'immigration et des flux de réfugiés » et d'« aider à diminuer les tensions de la migration »[46]. Le Maroc est identifié comme l'un des pays prioritaires dans ce processus. Différentes mesures sont prévues, telles que la mise en place de systèmes de détection de faux documents, l'envoi d'officiers de liaison dans les pays de départ ou de transit pour améliorer les contrôles aux frontières ou la mise en œuvre effective des accords de réadmission existants, visant à faciliter le renvoi de ressortissants marocains en situation irrégulière sur le territoire européen[47]. À cette période, des accords de réadmission concernant les Marocains en situation irrégulière en Europe ont été conclus avec l'Espagne (13 février 1992), l'Allemagne (22 avril 1998), l'Italie (27 juillet 1998), la France (10 janvier 1993) et les protocoles d'identification avec la Belgique et les Pays-Bas. S'ajoute à cela la

---

[46] Introduction de la présidence finlandaise au Conseil européen extraordinaire de Tampere (15-16 octobre 1999).

[47] Voir Belguendouz, « Le plan d'action de l'Union européenne pour ou contre le Maroc ? », *Maroc Hebdo*, 03/03/2000.

signature de nouveaux accords de réadmission[48] concernant notamment des migrants non marocains qui auraient transité par le Maroc avant de pénétrer sur le sol de l'UE (Belguendouz, 2005).

Cette orientation visant à impliquer le Maroc (comme d'autres États frontaliers de l'UE) dans une gestion plus efficace des flux migratoires et dans le contrôle des frontières extérieures de l'UE se retrouve de manière continue dans de multiples rencontres européennes. Elle est ainsi intégrée dans un grand nombre de négociations, de partenariats et de programmes liant le Maroc et les États et institutions européennes. Le renforcement des moyens matériels et opérationnels pour lutter contre la migration irrégulière est alors associé à des négociations relatives au développement du commerce, à un soutien au développement économique, à l'amélioration de l'État de droit ou à des avantages en matière de circulation des ressortissants marocains. Ces coopérations s'accompagnent de signaux régulièrement envoyés par les autorités marocaines qui appellent à un partage de responsabilité, soulignant l'investissement du Maroc pour lutter contre ce phénomène et les moyens limités du royaume pour faire face à ce phénomène qui ne concerne pas uniquement le Maroc. Début juillet 1999, pour la première fois, le ministère de l'Intérieur marocain publie des statistiques dans une circulaire adressée aux gouverneurs et Walis qui fournit le nombre de personnes interpellées au cours de tentatives d'émigrer irrégulièrement en 1997 (13 184) et 1998 (17 178). La charge de ce phénomène apparaît dans l'augmentation indiquée de 30 % du nombre d'interpellations en un an. Comme le souligne Belguendouz, « ces statistiques ne sont pas ventilées par pays d'origine. Elles ne concernent pas uniquement les Marocains, mais d'autres nationalités sans précision » (2009 : 9). Cette augmentation pourrait également faire écho tant à l'augmentation du nombre de passages qu'à un investissement grandissant de la part des autorités marocaines pour contrer les tentatives d'émigrations irrégulières. En 2001, le roi Mohamed VI, qui a pris la succession de son père Hassan II en juillet 1999, déclare : « Au Maroc, nous n'avons jamais occulté le problème de l'émigration. C'est un problème réel (…) Disons que la responsabilité est partagée. Mais du côté du Maroc, c'est beaucoup par manque de moyens »[49].

Un ensemble de mécanismes est institué pour renforcer cette lutte contre la migration irrégulière vers l'Europe. Le Système intégré de vigilance extérieure (SIVE) est créé en 1998 par l'Espagne et étendu des côtes andalouses aux iles Canaries. Alors qu'à l'occasion du Conseil d'association Maroc-UE, en 2001, les autorités marocaines avaient présenté une demande de financement de l'ordre de 80 millions d'euros, visant à acquérir du matériel pour lutter contre

[48] Le Maroc fait partie des premiers mandats de négociation délivrés par le Conseil à la Commission pour la signature d'un accord de réadmission. Les négociations ont débuté en 2003. À ce jour, aucun accord de réadmission des non-ressortissants ayant transité par le territoire marocain n'a été signé (cf. El Qadim, 2015).

[49] Interview accordée par le roi Mohammed VI au quotidien français *Le Figaro*, 4/09/2001.

l'émigration clandestine (Belguendouz, 2009 : 16), cette demande a été intégrée dans le Programme indicatif national (PIN) 2002-2004[50]. Précisons que ce cadre de coopération qu'est le partenariat euro-méditerranéen envisage des domaines d'action bien plus larges que celui de la migration. Les instruments financiers du partenariat euro-méditerranéen, MEDA I (1996-2001) et II (2001-2006), contribuent à la « stratégie marocaine de lutte contre l'immigration clandestine »[51] en finançant l'appui institutionnel, la formation et l'équipement des acteurs chargés de la sécurité et de la lutte contre la migration irrégulière. Le programme Maroc-UE de « gestion des contrôles frontaliers » prévoit ainsi, dans le cadre de MEDA II, le déblocage de 40 millions d'euros. 115 millions d'euros sont prévus pour des programmes d'appui institutionnel « à la circulation des personnes » (5 millions), à « la lutte contre l'immigration irrégulière » (40 millions) et au « développement rural des Provinces du Nord » (70 millions). Il s'agit alors de contrôler les entrées sur son territoire de « potentiels candidats à l'émigration irrégulière en Europe », de participer à la lutte contre l'émigration irrégulière, de nationaux et d'étrangers, et de réadmettre sur son territoire ses ressortissants irrégulièrement établis en Europe[52]. Le contrôle aux frontières terrestres est renforcé. La sécurisation des frontières terrestres du nord du Maroc fera l'objet de renforcements successifs par la surélévation des grillages frontaliers, la construction de nouvelles barrières et l'installation de matériels dissuasifs ou de détection[53]. Le ministère de l'Intérieur et ses services deviennent les acteurs centraux de la gestion de la migration au Maroc. C'est dans ce contexte de négociations avec l'UE et d'un traitement médiatique particulièrement intense autour du « "déferlement" sur le Maroc de vagues de Subsahariens, son "invasion" par de très nombreux immigrés "clandestins" » (Belguendouz, 2003 : 36) que le projet de loi n° 02-03, relatif à « l'entrée et au séjour des étrangers au Royaume du Maroc, à l'émigration et à l'immigration irrégulières », a été présenté au Parlement marocain[54], Certains des énoncés

[50] Le document de stratégie du Partenariat euro-med concernant le Maroc (2002-2006) et intégrant le PIN (2004-2006) indique d'ailleurs que « ces subsahariens en transit produisent des effets négatifs dans l'environnement social marocain et insécurisent la population locale » (2001 : 11).

[51] Commission européenne, « La commission renforce par un appui budgétaire au Maroc la nouvelle stratégie marocaine de lutte contre les migrations clandestines », Communiqué de presse, Réf. IP/06/1121, 23/08/2006 ; *Le Matin*, « Signature d'une convention maroco-communautaire, programme de gestion des contrôles frontaliers », 21/12/2004

[52] Cette dimension apparaît dans les négociations et accords conclus avec un ensemble de pays voisins de l'UE, mais également dans le cadre de l'accord de Cotonou entre les États ACP (États d'Afrique, Caraïbes et Pacifique), signé en 2000.

[53] Voir à ce sujet rapport conjoint GADEM, Migreurop, La Cimade, APDHA, *Ceuta et Melilla : Centres de tri à ciel ouvert aux portes de l'Afrique*, 2015.

[54] Selon Belguendouz, « la convocation de celui-ci en session extraordinaire a été faite à partir du 5 février 2003, avec un agenda très chargé et une procédure accélérée » (2003 : 35).

de débats qui se sont alors tenus au parlement seront analysés sur la base des éléments retranscrits dans les documents du parlement.

2. Délibérations parlementaires autour de l'adoption de la loi 02-03

Au cours d'une séance au Parlement, en mai 2003, le ministre de l'Intérieur, El Mostapha Sahel déclare : « La lutte contre l'immigration clandestine est l'une des priorités de l'action du gouvernement, qui, conscient du danger qu'elle représente, a mobilisé tous les moyens humains et matériels nécessaires pour lutter contre ce fléau qui a des répercussions négatives aux plans économique et social (...). Ce programme de lutte contre l'immigration clandestine nécessite d'importants fonds et représente de ce fait un fardeau pour le budget de l'État. Au lieu d'être un pays émetteur d'immigration, le Maroc en devient victime avec ce que cela suppose comme effets négatifs »[55].

Dans cet énoncé, il fait référence à l'utilité de cette loi pour la société et au poids de l'immigration irrégulière qu'elle entend combattre. En mettant en avant l'argument des moyens humains et matériels mobilisés par l'État, le ministre de l'Intérieur recourt à une pertinence économique et gestionnaire, alors que l'utilisation de la notion de danger laisse ouverte l'interprétation et pourrait, au regard de la jonction de termes comme « fléau » ou « clandestine », relever de la pertinence sécuritaire.

Dans son discours devant la Commission de la Justice, de la législation et des droits de l'homme de la Chambre des conseillers du Parlement, en juin 2003 (cf. annexe n°3), le ministre de la Justice, M. Bouzoubaa, présente ce projet comme visant à « lutter contre les filières de l'immigration clandestine qui menacent de plus en plus notre pays, du fait de sa très bonne position géographique, que ce soit par la migration des citoyens du sud du Sahara qui viennent au Maroc ou la migration des Marocains vers d'autres pays »[56]. Quelques jours plus tard, devant la Chambre des conseillers (cf. annexe n°3), le conseiller rapporteur reprend des éléments des échanges qui se sont tenus devant la Commission de la Justice, de la législation et des droits de l'homme de la Chambre des conseillers. Il se réfère à des propos du ministre de la Justice[57], en réponse notamment à des interpellations de membres de la

---

[55] Intervention du ministre de l'Intérieur en réponse à une question sur l'immigration irrégulière au Maroc devant le parlement, le 7 mai 2003, dépêche MAP 072058, citée dans Belguendouz (2009 : 19).

[56] L'exposé du ministre (4 pages) - Mohamed Bouzoubaa - n'est pas retranscris dans l'annexe 3, qui présente cependant la structure du livret et les éléments de contenu dont ont bénéficié les conseillers. L'intervention du ministre de la justice fait suite à l'introduction par le rapporteur de la commission à l'occasion de la présentation du projet de loi n° 02-03 tel qu'adopté par la chambre des députés.

[57] « La commission a étudié ce projet en présence de Mohamed Bouzoubaa, ministre de la Justice, qui a fait un exposé dans lequel il a montré que ce texte entre dans le cadre de la

commission parlementaire, relaie des éléments du débat qui a eu lieu au sein de la Chambre des représentants, et y intègre ses propres commentaires. Différents enjeux et préoccupations émergent. Il en est ainsi du souci de « sauvegarde de la souveraineté marocaine», notamment par l'abrogation des dispositions en vigueur à l'époque du protectorat, « qui servaient davantage les intérêts du colonisateur ». Y est soulignée l'importance de « donner aux autorités judiciaires et aux instances chargées du contrôle des frontières les instruments de son suivi et des outils pour sanctionner les organisateurs et des instigateurs » de l'émigration irrégulière. Les députés expriment leur souci que le phénomène de l'émigration irrégulière des Marocains, rendu visible par les pateras de la mort, soit envisagé « dans son contexte économique et social, en l'analysant sous ce prisme, au-delà d'une démarche purement juridique, ce qui rend nécessaire une nouvelle conception des relations entre le Maroc et l'Union européenne ». Le projet de loi est aussi présenté, par une reprise de propos attribués au ministre de la Justice, comme s'intégrant aux réformes relatives à l'organisation de la résidence des étrangers, « pour protéger les frontières marocaines contre l'infiltration des immigrés clandestins sur son territoire, le Maroc étant un pont et une voie de liaison entre l'Afrique et l'Europe, tout en veillant à la volonté du Maroc de préserver les relations privilégiées avec les pays africains ». Il s'agit également, selon ces propos, de prendre « en considération toutes les conventions internationales, générales ou bilatérales, que le Maroc a ratifiées, ainsi que les principes de base des droits de l'homme tels qu'établis à l'échelle internationale et tels que mentionnés dans la Constitution marocaine »[58]. La question de l'équilibre entre le traitement accordé aux étrangers au Maroc et celui susceptible d'être accordé

---

révision et de la mise à jour des textes juridiques portant sur la migration, à travers l'adoption d'une approche globale de cette problématique, comme il a pour objectif la lutte contre les réseaux de la migration clandestine qui ciblent notre pays, du fait de sa situation géographique privilégiée, par des décisions fermes, mobilisant les différentes sanctions et amendes prévues, selon les infractions commises, en veillant à son application, conformément au droit pénal. Le projet pénalise la migration clandestine et prévoit l'application de sanctions sévères à l'encontre de ceux qui s'en rendraient coupables. Ce projet vise également - ajoute Monsieur le ministre - le respect des principes reconnus internationalement et la mise en conformité avec les directives des conventions internationales en matière de migration. Il détermine également des dispositions essentielles concernant l'entrée des étrangers au Maroc et leur résidence, les conditions d'entrée, ainsi que les conditions et procédures d'obtention des cartes de séjour des étrangers. Il détermine les conditions de reconduite à la frontière et d'expulsion, et il impose à l'administration de justifier ses décisions. Ce projet garantit aux étrangers concernés toutes les voies de recours devant les tribunaux, contre les décisions administratives prises à leur encontre ». La retranscription de ce discours est intégrée au dossier remis aux membres de la chambre des conseillers, dans le cadre de la séance de délibérations sur le projet de loi 02-03.

[58] Cette déclaration fait écho à des éléments de l'exposé du ministre devant la commission concernant la nécessité de renforcer les sanctions vis-à-vis des « trafiquants qui organisent la migration clandestine », le traitement humain des victimes de ces réseaux, le respect de l'individualisation de la peine, etc.

aux Marocains à l'étranger apparaît à plusieurs reprises[59]. Parallèlement, d'autres enjeux sont évoqués et situent le projet de loi dans un contexte marqué par « l'ouverture sur l'extérieur et l'adhésion à l'organisation internationale du commerce ». Le rapporteur indique que le ministre a également souligné « la nécessité d'organiser la résidence des étrangers au Maroc », « notamment après que certains étrangers séjournant de façon irrégulière au Maroc aient été pris en flagrant délit de participer aux derniers actes terroristes de Casablanca ».

Plusieurs registres de pertinence émergent de ces discours et soutiennent l'intérêt d'adopter cette législation. La pertinence sécuritaire réfère au besoin de contrer les organisateurs et instigateurs de l'émigration irrégulière des Marocains, ainsi qu'à la protection des frontières contre la migration irrégulière, à laquelle fait écho l'utilisation, par le ministre de la Justice, de termes comme menace, lutter, filière, clandestine. Cette menace est soutenue par une pertinence géographique découlant de la position du Maroc entre l'Afrique et l'Europe. Un souci économique et social est associé à l'émigration irrégulière des Marocains. Ces types de pertinences, sécuritaire, sociale et économique, sont mis en perspective avec la question de l'équilibre entre le traitement accordé aux étrangers au Maroc et celui susceptible d'être accordé aux Marocains à l'étranger. Des références à une pertinence légale se retrouvent dans la prise en considération des accords conclus par le Maroc, du respect des principes de base des droits de l'homme tels que mentionnés dans la Constitution ainsi que dans l'importance de combler les vides juridiques et d'actualiser la législation. La souveraineté nationale prendrait, au travers de ce projet de loi, le dessus sur l'héritage du protectorat. L'ouverture du royaume, notamment commerciale, le maintien de bonnes relations avec les pays africains et la révision des relations avec l'UE, qui peuvent renvoyer à un ensemble d'enjeux dissociés de la question migratoire, interviennent également dans ces discours sur les enjeux économiques, politiques et diplomatiques mobilisés. Une pertinence sécuritaire apparaît également dans l'évocation des attentats de mai 2003 à Casablanca et l'implication d'étrangers en séjour irrégulier. Ces attentats ont contribué à l'adoption, concomitante à la loi n° 02-03, de la loi n° 03-03 contre le terrorisme. Rappelons pourtant que les auteurs de ces attentats sont tous de nationalité marocaine et que leurs instigateurs seraient principalement des Franco-Marocains résidant en France.

---

[59] « Les intervenants considèrent que ce projet vise à préciser les manières dont le Maroc se comporte vis-à-vis des étrangers, de la même façon que les citoyens marocains sont traités à l'étranger, en conformité avec les textes des Conventions internationales », ou bien : « Le Ministre a ajouté que ce projet de loi garantit les droits des étrangers conformément aux conventions concernées à l'échelle internationale et auxquelles Maroc a adhéré en matière de respect des droits humains. En cas de sanctions répressives non justifiées dans ce projet, il y aura des répercussions négatives dans nos relations avec les autres pays qui appliqueraient la règle de la réciprocité. Le respect de la réciprocité est obligatoire même s'il n'est pas toujours facile à appliquer».

Les discussions rapportées ci-dessus, si elles se sont tenues au sein de la Commission de la Justice, de la législation et des droits de l'homme, relaient certains points soulevés par des députés de la chambre des représentants. Le projet de la loi n° 02-03 a été validé par la chambre des représentants le 5 juin 2003 et adopté à l'unanimité à la chambre des conseillers le 23 juin 2003[60].

B. Consolidation de l'État de droit et défense des droits des étrangers

1. Réforme pour la consolidation de l'État de droit

Depuis la fin du protectorat, le Maroc a connu des réformes de son système judiciaire (Sauvel, 1965). L'idée de la réforme par le droit, qui renvoie tant à la judiciarisation du politique qu'au « pouvoir d'action du droit et de la justice dans la réforme politique » (Dupret, 2006 c : 1), intervient au Maroc dans les mêmes temps que le déploiement de la société civile (Dupret & Ferrié, 2011). L'apparition de la notion de société civile n'est pas déconnectée de la diffusion de concepts, comme celui de bonne gouvernance, promus pas les organisations internationales, ainsi que de l'adoption du standard d'État de droit. Introduite dans les discours de l'opposition au Maroc dès 1970, « la thématique de l'État de droit, à travers la reconnaissance et la défense des droits de l'homme, prend, dans les années 1980, une dimension hégémonique dans le champ idéologico-politique » (Santucci, 1995 : 290). La notion de société civile a accompagné la dépolitisation. Pour les oppositions politiques, elle a ouvert une voie de contestation et de réforme admise par le pouvoir, donc moins conflictuelle et antagoniste. Elle accompagne la libéralisation « contrôlée » du régime qui, en assurant sa continuité (Camau, 2005), concède un espace de négociation et de revendication et s'accorde ainsi aux évolutions de la société. Cela accompagne des réajustements du pouvoir politique et un mouvement de réforme par lequel est régulièrement affichée l'importance accordée à un renforcement ou une consolidation de l'État de droit et un attachement aux droits de l'homme au Maroc (Vairel, 2004). C'est ainsi qu'est créé, en 1990, un Conseil consultatif des droits de l'homme (CCDH). Dans son préambule, la réforme constitutionnelle de 1992 introduit la référence aux

[60] Le compte rendu de l'audience 347 qui s'est tenu le 23 juin 2003 à la chambre des conseillers présente l'étude et le vote de trois projets de loi, dont la loi n° 02-03. La présentation des échanges concernant le projet de loi n°65.99 relatif au code de l'emploi occupent vingt des vingt-et-une pages du compte rendu. Le président de séance annonce que concernant la loi n°02-03, un seul intervenant, député du Parti national démocrate (PND), s'est inscrit, avant de se retirer. La loi est donc votée à l'unanimité devant la chambre des conseillers, sans débat. (cf. Annexe n° 2) Des discussions en amont, au sein de commissions de la chambre des conseillers et de la chambre des représentants ont permis de fournir aux députés présents des précisions quant au contenu du projet de loi, de son objet et de ses enjeux.

droits de l'homme tels qu'universellement reconnus. Un ministère des Droits de l'homme est créé en 1993, un gouvernement d'alternance mis en place en 1998. Comme le souligne Santucci, « l'intégration des forces partisanes marocaines au jeu institutionnel et politique du régime va réactiver le discours sur l'État de droit et la contestation juridique au point de faire du droit un véritable enjeu du changement politique » (1995 : 291). Il ne s'agit cependant pas uniquement d'une dynamique interne. Dès les années 1990, le régime marocain est soumis à une pression externe quant au respect des droits de l'homme. Le processus de Barcelone, intègre des objectifs de bonne gouvernance, de consolidation de l'État de droit et de développement de la société civile[61]. La Commission européenne soutient la possibilité d'octroi de subventions afin de renforcer les « organisations de la société civile en situation de faiblesse politique » (El Ayadi, 2004 : 30). Aucun consensus quant au sens donné à cette notion, aux acteurs qu'elle intègre et aux actions qu'elle implique n'émerge. Mais la société civile *(al-mujtamă' al madanī)* permet alors « d'établir une sorte de coussin entre les gouvernants et les gouvernés » (Ferrié & Dupret, 2011 : 274). Elle intervient dans tous les domaines de l'action publique au Maroc, bénéficie d'entrées dans différentes instances de négociation et de décision. Les politiques de libéralisation et de démocratisation contribuent à accroître la légitimité, et de ce fait, la stabilité du régime marocain « résultant de l'étendue de ses interactions avec les différents secteurs de la société, c'est-à-dire les transactions collusives » (Boutaleb & Ferrié, 2008 : 181).

Dans un discours tenu à l'occasion de l'installation du CCDH, le roi Hassan II appelle à « doter les citoyens du moyen juridique, diligent, sérieux et efficace à même de défendre leurs droits vis-à-vis de l'Administration, de l'autorité, et même de l'État », justifié par le fait que l'État se doive « de mettre un terme à certains agissements de l'autorité, de l'Administration ou de l'État lui-même » (discours royal du 8 mai 1990). En 1991 sont institués des tribunaux administratifs (TA) qui prennent le relai de la chambre administrative de la Cour suprême, considérée comme difficilement accessible au citoyen, encombrée et dont les décisions manquent d'audace (Benabdallah, 2004). Considérant l'augmentation du nombre des recours formulés (tableau n°4), les TA semblent avoir depuis fait l'objet d'un réel engouement.

[61] La consolidation de l'État de droit et le développement de la société civile sont l'un des trois défis du Programme indicatif national (PIN) 2002-2004 du partenariat euro-méditerranéen pour le Maroc (El Ayadi, 2004 : 29)

Tableau n° 4 - Nombre d'affaires soumises aux sept tribunaux administratifs

Année	1994	1995	1996	1997	1998	1999	2000	2001	2002	2003
Nombre d'affaires	910	7 836	9 444	11 899	9 338	1 9617	8 577	9 000	12 000	16 000

Sources : Statistiques de la direction civile du ministère de la Justice (Benabdallah, 2004 : 3).

Un certain nombre d'entraves pratiques, soulevées rapidement après l'adoption de cette loi (Boudahrain, 1994 : 254-265), limitent pourtant l'accès au recours et l'évolution des pratiques condamnées par les TA, comme il en est de l'inexécution des jugements rendus qui reste l'une des difficultés prégnantes. Comme le souligne Benabdallah, « non seulement l'administration ne semble pas tirer les enseignements qu'il faut des jugements prononcés à son encontre, mais aussi ce n'est que selon son bon vouloir qu'elle consent à exécuter les jugements des tribunaux ou les arrêts de la Cour suprême, car rien ne l'y oblige » (2004 : 6)

En 1995, un rapport de la Banque Mondiale « pour une réforme globale et profonde de la Justice au Maroc » relance le débat autour de la réforme de la Justice dont le souverain Hassan II se saisit. Ce rapport souligne également l'importance de réformes administratives pour une administration plus soucieuse des droits des usagers. Des réformes sont engagées visant la modernisation des secteurs publics et de l'administration. En 1998 est institué un ministère de la Fonction publique et de la Réforme administrative au sein du gouvernement de l'alternance qui deviendra, en 2002, le ministère chargé de la modernisation des secteurs publics. Des mécanismes sont également mis en place pour une plus grande décentralisation et déconcentration de l'administration par rapport au pouvoir central, qui aboutiront à la régionalisation avancée intégrée dans la Constitution de 2011.

Depuis son arrivée sur le trône, le roi Mohamed VI reprend comme priorités les thèmes de la réforme de la Justice et de la consolidation de l'État de droit. Dans son premier discours du trône du 30 juillet 1999, il déclare : « Nous sommes extrêmement attaché à la monarchie constitutionnelle, au multipartisme, au libéralisme économique, à la politique de régionalisation et de décentralisation, à l'édification de l'État de droit, à la sauvegarde des droits de l'homme et des libertés individuelles et collectives, et au maintien de la sécurité et de la stabilité pour tous ». La réforme du code du statut personnel, en 2004, s'inscrit dans cette logique où la figure du roi apparaît comme incontournable au désamorçage des tensions politiques et sociales, et à l'aboutissement consensuel de réformes. Les décisions royales, le positionnement du roi comme arbitre entre différentes tendances de la société marocaine, ont un impact sur sa popularité et sa légitimité, ainsi que sur la manière dont la monarchie est perçue dans le jeu politique marocain. Par le discours du 20 août 2009, le roi appelle à mettre en place une organisation judiciaire « rationnelle et adaptée aux besoins de la réforme ». S'en suivent différentes transformations relatives à l'organisation judiciaire[62], aux procédures pénales et civiles, visant notamment à faciliter l'accès aux procédures pour les justiciables et à développer une justice de proximité. Si certaines améliorations sont constatées et que des programmes ont été mis en place, des lacunes majeures du fonctionnement des juridictions persistent. La société civile marocaine et des institutions étrangères dénoncent le recours à la corruption, la politisation de la justice, ainsi que l'encombrement judiciaire, le manque d'effectif, l'insuffisante qualification des personnels de justice, le manque de publication ou les difficultés d'accès à la jurisprudence (cf. REMDH, 2008).

De nouvelles institutions sont créées comme il en est de l'Instance centrale de prévention de la corruption (ICPC), dont le mandat a été élargi à la suite de l'adoption de la Constitution de 2011 et qui devient, en 2013, l'Instance nationale de probité, de prévention et de lutte contre la corruption. À la suite de ce qui est qualifié de « printemps arabe », le Maroc adopte, sous l'impulsion du roi[63], une nouvelle constitution qui fournit un certain nombre de jalons supplémentaires à la dynamique de réforme. C'est en partie une réponse aux revendications de la société civile marocaine, notamment le « Mouvement du 20 février »[64]. Sans entrer dans les détails de cette réforme, la Constitution de 2011 érige le royaume en « monarchie constitutionnelle, démocratique, parlementaire et sociale »[65]. Elle prévoit la création d'instances dites de bonne gouvernance et de protection des droits, comme il en est du Conseil national des droits de l'homme (CNDH), qui prend le relai du CCDH, en bénéficiant d'un mandat élargi[66]. Cette nouvelle constitution intègre un

---

[62] Dahir n° 1-11-148 du 17 août 2011 portant promulgation de la loi n° 34-10 modifiant et complétant le dahir portant loi n° 1-74-338 du 15 juillet 1974 fixant l'organisation judiciaire du Royaume.

[63] En mars 2011, le roi annonce une réforme constitutionnelle et la formation d'une commission chargée de présenter un projet de réforme. Le 1er juillet 2011 a lieu un référendum constitutionnel qui aboutira à plus de 98 % des électeurs votant pour le « oui » à la nouvelle constitution, qualifiée par certains de « constitution du roi »

[64] Les revendications majeures concernent la réduction des pouvoirs du roi, plus de démocratie et des mesures contre la corruption du système.

[65] « Le Maroc est une monarchie constitutionnelle, démocratique, parlementaire et sociale. Le régime constitutionnel du Royaume est fondé sur la séparation, l'équilibre et la collaboration des pouvoirs, ainsi que sur la démocratie citoyenne et participative, et les principes de bonne gouvernance et de la corrélation entre la responsabilité et la reddition des comptes » (art.1).

[66] Le mandat du CNDH est basé sur le dahir 1-11-19 du 1er mars 2011. Le CNDH a pour mission la protection et la défense des droits de l'homme et libertés. Il veille à l'observation, à la surveillance et au suivi de la situation des droits de l'homme aux niveaux national et régional ; surveille les cas de violations et peut procéder aux investigations et enquêtes nécessaires ; élabore des rapports sur ses observations et investigations et les soumet aux autorités compétentes accompagnées des recommandations y relatives ; contribue à la mise en

ensemble de droits, que vient soutenir l'affirmation dans son préambule de la primauté des conventions internationales dûment ratifiées sur le droit interne, et dédie un titre à la « bonne gouvernance » (titre XII) qui s'intéresse particulièrement aux services et administrations publiques.

2. Mobilisation de la société civile, associations d'assistance et de défense des migrants

Des organisations et des militants se mobilisent depuis le début des années 2000 face à la situation des migrants en situation administrative irrégulière au Maroc. En 2001, l'association des Amis et Familles des Victimes de l'Immigration clandestine (AFVIC) est créée à Khouribga, région de forte émigration marocaine vers l'Europe, pour s'intéresser d'abord à l'émigration marocaine irrégulière. L'AFVIC élargit ensuite son intervention à la migration de personnes originaires d'Afrique de l'Ouest et centrale. La loi n° 02-03 et son processus d'adoption sont critiqués pour l'orientation sécuritaire et répressive du texte, les sanctions à l'émigration irrégulière, le manque de garanties sur les possibilités de recours données à l'étranger contre certaines pratiques de l'administration (El Madmad, 2004 ; Belguendouz, 2003), mais aussi pour le manque de débats ayant entouré l'adoption de la loi, ainsi que la soumission simultanée au parlement de la loi 02-03 et de celle relative au terrorisme. Par ailleurs, des mesures prévues par la loi, telles que les expulsions d'étrangers et la mise en place de locaux de rétention[67], font écho à des dispositifs, notamment européens, contre lesquels se mobilisent des acteurs européens et marocains, au rôle tenu par le Maroc dans la gestion des politiques migratoires de l'UE. En janvier 2004, la rapporteuse spéciale des Nations Unies pour les droits de l'homme des migrants, Gabriela Rodríguez Pizarro, remet un rapport sur la migration au Maroc qui souligne le manque de ressources financières des organismes chargés de la lutte contre la migration irrégulière, ne permettant ni de garantir des formes d'assistance aux migrants irréguliers ni de gérer la question migratoire. Ce rapport pointe des violations des droits des migrants, ainsi que les mesures exclusivement répressives de la nouvelle loi (2004 : 2). Parallèlement, la coopération avec l'UE se poursuit avec le lancement en 2004 de la Politique européenne de voisinage (PEV) et l'adoption d'un Plan d'action Maroc qui intègre des orientations concernant le domaine « migrations ». La même année est créée l'Agence européenne pour la gestion de la coopération opérationnelle aux frontières extérieures (FRONTEX) de l'UE.

œuvre des mécanismes prévus par les conventions internationales relatives aux droits de l'homme auquel le Maroc a adhéré.

67 La loi n° 02-03 ne parle pas de centre de rétention, mais prévoit la possibilité de maintenir l'étranger « dans des locaux ne relevant pas de l'administration pénitentiaire, pendant le temps strictement nécessaire à son départ » (art.34.). cf. chapitre 4.

Réunis dans le cadre de la Plateforme migrants créée en 2004, des associations et militants fondent leur engagement sur « les droits de l'homme, les valeurs de la démocratie et de la citoyenneté », avec pour objectif d'accroître l'efficacité des actions respectives des associations adhérentes[68] « pour les populations migrantes et dans le respect de la spécificité de chacune »[69]. En octobre 2004, l'AFVIC et la Cimade publient un rapport qui dresse un portrait des « Subsahariens en transit », à partir d'informations collectées dans certaines zones du nord du Maroc. Elles dénoncent les violences et violations des droits commises par la Guardia civile espagnole, les forces de l'ordre marocaines et, plus largement, « les conséquences des politiques de l'Union européenne » (Wender, 2004).

En 2005, les événements de Ceuta et Melilla marquent un tournant majeur dans la prise de conscience du traitement accordé aux « migrants subsahariens en transit vers l'Europe ». À la suite d'une tentative collective de passage des barrières frontalières de Ceuta et Melilla, des migrants sont tués et des centaines de personnes originaires d'Afrique de l'Ouest et centrale sont arrêtées dans différentes villes du royaume puis refoulées vers des zones désertiques à la frontière maroco-algérienne. Les violations des droits des migrants sont rendues plus visibles et dénoncées par une diversité d'acteurs[70]. De nouvelles initiatives d'assistance sociale et de plaidoyer pour la défense des droits des étrangers viendront alors compléter l'assistance humanitaire embryonnaire et prise en charge essentiellement par les Églises au Maroc, accordée aux migrants originaires d'Afrique de l'Ouest et centrale en situation de précarité. Ces initiatives sont aussi soutenues par des ONG, réseaux et militants investis en dehors du Maroc, comme il en est du réseau Caritas et du

---

68 Sont notamment membres de la plateforme-migrant l'EEAM, Caritas, la Cimade, l'AVFIC, l'AMDH, Attac, Pateras de la Vida, Shabaka, alter forum, AMERM, Homme et Environnement (Oujda), OPALS Maroc.

69 Charte et feuille de route du programme migrant (cf. compte-rendu de la réunion constitutive de la plate-forme migrants du 27 mars 2004).

70 « L'Association Pro Droits Humains d'Andalousie et le Réseau Chabacka du Nord du Maroc appellent à une action internationale face aux graves violations des droits de l'homme qui se produisent actuellement au Maroc sur les personnes migrantes d'origine subsaharienne » (6 octobre) ; « Migrants clandestins : Les Verts/ALE lancent un appel aux ministres européens Justice/Affaires intérieures (JAI) » (Bruxelles, 11 octobre 2005), « La FIDH exprime sa profonde indignation concernant le sort et la situation des immigrés en situation irrégulière et demandeurs d'asile à la frontière hispano-marocaine »(Fédération internationale des ligue des droits de l'homme,11 octobre 2005) ; « Le rapporteur des Nations Unies sur les migrants est préoccupé par la situation de migrants au Maroc et dans les enclaves espagnoles » (12 octobre) ; « Les autorités doivent être tenues responsables des violations des droits fondamentaux des migrants » (Amnesty International, 26 octobre 2005) ; « Refoulements et expulsions massives de migrants et demandeurs d'asile » (récit d'une mission de l'AFVIC et de la Cimade du 7 octobre au 11 octobre 2005) ; « Ceuta et Melilla : le HCR préoccupé par les refoulements vers le Maroc » (dépêche du 11 octobre 2005) ; « Le HCR n'a toujours pas d'accès aux demandeurs d'asile de Ceuta et Melilla arrêtés au Maroc » (United Nations [New York] 19 octobre 2005), etc.

CCFD[71]. De l'organisation de la conférence non gouvernementale eurafricaine sur « les migrations, les droits fondamentaux et la liberté de circulation » (30 juin et 1er juillet 2006)[72], qui constituera la première d'une série de manifestations réunissant des centaines d'organisations et acteurs en réaction à des rencontres officielles sur la migration[73], à la dénonciation croissante des politiques migratoires dans les forums sociaux, en passant par la création de réseaux transnationaux d'ONG œuvrant pour les droits des migrants, les acteurs de la société civile intervenant dans l'assistance et la défense des droits des étrangers au Maroc élargissent leurs actions. Ils développent en outre des compétences relatives au « plaidoyer », à l'« approche droit »[74]. Ils sont régulièrement placés dans la position délicate de revendiquer la mise en œuvre des droits des étrangers tels que prévus par la législation, tout en étant conscients de certaines dispositions répressives de ce droit, et interpellés par les relations entretenues entre stabilisation du séjour sur le territoire et limitations à l'émigration vers l'Europe. Ces enjeux seront omniprésents dans les actions menées par les ONG et organisations internationales[75]. Ils

---

[71] Ces organisations s'investissent dans l'assistance aux populations précaires et au développement, dans le plaidoyer pour les droits de l'homme ou contre les politiques menées par l'UE en matière de migration et d'asile. Le réseau Migreurop, emblématique de cette dynamique, intervient sur différentes dimensions de « la politique d'externalisation de l'Union européenne ».

[72] Cette conférence non gouvernementale est organisée en amont de la Conférence Ministérielle Euro-Africaine sur la Migration et le Développement (10 et 11 juillet 2006), qui réunie les représentants de plus de 50 pays et abouti à une déclaration, premier maillon du processus dit « de Rabat » visant à établir une « vision commune et partagée sur la migration et le développement ». La conférence non gouvernementale euro-africaine a abouti à la rédaction d'un « Manifeste non gouvernemental eurafricain sur les migrations, les droits fondamentaux et la liberté de circulation » et impulsé une dynamique transnationale d'acteurs de la société civile qui se maintiendra par la suite au travers d'un ensemble d'activités de dénonciations et de plaidoyer.

[73] À Madrid en 2007, à Paris en 2008, à Dakar en 2011, à Rome en 2014.

[74] L'« approche droit » postule de la primauté du droit positif et soutient un ensemble de principes, comme il en est de la supériorité des Conventions internationales sur le droit interne, en valorisant la Déclaration universelle des droits humains (1948) comme document de référence en matière de droits humains, ou de la responsabilité de « débiteurs d'obligations » vis-à-vis de « titulaires de droits ». Cette notion, promue par les organisations internationales, est un outil du plaidoyer valorisant les dispositions et mécanismes des Conventions internationales des droits de l'homme, et supposant des effets positifs qui découleraient de la promotion et de la mise en œuvre de cette approche dans la réforme du droit et du politique.

[75] Des ONG et des organisations internationales comme l'UNHCR et l'OIM sont accusées par certains acteurs d'être utilisées par l'UE qui les finance pour des programmes visant notamment au renforcement des capacités des acteurs marocains (institutions ou ONG) ou à l'éloignement des migrants irréguliers des frontières européennes. Dans une communication concernant une politique commune en matière d'immigration clandestine (15 novembre 2001), la Commission européenne encourage l'UE et les États membres à conclure des accords multilatéraux sur la question : « un renforcement de la coopération internationale pourrait aussi faciliter et favoriser la coopération des pays tiers et d'autres actions visant à combattre l'immigration clandestine. Plus particulièrement, lorsque des mesures relatives à

alimenteront des tensions et clivages entre acteurs, d'autant que la thématique de la migration subsaharienne en transit au Maroc attire, outre de nombreux chercheurs et journalistes, d'importants financements, de sources essentiellement européennes. L'orientation progressive d'acteurs associatifs vers la défense des droits des étrangers s'accompagne d'une plus grande attention accordée aux mécanismes de mise en œuvre du droit au Maroc. Tout cela implique de s'investir dans des problématiques qui ne sont pas propres aux étrangers, a fortiori originaires d'Afrique de l'Ouest et centrale, mais concernent l'ensemble de la population au Maroc.

3. Réforme par le droit pour une amélioration des droits des étrangers

Il s'agit alors de faire évoluer le droit des étrangers dans le cadre d'une dynamique nationale, marquée depuis les années 90 par un ensemble de mesures et de discours prônant l'amélioration de l'État de droit, de la justice et des pratiques de l'administration. Certaines alliances se tissent autour de préoccupations communes entre des organisations et acteurs intervenant auprès de catégories de population différentes. Cette évolution accompagne celle engagée dès l'année 2006, d'abord autour de la figure du réfugié, consistant à ne plus envisager le migrant uniquement comme en situation irrégulière, en transit au Maroc et subsaharien, mais à considérer progressivement plus largement l'ensemble des problématiques rencontrées par les étrangers au Maroc. C'est ainsi que les « cibles de plaidoyer » se diversifient, que des alliances avec des acteurs divers s'établissent et que de nouvelles procédures sont mobilisées, susceptibles d'accompagner et de soutenir la mise en œuvre du droit ou sa réforme. Les associations de plaidoyer pour les droits des migrants, comme le GADEM, s'inspirent d'initiatives menées par d'autres acteurs et dans d'autres pays, nourries en cela par les liens tissés avec des organisations comme le GISTI, Migreurop ou encore Amnesty International. Des techniques sont transmises et s'inspirent également des actions menées par la société civile marocaine pour le respect du droit et des procédures (AMDH, OMDH, ADALA, FMAS, ADFM, etc.). Le « plaidoyer » fait ainsi l'objet de transferts de connaissances et de compétences : il véhicule des méthodes d'investigation, d'interpellation des responsables politiques, ainsi qu'un certain vocabulaire, que les guides, orientations et lignes budgétaires des organisations internationales et des bailleurs valorisent positivement et incitent à mobiliser. Parallèlement, un

l'immigration clandestine sont prises dans des pays tiers, l'expertise d'organisations internationales, comme le HCNUR ou l'OIM, pourrait s'avérer très utile à bien des égards (...) ». Dans la même communication, il est dit que « La société civile doit aussi être largement impliquée dans les efforts visant à prévenir et à combattre l'immigration clandestine » (communication de la Commission européenne du 15 novembre 2001).

ensemble de programmes de renforcement des capacités de la société civile ou d'« appui aux actions de plaidoyer des coalitions et réseaux » sont mis en place, tendant à homogénéiser certaines compétences et approches relatives à la revendication du droit. Les rapports dits de plaidoyer apparaissent comme un outil permettant de compiler des informations relatives à un événement ou à une problématique sur une période déterminée. Ils permettent de dresser des états des lieux de la mise en œuvre du droit positif en général ou concernant un référent législatif particulier. Ces rapports s'adressent tant à l'opinion publique, marocaine et étrangère, qu'aux institutions publiques. Ils interpellent les autorités, marocaines et étrangères quant aux réalités des discours et des mesures réformistes affichant un souci de l'État de droit. Le GADEM publie en 2007 un rapport pour dénoncer les refoulements collectifs de 2006 (cf. chapitre 4). D'autres ONG, comme MSF, Caritas, l'AMDH ou l'OMDH, publieront rapports et communiqués de presse, visant à dénoncer les violations des droits de certaines catégories d'étrangers au Maroc, en vue d'influer sur les dispositifs publics et les pratiques des autorités marocaines. En 2013, MSF décide de mettre un terme à son programme au Maroc concernant les Subsahariens, face aux constats de violences institutionnelles et de violations routinières des droits. L'ONG médicale considère que sa mission pâtit des violations des droits à répétition.

En 2008, le GADEM publie également une étude sur le cadre juridique relatif à la condition des étrangers qui analyse des décisions de justice sur le séjour des étrangers au Maroc. L'accompagnement juridique, la sensibilisation et la formation des professionnels du droit, l'impulsion et le soutien à des actions intentées devant les tribunaux, relatives au droit des étrangers, se développent progressivement à partir de 2008 au travers d'initiatives du GADEM, puis de structures comme l'UNHCR ou l'ONG Droit et Justice. Des organisations comme ADALA, l'OMDH ou l'AMDH contribueront à certaines de ces actions en justice. Ces activités s'accompagnent d'une attention grandissante accordée aux effets des catégorisations opérées dans les discours, aux narrations politiques et formulées au travers de la presse sur l'étranger ou la migration. Des organisations comme l'institut PANOS interviennent en vue de déconstruire les perceptions associées à la migration et aux migrants dans les discours journalistiques, tout comme d'autres initiatives ont ciblé les députés, les enseignants ou les étudiants.

La publication par le GADEM du premier rapport alternatif sur l'application par le Maroc de la convention internationale sur la protection des droits de tous les travailleurs migrants et des membres de leur famille (2009) avait un double objectif. Premièrement, rappeler aux autorités marocaines leurs obligations découlant de l'adhésion à cette convention. Parmi ces engagements, celui de remettre un rapport périodique au comité sur les droits des travailleurs migrants chargé d'évaluer la mise en œuvre de la convention, à l'aune également d'autres rapports ou informations soumis par des acteurs non gouvernementaux. Deuxièmement, dénoncer publiquement un ensemble de pratiques contraires aux droits de l'homme. Rappelons que l'élaboration et la promotion de cette convention ont été portées par le Maroc dans le souci de protéger ses ressortissants à l'étranger. Ce rapport est introduit par l'extrait d'un discours du roi :

> « Nous voudrions renouveler notre engagement en faveur des droits de l'homme et des valeurs de liberté et d'égalité, car nous sommes fermement convaincus que le respect des droits de l'homme et des Conventions internationales qui consacrent ces droits n'est pas un luxe ou une mode à laquelle on sacrifie, mais une nécessité dictée par les exigences de l'édification et du développement. [...] Nous considérons, pour notre part, qu'il n'y a point d'opposition entre les exigences du développement et le respect des droits de l'homme, de même qu'il n'y a pas d'antagonisme entre l'islam, qui a consacré la dignité humaine, et les droits de l'homme. C'est pourquoi nous estimons que le prochain siècle sera le siècle du respect des droits de l'homme ou ne sera pas »[76].

Il s'agit alors de prendre le droit comme cadre d'action, de dénoncer des pratiques contraires aux dispositions juridiques, d'indexer les dysfonctionnements de certains acteurs et institutions publiques, en se présentant en soutien aux réformes engagées par le royaume, en tant que « force vive de la nation »[77] et non pas comme opposant au régime, en s'appuyant sur la légitimité dont bénéficie le roi au Maroc. Cela fait écho à des pratiques courantes qui accompagnent les contestations publiques au Maroc et consistent notamment pour les manifestants à brandir des photos du roi. Le droit apparaît alors comme cadre d'action qui a pour caractéristique d'être « à la fois pertinent pour les gouvernants et pour leurs critiques » (Dupret & Ferrié, 2011 : 273).

En août 2013, un second rapport alternatif élaboré par plusieurs ONG et coordonné par le GADEM est transmis au comité onusien chargé des droits des travailleurs migrants, en vue de la session d'examen du rapport officiel présenté par le Maroc (10 et 11 septembre 2013). Le 9 septembre, le CNDH rend publiques les conclusions et recommandations d'un rapport intitulé « Étrangers et droits de l'homme au Maroc : pour une politique d'asile et d'immigration radicalement nouvelle » (CNDH, 2013). Y est dressé un bilan critique du traitement accordé à l'immigration sur le territoire, qui a été suivi rapidement d'un premier communiqué royal soutenant une approche « globale et humaniste, conformément au droit international et dans le cadre d'une coopération multilatérale rénovée » (communiqué du cabinet royal du

---

[76] Déclaration du roi Mohammed VI à l'occasion de la célébration du 51e anniversaire de la Déclaration universelle des droits de l'homme, en 1999, dans un message adressé à la nation.

[77] Référence notamment à la formule utilisée par le roi dans son discours du 17 juin 2011, à l'occasion de la promulgation de la Constitution de 2011.

09/09/2013). Cela constitue les premières séquences du lancement d'une réforme de la politique d'immigration au Maroc (cf. chapitre 10 & 12). C'est une réponse à des sollicitations du CNDH et d'acteurs de la société, pour lesquelles l'implication et l'impulsion royale ont indéniablement eu un effet incitatif sur l'ensemble des acteurs politiques, comme ce fut le cas en 2004 pour le code de la famille. En revanche, si la validation des recommandations du CNDH par le roi a pu être interprétée comme une remise en cause royale de différentes pratiques en lien avec le traitement des étrangers au Maroc, le communiqué du cabinet royal souligne que « si la gestion opérationnelle de la question de l'immigration illégale connaît parfois certains excès, qui restent isolés, il n'y a pas d'usage systématique de violence de la part des forces de l'ordre et encore moins d'acharnement. Partant, le Maroc refuse catégoriquement toutes les allégations fallacieuses qui tentent de porter atteinte à sa réputation » (MAP, 10/09/2013). Je reviendrai dans la suite de ce travail sur différentes dimensions de cette nouvelle politique d'immigration et d'asile (NPIA) qui prévoit notamment la promulgation de nouveaux textes juridiques concernant la migration, l'asile et la traite des êtres humains. Il ne s'agit pas ici de surcharger normativement l'adoption de ces nouveaux textes. C'est ce qu'illustre la faible ou aléatoire mobilisation, notamment sous un angle répressif, des dispositions juridiques existantes par les acteurs chargés de la gestion de la migration (loi n° 02-03 et dispositions liées à la procédure), de la traite des êtres humains (dispositions du Code pénal sur les violences, l'exploitation, la séquestration, le viol, etc.) et de l'asile (le décret de 1957 et les dispositions de la convention de Genève), dont certaines servent en pratique peu de référence. Il est alors important de considérer la question de la réforme du droit comme éventuel jalon de la réforme politique, susceptible de soutenir des changements sociaux et politiques, mais insuffisante en soi. Il s'agit alors de porter une attention au droit et aux pratiques des acteurs au quotidien, davantage qu'aux discours réformateurs ou à la promulgation de nouveaux textes juridiques, au risque de leur prêter une portée et une capacité de changement qu'ils n'ont pas.

CONCLUSION DU CHAPITRE

Ce panorama permet de rendre compte de la complexité du « droit des étrangers ». Les contours incertains de cette catégorie, laquelle chevauche régulièrement le droit tel qu'il se déploie communément pour l'ensemble de la société marocaine, restent étroitement liés au contexte institutionnel et politique dans lequel elle s'insère, ainsi qu'aux mécanismes par lesquels les membres de la société marocaine produisent et pratiquent le droit de manière située. Les textes juridiques ne sont pas uniquement adoptés pour « faire illusion » ou se suffire de l'impact politique de leur promulgation. Par ailleurs, la mise en parallèle des dispositions du droit positif avec des pratiques qui seraient censées s'y conformer s'avère insuffisante pour établir des diagnostics du droit tel qu'il intervient effectivement. Pour reprendre Tamanaha, « les normes vécues sont qualitativement différentes des normes reconnues et appliquées par les institutions du droit (…) Les normes deviennent des normes "juridiques" quand elles sont reconnues comme telles par les acteurs du droit » (1993 : 208). S'intéresser au droit des étrangers implique de chercher à comprendre le travail pratique que réalisent les catégories d'appartenance et, en l'occurrence, la catégorie d'« étranger » dans les nombreux contextes et circonstances de la vie sociale. Cela implique également de se préoccuper du fonctionnement plus général des institutions et des administrations, ainsi que des manières dont les réformes mises en place influencent la compréhension que les acteurs y intervenant ont de leurs mandats et du droit, selon les usagers qui s'adressent à eux et les contraintes de leur travail quotidien. Ces réformes et les discours qui les accompagnent ne sont pas sans effets pratiques. Si ces réformes n'impliquent pas une réorientation soudaine des pratiques des acteurs, elles peuvent soutenir leur évolution ou leur adaptation située, notamment par des mécanismes d'interpellation des institutions concernées, des acteurs chargés de la mise en œuvre du droit ou de leurs responsables institutionnels. Ces interpellations, rappelant les engagements pris ou les dispositions juridiques formellement en vigueur, peuvent être le fait d'une diversité d'acteurs. Il en est ainsi d'acteurs associatifs, d'associations de plaidoyer, mobilisant le droit au travers de leurs usages militants. Ces revendications peuvent influer sur le déroulement d'une procédure ou sur la mise en œuvre d'une réforme. Elles peuvent parfois soutenir l'accélération d'une réforme, comme il a pu en être, en 2014, de l'adoption du projet de loi, modifiant le fonctionnement de la justice militaire et excluant les civils de ses prérogatives. Cette réforme fait suite notamment à la soumission d'un rapport au souverain sur la question par le CNDH et à la mobilisation de différents acteurs de la défense des droits de l'homme, après la condamnation récente par ce même tribunal de civils sahraouis impliqués dans des affrontements avec les forces de l'ordre marocaines et l'inculpation d'un jeune Malien, accusé du meurtre d'un militaire à la frontière de Melilla.

Le rôle joué par des associations au Maroc concernant le droit des étrangers ou la gestion de la migration mériterait une plus grande attention. Cette question va apparaître de manière régulière dans le cadre de ce travail par le recours à l'« arme du droit ». Le droit est alors mobilisé pour faire avancer une revendication relative à la mise en œuvre d'un droit, d'une politique publique ou la situation individuelle d'un étranger engagé dans une procédure administrative ou juridique. Par ailleurs, l'importance à accorder à l'intervention des associations se justifie par leur forte sollicitation au Maroc dans la mise en œuvre de dispositifs d'accompagnement, d'assistance ou de fourniture de services, qui pour certains relèvent de missions de service public.

Depuis le lancement de la stratégie nationale d'immigration et d'asile (SNIA) en particulier, l'État marocain délègue une partie du traitement de la migration à des associations. Cette orientation est susceptible de susciter la professionnalisation de ces dernières et la consolidation de leur expertise. Elle peut également soutenir la mise en place d'un système parallèle, hors des dispositifs de droit commun, dont l'État marocain se déresponsabiliserait ; et ce, d'autant plus qu'une partie non négligeable de ces programmes bénéficient, directement ou indirectement, de financements émanant d'autres États, en particulier européens. Par là même, cela répond à la logique de « partage de responsabilité », prônée par les autorités marocaines. Cette logique repose sur le postulat que le Maroc est un pays d'immigration du fait de l'impossibilité pour les migrants, en particulier originaires d'Afrique de l'Ouest et centrale, de rejoindre l'Europe.

Les enjeux politiques de la gestion de la migration par le Maroc exposés ici, concernant en particulier les coopérations avec l'Union européenne, renvoient essentiellement aux questions de lutte contre la migration irrégulière et de gestion de la migration de transit. Pour percevoir l'ensemble des facteurs susceptibles d'influencer la mise en œuvre de dispositifs publics, les pratiques, notamment catégorielles, d'acteurs du droit pourraient être utilement envisagées. Il en est ainsi de la coopération avec les États et organisations régionales africaines, qui seront évoqués dans le chapitre 10. Par ailleurs, les catégorisations administratives des ressortissants de certains États sont également liées à des avantages négociés entre le Maroc et leur État d'origine, comme il en est des conventions d'établissement évoquées ou de conventions relatives à l'accès à l'emploi, à la sécurité sociale, à l'accès à la justice.

PARTIE II

RENCONTRES DE L'ÉTRANGER AVEC L'ADMINISTRATION ET LA JUSTICE

CHAPITRE 4

L'ÉTRANGER ÉLOIGNÉ[78]

Ce chapitre entend traiter de l'éloignement des étrangers, en lien avec leur séjour irrégulier sur le territoire marocain, au travers d'un ensemble de pratiques déployées par la police et les forces de l'ordre marocaines. Le regard sera porté sur les mécanismes à l'œuvre - parfois difficilement visibles - et sur les logiques d'action sous-jacentes à ces éloignements à partir de l'analysc dc cours d'action, dans un contexte politique régional fortement marqué par le souci de « lutter contre la migration irrégulière ». Comment le recours à l'éloignement d'étrangers est-il interprété comme une modalité de « lutte contre la migration irrégulière » prise en charge par les acteurs de la sécurité ? Comment les forces de l'ordre s'adaptent-elles à ce contexte et comment ces éloignements, dans l'hétérogénéité de leur déploiement et dans les airs de famille qu'ils partagent, répondent-ils à une finalité pratique ? Il s'agira de saisir partiellement « la façon dont les structures des activités quotidiennes sont produites et soutenues de manière ordinaire et routinisée » (Garfinkel, 2009 : 100), tout en s'intéressant au mode de production de l'ordre tel que rendu visible par les participants au cours d'action. Sont qualifiés de « forces de l'ordre » les acteurs de la sécurité qui interviennent, ponctuellement ou plus régulièrement, dans la lutte contre la migration irrégulière et l'interpellation des étrangers en séjour irrégulier. Il s'agit des corps rattachés à l'armée, comme la gendarmerie ou la marine royale, de la police nationalc[79] relevant de la Direction générale de la sûreté nationale (DGSN) ou des forces auxiliaires, dépendantes administrativement du ministère de l'Intérieur. Ces acteurs agissent dans le cadre d' une pluralité de structures organisationnelles, comme il en est par exemple de la police judiciaire qui, tout en faisant partie du corps de la DGSN, dépend du procureur du roi, de ses substituts et du juge d'instruction, révélant l'intrication des missions de police et de justice.

---

[78] Malgré sa dimension euphémisante, on utilisera ici le terme d'éloignement pour synthétiser la grande diversité des formes que peut prendre le renvoi forcé d'un étranger vers une frontière extérieure, vers son pays d'origine ou le fait de l'éloigner d'une zone où il serait indésiré/indésirable.

[79] Intègre la police judiciaire, la Direction de la sécurité royale, la police aux frontières (PAF), les Renseignements généraux, les Groupes d'intervention rapide, la Direction générale de la surveillance du territoire.

Les travaux sur les forces de l'ordre sont quasiment inexistants au Maroc ou se limitent à une présentation formelle et officielle des dispositifs de l'armée et de la police. Comme le soulignent Brodeur et Monjardet, la mythologie de la police « est plus puissante que celle d'aucune autre profession, la militaire exceptée », en particulier du fait que « sa résistance à être connue paraît en grande partie légitime et qu'elle est en conséquence protégée par les institutions » (2003 : 11). Pourtant, nombre de travaux montrent que faire l'impasse sur les pratiques des forces de l'ordre conduit à occulter des dimensions importantes du déploiement de l'ordre public (Mainsant, 2008 : 37). Des recherches sur le travail de la police se déroulent sans que cela ne pose problème, en particulier lorsque l'institution policière s'ouvre d'elle-même au chercheur. Il en est ainsi des travaux de Bittner (1967), Komter (1998, 2001), Van Charldorp (2011), Cicourel (1968), Brodeur et Monjardet (2003), Jobard (2010, 2012), Jobard & Levy (2009) ou Mainsant (2008). Je m'appuierai ici sur un matériau constitué de différentes situations d'éloignements, suivies ou rapportées entre 2008 et 2015, relatives à des questions de séjour, complétées pour certaines par des documents liés à la procédure mise en œuvre. Je ne m'intéresse pas aux motivations des « donneurs d'ordre », ni d'ailleurs à celles des agents, et ne chercherai pas identifier ou à justifier ces pratiques ou les différentiels dans le déroulement de ces éloignements, hors de ce qui nous est donné à voir. Je tenterai ainsi de m'éloigner de toute démarche critique. Les sanctions pour séjour irrégulier, prévues par la loi n° 02-03, sont de deux ordres : administratives ou pénales. Elles consistent en des mesures d'éloignement que sont l'expulsion et la reconduite à la frontière (art. 21 à 32). Je m'intéresse ici aux sanctions administratives prises à l'encontre de l'étranger pour motif de séjour irrégulier sur le territoire.

Dans un premier temps, un détour sera opéré pour mieux comprendre les modalités par lesquelles l'étranger est interpellé pour séjour irrégulier sur le territoire, mais aussi pour identifier le déploiement des procédures, de l'interpellation à la décision d'éloignement. Dans un second temps, il s'agira d'inventorier les pratiques mises en œuvre dans le cadre de procédures de refoulement, pour mieux apprécier le poids des contraintes qui s'imposent sur ce type d'action. Je reviendrai sur les normes déployées par les acteurs impliqués, ainsi que sur la production du droit qui en découle, au travers des séquences, de la routine et de l'invisibilité qui émergent de ces cours d'action, ainsi que de la manière dont ces acteurs tendent vers une correction procédurale. Dans un troisième temps, les dimensions de l'éloignement seront élargies à des procédures plus récemment mises en œuvre, comme il en est des déplacements forcés à l'intérieur du territoire. Cela permettra d'envisager ce que ces pratiques peuvent nous dire de la façon dont les acteurs perçoivent et interprètent le monde. Au-delà, qu'est-ce que la diversité et la diversification des pratiques d'éloignement peuvent nous apprendre du contexte politique dans lequel elles sont prises ? Si les refoulements visent essentiellement des étrangers dits subsahariens, dans quelle mesure les expulsions ou interdictions – formelles ou de fait - du territoire national sont-elles susceptibles de concerner plus généralement toutes les catégories nationales et administratives d'étrangers ?

I. LES REFOULEMENTS EN PRATIQUE

Le terme de « refoulement » fait référence à un ensemble de régularités et de standardisations reconnaissables dans des pratiques d'éloignement d'étrangers. Le droit est ici considéré en lui-même, dans son déploiement contextuel, ses interactions, ses pratiques, en partant du principe que « ce qu'est le droit est déterminé par les usages communs des gens, dans le champ social, et non pas en avance par le théoricien ou le chercheur en sciences sociales » (Tamanaha, 2000 : 314). Ne me situant pas dans une entreprise interprétative, c'est par la description de pratiques locales accomplies – observées ici d'un point de vue d'acteur associatif, de chercheur, de citoyenne – que j'interroge l'intelligibilité de ces refoulements, sans chercher pour autant à les modéliser. Des refoulements sont constatés depuis le début des années 2000 ; ils consistent en l'arrestation d'étrangers ressortissants, essentiellement d'Afrique de l'Ouest et centrale et à leur renvoi vers la frontière algéro-marocaine, formellement fermée depuis 1994, ou vers la frontière mauritanienne. Les interpellations d'étrangers, considérés comme en séjour irrégulier, se sont étendues à certaines villes marocaines à partir de 2004.

A. L'élément déclencheur de la procédure

Les circonstances de l'arrestation peuvent être considérées comme le point de départ de la procédure d'éloignement, également révélatrices de catégorisations et de pratiques routinières opérées par la police.

1. Opérations d'arrestation collective dans les villes et aux frontières

Dans une série de quatorze arrestations opérées en 2008 à Casablanca, l'élément déclencheur de la procédure est le contrôle dont les étrangers concernés, tous ressortissants de pays d'Afrique de l'Ouest et Centrale, font l'objet de la part des forces de l'ordre. Ce contrôle est retranscrit dans les procès-verbaux de la police sous l'appellation de « flagrant délit ». Le flagrant délit est défini par le code de procédure pénale (art. 58) comme la situation où : « 1.L'auteur est arrêté au moment où l'infraction se commet ou vient de se commettre / 2. Lorsque l'auteur est encore poursuivi par la clameur publique à la suite d'une infraction / 3. Lorsque l'auteur, dans un temps très voisin de l'action, est trouvé porteur d'armes ou d'objets faisant présumer sa participation au fait délictueux, ou que l'on relève sur lui des traces ou indices établissant sa participation […] ».

Ces contrôles d'identité manifestent l'effet des catégorisations opérées par les agents de police. Le délit de séjour irrégulier ne peut être constaté qu'après contrôle des documents de séjour de l'étranger. Il est réalisé à partir d'une présomption sur le caractère étranger ou irrégulier d'un individu, dans le cadre d'un délit annexe - impliquant ou pas l'étranger - amenant au contrôle d'identité, ou de contrôles aléatoires effectués « à la tête du client ». Les procès-verbaux décrivent les modalités de ces arrestations[80] :

« J'étais en train de me balader dans un des souks […] et j'ai été appréhendé par une ronde de police qui m'a amenée à vos services » (1) / « Le jour même, vers 13 heures, je me suis dirigée vers le souk […] pour acheter quelques habits et j'ai été arrêtée par une brigade de la sûreté et on m'a amenée à vos services »(4) / « J'ai été arrêté au district […] par une voiture de police alors que je mendiais et ils m'ont transféré à vos services »(5) / « On m'a arrêté et j'ai été interpellé par des agents de police en civil, alors que je me dirigeai vers le quartier […], où je loue une pièce »(10).

D'autres sont révélateurs de pratiques d'opportunité de la part de la police : « Je me suis dirigé vers la préfecture de l'arrondissement […] afin de rencontrer quelques personnes venant de mon pays, sauf que la police m'a arrêté et m'a remis à vos services »(6).

Certains propos rapportés dans ces procès-verbaux renvoient au projet de rejoindre illégalement l'Europe : « [...] J'étais dans un des souks […], quand j'ai été arrêté par une ronde de police qui m'a ramené à vos services […] l'objectif de cette résidence est d'utiliser le Maroc comme pont pour atteindre les territoires de l'Espagne. J'ai essayé plus d'une fois de faire cela, mais sans succès, du fait qu'il y ait beaucoup de forces de sécurité concentrées aux frontières marocaines »(7). « J'ai attendu l'occasion d'une touriste qui me permettrait d'émigrer clandestinement sur les territoires européens, sauf que j'ai été arrêté par les agents de police la veille et ils m'ont présenté à vos services »(8).

Les arrestations ont toutes lieu le même jour, de 13h20 à 00h17, dans huit commissariats de la ville. Des documents adressés par les officiers de police judiciaire au procureur du Roi et qui accompagnent ces procès-verbaux font mention d'une « campagne menée par cet arrondissement de sûreté contre les Africains résidant au Maroc de manière non réglementaire ». Ces arrestations s'intègrent dans une opération d'arrestation collective (« campagne ») ciblant des zones géographiques particulières et un type de délinquants présumés, identifié à partir de certains critères intégrant ici l'« africanité ». Les

[80] Il s'agit ici d'une traduction personnelle de documents élaborés en arabe.

arrestations collectives dans certains quartiers populaires des grandes villes marocaines sont opérées dans des zones identifiées comme étant à forte concentration de personnes présumées appartenir au groupe cible, renvoyant à ce que Bittner qualifie d'« économie de l'intervention » (1967 : 713). Les policiers bénéficient d'un ancrage dans le quartier et obtiennent des informations leur permettant de se diriger vers des maisons hébergeant des étrangers ou des « Africains », susceptibles d'être en séjour irrégulier, limitant ainsi leur marge d'erreur, dans des zones où l'étranger est souvent rapidement identifié.

Les zones du nord du Maroc, proches de l'Espagne et des deux enclaves espagnoles de Ceuta et Melilla[81], ont aussi fait l'objet, depuis le début des années 2000, d'interventions régulières de la part de l'armée et des forces auxiliaires. Elles se sont accompagnées de la destruction ou du démantèlement de campements abritant les migrants présents. Ces campements se situent autour de la ville d'Oujda - point d'arrivée d'Algérie, de stabilisation et de refoulement -, de Nador - notamment dans le mont Gourougou qui surplombe l'enclave espagnole de Melilla - et dans la forêt de Bel Younes, proche de Ceuta. Les étrangers interpellés sont alors refoulés à la frontière algéro-marocaine. Les refoulements visent également des étrangers interpellés dans des tentatives de passage de la frontière maroco-espagnole ou rescapés de naufrages. Les interventions des forces de l'ordre et les activités de surveillance des frontières, mises en place par la Marine Royale, les Forces auxiliaires, les Forces armées royales (FAR) et la Gendarmerie royale, s'effectuent en lien avec celles des forces de l'ordre espagnoles, en particulier de la Guardia Civil. Ces interpellations s'intègrent dans un contexte de renforcement de la surveillance des frontières européennes, depuis le début des années 2000. La coopération du Maroc avec l'UE et certains de ses États membres a pour objectif d'empêcher l'émigration irrégulière, de Marocains comme d'étrangers, vers l'UE. Si ces refoulements concernent, en premier lieu, des personnes originaires d'Afrique de l'Ouest et centrale, des refoulements d'étrangers originaires d'autres zones géographiques que le sud du Sahara ont épisodiquement été rapportés (asiatiques, égyptiens, syriens ou tunisiens). Il s'agit donc d'éviter les tentatives de passage illégales, de coordonner les interventions – en particulier contre les tentatives collectives de passages – ou de prendre en charge des étrangers interpellés côté espagnol à la

[81] Territoires espagnols sur le continent africain, Ceuta et Melilla sont devenus des lieux de passage vers le continent européen, évitant le recours à des *pateras* (bateaux de fortune). Les étrangers souhaitant se rendre irrégulièrement à Ceuta et Melilla utilisent différents moyens comme le contournement des barrières frontalières par bateaux pneumatiques, bouées ou à la nage, le franchissement des barrières, notamment par des « attaques collectives », le passage par les postes-frontière en recourant à des documents de voyage faux ou usurpés et en se dissimulant (dans des voitures ou des bagages), ou, comme certains l'ont tenté ponctuellement, par « voitures béliers ». Un certain nombre de ces méthodes sont communes aux tentatives d'émigration irrégulières de ressortissants marocains.

suite de leur passage de frontière et remis aux autorités marocaines. Cette pratique de remise par les forces de l'ordre d'un étranger après son passage côté espagnol a été constatée avant 2004 (AFVIC/Cimade, 2004). Elle semble s'être poursuivie ensuite de manière « informelle », tout en se basant apparemment sur l'accord conclu en 1992 entre le royaume d'Espagne et le Royaume du Maroc relatif à la circulation des personnes, du transit et de la réadmission des étrangers entrés illégalement[82]. Dénoncée par des organisations espagnoles de défense des droits des étrangers, ces pratiques dites de « refoulement à chaud »[83] (*dévolucion en caliente*) ont fait l'objet en 2014 et 2015 de polémiques en Espagne, entre critiques de l'illégalité de ces pratiques et des violences qui les accompagnent, et débats autour de la légalisation de cette procédure. En août 2018, un nouvel épisode de réadmission de personnes originaires d'Afrique de l'Ouest et centrale, tout juste arrivées sur le territoire de Ceuta, replace les « refoulements à chaud » au cœur de l'actualité entre les deux États. L'objectif non dissimulé est de dissuader les étrangers de tenter de traverser irrégulièrement ces zones frontalières pour rejoindre l'Europe. Des dispositifs importants de sécurisation des frontières ont été mis en place, en particulier autour des enclaves espagnoles de Ceuta et Melilla, amenant à des reconfigurations régulières des modalités de passage vers l'Europe et d'organisation de ces étrangers (Rodier, 2012). C'est ainsi que les tentatives de passage se sont davantage orientées à partir de 2006 vers le sud du Maroc. Les dispositifs de contrôle et de coercition ont alors été délocalisés pour empêcher l'émigration irrégulière des côtes atlantiques marocaines et des pays d'Afrique de l'Ouest vers les îles Canaries, avant de se recentrer sur la frontière nord maroco-espagnole.

L'interpellation s'effectue également dans d'autres cadres que celui d'opérations spécifiques orientées vers l'arrestation d'étrangers, de « Subsahariens » ou d' « Africains » en séjour irrégulier sur le territoire.

[82] Cet Accord du 13/02/1992 prévoit en son article 1ier que les autorités de l'État sollicité (le Maroc) réadmettent les ressortissants des pays tiers qui auraient transité par son territoire afin d'atteindre l'État requérant (l'Espagne).

[83] Les pratiques de « refoulements à chaud » (*devolucion en caliente*) de territoires espagnols au Maroc ont fait l'objet de différentes dénonciations de la part d'organisations de défense des droits humains, d'investigations par la justice espagnole et ont abouti à l'adoption par le gouvernement espagnol de la loi organique n° 4/2015 du 30 mars 2015 portant sur la protection de la sécurité des citoyens. Cette loi permet notamment, « dans le respect de la réglementation internationale en matière des droits de l'Homme », le refoulement des « étrangers détectés dans les lignes de démarcation territoriales de Ceuta ou Melilla en train d'essayer de franchir les éléments de contentions frontaliers pour traverser la frontière de façon irrégulière » (Dixième disposition additionnelle - régime spécial pour Ceuta et Melilla). Cette pratique a aussi été dénoncée, notamment par le Comité pour la prévention de la torture et des peines ou traitements inhumains ou dégradants (CPT) du Conseil de l'Europe en avril 2015. En juillet 2015, la Cour européenne des Droits de l'Homme saisit le gouvernement espagnol concernant des allégations d'expulsions « à chaud » illégales.

Elle peut renvoyer à des pratiques d'opportunité de la part de la police, comme le montrent certains cours d'action présentés ici succinctement.

2. Pratiques d'opportunité ou comment passe-t-on d'une situation de la vie quotidienne à un risque de refoulement à la frontière... ?

Francis[84], ressortissant guinéen entré régulièrement en 2008 par l'aéroport Mohamed V, se trouve en situation administrative irrégulière à l'expiration de son séjour autorisé de 90 jours. Deux ans plus tard, il accompagne une femme à l'aéroport de Salé, interpellée pour utilisation frauduleuse d'un passeport. Ils sont tous deux emmenés au commissariat de l'aéroport où ils sont interrogés. Dans un courrier adressé au chef du service préfectoral de la police judiciaire, le commissaire de l'aéroport signale que Francis « a probablement servi de passeur ». Les deux ressortissants guinéens sont interrogés par la police judiciaire de Rabat, puis présentés au procureur du Roi, avant d'être refoulés à la frontière algéro-marocaine.

Dans un autre cours d'action qui s'est déroulé en 2010 à Salé, Destiny, ressortissante nigériane, se fait agresser au couteau par deux individus alors qu'elle attendait le bus. Elle est entendue par la brigade judiciaire, dans le cadre de l'enquête de police concernant son agresseur, inculpé pour « une multitude de vols avec violence ». Dans son procès-verbal d'écoute, Destiny déclare qu'elle réside au Maroc de manière illégale après y être entrée par la frontière d'Oujda. Le parquet décide de la poursuivre « pour séjour illégal » en se référant à la loi n° 02-03 et l'assigne à comparaître devant le juge correctionnel « en état de liberté provisoire ». Pourtant, Destiny reste injoignable et est retrouvée quelques jours plus tard au commissariat d'Oujda avec son enfant de 4 ans. Elle était en cours de refoulement. La présence de cette femme au commissariat n'est justifiée que par l'agression qu'elle a subie et qui constitue l'effet déclencheur de la procédure d'inculpation pour séjour irrégulier dont elle fait l'objet. Entre 2006 et 2011, j'ai pu constater de régulières entraves à des demandes de protection, de dénonciation de délits ou de violences subies, d'accès à des procédures formulées à la police par des étrangers en séjour irrégulier. Dans un certain nombre de cas, outre l'impossibilité de faire enregistrer leur plainte, les étrangers concernés ont fait état de menaces de refoulement formulées par des fonctionnaires de police. Chez les étrangers concernés, ces menaces ont alimenté la crainte de s'adresser aux services de police, soutenant une impunité de certains actes, délictuels ou criminels, exercés à l'encontre de personnes en séjour irrégulier sur le territoire.

---

[84] Afin de préserver l'anonymat, tous les noms ont été modifiés.

Dans la situation de Francis, cet accompagnement à l'aéroport constitue l'élément déclencheur de l'affaire. En arrière-plan, il y a la suspicion de fraude concernant la femme qu'il accompagne et l'effet de contiguïté dont il est victime, découlant du fait qu'il accompagne une femme suspectée de détenir un faux passeport. Cet effet de contiguïté se retrouve aussi dans des opérations d'arrestations liées à des infractions ou délits (vente illicite d'alcool, trafic de drogue, tapage, ébriété sur la voie publique), pour lesquelles la déviance associée au séjour irrégulier vient d'autant plus légitimer l'intervention de la police. Ces interventions, a priori déconnectées de questions de séjour, peuvent amener à l'interpellation de personnes en séjour irrégulier présentes sur les lieux et l'engagement d'une procédure de refoulement. Il est d'ailleurs parfois difficile de distinguer les procédures motivées par la lutte contre la migration irrégulière et celles liées à des faits de délinquance ordinaire. Les refoulements de ressortissants d'Afrique de l'Ouest ou centrale en séjour irrégulier, sortant de prison après avoir purgé leur peine, constituent aussi une pratique alors constatée à plusieurs reprises[85].

B. De l'interpellation à la décision de refoulement

Dans le cadre de ces refoulements aux frontières, l'étranger interpellé est d'abord placé en cellule, dans un commissariat de la ville où il a été arrêté. C'est à cette étape que les policiers procèdent à son identification, le photographiant et prenant ses empreintes digitales. La police peut également procéder à des vérifications complémentaires (authenticité des documents, implication avérée ou suspectée dans certains délits, informations sur les entrées et sorties du territoire), en lien notamment avec les services de renseignement ou les autorités consulaires du pays d'origine. Dans la situation des quatorze personnes arrêtées en 2008 à Casablanca, les interpellations ont été opérées dans différentes zones de la ville et les interpellés ont d'abord été gardés dans huit commissariats distincts. Hormis la figure du procureur du Roi, les autres acteurs intervenant dans la procédure judiciaire appartiennent à la police administrative, à la police judiciaire ou aux services des renseignements généraux (RG). Une multitude d'indices démontrent la recherche d'une correction procédurale dans le travail réalisé par les officiers de police autour de ces documents. Le souci de faire apparaître un certain respect des procédures légales se retrouve dans les mentions retranscrites par les fonctionnaires chargés de ces procédures, relatives aux communications avec le procureur, aux informations transmises par écrit aux autorités consulaires de certains interpellés ou aux indications concernant l'interprétariat qui, tout en étant souvent imprécises, apparaissent dans la plupart des procès-verbaux. Les quatorze procès-verbaux de cette affaire

[85] Ce constat n'est pas avéré depuis 2013 et depuis que les déplacements internes ont pris le pas des refoulements aux frontières.

indiquent que les traductions ont été effectuées par des agents de police, nommés et appartenant au même service, pour sept des interpellés. Dans quatre autres procès-verbaux, le nom et la qualité de l'interprète n'apparaissent pas ; la seule indication étant que la traduction a été faite de l'anglais à l'arabe ou que le procès-verbal a été lu en anglais. Pour l'un des interpellés présenté comme Sénégalais, aucune information concernant la traduction ou l'absence de besoin de traduction - qui supposerait la maîtrise de la langue arabe - n'apparaît. Enfin, un Marocain, dont rien n'est dit concernant les qualités d'interprète et la maîtrise de la langue anglaise, est mentionné comme traducteur pour deux des procès-verbaux. L'absence d'un interprète compétent linguistiquement et permettant une compréhension partagée entre les policiers et les inculpés ne semble alors pas problématique. Le rôle de l'interprète est le plus souvent cantonné au recueil des réponses aux questions permettant de rédiger le procès-verbal. Il leur est sinon demandé de confirmer certaines réponses avancées par les policiers chargés de l'interrogatoire. Les procès-verbaux et documents de procédure sont en général à usage interne à la procédure judiciaire. L'analyse des choix faits en matière procédurale éclaire plus largement les relations entre acteurs, services et institutions. Si ces choix peuvent parfois sembler aléatoires, ils ne sont clairement pas déconnectés d'une référence au droit. Le policier est soumis à un certain nombre de contraintes et à une logique de communication entre acteurs perçue comme adéquate pour les professionnels amenés à intervenir dans la procédure.

C'est au commissariat que s'opère le tri entre les personnes qui seront éloignées ou non. Dans la situation des quatorze personnes interpellées à Casablanca en 2008, ce que ne nous disent pas les documents de procédure, mais qui a pu être constaté par le suivi de la situation, c'est qu'une quinzième personne avait été arrêtée, en possession d'un passeport ivoirien avec un visa d'entrée valide. Celle-ci a été relâchée après vérification de son document au commissariat.

Les étrangers interpellés pour séjour irrégulier sont d'abord placés en garde à vue avant d'être éloignés. Certains sont préalablement présentés au procureur, comme le montrent les procès-verbaux des quatorze personnes interpellées à Casablanca : « Nous signalons qu'après avoir informé le Ministère public, en la personne de […], il a été placé en garde à vue, à partir du 17/12/08 à […] jusqu'à ce qu'il soit présenté au parquet le 18/12/2008 à 10h ». L'ensemble des gardes à vue se terminent au même moment et les étrangers concernés sont transportés à la frontière algéro-marocaine. C'est à partir de la notification d'une reconduite à la frontière que l'étranger concerné peut en contester la décision. Selon l'article 21 de la loi n° 02-03, la « reconduite à la frontière peut être ordonnée par l'administration, par décision motivée ». À vrai dire, de 2006 à 2014, j'ai pu constater une fois seulement la délivrance d'une notification écrite à un étranger refoulé. Il s'agissait d'une notification délivrée en 2010 par la wilaya de Dakhla[86]. La notification correspond à la formalisation de la décision prise par l'administration, qui ouvre légalement la possibilité de bénéficier de certains droits (de contacter avocat, interprète, etc.) et protections (recours contre la décision notamment). Ces décisions d'éloignement sont le plus souvent prises sans que l'étranger concerné n'ait été en mesure de les contester. J'aborderai à présent les marges de manœuvre dont bénéficient les acteurs de l'administration concernés et les contraintes pratiques auxquelles ils font face dans le cadre de leur travail quotidien.

II. Marge de manœuvre des acteurs de l'administration, contraintes procédurales et routine

A. Routines et déploiement pratique des refoulements

Comme évoqué, deux types de sanctions administratives contre le séjour irrégulier de l'étranger sont prévus par la loi n° 02-03 : l'expulsion et la reconduite à la frontière. L'expulsion (art.25) est prononcée par l'administration si la présence d'un étranger sur le territoire marocain constitue une « menace à l'ordre public ». La reconduite à la frontière (art.21) peut être ordonnée par l'administration dans le cas où l'étranger est en situation administrative irrégulière sur le territoire marocain. Le refoulement tel que pratiqué de manière routinière jusqu'en 2013 - vers la frontière algérienne ou mauritanienne - ne correspond formellement pas à ces procédures, tout en ayant certains airs de famille avec la reconduite à la frontière. Si chaque épisode d'éloignement intègre des caractéristiques qui ne peuvent être considérées comme identiques, certaines constantes se dégagent. Schématiquement, les étrangers sont arrêtés, collectivement ou individuellement, avant d'être transportés à la frontière, en passant par le commissariat d'Oujda pour les refoulements vers la frontière algéro-marocaine. Les étrangers interpellés sont maintenus en cellule dans le ou les commissariats et autres lieux par lesquels ils sont susceptibles de transiter (locaux de la gendarmerie, commissariats). L'éloignement est souvent exécuté avant le délai de 48 heures prévu par la procédure de reconduite à la frontière (art.24) et les étrangers concernés sont éloignés dès le lendemain de leur interpellation. Ce constat n'est cependant pas généralisable au regard des délais de maintien en cellule qui dépassent aussi régulièrement les délais

[86] Arrêté du gouverneur de la province x, « portant refoulement d'un ressortissant camerounais candidat à l'immigration clandestine » et se référant à l'article 21 de la loi n° 02-03 concernant les reconduites à la frontière.

légaux de garde à vue. Des questions d'organisation pratique et le souci d'atteindre un nombre suffisant d'étrangers en séjour irrégulier pour envisager un éloignement collectif impliquent le regroupement des personnes successivement arrêtées, ce qui constitue une contrainte, logistique et de temps. Les conditions de maintien dans les cellules des commissariats et autres locaux de détention dépendent à la fois de la configuration de l'espace (accès aux toilettes, lumière, aménagements pour dormir, séparation hommes/femmes), des marges de manœuvre et d'appréciation des policiers chargés de la surveillance des étrangers détenus (don ou achat de nourriture, mauvais traitements)[87] et des ressources que le détenu est susceptible de mobiliser[88]. Ceux qui ont fait l'objet de plusieurs refoulements ou qui bénéficient d'une connaissance des modalités de déploiement de ces procédures sont alors plus à même d'anticiper et d'intervenir pour rendre leurs conditions de refoulement plus supportables. Des négociations avec les policiers sont régulièrement rapportées, mais conditionnées par des éléments comme la séparation physique entre étrangers détenus et policiers chargés du contrôle, ainsi que par des interactions menées sous le regard des autres détenus et policiers présents. Les représentants des autorités consulaires et agents diplomatiques interviennent ponctuellement dans les vérifications concernant leurs ressortissants présumés et occasionnellement pour certaines libérations, si tant est qu'ils aient été informés de ces interpellations. Il peut aussi s'agir de proches de personnes détenues ou familiers de responsables de la police.

Les étrangers interpellés sont alors transportés à Oujda avant d'être transférés à la frontière algéro-marocaine pour être refoulés. Outre les conditions d'enfermement et de maintien dans les locaux de rétention, la « contrainte imposée au corps et à sa liberté de mouvement » (Le Courant, 2010 : 2) se retrouve également dans le recours aux menottes et dans les modalités de transport des étrangers jusqu'à la frontière algéro-marocaine. Si les scénarios ne sont pas non plus homogènes à ce sujet, les étrangers sont en général transportés dans des autobus desquels ils ne peuvent pas descendre et sont escortés par des agents des forces de l'ordre. Le recours à des menottes au cours des déplacements est régulier, mais ne semble pas systématique. Il est à interpréter « non pas comme exigence liée au comportement de la personne, mais comme une manière pour le policier d'imposer le respect en situation » (Le Courant, 2010 : 3). Cette entrave à la liberté de mouvement apparaît ainsi comme une modalité pratique de mise en œuvre de ces éloignements, facilitant le travail de la police, limitant les marges d'incertitudes susceptibles de

---

87 Lors d'échanges que j'ai eus avec des policiers, certains se sont plaints de devoir assumer, sur leurs ressources personnelles, l'assistance qu'ils fournissaient, en eau et en nourriture, aux étrangers détenus en séjour irrégulier et en cours de refoulement.

88 Ce constat rejoint celui régulièrement opéré dans les prisons marocaines, entre ceux qui ont les moyens, en particulier financiers, d'améliorer leur quotidien (achat de nourriture, accès à des cellules plus confortables, possibilité de téléphoner, etc.) et ceux qui en sont démunis.

découler de tentatives de protestation ou de fuite. Appliquée de manière non problématique à des étrangers dont le statut d' « irrégulier » induit souvent une relation asymétrique, elle limite ainsi les possibilités de contestation. Les menottes interviennent également comme trait caractéristique de la déviance et « agissent sur celui qui les porte en l'extrayant de la sphère publique et en le faisant basculer dans la sphère du contrôle policier » (Le Courant, 2010 : 3). L'usage des menottes fait régulièrement l'objet de négociation entre les étrangers arrêtés et les policiers. Pourtant, « éviter d'être menotté lors de l'arrestation n'empêche pas de faire l'expérience de cette entrave dans la suite de la procédure, puisque l'étranger sera amené à rencontrer de nombreux policiers et les négociations devront à chaque fois être réitérées » (Le Courant, 2010 : 4). Le transport se fait par le biais de véhicules de la sûreté nationale, en recourant à des sociétés privées sollicitées pour affréter des autobus dédiés à ces opérations, ainsi qu'en utilisant des autobus ou des trains transportant d'autres voyageurs. Le refoulement sort alors de son invisibilité, bien que les autres passagers soient rarement autorisés à échanger avec les étrangers en cours de refoulement encadrés par des policiers.

L'étranger interpellé est alors placé dans une posture attentiste et ne bénéficie que de peu d'explications sur la procédure engagée. Les récits qui circulent concernant le refoulement et l'expérience pratique qu'en ont un certain nombre de personnes originaires d'Afrique de l'Ouest et centrale en séjour irrégulier leur permettent de bénéficier d'une connaissance d'arrière-plan des modalités de son déploiement. Certains éléments de la procédure n'ont pas besoin d'être dits pour être compris (Garfinkel, 1964) par les étrangers interpellés, comme pour les acteurs intervenants sur ces questions, familiers de telles scènes. Soulignons à cet effet que les refoulements pratiqués par les autorités marocaines ont des airs de famille avec ceux pratiqués notamment par les autorités algériennes, libyennes ou mauritaniennes. Si certains étrangers concernés se révoltent, contestent, tentent de négocier, de contacter un soutien extérieur voire de s'enfuir, ces procédures se déploient le plus souvent dans une routine qui ne leur laisse que peu de marge de manœuvre. Les refoulements sont le plus souvent organisés pendant la nuit. Les étrangers en refoulement sont escortés par la police et incités à s'éloigner de la frontière marocaine. Si quelques-uns passent la frontière pour ne plus revenir, la majorité revient sur le territoire marocain. Selon l'article 29 de la loi n° 02-03, l'étranger qui fait l'objet d'une décision d'expulsion ou qui doit être reconduit à la frontière est éloigné à destination du pays dont il a la nationalité (sauf pour les réfugiés et demandeurs d'asile), ou du pays qui lui a délivré un document de voyage en cours de validité ou enfin d'un autre pays dans lequel il est légalement admissible[89]. Entre 2006 et 2013, les refoulements se font

[89] La suite de cet article précise qu'« aucune femme étrangère enceinte et aucun mineur étranger ne peuvent être éloignés. De même, aucun étranger ne peut être éloigné à destination

généralement vers la frontière algérienne ou, plus occasionnellement, vers la frontière mauritanienne. Si les personnes concernées reviennent sur le territoire marocain après avoir été refoulées à la frontière algérienne, c'est aussi parce qu'ils n'y sont ni admis ni admissibles légalement. La frontière entre le Maroc et l'Algérie est officiellement fermée depuis 1994. Les relations entre les deux États sont régulièrement tendues et l'Algérie régulièrement accusée de laisser passer les migrants vers le Maroc. S'ils sont généralement refoulés vers la frontière algérienne, ils ne sont pas tous entrés par cette même frontière. D'après les procès-verbaux de la police concernant les quatorze personnes arrêtées à Casablanca en 2008, deux d'entre elles sont entrées irrégulièrement par la frontière mauritanienne. Il est dit de deux autres qu'elles sont entrées légalement par l'aéroport, avec mention de la vérification de leur entrée, au travers des fichiers de la police, pour l'une, et présentation du passeport avec tampon d'entrée, pour la seconde. C'est également le cas de Francis et d'un nombre non négligeable d'étrangers en séjour irrégulier au Maroc, en particulier ceux bénéficiant de dispenses de visa d'entrée. Pour ce qui est des refoulements vers la frontière maroco-mauritanienne, si cette frontière est officiellement ouverte, le renvoi d'étrangers irréguliers implique l'autorisation par les autorités mauritaniennes d'admettre ces étrangers sur son territoire. Cette autorisation ne semble pas avoir été obtenue dans différents cours d'action que j'ai été amenée à suivre et qui ne concernaient pas que des étrangers entrés par cette même frontière. Les étrangers alors refoulés se sont retrouvés coincés, parfois pendant plusieurs jours, entre la frontière marocaine et mauritanienne, dans un no-mans-land surnommé *Kandahar* du fait de son austérité[90]. L'intelligibilité du choix de la zone de refoulement serait donc à appréhender au-delà du droit formel et de la zone d'entrée des étrangers refoulés, bien qu'un certain nombre d'étrangers originaires d'Afrique de l'Ouest, d'Afrique du Nord, de pays arabes et asiatiques passent effectivement par la frontière algéro-marocaine.

Jusqu'en septembre 2013, ces refoulements, bien qu'invisibilisés, se sont déployés avec une certaine routine. S'ils se ressemblent, ces refoulements ne se reproduisent jamais à l'identique. Les modalités de leur mise en œuvre s'adaptent au contexte, dépendent des acteurs ordonnant ou exécutant le refoulement, et sont fonction de l'effet éventuel des interactions avec l'étranger ou avec d'autres acteurs intervenants dans la procédure.

---

d'un pays s'il établit que sa vie ou sa liberté y sont menacées ou qu'il y est exposé à des traitements inhumains, cruels ou dégradants ».

[90] Bande de terre désertique entre les deux frontières officielles, liées par une route non goudronnée et entourée d'une zone réputée minée. Les voitures traversent la zone par une route, qui ne dispose d'aucun équipement. Quelques carcasses de voitures abandonnées peuvent servir à se protéger du soleil.

B. Le refoulement, une procédure discrète

Ces procédures sont le plus souvent menées de manière discrète par les forces de l'ordre. La loi n° 02-03 prévoit que l'étranger est maintenu « dans des locaux ne relevant pas de l'administration pénitentiaire » (art.34). Selon cette loi, « les sièges des locaux visés (…) et les modalités de leur fonctionnement et de leur organisation sont fixés par voie réglementaire ». Mais, ces textes réglementaires ne sont pas connus et à ce jour, n'ont pas été publiés. Les étrangers interpellés pour séjour irrégulier sont maintenus le plus souvent dans les cellules des commissariats, mais aussi dans des locaux ou camps dépendants de l'armée et d'autres institutions publiques, en particulier dans le cadre d'opérations d'arrestations massives. Comme constaté au cours des refoulements de 2005, l'éparpillement des étrangers interpellés dans des lieux qui ne sont pas nécessairement identifiés comme susceptibles de détenir des étrangers contribue à leur invisibilité.

Le fait de ne pas recevoir de notification écrite - formalisation de la décision d'éloignement - rend difficile l'identification des griefs et motifs d'interpellation et opaque, celle des délais de recours. C'est pourtant la notification qui ouvre légalement la possibilité de formuler un recours. C'est de cette notification que découle la possibilité pour l'étranger de demander l'accès à certains droits lui permettant de défendre sa cause, comme il en est de celui de bénéficier du concours d'un interprète, de la communication du dossier et des pièces sur la base desquelles la décision attaquée a été prise, ainsi que de bénéficier d'un avocat. Sans notification et possibilité de contacter l'extérieur, les personnes interpellées ne sont pas toujours en mesure d'identifier le lieu où elles se trouvent. Elles sont par ailleurs maintenues dans un flou quant à la procédure qui leur est appliquée. Il est aussi courant que les téléphones portables leur soient confisqués et, sinon, leur usage est souvent restreint en pratique. Dans la situation des quatorze personnes arrêtées à Casablanca en 2008, un avocat mandaté par le GADEM s'est rendu au commissariat dans lequel avaient été localisées les personnes interpellées. Par un lien téléphonique avec certains détenus, une liste de noms lui a été transmise. L'avocat s'est rendu au commissariat identifié et auprès du procureur du Roi pour demander la délivrance des notifications de décision d'éloignement et rencontrer les personnes arrêtées. Il ne les a pas obtenues et les refoulements ont été mis en œuvre. Si les éloignements n'apparaissent pas clairement dans les documents de procédure, ceux-ci ont pu être constatés par le suivi direct et le lien maintenu avec les interpellés. De plus, la mention « éloignement » griffonnée sur certains documents de police, avec un tampon des services du procureur, est la formalisation de cette décision. Laurent Sylvain (2008) s'intéresse à l'analyse des mots griffonnés et des traces des échanges informels en marge des décisions officielles. Discrète et difficilement visible et lisible pour le non-initié, cette mention manuscrite retranscrit le choix du procureur - légal selon la loi n°02-03 - de ne pas présenter les personnes arrêtées à Casablanca en 2008 au juge, et donc de ne pas les inculper pénalement, mais de les éloigner. Dans d'autres situations qu'il m'a été donné de suivre (cf. chapitre 6), l'instruction du procureur semble avoir été donnée par téléphone. N'ayant cependant jamais eu l'occasion d'assister directement à la formalisation de cette décision, je ne suis pas en mesure d'affirmer du caractère systématique de la mention d'éloignement sur les documents transmis par la police, de l'auteur ou du relai de cette décision, etc., qui constituent l'une des zones d'ombre du déploiement de ces éloignements et de leur formalisation, que certains professionnels du droit ou policier habitués à ces procédures pourraient permettre d'éclairer.

Le souci d'éviter les contacts entre les interpellés et des acteurs extérieurs à la procédure mise en œuvre se retrouve dans de nombreuses situations. Prenons le cas de Pascaline, enceinte de huit mois et interpellée en 2008 à Tétouan. Les policiers ont d'abord nié la présence d'une femme enceinte lorsque l'ONG MSF s'est présentée au commissariat. C'est à la sortie du commissariat que MSF a identifié Pascaline et a pu obtenir sa libération. La présence des étrangers ainsi détenus est alors rendue invisible, dans un dispositif banal qu'est le commissariat de police. Le travail de sensibilisation mené par certaines organisations humanitaires a cependant permis d'établir des collaborations avec des représentants des forces de l'ordre, comme il en a alors été entre l'ONG MSF et le commissariat d'Oujda, pour la prise en charge des personnes considérées comme vulnérables (femmes ou mineurs en particulier). Destiny, inculpée pour séjour irrégulier à la suite de l'agression qu'elle a subie à Salé, est retrouvée au commissariat d'Oujda avec son enfant de quatre ans et également confiée à l'ONG MSF. Cette collaboration informelle s'est cependant avérée temporaire.

Le déploiement de ces procédures rend difficile la distinction des catégories de personnes interpellées pour refoulements.

Les catégories d' « étranger en séjour irrégulier », de « femme enceinte », de « mineur » ou de « réfugié » sont associées à des caractéristiques spécifiques, notamment de vulnérabilité, à des droits et des devoirs différents. L'article 29 de la loi n°02-03 dispose qu' « aucune femme étrangère enceinte et aucun mineur étranger ne peuvent être éloignés ». La convention de Genève de 1951, relative au statut de réfugiés, protège également formellement les réfugiés contre les sanctions à l'entrée irrégulière et contre les refoulements. L'article 29 de la loi n°02-03 poursuit « aucun étranger ne peut être éloigné à destination d'un pays s'il établit que sa vie ou sa liberté y sont menacées ou qu'il y est exposé à des traitements inhumains, cruels ou dégradants ». D'autres dispositions juridiques visent les modalités de mise en œuvre des éloignements d'étrangers, comme il en est de l'interdiction des expulsions collectives ou du droit au recours contre de telles décisions.

Les interpellations et refoulements mis en œuvre à partir de 2004 semblaient concerner indistinctement les « Subsahariens en situation administrative irrégulière ». La norme du refoulement semble s'être appliquée de manière moins systématique entre 2006 et 2015, distinguant différentes sous-catégories de cette catégorie de « Subsaharien irrégulier ». Pour Jayyusi, « les catégories ne sont pas des éléments figés, aux frontières définitivement tracées avec des traits identifiables exclusifs – elles ont une structure ouverte et chacune a une multiplicité de caractéristiques qui vont avec elle » (2010 : 39). Ces distinctions entre catégories protégées ou non des refoulements ne se retrouvent donc pas nécessairement dans les déploiements pratiques de ces éloignements, elles ne sont pas rendues visibles et contribuent à une certaine incertitude sur les catégories d'étrangers effectivement concernés par ces mesures et sur les modalités d'action susceptibles d'être mises en œuvre contre ces pratiques de refoulements. C'est ainsi que des personnes impliquées dans des délits de droit commun sont refoulées, comme sanction principale ou à leur sortie de prison, de manière similaire que d'autres personnes interpellées pour des délits au séjour. Cette incertitude sur les caractéristiques des personnes interpellées limite les possibilités d'interventions contre les refoulements pour des acteurs extérieurs, les avocats, les autorités consulaires, les acteurs associatifs de la protection des migrants ou de la défense des droits des étrangers, ainsi que pour l'UNHCR dans le cadre de la protection des réfugiés. De plus, les caractéristiques associées à une personne ayant fait l'objet d'une inculpation pénale, indépendante des questions de séjour, induisent l'orientation vers des qualifications juridiques et, souvent, des inférences négatives, dans le cadre d'une procédure juridique ou de la réception par le public, la presse et les divers destinataires potentiels de l'action de dénonciation susceptible d'être mise en œuvre.

Dans la situation des quatorze personnes arrêtées à Casablanca en 2008, si aucune notification de décision d'éloignement n'est remise, certaines caractéristiques concernant les étrangers interpellés sont fournies dans les procès-verbaux de police obtenus à la suite de leur éloignement[91]. Il y est indiqué qu'une femme nigériane déclare avoir un enfant de deux mois, que l'un des Ghanéens est étudiant et il apparaît qu'une Sierra-léonaise est mineure au moment de son interpellation[92]. Si certaines précisions n'y apparaissent pas, comme la présence de l'enfant de deux mois qui accompagne sa mère, des éléments qui pourraient remettre légalement en question l'interpellation de

[91] Ces documents de procédure judiciaire fournissent des éléments d'identification concernant les étrangers refoulés qui n'ont pu être obtenus par l'avocat qu'après l'exécution du refoulement. Nous verrons dans le prochain chapitre (cf. chapitre 5), comment ces documents ont pu être cependant mobilisés pour interpeller le juge marocain.

[92] Ce qui est indiqué est sa date de naissance. La caractéristique de mineur, qui découle de son âge, n'est pas explicitée en tant que telle dans le procès-verbal de la police qui lui est consacré.

certains étrangers, membres de « catégories protégées contre les reconduites à la frontière », ne sont pas dissimulés.

L'une des activités principales du GADEM a été pendant plusieurs années de mettre en place des mécanismes d'alerte, susceptibles de soutenir des interventions et actions de dénonciation contre ces pratiques de refoulement. Nombre de refoulements étaient constatés par l'arrivée des personnes refoulées à Oujda ou lors de leur retour à Rabat. Les stratégies des acteurs de la défense des droits des étrangers s'affinant pour tenter de rendre ces événements plus visibles, celles des forces de l'ordre ont tendu à l'inverse vers une visibilité moindre. L'organisation d'opérations d'arrestation ciblant des groupes d'étrangers plus réduits, des zones ou des villes jusque-là pas ou peu concernées, renseignent sur l'adaptation des forces de l'ordre à de nouveaux contextes d'intervention. Les acteurs intervenant contre ces pratiques ont également eu à réajuster les modalités de leurs actions, s'efforçant de gagner en réactivité, de rendre plus convaincant leur plaidoyer, renforçant leurs méthodes de communication et leurs réseaux de soutien. En tête de ceux-ci, les références au droit positif, dans un contexte où le Maroc a lancé différentes réformes et mesures visant à l'amélioration de l'État de droit, au fonctionnement de la Justice et au respect des conventions internationales (cf. chapitre 3). Ces actions de plaidoyer ont accompagné le déplacement des frontières de catégories, comme celles de « personne susceptible d'être refoulée », d'« étrangers en séjour irrégulier », de « personnes vulnérables » ou « protégées ».

Pour illustration, si les réfugiés et demandeurs d'asile sont légalement protégés de ces éloignements, les catégorisations concernant les réfugiés et la protection des réfugiés ont évolué ces dernières années. À partir de 2005, c'est l'UNHCR qui enregistre les personnes comme « demandeurs d'asile » et reconnaît les « réfugiés ». La catégorie administrative du « réfugié » est alors associée à celle de l'« étrangers en séjour irrégulier », pour ce qui concerne les droits et devoirs rattachés à l'accès à l'emploi, à la protection contre les refoulements, à l'état civil ou à l'accès à l'école. A progressivement été instituée une nouvelle catégorie, celle de « réfugiés protégés » contre les refoulements, puis celle du demandeur d'asile disposant d'une attestation de demandeur d'asile reconnue. Pourtant, non seulement les réfugiés et demandeurs d'asile interpellés dans certaines zones – essentiellement proches des frontières nord du Maroc - se sont vu refuser cette protection[93], mais certains demandeurs d'asile ont été intégrés à une catégorie transitoire, celle

[93] La présence dans ces zones frontalières, les renvoyant à la suspicion d'être de faux réfugiés cherchant à rejoindre l'Europe, limite les droits attachés à la catégorie formelle de « réfugié ». L'UNHCR donnait d'ailleurs comme instructions à « ses » réfugiés et demandeurs d'asile de ne pas se rendre dans le nord du Maroc. C'est l'idée que soutien le rapport du CCDH relatif aux événements de Ceuta et Melilla publié en 2006, qui affirme que « théoriquement, le demandeur d'asile ne doit pas s'éloigner du HCR et doit rester dans les environs du siège ou de la représentation du HCR » (2007 : 36).

des « demandeurs d'asile préenregistrés », qui ne bénéficient pas des droits découlant formellement de la catégorie des demandeurs d'asile, notamment celui de ne pas se faire refouler. Cette étape préalable à l'accès à la catégorie formelle de « demandeur d'asile » est justifiée par l'UNHCR par des contraintes organisationnelles et de gestion des dossiers, relatifs aux délais de traitement des demandes. C'est l'entretien de détermination du statut de réfugié, première occasion pour le demandeur d'asile de se faire entendre, qui valide alors le statut de « demandeur d'asile ». Cette sous-catégorie du « réfugié » et du « demandeur d'asile » renvoie également à des dimensions politiques. Elle tient au souci de limiter le nombre de réfugiés et demandeurs d'asile placés sous sa protection, vis-à-vis des autorités marocaines, à celui de ne pas dévaloriser ce statut, qui fait d'ores et déjà l'objet de suspicion, d'imputations de fraude et de doute quant aux « faux réfugiés » ou « faux demandeurs d'asile », ainsi qu'à la démarche visant à rassurer les autorités marocaines quant aux nombres de réfugiés et à la relativité (qui semble bien réelle) de la charge qu'impliquerait de donner une place « aux réfugiés » au sein de la société marocaine. Le passage de la catégorie de « demandeurs d'asile préenregistrés » à celle de « demandeurs d'asile », protégés, dépend d'éléments qui ne relèvent pas de caractéristiques associées aux membres de ces catégories, excepté pour certaines personnes catégorisées comme vulnérables. Ces derniers bénéficient de procédures adaptées et d'une détermination accélérée de statut. C'est en effet le premier entretien de détermination du statut de réfugié[94] qui permet l'accès au statut de demandeur d'asile, qui précède l'examen de la demande d'asile et l'accès éventuel au statut de réfugié de l'UNHCR.

Au-delà, les catégories d' « étranger irrégulier » et d' « étranger irrégulier susceptible d'être refoulé » sont distinguées dans les pratiques de refoulement. Non seulement, les mesures de refoulement ne s'appliquent pas à toutes les catégories d'étrangers résidant irrégulièrement au Maroc (notamment ceux qui sont établis et travaillent sans autorisation),[95] mais ont occasionnellement préservé certaines catégories de « Subsahariens en séjour irrégulier au Maroc », comme il en a été par exemple de détenteurs de cartes consulaires les plaçant sous la protection de leur État d'appartenance[96]. Ces distinctions

[94] Selon la capacité de l'agence onusienne à traiter les nouvelles demandes d'asile, cet entretien pouvait avoir lieu plus de deux mois après l'enregistrement du demandeur d'asile.

[95] Cette possibilité est alimentée par la dispense de visa d'entrée dont bénéficient un certains nombre d'étrangers au Maroc, européens et africains notamment, qui leur permet - à la condition que leur entrée soit autorisée par la police aux frontières (cf. chapitre 12) - de ressortir du territoire tous les trois mois pour réactiver leur séjour autorisé au Maroc (dit « touristique »). Je traiterai plus particulièrement de l'accès des étrangers au marché de l'emploi dans le chapitre 8.

[96] Les cartes consulaires délivrées par certains États ont été occasionnellement associées par les autorités marocaines à une protection contre le refoulement. Cela a par exemple parfois été le cas pour les ressortissants Sénégalais, justifiées par le statut particulier des Sénégalais au

interrogent le ciblage de telle ou telle catégorie d'étrangers, en termes de « lutte contre la migration irrégulière », de « lutte contre le transit des étrangers vers l'Europe », de « menace à l'ordre public », ou en lien avec d'autres déterminants de l'action, d'autant que, comme nous l'avons souligné, ces refoulements ne correspondent en réalité le plus souvent qu'à des éloignements temporaires.

Il n'est pourtant pas possible de considérer ces déploiements comme mécaniques ou systématiques. Non seulement ils sont mis en œuvre selon des modalités de déploiement diverses, mais ils ne sont pas déconnectés du contexte, notamment politique, dans lequel ils s'ancrent.

III. Diversité et diversification des pratiques d'éloignement

En septembre 2013, une nouvelle politique migratoire[97] est annoncée sous l'impulsion du roi Mohamed VI. Elle s'intègre à des mesures d'harmonisation et de mise à niveau du dispositif législatif marocain, à la suite de l'adoption de la Constitution de 2011. Le Maroc met en avant ses engagements pour le respect des droits de l'homme et pour la primauté du droit international ainsi que ses efforts pour améliorer l'État de droit. Cette nouvelle politique migratoire accompagne le développement de relations orientées vers le reste du continent africain ; le Maroc se positionnant comme passerelle culturelle, économique et politique entre l'Europe et l'Afrique. Je ne rentrerai pas ici dans le détail des déterminants de cette nouvelle politique, mais m'intéresserai à l'évolution des pratiques d'éloignement qui l'accompagnent. L'annonce de cette « nouvelle politique » s'est accompagné d'une campagne exceptionnelle de régularisation de certaines catégories d'étrangers installés irrégulièrement au Maroc et de la promulgation de nouveaux textes législatifs concernant l'asile, la migration et la traite des êtres humains. Après ces annonces, des opérations d'arrestations collectives ont être menées entre septembre et novembre 2013, suivies de refoulements à la frontière algéro-marocaine. Elles ont visé des « Subsahariens en séjour irrégulier », interpellés aux abords des frontières et dans certains quartiers de grandes villes du Nord, en particulier à Tanger où le quartier de Boukhalef a fait l'actualité avec le décès d'un

Maroc, les relations particulières entretenues entre le Maroc et le Sénégal, ainsi qu'avec l'action située des diplomates sénégalais intervenant pour la protection de leurs ressortissants.

[97] Évoquée de manière transversale dans les prochains chapitres, cette appellation de « nouvelle politique migratoire » est utilisée pour désigner la réforme impulsée par le Roi. Elle ne préjuge ni des modalités de sa mise en œuvre, ni de la refonte de la politique migratoire marocaine qui pourrait être entendu comme l'ensemble des dispositifs publics concernant l'entrée, le droit au séjour, les sanctions au séjour irrégulier, l'accès à l'emploi, au mariage, etc., des étrangers au Maroc, ainsi que l'intervention de l'État sur l'émigration des marocains.

Sénégalais, Moussa Seck, à la suite d'une intervention des forces de l'ordre[98]. Des négociations avec les responsables du ministère de l'Intérieur ont marqué le passage à de nouvelles pratiques d'éloignement, prenant le pas sur les refoulements aux frontières, dénoncés depuis plusieurs années par différents acteurs, et par le CNDH dans le rapport remis en septembre 2013[99].

Un moratoire sur les refoulements est annoncé en décembre 2013. Cette décision vise notamment à permettre aux étrangers irréguliers ciblés par l'opération de régularisation de bénéficier d'une stabilité en vue du dépôt d'une demande de régularisation de leur séjour sur le territoire. Si les refoulements aux frontières précédemment décrits ne semblaient plus pratiqués, s'y sont substituées des pratiques de déplacements collectifs de personnes originaires d'Afrique de l'Ouest et centrale, depuis les zones et villes frontalières de la région orientale et du nord du Maroc, en particulier de Nador et Tanger, vers l'intérieur du pays. Les villes d'"accueil" ont d'abord été Rabat, Fès et Meknès. Les zones de déplacements de ces étrangers interpellés se sont progressivement diversifiées, s'orientant vers les villes d'Agadir, de Tiznit, d'Errachidia ou de Beni Mellal. Ces déplacements ont également alimenté l'installation de personnes déplacées dans des campements implantés à Fès, Casablanca, Rabat ou Tiznit[100]. Diverses catégories d'étrangers originaires d'Afrique de l'Ouest et centrale ont été concernées par ces opérations ciblant des zones géographiques particulières et tentant de dissuader – en les anticipant parfois – des tentatives de passage vers l'Espagne. En mars 2014, un communiqué commun à plusieurs associations constate « les violences et les déplacements forcés » organisés dès décembre 2013. Il évoque « l'arrivée quotidienne de dizaines, puis de centaines de migrants (dont des mineurs) déposés dans divers lieux de l'agglomération de Rabat (notamment la gare de Kamra) par des bus réquisitionnés par les forces de l'ordre en provenance des régions environnant les enclaves espagnoles de

---

[98] Des expulsions de personnes originaires d'Afrique de l'Ouest et centrale des logements qu'ils occupaient dans le quartier de Boukhalef ont également été opérées par les forces de l'ordre en juillet 2015 et à plusieurs reprises par la suite.

[99] « Le contrôle accru des frontières s'est accompagné de campagnes régulières de contrôles d'identité et d'interpellations dans les divers centres urbains ou dans les forêts avoisinant les enclaves de Sebta et Melilla, suivies d'opérations de refoulement vers la frontière algérienne ou mauritanienne. Ces campagnes ont donné lieu à de nombreuses violations des droits des migrants en situation irrégulière (interpellation de réfugiés, violences et mauvais traitements, refoulements sans saisine de la justice,…), qui s'ajoutent aux violences de délinquants et de trafiquants des êtres humains et aux violations subies par les migrant-e-s pendant leur long parcours migratoire, parfois avant même leur entrée sur le territoire national » (CNDH, 2013 : 3)

[100] Le campement informel de Fès, qui a perduré plusieurs années, a finalement été évacué et détruit en juillet 2018, comme il en avait été en décembre 2017 du campement de Kamra à Rabat, abritant un nombre plus réduit de personnes mais aux environs duquel reviennent régulièrement des personnes ayant fait l'objet de déplacements forcés.

Sebta et Melilla »[101]. Cette période a été également marquée par des tentatives discrètes de renvoi dans leur pays d'origine d'étrangers[102] interpellés dans la région de Tanger, dans le cadre de tentatives d'émigration irrégulière – parmi lesquels certains ont été présentés devant le juge -, ainsi qu'autour du décès en août 2014 du Sénégalais Charles Ndour, dans le quartier de Boukhalef à Tanger, et de la manifestation de protestation qui a suivie[103].

La fin de ce moratoire a été officiellement annoncée lors d'une conférence de presse organisée le 9 février 2015, au cours de laquelle le ministère de l'Intérieur a déclaré que les autorités marocaines « ne toléreront plus à l'avenir la constitution de camps illégaux de candidats à l'immigration »[104]. L'annonce du démantèlement des campements du nord du Maroc s'est traduite quelques heures plus tard par une opération de grande ampleur dans les campements de Gourougou, à proximité de l'enclave de Melilla. Elle a mobilisé différentes sections de l'armée et de la police et conduit à l'arrestation de centaines de personnes originaires d'Afrique de l'Ouest et centrale. Des opérations d'interpellations collectives ont été organisées jusqu'au 13 février, autour de villes du nord du Maroc. Malgré des similitudes avec les refoulements régulièrement pratiqués auparavant et la crainte d'un nouvel épisode similaire aux événements de Ceuta et Melilla de 2005, ces arrestations, qui ont été suivies de l'éloignement de centaines de personnes originaires d'Afrique de l'Ouest et centrale, ont constitué des expériences disruptives pour les observateurs et acteurs intervenant pour les droits des étrangers. N'ayant pas observé directement les déploiements pratiques de ces opérations, je n'en retrace ici que les grandes lignes.

Dans un communiqué de presse rendu public le 11 février 2015, le ministère de l'Intérieur justifie ces opérations d'arrestations collectives par « (...) la libération de plusieurs migrants, notamment des femmes et enfants, qui étaient contraints de vivre au sein de cette forêt par les réseaux de passeurs et de traite des êtres humains »[105]. Quelques jours auparavant, le ministre de l'Intérieur annonçait le démantèlement de plus d'une centaine de réseaux en 2014 « dans le cadre de la lutte contre la traite des êtres humains »[106]. Le ministère conclut ce communiqué en précisant que « des opérations similaires

---

[101] « Maroc – Les associations marocaines dénoncent les violences et les déplacements forcés de migrants », 25 mars 2014. Organisations signataires : Amane, ALCS, Caritas Maroc, Alecma, CEI, CMSM, Gadem, FOO, um el Banine, Terre des Hommes

[102] Chaudier Julie, « Migrants subsahariens irréguliers : Le Maroc reprend les expulsions par avion », *Yabiladi.com*, 16.09.2014

[103] GADEM, « L'État marocain face au meurtre de Charles Ndour : expulsion de victime et témoins ! », communiqué de presse, 05 septembre 2014

[104] Chapon Amanda, « Campagne de rrégularisation : les titres de séjour renouvelés en 2015 », *Telquel*, 18 Février 2015.

[105] Chambost Pauline, « L'intérieur Entame Le Démantèlement Des Camps De Migrants », *Telquel*, 10 Février 2015.

[106] Kardiatou Traoré, « Maroc : plus de 100 réseaux d'immigration clandestine démantelés », *afrik.com*, 10 février 2015

seront systématiquement conduites pour évacuer tous les endroits squattés par les migrants qui planifient d'organiser des tentatives d'émigration irrégulière »[107]. D'après les éléments recueillis par le GADEM et le Collectif des communautés subsahariennes au Maroc (CCSM), les étrangers interpellés ont été transportés dans 24 bus et rassemblés sur un terrain proche de Nador où « les autorités ont alors procédé à leur identification (état civil et nationalité), les ont photographiés et ont relevé leurs empreintes »[108]. Des représentants d'ambassades d'État d'Afrique de l'Ouest et centrale étaient présents au cours de l'identification des interpellés. Mais, ils ne semblaient pas avoir été informés de la procédure en cours ni du lieu où seraient transportés leurs ressortissants. Les femmes et les mineurs identifiés ont été libérés. Les autres interpellés ont été déplacés dans différentes villes du royaume[109], maintenus dans des locaux traditionnellement non dévolus à cet usage[110] et rattachés à diverses institutions, à caractère social ou culturel notamment. Si cette procédure peut paraître incongrue, de par l'éparpillement des personnes arrêtées sur l'ensemble du territoire, elle s'est aussi accompagnée de pratiques non seulement très hétérogènes, mais différentes de ce qui pouvait être constaté jusque-là dans le cadre des éloignements, refoulements ou déplacements forcés. Cela a alimenté une certaine confusion sur ce qui était en train de se passer. Ces « expulsions » opérées en septembre 2014[111], bien que ponctuelles et limitées en nombre[112], ont renvoyé à la possibilité pour les autorités marocaines d'orienter progressivement leurs pratiques d'éloignement - ou du moins certaines - vers le renvoi ou l'expulsion d'étrangers dans leurs pays d'origine. Nombre d'indices laissaient en effet supposer que les autorités marocaines, par souci de mettre en adéquation leurs pratiques avec le droit positif, dans le contexte de mise en place d'une nouvelle stratégie relative à l'immigration, soutenue, notamment financièrement, par différents partenaires (essentiellement européens), pouvaient choisir de mener des opérations d'expulsion ou de retour vers le pays d'origine - présentées comme « volontaires » - d'étrangers originaires d'Afrique de l'Ouest et central. Si les procédures d'expulsion menées en septembre 2014 ne correspondaient pas aux

---

[107] H.S., « Migration : Les autorités évacuent la forêt de Gourougou, *Le Matin*, 11 février 2015

[108] CCSM-GADEM, « Note d'information conjointe sur les déplacements et les détentions arbitraires de migrants au Maroc à la suite des rafles du 10 février 2015 », février 2015

[109] CCSM-GADEM, op.cit., février 2015. Une cartographie des lieux de détention localisés (partielle) a également été élaborée et publiée.

[110] Centre d'accueil relevant du ministère de la Jeunesse et des sports, centre de qualification agricole, maison d'étudiantes, complexe social dépendant de l'Initiative nationale pour le développement humain (INDH), complexes sportifs, etc.

[111] Julie Chaudier, « Le Maroc reste dans l'illégalité concernant les expulsions de migrants irréguliers », *yabilada.com*, 27.09.2014

[112] Une quarantaine de personnes originaires d'Afrique de l'Ouest et centrale, majoritairement sénégalaises. Soulignons cependant que l'intervention d'acteurs, tels que le CNDH, a alors permis le retour de certains étrangers en route vers l'aéroport.

dispositions prévues par le droit positif, les modalités de déplacement de février 2015 pouvaient augurer d'une plus grande attention portée au respect de ces procédures formelles.

Selon les lieux où ils ont été déplacés, certains interpellés ont été détenus dans des centres sans être autorisés à en sortir, alors que d'autres circulaient en dehors et sous contrôle, avec l'ordre de ne pas quitter la ville. Si la loi n°02-03 prévoit le recours à des centres de rétention et l'adoption de textes réglementaires précisant la mise en œuvre de ces dispositifs, ceux-ci n'existent a priori pas. Par ailleurs, de manière récurrente depuis 2004, les autorités marocaines déclarent leurs réticences à la mise en place de centres de rétention (El Qadim, 2015 ; Belguendouz, 2005), notamment parce que renvoyant aux dispositifs existant sur le territoire européen[113]. Ces réticences sont également à associer à la position du Maroc dans le cadre d'une gestion des migrations irrégulières, perçues essentiellement comme transitant par son territoire pour rejoindre l'Europe et au refus d'assumer des responsabilités qui ne seraient alors pas les siennes. Ces réticences viennent appuyer celles concernant la réadmission d'étrangers ayant transité sur le territoire marocain émergeant régulièrement lors des négociations entre le Maroc et l'UE depuis le début des années 2000 autour de la signature d'un accord de réadmission (El Qadim, 2015 ; Belguendouz, 2005).

Les autorités marocaines semblent alors être dans le souci de rendre ces détentions discrètes, mais aussi d'accorder une attention particulière aux conditions de maintien et au traitement des étrangers interpellés. Selon les lieux, différents acteurs (autorités locales, gestionnaires des centres ou associations) interviennent auprès de ces étrangers. L'hétérogénéité des conditions de maintien se retrouve dans le choix des lieux de détention, mais aussi dans les conditions de confort accordées, comme l'illustre le contraste entre la livraison de repas par traiteurs pour certains, alors que d'autres n'ont eu que peu accès à de la nourriture[114]. Les suites données à ces interpellations et au maintien de ces étrangers dans des centres « de détention » ou « d'accueil » peuvent sembler étonnantes. Non seulement les étrangers maintenus ont été libérés au fur et à mesure, mais certaines de ces libérations ont été accompagnées de cérémonies organisées, comme à Goulmim où l'Association marocaine des âmes charitables (AMAC) a remis des dons à

---

[113] En 2004, le ministre de l'Intérieur répond à une question parlementaire sur le sujet, que rapporte une dépêche de l'AFP du 14 décembre 2004 : « "Le Maroc n'est pas convaincu de la création de ces centres de rétention dans les pays maghrébins" comme le suggèrent certains pays européens, a dit le ministre, en réponse à une question devant le parlement marocain. "L'approche doit être économique dans le cadre d'un partenariat avec les pays subsahariens", a ajouté M. Sahel. Le Maroc est "disposé à coopérer dans ce domaine avec l'Europe", a-t-il ajouté ». Différents locaux ont pourtant été utilisés depuis 2005 par les autorités marocaines pour enfermer des étrangers pour motif de séjour irrégulier (casernes militaires, cellules de commissariats, locaux d'institutions publiques, etc.).

[114] CCSM-GADEM, op.cit., février 2015.

l'occasion de la libération des étrangers présents, dont des passages ont été diffusés par vidéo sur *YouTube*[115]. Ces arrestations auront aussi permis d'identifier une partie de ceux qui se maintenaient aux frontières nord du Maroc, complétant les données émanant de l'opération de régularisation exceptionnelle, visant aussi explicitement à identifier le nombre d' « irréguliers » sur le territoire national. Bien que nous n'en connaissions pas les suites, certains de ces déplacés se sont, de plus, vus proposer de déposer une demande de régularisation hors délais. Les libérations progressives qui ont suivi ont coupé court à l'indignation qui montait, alors même que le tribunal administratif de Casablanca, saisi par un avocat mandaté par le GADEM, avait ordonné, en février 2015, le déplacement d'un huissier pour constater l'enfermement d'étrangers dans l'un de ces centres, localisé dans la ville d'El Jadida[116]. Les personnes détenues ont été libérées avant que l'huissier n'ait pu se déplacer. Le déploiement des procédures mises en œuvre à la suite de l'annonce de la nouvelle politique migratoire est venu casser les routines dans lesquelles s'ancraient les refoulements aux frontières depuis 2005. Comme dans les expériences disruptives (*breaching experiments)* menées par Garfinkel (2009) avec ses étudiants et celles sur les jeux présentés par Héritage (1991), déstabilisantes, ces actions désorientent la « normalité perçue » (Heritage, 1991 : 99).

L'intégration des refoulements dans le cadre de pratiques d'éloignement pourrait en soi paraître incongrue. Si l'éloignement est supposé orienter l'étranger vers l'extérieur du territoire marocain comme il en est formellement des expulsions ou des reconduites à la frontière, les pratiques de refoulement sur lesquelles nous nous sommes essentiellement penchés correspondent davantage à un éloignement temporaire du territoire, au vu et au su des autorités marocaines. Les autorités marocaines semblent cependant s'essayer ponctuellement et discrètement à la mise en œuvre de renvois vers leurs pays d'étrangers originaires d'Afrique de l'Ouest et centrale, dans le cadre d'interpellations liées à des délits au séjour, comme ce fut le cas en septembre 2014. L'été 2018 a également été marqué par les expulsions ou rapatriements de certaines personnes essentiellement interpellées dans le nord du territoire, et en particulier dans les zones de Tanger et Nador. Les procédures suivies concernant ces renvois vers le pays d'origine n'apparaissent pas clairement.

Le 3 septembre 2018, un article de la revue *Telquel* rapporte : «Le Maroc est soucieux que toute l'opération se déroule dans le respect total des lois internationales en la matière", précise une source gouvernementale qui ajoute que les subsahariens en question vont être renvoyés chez eux pour les soustraire aux activités criminelles des réseaux mafieux de traite humaine qui ont focalisé leur trafic sur le Maroc après la fermeture des frontières libyennes

115 La vidéo de cette « activité caritative au profit de migrants subsahariens » est disponible sur https://www.youtube.com/watch?v=nSVgZavABPc (consultée le 19/02/2019).

116 Décision du tribunal administratif de Casablanca n° 135 du 18/02/2015.

donnant accès sur les côtes italiennes. Dans ce sens, les ambassadeurs africains conviés à cette réunion vont aider à l'identification des 1.500 migrants concernés et ce en coordination avec l'Organisation internationale pour les migrations (OIM) »[117].

Les chiffres fournis par le ministère de l'Intérieur font état de 5 608 retours volontaires mis en place par les autorités marocaines en 2018, dont 1 509 avec l'OIM[118]. Ces données intègrent aussi les retours volontaires s'intégrant dans les programmes mis en œuvre par certains pays d'origine, comme il en est par exemple des autorités philippines[119].

Dans son rapport *Coûts et blessures*, publié en septembre 2018, le GADEM interroge le caractère volontaire de certains renvois vers le pays d'origine opérés au cours de l'été, en collaboration avec des représentants d'ambassades d'Afrique de l'Ouest et centrale accréditées au Maroc. Ces renvois vers le pays d'origine concernant des ressortissants de pays d'Afrique de l'Ouest et centrale ont été mis en œuvre en parallèle de mesures de déplacements vers le sud qui ont concernés d'autres personnes interpellées dans le nord

Des procédures assimilables à des expulsions ont aussi été mises en œuvre à l'encontre d'étrangers, de différentes nationalités, interpellés pour des délits indépendants du séjour. Le plus souvent, ces délits sont associés à des actions de prosélytisme religieux, à des affaires dites de mœurs ou à des actions considérées comme portant atteintes à la sûreté de l'État. La procédure d'expulsion prévue par la loi y est justifiée par une « menace à l'ordre public ». Cette notion qui se retrouve à différentes reprises dans la loi n° 02-03[120] reste vague[121]. En 2009 et 2010, des étrangers de différentes nationalités sont expulsés du Maroc sous le motif de prosélytisme chrétien[122]. Certaines de

---

[117] Charki Lahrech, « Migration : Les dessous de la rencontre entre le gouvernement marocain et les ambassadeurs africains », *Telquel*, 3 septembre 2018

[118] Ministère de l'Intérieur. Brochure fournie à l'occasion de la réunion de l'Observatoire National de la Migration qui s'est tenu le 17 janvier 2019 à Rabat.

[119] De 2004 à 2018, le ministère de l'Intérieur rapporte 26 520 retours volontaires de migrants vers leurs pays d'origine.

[120] La notion d'ordre public se retrouve dans une dizaine d'articles de la loi n° 02-03 (articles 4, 14, 16, 17, 21, 25, 27, 35, 40 et 42) relatifs à l'accès au territoire, à l'attribution et au retrait des titres de séjour, ainsi qu'à l'expulsion et à la reconduite à la frontière.

[121] Signalons cependant l'Arrêt n° 382 du 03 mars 2005, dans lequel le juge du tribunal administratif de Rabat précise la notion « d'ordre public » comme base d'une mesure d'expulsion en se référant à la jurisprudence française qui distingue les condamnations pour crimes, qui constituent un « danger effectif et peuvent servir de base pour une décision d'expulsion », et des condamnations pour des délits simples. Voir à ce sujet : GADEM, *Le cadre juridique relatif à la condition des étrangers au regard de l'interprétation du juge judiciaire et de l'application du pouvoir exécutif*, Rabat, 2009, pp.48.

[122] Selon l'article 220 du Code pénal « est puni [d'un emprisonnement de six mois à trois ans et d'une amende de 200 à 500 dirhams], quiconque emploie des moyens de séduction dans le but d'ébranler la foi d'un musulman ou de le convertir à une autre religion, soit en exploitant sa faiblesse ou ses besoins, soit en utilisant à ces fins des établissements d'enseignement, de

ces procédures ont été contestées après expulsion de ces personnes et, le 17 octobre 2012, le tribunal administratif de Rabat a prononcé un verdict contre l'État marocain[123] concernant des étrangers expulsés en mars 2010.

D'autres expulsions ont été exécutées et rapportées par la presse, comme il en a été de deux journalistes français (février 2015)[124], d'une Française préparant un documentaire et accusée d'avoir « *des* agissements suspects visant à inciter à des actes de nature à porter atteinte à l'ordre public »[125], d'une personne expulsée d'Agadir en juin 2015 pour homosexualité[126]. Ce fut le cas également de deux activistes du mouvement Femen (avril 2016), de la déléguée de l'institut NOVACT[127] et de deux chercheurs de l'ONG Amnesty International effectuant une mission d'enquête sur la situation des migrants et des réfugiés à la frontière nord du Maroc avec l'Espagne[128], ou encore, en juillet 2015, d'un journaliste réalisant un reportage sur la frontière nord-est du royaume. Ces éloignements ne sont pas motivés par des délits liés à l'entrée ou au séjour irrégulier. L'absence d'inculpation pénale et de présentation devant le juge, le manque de visibilité de la procédure mise en œuvre rendent difficile la contestation de ces expulsions et ne permettent pas toujours d'identifier l'adéquation des délits invoqués avec cette qualification juridique de menace à l'ordre public. Cette notion de menace à l'ordre public semble également être mobilisée pour refuser l'entrée sur le territoire d'étrangers qui remplissent les conditions explicitement formulées par la loi (cf. chapitre 12). De plus, certains refus de renouvellement de titre de séjour et de délivrance de visa pour des étrangers condamnés par la justice marocaine pour des délits de droit commun ont pu être constatés. Ces refus ont été décidés sans qu'une interdiction du territoire marocain ait été prononcée de manière formelle et

santé, des asiles ou des orphelinats. En cas de condamnation, la fermeture de l'établissement qui a servi à commettre le délit peut être ordonnée, soit définitivement, soit pour une durée qui ne peut excéder trois années ». La mesure d'expulsion pour ce délit qualifié de prosélytisme est donc à associer à la notion de « menace à l'ordre public » qui justifie, dans la loi n° 02-03, une mesure d'expulsion.

[123] Jaabouk M. , « Maroc : La justice conteste la décision d'expulsion des étrangers pour prosélytisme chrétien », *Yabiladi.com*, 23.01.2013

[124] Charlotte Bozonnet, « Le Maroc arrête deux journalistes français », *Le Monde*, 16.02.2015 ; El Hadji Mamadou Gueye, « L'un des journalistes français expulsés par le Maroc raconte sa version des faits », *Yabiladi*, 17.02.2015

[125] MAP, « Expulsion d'une Française suite à des agissements suspects visant à inciter à des actes de nature à porter atteinte à l'ordre public », *L'opinion*, 17.04.2015

[126] *Al Akhbar Al Yaoum*, n° 803, 24.06.2015

[127] Voir le communiqué de NOVACT dénonçant la décision d'expulsion (06/2015).

[128] Amnesty International, « Maroc : des chercheurs d'Amnesty International expulsés », 12/06/2015. Dans un communiqué du 7 juillet 2015, Amnesty International (AI) annonce avoir écrit aux autorités marocaines pour demander des clarifications quant aux motivations de ces arrestations, détentions et expulsions du Maroc. AI demande également que toute mesure d'interdiction du territoire soit levée pour les concernés.

alors même que, pour certains étrangers, ce jugement n'était pas définitif[129]. Associés par les autorités policières et sécuritaires à la menace à l'ordre public, ou du moins au fait d'être « non désiré sur le territoire », ces étrangers sont amenés à être éloignés ou à s'éloigner face à l'absence de perspectives de régularisation, à l'interdiction, de fait, de séjourner sur le territoire marocain. Il leur est par ailleurs difficile de contester cette qualification juridique qui n'est pas toujours explicitée et rarement rapportée par écrit.

CONCLUSION DU CHAPITRE

Les refoulements et déplacements forcés visent davantage à éloigner de la frontière maroco-espagnole des étrangers supposés vouloir y pénétrer. Le renvoi vers la frontière algérienne était régulièrement justifié par l'entrée présumée de la majorité de ces « Subsahariens en situation irrégulière » au Maroc par cette même frontière. Ces renvois ne révèlent pas une démarche directement orientée vers une sortie durable du territoire. L'usure qui peut découler de ces pratiques, des violences susceptibles de les accompagner et de la précarité des étrangers concernés sur le territoire marocain peut motiver des départs dits volontaires, autonomes ou mis en œuvre par des organisations associatives ou internationales. Ces dernières années, les programmes de retour volontaire sont devenus le programme phare de l'Organisation internationale pour les migrations (OIM), soutenue par des financements essentiellement européens et par les autorités marocaines. Ces éloignements constituent l'un des arguments évoqué par les autorités sécuritaires marocaines pour souligner leur implication dans la lutte contre la migration irrégulière transitant par le Maroc pour rejoindre l'Europe (El Qadim, 2010). Pourtant, comme le souligne Garfinkel, « l'activité la plus routinière, anodine, familière qui soit, n'est jamais "donnée" à l'avance, n'est jamais tenue pour une copie conforme, ni une reproduction mécanique d'un modèle plus ou moins formalisé auquel il suffirait de se référer pour établir le sens de ce qui advient et être en mesure d'en reproduire le cours » (Barthélémy & Quéré, 2009 : 12). Ces procédures s'intègrent à une rationalité et une intelligibilité pratique liées à un contexte dont les évolutions conduisent les autorités chargées de la lutte contre la migration irrégulière à procéder à des réajustements progressifs dans leurs pratiques. Pour dévoiler cette sphère méconnue de la politique migratoire, de la gestion des étrangers sur le territoire et de la pratique du droit, il faut déplacer le regard des discours aux pratiques, et des principes

---

[129] Au-delà de l'incertitude entourant la qualification juridique de « menace à l'ordre public », la loi n° 02-03 prévoit la protection contre l'expulsion de certaines catégories d'étrangers (art.26) et notamment, de « l'étranger résidant régulièrement au Maroc sous couvert de l'un des titres de séjour prévus par la présente loi ou les conventions internationales, qui n'a pas été condamné définitivement à une peine au moins égale à un an d'emprisonnement sans sursis ».

juridiques à leur application. Les conditions matérielles de l'analyse sont donc déterminantes et les difficultés d'accès aux sources contribuent à l'invisibilité de certains éléments de compréhension, faisant obstacle au travail de recherche, mais pouvant aussi être appréhendées comme une ressource explicative de ce qui se passe sur le terrain.

CHAPITRE 5

LA RENCONTRE DU JUGE AVEC L'ÉTRANGER : DÉLITS AU SÉJOUR IRRÉGULIER ET ÉLOIGNEMENTS.

Dans un contexte où la réforme de la justice constitue pour les gouvernements successifs l'un des principaux défis, les attentes sont fortes à l'égard du juge. Celui-ci est appelé à jouer un rôle grandissant non seulement dans le contrôle des pratiques de l'administration, mais également dans le cadre de différentes sanctions pénales. Il en va ainsi des sanctions pénales liées à l'entrée et au séjour irrégulier des étrangers sur le territoire marocain, prévues par la loi n° 02-03. Le droit positif définit l'étranger comme étant celui qui ne dispose pas de la nationalité du pays. S'il n'est formellement pas un citoyen, il n'en est pas moins un justiciable selon la loi, alors concerné par une grande partie du droit positif marocain. Nous nous penchons ici sur la rencontre de l'étranger avec le juge dans le cadre de sanctions pour séjour irrégulier au Maroc. La rencontre de l'étranger avec les acteurs de la justice renvoie au processus allant de son entrée dans une procédure judiciaire à la conclusion de celle-ci, qui correspond parfois au jugement rendu par le juge dans l'enceinte judiciaire. Si l'enceinte judiciaire est « traditionnellement présentée comme le lieu de mise en œuvre du syllogisme judiciaire, par le biais duquel une règle de droit trouve à être appliquée aux faits qui sont présentés au juge » (Dupret & Ferrié, 2004 : 41), les pratiques particulières des professionnels de ces institutions nous intéressent ici davantage que de considérer leur détermination par l'institution. Seront également évoquées des situations où la rencontre physique avec le juge ne se fait pas, mais où l'audience se tient cependant, en l'absence de l'inculpé. La plupart des situations choisies concernent des étrangers considérés comme étant « en situation administrative irrégulière », c'est-à-dire n'ayant pas l'autorisation de l'administration de séjourner sur le territoire. Ne seront ici évoquées ni les modalités par lesquelles un étranger devient un « étranger en situation administrative irrégulière » ni les recours possibles devant le juge dans le cas de refus d'entrée ou de délivrance/renouvellement de titres de séjour.

Élargir la compréhension des pratiques au-delà du constat de la non-application, au moins partielle, du droit positif permet de mettre le doigt sur des réalités qui concernent le fonctionnement des acteurs de l'administration et de la justice. Le droit est considéré ici en lui-même, dans son déploiement contextuel, ses interactions, son activité de production de sens, ses pratiques, au travers des manières dont les acteurs du droit rendent intelligibles leurs actions. Ce faisant, notre souci ne sera pas de procéder à un état des lieux, mais de donner des éléments de compréhension permettant de mieux percevoir comment les acteurs se positionnent. Sortir du carcan enfermant les analyses sur le droit dans la comparaison avec les dispositions du droit positif, nous permettra de mieux appréhender ce qui se passe sur le terrain juridique et judiciaire. Les acteurs de la justice ne sont pas déconnectés de leur contexte institutionnel, ce qui n'implique pas pour autant qu'ils s'y conforment par une opération mécanique de qualification juridique et d'application des normes formelles. Les cours d'action analysés sont issus en partie de mon terrain professionnel au GADEM et du suivi de situations pour lesquelles l'association était interpellée. Mon implication s'est située à différentes étapes de la procédure et de manière plus ou moins distanciée. Les notes prises, le suivi direct et l'analyse des documents de procédure liés à ces affaires m'ont permis de revisiter les pratiques de différents acteurs sous l'angle de ce qu'elles nous disent du déploiement du droit. Parallèlement, j'ai pu me procurer, par le biais notamment d'avocats, des documents de procédure, jugements ou documents de police. Ce regard porté sur la rencontre avec le juge ne peut être déconnecté des analyses exposées dans le chapitre précédent envisageant les modalités d'interpellation des étrangers en séjour irrégulier, les pratiques d'éloignement et les rencontres avec d'autres acteurs en amont de la procédure judiciaire.

Dans un premier temps, seront analysées les modalités de la rencontre avec le juge. Dans un second temps, nous nous intéresserons aux catégorisations et qualifications juridiques, rendues visibles au travers notamment du caractère intertextuel des documents de procédure et de l'élaboration des procès-verbaux de police. Enfin, nous nous pencherons sur les régularités visibles dans les pratiques du juge, ainsi que sur les postures pratiques et liens entre les acteurs relevant de l'autorité judiciaire et de l'exécutif concernant les questions de séjour. Cela nous permettra d'appréhender des dimensions plus larges du fonctionnement de la justice.

I. RENCONTRE DE L'ÉTRANGER AVEC LA JUSTICE

L'étranger est susceptible d'être confronté à l'institution judiciaire de différentes manières. Il peut l'être à la suite d'une plainte déposée contre lui, inculpé par l'administration parce que suspecté d'avoir commis un délit, parce que témoin d'une infraction, mais également à la suite d'une plainte ou d'un recours qu'il formule dans le cadre d'une affaire dans laquelle il se sent lésé, du fait de l'administration ou d'autres acteurs, privés ou publics. Nous nous centrerons sur des situations concernant des étrangers en situation administrative irrégulière, où l'étranger est inculpé par l'administration ou formule un recours contre les décisions de l'administration. Seront envisagés aussi succinctement les positionnements du juge dans le cadre de situations d'éloignement déconnectées du séjour irrégulier prises par l'administration à l'encontre de certains étrangers.

La loi n° 02-03 prévoit la possibilité de faire intervenir le juge de deux manières dans le cadre du séjour irrégulier des étrangers :

- Le juge du tribunal de première instance (TPI) dans le cadre de sanctions pénales contre l'étranger ;

- Le président du tribunal administratif (TA), qui peut être saisi en tant que juge des référés (en procédure accélérée) par l'étranger qui fait l'objet d'une décision de reconduite à la frontière, « dans les quarante-huit heures suivant la notification », pour demander l'annulation de cette décision (art. 23 de la loi n° 02-03).

Si, comme nous l'avons vu, tous les étrangers interpellés pour séjour irrégulier ne sont pas inculpés et présentés au juge du TPI, il arrive régulièrement que des étrangers le soient pénalement pour des délits liés au séjour irrégulier. Ces inculpations prennent différentes formes. Pour mieux appréhender la position du juge face aux décisions liées au séjour irrégulier, sera tout d'abord mobilisé un corpus constitué d'une série de jugements émanant en 2008 du TPI de Meknès. Deux cours d'action présentés dans le chapitre précédent seront également analysés : le cas de Francis, inculpé à l'aéroport et présenté au juge, tout en ayant entre-temps été éloigné vers la frontière, et celui de Destiny, inculpée pour séjour irrégulier et dont le procès-verbal évoque une présentation au juge « en état de liberté provisoire ». Les documents d'un procès concernant cinq réfugiés inculpés en 2009 pour « rassemblement armé, rébellion et violence contre un fonctionnaire public » et « séjour irrégulier » constitueront également l'une des ressources de cette analyse. Enfin, les éléments de suivi et les documents de procédure de l'affaire des quatorze « Africains » arrêtés à Casablanca en 2008 (cf. chapitre 4) illustreront une situation où la rencontre avec le juge se fait par le biais d'un recours déposé devant le tribunal administratif.

A. Le juge pénal face aux inculpations pour séjour irrégulier

Pour délit d'entrée ou de séjour irréguliers, l'administration marocaine peut prendre des mesures d'éloignement contre l'étranger, mais également décider d'inculper l'étranger. Les dispositions pénales prévues à cet effet apparaissent dans deux parties distinctes de la loi (Perrin, 2008) : les dispositions pénales relatives à l'entrée et au séjour des étrangers (Titre I.- Chap. VII de la loi n° 02-03) et les dispositions pénales relatives à l'émigration et l'immigration irrégulières (Titre II de la loi n° 02-03). Les principales sanctions pénales prévues pour l'entrée ou le séjour irrégulier ou la sortie dite clandestine du territoire sont établies aux articles 42, 43, 44 (Chap. VII) et 50 (Titre II) de la loi n° 02-03 et consistent en des amendes allant de 2000 à 30 000 dirhams (le double en cas de récidive) ou un emprisonnement d'un mois à un an, selon la qualification du délit.

Dans une série de jugements rendus en 2008 par le tribunal de Meknès (tableau n° 5), vingt étrangers de différentes nationalités sont inculpés « dans le cadre de la lutte contre l'immigration clandestine et la résidence illégale au Maroc » pour les motifs de résidence illégale, non-renouvellement de la carte de résident et mendicité. Je m'appuierai sur les retranscriptions des jugements rendus par le TPI, n'ayant pu assister pour ces affaires aux interactions entre les protagonistes et ne disposant pas des dossiers des inculpés. Le tableau ci-dessous retrace certains éléments émanant des documents de jugements ; il reprend les motifs d'inculpation et les qualifications juridiques mobilisées par le juge à l'appui de sa décision.

Tableau 5 - récapitulatif de décisions de jugements rendus par le TPI de Meknès entre le 26 mai 2008 et le 31 octobre 2008

Motifs d'inculpation	Date de l'audience	Inculpés	Nationalités des inculpés	Références juridiques mobilisées par le juge	Décision du juge
Résidence illégale	22/09/2008 26/09/2008 22/10/2008 30/05/2008 26/09/2008 15/10/2008 26/05/2008 17/09/2008	1&2 3&4 5&6&7 8 11&12 14 16&17&18 19	Tunisiens Syriens Syriens Koweïtien Congolais & Tunisien Saoudien Syriens Omanais	Article 3 de la loi (Dahir) du 16/5/1941, rectifié par la loi de 1950/1/5	un mois de prison avec sursis, à sa/leur charge les frais de justice et contraintes minimales
Résidence illégale	31/10/2008	9	Jordanien	59 art.2003	Un mois de prison avec sursis, à sa charge les frais de justice et les contraintes minimales
Résidence illégale	08/10/2008	10	Français	art. 21 et 4 du dahir du 11-11-2003	Un mois de prison avec sursis, à sa charge les frais de justice et les contraintes minimales

Motifs d'inculpation	Date de l'audience	Inculpés	Nationalités des inculpés	Références juridiques mobilisées par le juge	Décision du juge
Résidence illégale	24/09/2008	13	Français	Article 42 et 43 de la loi du 11-11-1963	Un mois de prison avec sursis, à sa charge les frais de justice et les contraintes minimales
Non-renouvellement de sa carte de résidence	17/09/2008	15	Syrien	Loi 11-11-2003	Innocenté — Dispose d'un visa toujours valide (avocat)
Mendicité et non-renouvellement de la carte de résidence	29/10/2008	20	Congolais	Art.326 CP Loi 02-03	Un mois de prison avec sursis, à sa charge les frais de justice et les contraintes minimales

L'un des premiers constats que l'on peut tirer de ces jugements est la mobilisation de dispositions du droit positif différentes pour des motifs d'inculpation identiques et le recours par le juge à des dispositions qui ne correspondent pas au motif d'inculpation, inexistantes ou abrogées par la loi n° 02-03 pour motiver ces décisions. C'est ainsi que pour quinze personnes inculpées pour résidence illégale, le juge mobilise l'article 3 de la loi (Dahir) du 16/5/1941 pourtant abrogé en 2003. Pour le même motif d'inculpation (« résidence illégale »), le même juge recourt aux articles 42 et 43 de la « loi du 11-11-1963 » [13] qui pourrait renvoyer à la loi n° 02-03 adoptée en novembre 2003 ou, dans une autre audience, aux articles 21 et 4 du dahir du 11-11-2003 [10]. Si ces dernières références d'articles correspondent bien à des dispositions existantes dans la loi n° 02-03, celles-ci ne renvoient pas au séjour irrégulier, mais à la procédure de reconduite à la frontière, pour l'article 21, et au contrôle à l'entrée et aux motifs de refus d'entrée sur le territoire, pour l'article 4.

La qualification juridique des faits constitue l'une des opérations fondamentales qu'effectue le juge. Les références mobilisées par le juge ou le greffier[130] sont imprécises. La « résidence illégale » peut renvoyer à un ensemble de qualifications juridiques et de sanctions distinctes, qui peuvent cependant se cumuler. Cette qualification juridique peut correspondre à une entrée irrégulière, un maintien sur le territoire au-delà de la durée de validité du visa ou de la durée de séjour autorisée sans régularisation du séjour ou à un non-renouvellement du titre de séjour. Concernant l'une des personnes inculpées pour « non-renouvellement de sa carte de résident », s'il fait l'objet d'une inculpation pour un délit spécifique, étant entré régulièrement sur le territoire et ayant bénéficié d'un titre de séjour, le jugement fait référence à la loi 11-11-2003 dans sa globalité pour soutenir l'énonciation de la sanction [15]. Ces éléments qui pourraient être soulevés comme vices de forme ne semblent pas problématiques. Dans une étude publiée en 2009, à partir de l'analyse de différentes décisions de justice relatives au séjour des étrangers, le GADEM fait le constat du recours par le juge à des dispositions de dahirs abrogés par la loi n° 02-03, ainsi que d'« une réticence à se référer à la loi n° 02-03 dans les affaires concernant l'entrée et la résidence illégale des étrangers. Dans le meilleur des cas, il [*le juge*] fait référence au "dahir du 11/11/2003" ou au "dahir du 11/11/2003 relatif à la migration du et vers le Maroc" » (GADEM, 2009 : 34). L'un des inculpés l'est aux motifs de « mendicité et non-renouvellement de la carte de résidence » [20]. Référence est donc faite à l'article 326 du code pénal qui sanctionne de un à six mois de

[130] Le greffe correspond au secrétariat du tribunal ou de la cour de justice. Le greffier est chargé d'assister les magistrats dans les cas où la loi le prévoit. Au-delà de la transcription fidèle des débats à l'audience, le greffier est responsable du respect et de l'authenticité de la procédure tout au long de son déroulement. Il enregistre les affaires, prévient les parties des dates d'audience et de clôture, dresse les procès-verbaux, rédige des actes et met en forme les décisions.

prison, « quiconque ayant des moyens de subsistance ou étant en mesure de se les procurer par le travail ou de toute autre manière licite, se livre habituellement à la mendicité en quelque lieu que ce soit ». La loi n° 02-03 est également invoquée dans sa globalité dans certaines de ces décisions [20 & 15], ce qui pourrait laisser penser que la précision de la qualification juridique des faits importe peu.

Ces retranscriptions de jugement sont établies sur une base similaire, dactylographiées, tout en intégrant des ajouts manuscrits et des ratures en certaines parties du « formulaire commun ». La singularité du cas traité est établie par des éléments manuscrits, ajoutés ou remplaçant des passages dactylographiés, visibles dans les documents de jugements (annexes n°4 & 5). Ces éléments correspondent ici aux dates, aux numéros de dossier et références des documents de police relatifs à la même affaire, aux passages du singulier au duel ou au pluriel lorsque les décisions impliquent une, deux ou plusieurs personnes. Sont également intégrées dans ces retranscriptions de décision de justice certaines déclarations ou spécificités propres à chaque affaire qui contribuent à un processus de descente en singularité et donnent une place à chaque interpellé, tout en contribuant à la catégorisation de l'affaire. Je reviendrai sur ces dimensions dans la partie suivante de ce chapitre.

Comme j'ai pu le constater à plusieurs reprises, il est courant qu'une première version d'une décision de justice soit remise aux parties concernées, avant l'établissement postérieur d'une version « au propre ». Pour les affaires que j'ai pu suivre, cette version « au propre » peut parfois être remise plus d'une année après la décision du juge[131].

La retranscription du jugement fait référence au procès-verbal d'écoute de la police judiciaire, qui précède la décision d'inculpation par le procureur et la présentation au juge. La décision du juge conforte la dimension incontestable des documents de police élaborés en amont, « puisque rien ne justifiait, pour le tribunal, une remise en cause de ce qui est dans le procès-verbal de l'enquête préliminaire ». Pour reprendre Komter, « Les procès-verbaux de police traduisent les premières phrases du procès criminel et, à ce titre, ils conditionnent le succès ou l'échec de ce dernier » (2001 : 368). Le tribunal déclare donc ces personnes coupables des actes reprochés à partir de la confirmation du séjour irrégulier. Pourtant, concernant l'un des Syriens inculpés pour « non-renouvellement de sa carte de résident » [15], inculpé sous l'invocation de l'ensemble de la loi n° 02-03, celui-ci sera disculpé, parce que détenteur d'un visa en cours de validité. Il fait partie des trois inculpés dont l'assistance d'un avocat est mentionnée dans le jugement [3,4 & 15]. Dix-neuf

[131] Si dans les jugements de Meknès, la lecture ne s'avère pas problématique, elle l'est davantage dans certaines décisions de justice manuscrites, comme il en a été pour l'affaire des 5 réfugiés condamnés en 2009, pour laquelle la lecture de la décision de justice s'est avérée compliquée, notamment pour des avocats sollicités à cet effet.

inculpés seront condamnés à « un mois de prison avec sursis », le juge soulignant en outre pour chacun d'eux avoir pris en compte l'absence de casier judiciaire et « leur situation familiale et sociale ».

L'inculpation pour séjour irrégulier apparaît parfois de manière secondaire par rapport à d'autres motifs d'inculpation. Dans la situation de cinq réfugiés inculpés en 2009 pour « rassemblement armé, rébellion et violence contre un fonctionnaire public » et « séjour irrégulier », les procès-verbaux de la police semblent être largement orientés vers l'inculpation liée au séjour irrégulier. Nous reviendrons plus tard sur les catégorisations rendues visibles dans cette affaire, par les documents de procédure de la police. Cette fois, les inculpés ne seront pas condamnés pour séjour irrégulier, le juge reconnaissant la valeur normative du statut délivré par l'UNHCR (cf. chapitre 12).

Le suivi d'autres situations sur le terrain incite cependant à ne pas négliger ce qui se déroule à l'extérieur de l'arène judiciaire pour mieux comprendre les pratiques du droit. Dans certaines situations, l'étranger inculpé pour séjour irrégulier est refoulé avant d'être présenté au juge. Cela n'empêche cependant pas l'audience de se tenir et la sanction d'être prise par le juge, en l'absence de l'inculpé. Celle-ci se réduit alors, dans les situations que j'ai pu suivre, à une légère amende et à de la prison avec sursis. Le juge dispose des éléments fournis dans le dossier et principalement des procès-verbaux de la police. Dans le cas de Francis (cf. chapitre 4) interpellé en situation administrative irrégulière alors qu'il accompagnait une femme à l'aéroport, il est interrogé par la police puis présenté au procureur du Roi, avant d'être éloigné à la frontière algéro-marocaine. Francis sera aussi inculpé pour séjour irrégulier et une audience aura lieu, un mois après son interpellation et alors même qu'il a entre-temps été refoulé. C'est lorsqu'il s'adresse au GADEM pour un soutien, dans le cadre de sa demande de restitution du passeport qui lui a été confisqué au moment de son interpellation, que Francis est informé de la tenue d'une audience au TPI concernant son inculpation pour séjour irrégulier. Francis sera condamné, tout en étant absent de l'audience, à deux mois de prison avec sursis et une amende de 500 dirhams[132] ; le juge ayant indiqué avoir pris en compte les « conditions sociales du concerné et l'absence d'antécédents judiciaires ».

C'est également le cas de Destiny, présenté dans le chapitre 4. Lors de son audience pour délit de séjour irrégulier, le juge décide d'une atténuation de la sanction, au regard des conditions sociales de la personne concernée, de la dureté de la sanction prévue par la loi et de l'absence d'antécédents. Le suivi de la situation sur le terrain nous permet d'affirmer que Destiny ne s'est pas présentée à son audience. Elle est retrouvée quelques jours plus tard, au commissariat d'Oujda, avec son enfant de quatre ans, en cours de refoulement.

---

[132] Équivalent de 45 €.

Le tribunal la condamne à un mois de prison avec sursis et à une amende ferme de 500 dirhams.

Rappelons que des sanctions d'éloignement peuvent, selon les dispositions de la loi n°02-03, être prises à l'encontre de l'étranger, sans que l'administration l'inculpe pour séjour irrégulier. La rencontre avec le juge ne peut alors se faire que dans le cadre d'un recours formulé contre la décision d'éloignement prise par l'administration. Ce fut le cas pour les quatorze Africains arrêtés à Casablanca en 2008, qui ont été éloignés vers la frontière le lendemain de leur interpellation.

B. Le juge interpellé pour des pratiques de l'administration liées à des sanctions au séjour irrégulier

Dans la situation des quatorze personnes arrêtées en 2008 à Casablanca, un avocat mandaté par le GADEM s'est rendu au commissariat dans lequel étaient localisées les personnes interpellées. Par un contact téléphonique avec certains détenus, une liste de noms lui a en effet été transmise. L'avocat s'est aussi rendu auprès du procureur du Roi pour demander la délivrance des notifications de décision d'éloignement et rencontrer les personnes arrêtées. Il ne les obtiendra pas et les refoulements seront mis en œuvre. Les difficultés rencontrées par l'avocat pour accéder aux interpellés et l'absence de notification écrite de la décision ont limité ses possibilités d'intervention. Les personnes originaires d'Afrique de l'Ouest et centrale, arrêtées pour « résidence non réglementaire », seront présentées aux services du procureur auprès du TPI avant d'être éloignées vers la frontière algéro-marocaine. Si, selon l'article 23 de la loi n° 02-03, « l'étranger, qui fait l'objet d'une décision de reconduite à la frontière, peut, dans les quarante-huit heures suivant la notification, demander l'annulation de cette décision au président du tribunal administratif, en sa qualité de juge des référés », cette notification est rarement remise par écrit en pratique (cf. chapitre 4). Or c'est cette notification qui fournit le contenu d'une décision et fait courir les délais de recours. En pratique, son absence limite la possibilité pour les interpellés de formuler un recours auprès du président du TA, ce qui accentue les difficultés d'accès à la justice pour des justiciables ne bénéficiant pas toujours de l'assistance d'un avocat. Un contact téléphonique a cependant été maintenu avec les étrangers refoulés. S'il n'a pas été possible de les localiser en amont et si les informations nécessaires au dépôt d'un recours contre la décision d'éloignement n'ont pu être obtenues qu'une fois ces étrangers éloignés, le recours formulé a posteriori permet de solliciter le positionnement du juge sur la décision prise formellement par l'administration. L'enjeu d'un recours contre une décision exécutée, dont la mise en œuvre ne peut de fait plus être annulée, tient à la fonction politique de la justice, qui peut être utilisée comme contre-pouvoir, notamment par des entrepreneurs de cause (Becker, 1985 : 158), des acteurs associatifs ou des avocats (Spire, 2008 ; Fischer, 2006 ; Israël, 2001, 2005). Il s'agissait ici d'inciter le juge à se positionner sur ces pratiques d'éloignement prises par l'administration, dans un contexte de mise en cause récurrente de l'indépendance du juge. Les tribunaux administratifs, institués en 1994, sont habilités « à juger tout litige concernant les recours en annulation pour excès de pouvoir formé contre les décisions des administrations et les actions en réparation des dommages causés par les actes et activités des personnes de droit public »[133].

Formuler un tel recours avait aussi pour intérêt de ne pas faire prendre aux étrangers concernés le risque d'une inculpation pour séjour irrégulier qui viendrait s'ajouter à la sanction administrative de l'éloignement, déjà exécuté. Cela renvoie à la crainte que, face à la contestation de l'une de ses décisions, l'administration ou le procureur surenchérisse pour marquer sa position de force et tenter de dissuader les tentatives d'immixtion dans ses affaires.

Adressé au président du TA, en tant que juge des référés (art. 20 loi n° 02-03), et formulé à l'encontre de différents acteurs de l'administration, le recours déposé dans le cadre de l'affaire des quatorze personnes arrêtées en 2008 à Casablanca n'a pas été enregistré en procédure accélérée (référé) par les services du greffe du tribunal et rejeté pour ne pas avoir été adressé explicitement au président du tribunal. S'en sont suivis différents reports d'audience pour non-convocation des parties. Ce recours a finalement été refusé, plus d'un an après l'éloignement des étrangers concernés, au motif qu'« il s'est avéré que la décision de reconduite ne provient pas du préfet de la sûreté nationale de Casablanca, mais qu'elle a été prise par monsieur le procureur du Roi, que le recours ne l'a pas visé et a été introduit contre quelqu'un qui n'est pas concerné, en plus de la non-démonstration des cas d'éloignement et des raisons de la reconduite ».

Les pratiques de dissimulation qui entourent ces procédures de refoulement rendent leur contestation difficile. Elles ont amené les acteurs intervenant dans la défense des droits des étrangers à mettre en place des mécanismes d'intervention et de collecte d'informations qui, à défaut d'action en justice, alimentent le plaidoyer pour la défense des droits des étrangers et soulignent les difficultés d'accès à la justice. C'est ce que montre la saisine en 2015 du tribunal administratif dans le cas des déplacements d'étrangers interpellés pour séjour irrégulier et de leur maintien dans différents centres répartis sur l'ensemble du royaume. Il s'agit, au-delà de la tentative de sanctionner les pratiques de l'administration, d'activer des mécanismes de contrôle et de veille de violations du droit positif. Comme évoqué dans le chapitre précédent, le tribunal administratif de Casablanca a ordonné, à la suite de ce recours, le déplacement d'un huissier pour constater de l'enfermement d'étrangers dans

[133] Loi n° 41-90 instituant des tribunaux administratifs (B.O. 3 novembre 1993).

l'un des centres concernés[134]. Les personnes ont été libérées avant que l'huissier n'ait pu se déplacer.

II. LE TRAVAIL PRATIQUE DES CATÉGORISATIONS ET QUALIFICATIONS JURIDIQUES AU TRAVERS DES DOCUMENTS DE POLICE

Les catégorisations opérées par les acteurs du droit m'ont été rendues visibles ici au travers des documents de procédure, jugements et procès-verbaux d'écoute de la police. La retranscription de l'interrogatoire, supposé reprendre le récit effectué par l'inculpé, fait l'objet de choix et de positionnements des officiers de police. Ces choix sont susceptibles d'influer sur la suite de la procédure. Comme le montre Cicourel dans son étude sur la délinquance juvénile (1968), les différentes étapes qui marquent la procédure judiciaire sont matérialisées par des écrits véhiculant des catégorisations qui contribuent à l'identification judiciaire d'un acte délinquant.

A. Références au droit, légitimation de la procédure et du ciblage opéré

Si les procès-verbaux d'écoute de la police reprennent certaines mentions obligatoires, telles que définies par le code de procédure pénale, ils reviennent systématiquement, pour les étrangers en situation administrative irrégulière, sur les modalités de leur venue au Maroc et les conditions de leur séjour. Concernant les quatorze personnes arrêtées en 2008 à Casablanca, l'objet « résidence non réglementaire » introduit l'ensemble des procès-verbaux. La mention de flagrant délit, comme référence à chacune de ces affaires, vient souligner la dimension incontestable de ces arrestations. Pourtant, la plupart des quatorze personnes interpellées vaquaient à leurs occupations lorsqu'elles ont été appréhendées par la police, comme l'indiquent les propos rapportés dans les procès-verbaux (cf. chapitre 4). Le flagrant délit est basé ici « non pas sur ce que les gens font ou commettent, mais sur ce qu'ils sont ou paraissent être » (Jobard & Levy, 2009 : 10). Ce ciblage d'une catégorie de population est confirmé par certains documents adressés par la police au procureur, qui indiquent que ces arrestations s'intègrent à une « campagne menée par cet arrondissement de sûreté contre les Africains résidant au Maroc de manière non réglementaire ».

Les catégorisations opérées au travers des procès-verbaux de la police renvoient à des inférences sur la déviance, le vagabondage et l'informel (sans

[134] Décision du tribunal administratif de Casablanca n° 135 du 18/02/2015.

logement ou sans domicile fixe, sans emploi), régulièrement associées aux étrangers en situation administrative irrégulière, communément qualifiés de clandestins. L'inculpation pour délit de mendicité se retrouve dans les motifs de l'arrestation ou dans les procès-verbaux d'écoute de cinq des interpellés de Casablanca. Si l'imputation de ce délit n'impacte pas le déroulement de la procédure, elle contribue à la catégorisation des interpellés en termes de conditions sociales et de désordre provoqué sur la société - probablement davantage qu'en termes de déviance, eu égard à l'image de la mendicité, communément admise au Maroc. Non seulement certains propos rapportés dans ces procès-verbaux apparaissent comme des justifications a posteriori du contrôle même de ces étrangers, mais ils viennent renforcer la figure de l'étranger en transit. Celui-ci fait l'objet d'une imputation de déviance dans ces documents de procédure policière par son souhait de rejoindre illégalement l'Europe, comme l'explicitent les procès-verbaux de deux des interpellés.

Certains propos rapportés dans ces procès-verbaux renvoient au projet de rejoindre illégalement l'Europe : « L'objectif de cette résidence est d'utiliser le Maroc comme pont pour atteindre les territoires de l'Espagne. J'ai essayé plus d'une fois de faire cela, mais sans succès, du fait qu'il y ait beaucoup de forces de sécurité concentrées aux frontières marocaines »(7).

« J'ai attendu l'occasion d'une touriste qui me permettrait d'émigrer clandestinement sur les territoires européens, sauf que j'ai été arrêté par les agents de police la veille et ils m'ont présenté à vos services »(8).

Ce n'est cependant pas systématique et il ne s'agit pas de dire que les versions rapportées par les procès-verbaux sont hermétiques à la diversité de situations et des profils d'étrangers qui peuvent se présenter à eux. C'est ce qu'atteste l'extrait suivant, de l'un des interpellés de Casablanca (décembre 2008) : « Je vous confirme que je suis venu au Maroc dans le seul et unique objectif d'étudier et que je n'ai pas l'intention de l'utiliser comme un pont pour aller vers l'Europe » (6).

Pour d'autres, le projet de rejoindre l'Europe est admis, avec celui d'une évolution du projet et d'une stabilisation au Maroc : « Jusqu'à ce que je rentre au Maroc, de façon irrégulière afin de me diriger vers l'Europe. Mais comme ça ne s'est pas réalisé, je me suis retrouvé stabilisé au Maroc, sans domicile fixe, errant dans les ruelles de la ville de Casablanca, où je vis de mon revenu de la mendicité » (10).

B. Routine et adaptations aux spécificités

Derrière l'assignation à un même statut légal de deux individus (« étranger en situation administrative irrégulière ») se cachent des réalités diverses qui apparaissent dans les procès-verbaux de la police, ainsi que des formes d'étiquetage opérées différemment. C'est ainsi que, parmi les interpellés, l'un est décrit comme mécanicien (1), l'autre comme journalier travaillant en tant que porteur (7) et un troisième comme étudiant entré régulièrement par l'aéroport, détenteur d'un passeport et du récépissé d'une demande de carte de séjour remis par la police. Si son récépissé n'est plus valable, cette catégorisation et les propos repris dans le procès-verbal tendent à atténuer le caractère criminel et intentionnel de son séjour irrégulier : « je suis venu au Maroc dans le seul et unique objectif d'étudier et [que] je n'ai pas l'intention de l'utiliser comme un pont pour aller vers l'Europe » (13). Ces propos viennent contredire le projet de transiter par le Maroc pour l'Europe. L'insistance sur ce point pourrait laisser présumer que l'inculpé anticipe une inférence ou répond à une interpellation dans ce sens. Cette dimension renvoie à l'horizon prospectif-rétrospectif du raisonnement (Cicourel, 1968) qui se retrouve dans les réponses de l'inculpé et dans les orientations qui transparaissent des questions de la police chargée de l'interrogatoire. Les questions posées traduisent l'arrière-plan de connaissances qu'ont ces policiers des parcours typiques de ceux catégorisés comme « migrants subsahariens en transit au Maroc » (Cicourel, 1968 ; Komter, 2001). Ces policiers sont en effet engagés de manière routinière dans des situations présentant certaines similarités, notamment l'interpellation et les éloignements de « Subsahariens en situation administrative irrégulière » (chapitre 4), et s'appuient sur un modèle homologue sous-jacent. Le policier et l'inculpé agissent alors dans le cadre de contextes liés à leurs performances respectives, tout en étant membre de communautés différentes.

Dans ces documents de procédure se mêlent le récit de l'accusé, ses mots et ceux de l'officier de police, ce qui ne permet pas toujours de distinguer les uns des autres (Komter, 2001). Pour Benradi, « les agents de police sont considérés comme de véritables écrans entre la justice et le justiciable » (1990 : 66). C'est ce qui transparaît de l'affaire de cinq réfugiés statutaires de l'UNHCR, inculpés en 2009 pour « rassemblement armé, rébellion et violence contre un fonctionnaire public » et « séjour irrégulier ». À la suite d'une manifestation devant le bureau de l'UNHCR-Rabat qui a dégénéré et amené à l'intervention de la police et des forces auxiliaires, cinq réfugiés sont interpellés. Outre les dégâts matériels, des personnes ont été blessées, notamment parmi les membres des forces de l'ordre. Les procès-verbaux joints au dossier reprennent différents récits des événements, émanant des cinq réfugiés interpellés, d'un responsable des Nations unies au Maroc et de membres de la police. Ces derniers accusent les cinq réfugiés des violences commises et pointent du doigt spécifiquement la responsabilité de l'un d'eux pour les coups et blessures portés contre l'un des responsables de la police. Dans leurs procès-verbaux, ces cinq réfugiés avouent s'être rebellés et avoir utilisé des bâtons contre des agents de police. La même formule est cependant reprise dans chacun des cinq procès-verbaux : « Je vous confirme que j'ai exercé la violence sur les forces de l'ordre et que j'ai refusé d'obtempérer. Après m'être armé d'un bâton en bois, j'ai frappé quelqu'un avec cet instrument au niveau du bras » ; « en effet, je me suis procuré un grand bâton et j'ai frappé une personne en civil, je vous confirme que les personnes qui ont été arrêtées avec moi ont commis les mêmes actes criminels que moi »[135].

Dans leurs procès-verbaux, les cinq réfugiés reviennent, en écho probable aux questions posées par les officiers de police judiciaire, sur leur parcours migratoire, en soulignant leur volonté originelle de transiter par le Maroc pour rejoindre l'Europe, le caractère économique de leur exil, l'entrée irrégulière sur le territoire marocain en recourant à un passeur, leur séjour illégal au Maroc, la similitude de leur stratégie avec « le reste des migrants irréguliers » et les motivations de leur demande d'asile, présentée comme « une manœuvre inventée par les migrants clandestins pour qu'ils puissent vivre dans les pays où ils séjournent ».

Les questions n'apparaissent pas dans les procès-verbaux. Il est donc difficile d'envisager l'orientation donnée par les officiers de police judiciaire à l'interrogatoire des inculpés ou de déterminer le décalage entre ce que dit l'inculpé et ce qui est retranscrit par l'officier de police. La similitude des propos rapportés par ces cinq inculpés, les déclarations renvoyant à la déviance et à la tromperie, et la transitivité opérée avec « tous les autres migrants africains » interrogent l'élaboration même de ces procès-verbaux et leur constitution téléologique, en relation notamment avec la catégorisation juridique du transit. Pour reprendre Komter, « dès lors que les propriétés négociées et interactionnelles de l'interrogatoire ont été transformées en une narration à la première personne, ce n'est plus que le résultat de l'interrogatoire qui apparaît et non le processus par lequel on est arrivé à ce résultat » (2001 : 368). La proximité de certains procès-verbaux - sur la forme et sur le fond – avec la reprise d'éléments de récit étrangement similaires révèle un travail routinier de l'administration policière.

Certaines de ces caractéristiques peuvent également évoluer. C'est ainsi que, dans le procès-verbal d'écoute de Francis, celui-ci dit séjourner irrégulièrement au Maroc parce que : « Je ne suis pas parvenu à avoir des documents pour établir ma carte de résidence ». Pour l'officier de police de la préfecture, « le citoyen guinéen prénommé [Francis] déclare qu'il [...] réside sur le territoire national de façon non réglementaire depuis [la date de son entrée], en attendant que se présente à lui une occasion d'émigrer vers l'Europe ». Dans un courrier adressé au chef du service préfectoral de la police judiciaire, le commissaire de l'aéroport signale que Francis « a probablement servi de passeur ». Par ce renversement de catégorisation, l'affaire prend place dans le registre de la lutte contre la migration irrégulière et Francis passe d'étudiant n'ayant pas pu régulariser sa situation à clandestin en transit, voire passeur. Ce changement accompagne une évolution des raisons ayant conduit

[135] Cf. Annexe n°6 - *Note informative sur le procès des cinq réfugiés*, 2009.

à son irrégularité administrative, de ses motivations et de ses intentions, lui faisant de fait subir une dégradation de son identité sociale et une requalification qui en font un déviant, responsable moralement de son infraction. Concernant les procès-verbaux d'écoute, « une énorme transformation a été opérée qui a créé un fossé entre ce qui s'est passé, ce qui a été enregistré et ce qui a reçu force de droit » (Dupret, 2006a : 189). Cette construction est orientée par la police dans le sens de la production d'une pertinence juridique, c'est-à-dire d'une « qualification consistant à faire correspondre une instance factuelle à une définition juridique formelle » (Dupret, 2006b : 117). Cela met en valeur non seulement l'importance de la pré-qualification et de l'assignation faite à l'interpellé, mais également le jeu moral de catégorisation qui influe sur la manière dont seront appréhendés la situation et l'intéressé, au travers de caractéristiques qui lui seront associées.

C. Des documents de police à la retranscription de la décision du juge

Dans les documents de jugements de Meknès présentés en amont, le juge s'appuie explicitement et à différentes reprises sur les articles de poursuite mentionnés dans les procès-verbaux de l'enquête préliminaire de police qui lui ont été transmis, ce qui souligne la dimension intertextuelle par laquelle une autorité est donnée aux documents de police et aux motifs d'inculpation mentionnés par le procureur. Cependant, dans la construction de ces décisions de justice, les mentions relatives à la loi sur la migration de 1941, abrogée au moment de l'audience, apparaissent dans les parties dactylographiées, comme reprises d'un modèle préexistant, alors que les références à la loi n° 02-03 indiquées dans certains jugements sont rajoutées de manière manuscrite à côté de la même référence dactylographiée, mais barrée, au dahir de 1941 (cf. annexes 4 & 5). Il semblerait que ce soit davantage ces éléments corrigés et manuscrits qui sont considérés comme opération de qualification juridique par le juge. Ces éléments manuscrits apparaissent ainsi comme attestant le travail réalisé par le juge qui consiste alors moins en la qualification juridique des faits qu'en la validation des griefs formulés par le procureur du roi, l'adoption d'une sanction pénale et la retranscription de particularités ou déclarations relatives à certains dossiers.

C'est ainsi que la mention dactylographiée - « ils ne disposent pas des documents disponibles et résident illégalement-» - est barrée dans la décision de jugement de deux Tunisiens, pour être remplacée par la mention manuscrite - « ils ne sont pas parvenus à obtenir la carte de résidence dans les délais impartis parce qu'ils étaient occupés par la création de leur entreprise -» (1&2). Il peut être aussi indiqué que la défense a exprimé « des réserves concernant les conditions de l'enquête », dans la décision du jugement de deux Syriens disposant du soutien d'un avocat (3&4). La décision de jugement prolonge certaines déclarations. Cela illustre le degré de latitude du juge du TPI dans ce genre d'affaire face aux décisions du procureur chargé notamment des inculpations pour les délits, comme celui de séjour irrégulier. Apparaissent dans ces retranscriptions d'audiences des causes ou motifs justifiant le séjour irrégulier des étrangers concernés, qui n'influent pas sur la décision du juge. Ce dernier prend en compte, dans toutes les condamnations formulées, l'absence de casier judiciaire, ainsi que la situation sociale et familiale de l'intéressé, pour décider de sanctions de l'ordre d'un mois de prison avec sursis, sans décision d'incarcération.

C'est ainsi que les deux Tunisiens (1&2) justifient leur séjour irrégulier par l'impossibilité de finaliser la création de leur entreprise dans les délais prévus pour régulariser leur séjour (90 jours), ce qu'attestent les documents qu'ils présentent à l'audience. Un Jordanien inculpé « croyait que la durée de validité de son visa était de 3 mois, et non de 10 jours » (9), un retraité français affirme qu'« il ignore la loi qui organise la condition des étrangers au Maroc »(10), tout comme un Congolais qui ajoute « qu'il poursuit ses études au Maroc (…) qu'il a déclaré sa bonne intention de travailler auprès d'une société et qu'il ignore la loi qui organise la résidence au Maroc » (11).

Mise à part la personne de nationalité syrienne innocentée, pour lequel le juge intervient par la requalification juridique qui découle de la preuve (détention d'un visa en cours de validité), ce n'est pas à ce dernier de se positionner sur la décision d'inculpation pour les délits invoqués, ici de séjour irrégulier.

II. POSTURES PRATIQUES ET RELATIONS ENTRE L'AUTORITÉ JUDICIAIRE ET L'EXÉCUTIF.

A. Des actions de l'administration policière aux décisions du juge pénal

Dans le jugement rendu un mois après son interpellation, et alors même que Francis a entre-temps été éloigné, l'importance prise par les documents élaborés par la police judiciaire apparaît dans la procédure de jugement. Le rôle du juge semble ici relativement limité, s'appuyant essentiellement sur les actions préalables des services de police. « […] En se basant sur la poursuite susmentionnée et à travers la réalité de l'affaire et les documents contenus dans le dossier, il a été visible pour l'instance que l'inculpé a effectivement reconnu les faits reprochés, en se basant sur ses déclarations détaillées lors de l'enquête préliminaire, et tenant compte des procès-verbaux solides qui sont des pièces à conviction, sous réserve d'être contredites. Tenant compte que le tribunal, après avoir étudié les éléments de l'affaire et toutes les pièces qui constituent le dossier, a atteint un degré de conviction que les faits reprochés à la personne sont réels […] ». [Extraits du jugement *Francis*]

Ces documents suffisent au juge et révèlent l'omniprésence et le poids de la police judiciaire et du procureur dans ces décisions, au travers des catégorisations et qualifications juridiques véhiculées et transmises au juge. La police est « non seulement le mode d'entrée, mais est aussi déterminante dans l'orientation du processus, de par la présomption de culpabilité qu'elle fait peser sur la personne mise en cause » (Benradi, 1990 : 65). La récurrence des condamnations à la prison avec sursis et les références aux conditions sociales des concernés et à l'absence d'antécédents judiciaires peuvent relever d'un parti-pris de clémence. Il est réducteur de considérer que le juge, interpellé sur une situation concrète, effectue une opération déductive qui, au-delà de notions et cadres du droit positif, l'amène à un raisonnement causal. Les dispositions formelles mobilisées par le juge (articles de lois notamment) apparaissent presque secondaires au regard de sa décision de ne condamner les inculpés qu'« à de la prison avec sursis » et à une légère amende, comme il l'a fait pour les dix-neuf condamnés de Meknès (l'un d'eux ayant été innocenté) et comme il l'a régulièrement fait entre 2006 et 2011 d'après mes constats.

Cette supposée compassion du juge pénal nous interroge si l'on considère les sanctions dont peuvent faire l'objet les étrangers inculpés selon la loi n° 02-03. En effet, la sanction administrative de l'éloignement était quasi systématique pour les étrangers originaires d'Afrique de l'Ouest et centrale interpellés pour séjour irrégulier avant 2013 (cf. chapitre 4). La clémence des sanctions pénales - de même que la décision de l'administration d'inculper l'étranger présent ou absent à l'audience - peut aussi être mise en parallèle avec les incidences qu'une condamnation à la prison avec sursis a sur le casier judiciaire marocain de l'étranger et sur les perspectives ultérieures d'obtention d'un titre de séjour ou d'un visa d'entrée sur le territoire marocain[136]. Comme évoqué précédemment, un étranger dont le casier judiciaire n'est pas vierge risque de se voir refuser non seulement la délivrance d'un titre de séjour, mais également l'accès à certaines procédures, comme celle du mariage avec un.e ressortissant.e marocain.e. Les pratiques du juge et la teneur de ses décisions doivent donc aussi être analysées au regard de ces sanctions parallèles susceptibles de découler de pratiques de l'administration, rarement rendues visibles. L'empathie est visible dans la référence faite aux conditions sociales des inculpés et, dans le jugement de Destiny, à l'évocation de la dureté de la

[136] Si les visas marocains sont délivrés par les ambassades marocaines rattachées au ministère des Affaires étrangères et de la Coopération (MAEC), différentes situations m'ont permis de constater le rôle joué par les services du ministère de l'Intérieur dans l'attribution ou le refus de visa, du moins concernant certaines catégories d'étrangers ou pour les étrangers en provenance de certaines zones géographiques, ainsi que dans l'évaluation du risque migratoire ou terroriste de certains individus. Si l'étranger n'a pas été condamné formellement à une interdiction du territoire marocain, le fichage policier dont il peut faire l'objet risque de lui rendre l'accès au visa et au territoire marocain inaccessible de fait.

sanction prévue par la loi. Pourtant, si les sanctions prises par le juge concernant les délits de séjour semblent relativement clémentes, son jugement s'appuie essentiellement sur le dossier fourni par les services de police. Comme dans la situation de Francis, les éléments intégrés dans les documents de la police acquièrent force d'autorité, sont considérés comme objectifs et d'autant moins contestables qu'ils sont élaborés par des agents publics dont l'officialité fait présumer la justesse et l'exactitude de leurs interventions (Dupret, 2006b : 329). Au-delà du caractère probant des déclarations rapportées par les procès-verbaux, le juge rappelle les dispositions du Code de procédure pénal marocain qui rendent les procès-verbaux difficilement contestables (Article 294). L'enquête menée par la police judiciaire est supervisée par le magistrat du parquet (ou procureur), qui a grade d'officier de police judiciaire. Les magistrats du parquet sont de plus placés sous l'autorité du ministre de la Justice et, par définition, liés à la politique pénale du gouvernement, notamment pour les délits de séjour ; prérogative qui a pris de l'importance depuis le début des années 2000. Par ailleurs, contrairement aux magistrats du siège, les magistrats du parquet ne jouissent pas de la garantie d'inamovibilité et « doivent se conformer aux instructions écrites émanant de l'autorité hiérarchique » (article 110 Constitution 2011).

Chargé de dire le droit pour des étrangers ayant commis un délit lié au séjour au Maroc, le juge pénal (TPI), dans l'économie de son intervention, s'implique peu dans ces affaires de délits concernant des populations particulières ou touchant à des domaines relevant du pré carré politique des services de sécurité[137]. Les étrangers inculpés pour séjour irrégulier ne sont généralement sollicités dans le cadre de l'audience que pour confirmer leur délit. Dans les observations d'audience que j'ai réalisées, les justiciables avaient très peu le droit à la parole. L'assistance d'un avocat n'est pas systématique ou alors le juge recourt à des avocats - parfois stagiaires – qui sont présents ce jour-là dans l'enceinte du tribunal et qui ne connaissent ni l'inculpé, ni son dossier. Le juge pénal étant appelé à se positionner sur le délit de séjour irrégulier, difficilement contestable en l'absence de documents de séjour, il n'intervient que pour valider le constat opéré en amont et déterminer la sanction. Il ne se positionne pas sur les modalités de mise en œuvre de la procédure. Cela ne veut pas dire qu'une inculpation pour séjour irrégulier ne soit pas contestable. C'est par exemple le cas du ressortissant syrien présenté devant le TPI de Meknès évoqué précédemment et disculpé de l'inculpation de séjour irrégulier parce que détenteur d'un visa en cours de validité.

L'inculpation pour séjour irrégulier apparaît comme principale lorsqu'elle est opérée en parallèle d'une inculpation pour un autre délit. Il en est ainsi des inculpations pour mendicité qui semblent intervenir essentiellement dans les

---

[137] Il en est ainsi de domaines considérés comme portant atteinte à l'ordre public ou à la sûreté nationale, ainsi que pour ce qui est de la lutte contre la migration irrégulière des ressortissants d'Afrique de l'Ouest et centrale en particulier ou de l'entrée irrégulière.

catégorisations véhiculées sur l'étranger. Des délits plus graves (trafic de drogue, coups et blessures, etc.) rendent le délit lié au séjour secondaire et sont généralement l'objet de condamnation à de la prison ferme. Dans la situation des cinq réfugiés statutaires de l'UNHCR en 2009, les qualifications juridiques renvoyant au séjour irrégulier prennent une place importante face à celles liées à l'inculpation de « rassemblement armé, rébellion et violence contre un fonctionnaire public ». Les inférences liées au séjour irrégulier remettent en question le statut de protection délivré à ces réfugiés par l'UNHCR. Les propos rapportés par ces documents de police insistent sur l'entrée irrégulière de ces réfugiés statutaires de l'UNHCR sur le territoire marocain, ainsi que sur le caractère frauduleux de leur statut de réfugié. Cette affaire s'intègre dans un contexte où il n'existe pas de système d'asile national au Maroc (cf. chapitre 12) ; les demandes sont examinées par l'UNHCR, agence onusienne qui négocie depuis 2005 la mise en place d'un système d'asile national, l'amélioration des droits des réfugiés et une protection vis-à-vis des sanctions au séjour irrégulier mises en œuvre par les services du ministère de l'Intérieur[138] (cf. chapitre 3). Le juge du TPI prononcera un jugement[139] disculpant les réfugiés des délits liés au séjour. Il ne valide donc pas ces catégorisations et qualifications juridiques transmises par les documents de police[140].

Ces différentes négociations ne relèvent pas toutes des mêmes enjeux et attentes, comme l'illustre le décalage entre des revendications orientées vers la réinstallation dans un pays tiers pour les réfugiés et la mise en œuvre par l'UNHCR de dispositifs d'intégration au Maroc. L'enjeu de ces négociations portait notamment sur la protection à accorder aux réfugiés, les engagements du Maroc en la matière, les responsabilités relatives à la prise en charge des réfugiés et demandeurs d'asile, les questions de sécurité nationale posées par ces présences et la mise en œuvre des procédures, ainsi que sur le caractère véridique et probant (ou pas) des demandes d'accès à ce statut. Ce jugement a

---

[138] Selon la Convention de Genève relative au statut des réfugiés, les États contractants n'appliqueront pas de sanctions pénales quant à l'entrée irrégulière des réfugiés (article 31). La loi 02-03 relative à l'entrée et au séjour des étrangers au Royaume du Maroc dispose, dans son article premier, qu'elle régit l'entrée et le séjour des étrangers au Maroc « sous réserve de l'effet des Conventions internationales », tout en conditionnant la délivrance d'une carte de résidence aux réfugiés, et « sauf dérogation », par « la régularité du séjour et de celle de l'entrée au territoire marocain » (art.17). Précisons que le « réfugié » concerné par la loi est celui ayant obtenu son statut « en application du décret du 2 safar 1377 (29 août 1957), fixant les modalités d'application de la convention relative au statut des réfugiés (…) » (art.17). Si le Maroc ne reconnaît alors pas les réfugiés reconnus par l'UNHCR, il a ratifié la Convention de Genève de 1951, adopté le décret de 1957 et a signé avec le HCR un accord de siège le 20 juillet 2007, reconnaissant ainsi pleinement le mandat et la mission du HCR au Maroc.

[139] Jugement rendu le 27/07/2009 par le tribunal correctionnel de première instance de Rabat (Aff. n° 1116/21/2009).

[140] Le statut des réfugiés au Maroc fait, depuis 2006, l'objet de revendications de la part des réfugiés statutaires de l'UNHCR. C'est ce qui a motivé la manifestation organisée en 2009 devant le siège de l'UNHCR-Rabat, qui a provoqué des heurts avec les forces de l'ordre.

été accompagné de différentes mobilisations de soutien à ces réfugiés et d'une forte présence d'avocats et d'organisations de défense des droits de l'homme.

B. Le juge administratif : entre enjeux d'indépendance et limites au contrôle des pratiques de l'administration

Intéressons-nous maintenant à la position du juge vis-à-vis des sanctions d'éloignement prises par l'administration. Il s'agit de sanctions mises en œuvre par les services de police sous la supervision du procureur du Roi, pour lesquelles le juge n'intervient qu'en cas de recours formulé. Comme nous l'avons vu, le refoulement semble le plus souvent ignoré, s'ajouter à une inculpation pénale et à une condamnation par le juge. Le refoulement est implicite et acquiert un quasi-statut juridique, du fait de son caractère systématique et routinier et du silence qui entoure cette pratique par l'appareil judiciaire. Comme le souligne Bittner, « le pouvoir judiciaire n'a ni l'autorité, ni les moyens de diriger, superviser et contrôler les activités de la police qui ne donnent pas lieu à des poursuites » (1967 : 700).

La création des tribunaux administratifs fait suite au discours royal du 8 mai 1994 instituant le Conseil Consultatif des droits de l'homme (CCDH) : « Si nous voulons réellement construire l'État de droit, il est de notre devoir de prendre en considération les droits des citoyens vis-à-vis de l'autorité, de l'administration et de l'État ». Comme exposé dans le chapitre 3, alors qu'auparavant peu de recours semblaient formulés contre l'administration devant la Cour suprême[141], depuis l'institution des tribunaux administratifs, le nombre d'affaires est en augmentation et a plus que décuplé en l'espace de deux ans (Benabdellah, 2006) [cf. tableau n° 4 – chapitre 3].

Les actions de contestation de l'action de la police ou de certaines administrations ne sont pas aisées à mettre en pratique. Si c'est bien le tribunal administratif qui est compétent pour ce qui est des décisions prises par l'administration, les pratiques d'agents de police ou de l'armée (gendarmerie, forces armées royales, etc.) peuvent faire l'objet de mesures disciplinaires internes aux corps auxquels ils appartiennent, ainsi que devant le tribunal correctionnel ou militaire. Outre les enjeux d'indépendance des magistrats vis-à-vis de l'exécutif, de postures des magistrats du siège face à ceux du parquet, les modalités mêmes de déploiement de certaines procédures et l'invisibilité récurrente des décisions de l'administration rendent l'établissement de la preuve et la contestation devant la justice difficiles. L'absence de remise du document attestant la mise en œuvre d'une procédure par l'administration

[141] Les actions à l'encontre de l'administration, menées auprès de la Cour suprême, l'étaient essentiellement par des fonctionnaires des administrations centrales (Benabdellah, 2004). Les recours sont restés du ressort de la Chambre administrative de la Cour suprême, jusqu'à ce qu'en 2006 soient instituées les Cours d'appel administratives par le Dahir du 14 février 2006 portant promulgation de la loi n° 80-03 instituant des cours d'appel administratives.

(notification, récépissé, etc.) est une pratique courante dans le cadre des procédures mises en œuvre par l'administration. Pour illustration, la création d'une association au Maroc est basée sur un régime déclaratif et un dépôt de dossier à la Wilaya. Cela implique légalement la remise d'un récépissé de dépôt. Il est cependant courant que ce récépissé ne soit pas remis directement, parfois durant plusieurs années, en particulier pour des organisations travaillant sur des questions perçues comme sensibles par l'administration. Ce fut le cas pour le GADEM qui n'a obtenu son récépissé de déclaration d'association qu'en 2013. Le fait de ne pas fournir aux administrés de preuve d'accomplissement d'un acte procédural ou d'une décision administrative permet à l'administration de bénéficier d'une marge de manœuvre supplémentaire, consistant à nier que ce fait s'est déroulé, que cette décision a été prise ou qu'une démarche a été effectuée engageant ses services.

Le 17 octobre 2012, un jugement du tribunal administratif de Rabat a été rendu contre l'État marocain relatif à l'expulsion, en mars 2010, d'étrangers pour prosélytisme[142]. D'autres étrangers soumis à la même procédure n'ont pas pu obtenir le même résultat ou recourir à la justice, du fait de longs délais de procédure, du manque de preuves de leur éloignement ou de la décision l'ayant motivé. Pour ce qui est du refoulement, les modalités de déploiement de la procédure, l'absence de délivrance d'une notification et les moyens nécessaires pour mettre en œuvre une action devant le tribunal (recours à un avocat et lenteur de la procédure en particulier) rendent sa contestation difficile et inaccessible à beaucoup. Dans la décision sur le recours formulé dans l'affaire des quatorze personnes arrêtées à Casablanca en 2008, le juge indique que le recours en question n'a pas été formulé contre l'acteur ayant pris effectivement la décision de reconduite à la frontière, soit le procureur du Roi. Il ne se positionne pas sur la légalité des refoulements et rejette également le recours pour « non-démonstration des cas d'éloignement et des raisons de la reconduite ». Par là même, le juge fait montre de son incompétence en l'absence de notification de la décision d'éloignement ou d'éléments de preuves de ces refoulements qui sont en pratique difficiles à fournir, a fortiori lorsque l'accès aux interpellés n'a pas été possible pour l'avocat. La rapidité des délais d'exécution des éloignements dans nombre de situations rend alors compliquée la mise en œuvre de moyens légaux visant à prouver l'interpellation, la détention et l'éloignement de l'étranger concerné.

En l'absence de formalisation écrite et en développant une connaissance de ces pratiques institutionnelles, les ONG de défense des droits ou des étrangers concernés recourent à des mécanismes qui limitent l'incertitude et

---

142 En ayant pu bénéficier du soutien de différents acteurs et de diplomates importants ayant témoigné, ainsi que de la preuve de leur sortie du territoire, concomitante avec différentes déclarations publiques dénonçant ces expulsions. Voir notamment Jaabouk M. , « Maroc : La justice conteste la décision d'expulsion des étrangers pour prosélytisme chrétien », *Yabiladi.com*, 23.01.2013

l'invisibilité découlant de la mise en place des procédures par l'administration. Il s'agit par exemple du recours à un huissier de justice chargé de constater les faits et de rédiger un procès-verbal susceptible de servir de preuve. C'est ce qu'a tenté le GADEM, à l'occasion des déplacements forcés de 2015 et du placement d'étrangers dans des centres (cf. chapitre 4), en saisissant le tribunal administratif de Casablanca. Avant que l'huissier n'intervienne, les étrangers maintenus dans ce centre ont cependant été libérés. Il semble également que la médiatisation de certains événements et l'écho reçu à un niveau national ou international aient un impact sur certaines procédures et décisions. Il s'agit, comme le soulignent Bernoussi et Maslouhi, d'« éviter les foudres de la presse et des collectifs civils » (2012 : 485), en particulier depuis les événements dits du « Printemps arabe » et l'adoption de la Constitution marocaine de 2011.

CONCLUSION DU CHAPITRE

De ces cas pratiques et des analyses qui en découlent, nous pouvons retenir différents éléments qui renvoient à des mécanismes de production de la décision judiciaire. Nous avons observé des contextes dans lesquels l'étranger interpellé pour séjour irrégulier est inculpé et présenté au juge, d'autres où le juge pénal n'intervient pas, mais où un recours contre la décision et les pratiques de l'administration amène à l'intervention du juge administratif. Le rôle des services de police dans les inculpations pour séjour irrégulier semble déterminant. Il oriente le juge vers certaines catégorisations et qualifications juridiques et, dans les situations de refoulements, le prive de la présence de l'inculpé, sans que cela semble apparaître comme problématique. Ces pratiques illustrent l'imbrication des dimensions administratives et judiciaires, théoriquement distinctes, ainsi que l'effacement du juge dans ce domaine du droit dont la mise en œuvre relève essentiellement des acteurs sécuritaires. Le pouvoir judiciaire qui, dans la nouvelle Constitution, a pris la place de l'autorité judiciaire à côté du pouvoir exécutif est toujours, dans les faits, soumis à une subordination hiérarchique à l'égard du pouvoir exécutif.

Si le Maroc a récemment réformé ses dispositifs légaux, en vue notamment de promouvoir et de renforcer les garanties au procès équitable, le droit au recours et les droits de la défense, la séparation des pouvoirs et le contrôle de la procédure par le pouvoir judiciaire, la mise en œuvre des différentes dispositions de la Constitution de 2011 impliquent une harmonisation des législations et des pratiques. Susceptible d'accompagner une transition vers le respect de l'État de droit, ce mouvement s'accompagne, depuis septembre 2013, de l'impulsion par le Roi d'une « politique d'asile et d'immigration radicalement nouvelle ». Cela n'augure nullement des modalités de mise en œuvre des dispositions légales et, a fortiori, des pratiques et positionnements des acteurs de la justice dans l'application et l'interprétation du droit positif.

Ces aspects concernent plus largement le fonctionnement de la justice et les pratiques de ses acteurs. Si les réformes en cours sont susceptibles d'influer sur le traitement accordé aux étrangers, des limites tangibles à la réforme du droit des étrangers et à celle d'une politique d'immigration cohérente et globale sont à signaler : désaccords visibles dans le cadre de la réforme de la justice, absence d'évaluation de la mise en œuvre des législations passées en la matière, modalités par lesquelles ces réformes ont été impulsées, soutenues notamment largement par des décisions royales, manières dont l'étranger est catégorisé, tant dans la vie ordinaire que dans des contextes institutionnels, notamment par les autorités chargées de la lutte contre la migration irrégulière.

Certains réajustements à l'œuvre, intervenant dans l'environnement social et politique du droit des étrangers, dans les pratiques et relations entre acteurs de différentes administrations, mais également le rôle que jouent certains acteurs de la société civile ou la place grandissante que semble prendre le juge administratif, constituent des évolutions susceptibles de modifier les relations entre l'administration et le justiciable, entre l'administration et différentes catégories de Marocains et d'étrangers.

CHAPITRE 6

POLICIERS, ÉTRANGERS ET INTERVENTION ASSOCIATIVE AUTOUR D'UN INTERROGATOIRE DE POLICE

Par l'ethnographie d'une demande formulée à la police par un couple d'étrangers en séjour irrégulier, ce chapitre traitera des mécanismes et des séquences qui émergent d'une interaction policière. Par l'analyse de ce cours d'action, il s'agira d'envisager de quelle manière les contraintes institutionnelles, les routines, les savoirs techniques et les connaissances ordinaires s'entremêlent dans les pratiques des professionnels du droit et des acteurs amenés à interagir avec eux en contexte institutionnel. Dans un premier temps seront présentées les modalités par lesquelles, à l'occasion d'une requête administrative indépendante des questions de séjour, un couple d'étrangers est interrogé par la police et devient l'objet d'une procédure d'éloignement du territoire. Dans un second temps, il s'agira de se pencher sur le déroulement de l'interrogatoire auquel j'ai pu assister, en accordant une attention particulière aux catégorisations et qualifications juridiques rendues visibles. Seront ainsi appréhendées les postures de négociation, de collaboration et de contestation, ainsi que l'impact de ma présence dans ces interactions et sur les jeux de catégorisations qui émergent. Cela amènera, dans un troisième temps, à traiter de certaines contraintes institutionnelles, en portant un intérêt plus large aux modalités par lesquelles cet interrogatoire s'intègre à une procédure de sanction au séjour irrégulier sans le dire, ainsi que sur les effets pratiques de l'action d'acteurs extérieurs à l'administration sur la procédure. Ce cas d'étude a la particularité que j'y ai participé, alors que je travaillais pour l'association marocaine GADEM.

Il ne s'agit pas ici de relever le caractère fondé, normal ou légal des pratiques des acteurs, notamment les miennes en tant qu'accompagnatrice, par un regard surplombant consistant à juger ces actes. Il importe plutôt de décrire et de chercher à mieux comprendre les mécanismes à l'œuvre et les méthodes utilisées à l'intérieur des systèmes de pertinence. Je m'appuie à la fois sur les notes prises qui décrivent les séquences de cette rencontre, sur mes questionnements et ressentis émanant en tant qu'accompagnante, sur des informations concernant la procédure, sur les échanges avec des membres du GADEM ou des acteurs extérieurs. Ce matériau hétérogène me permet de revenir sur le déroulement de cette procédure de manière d'abord descriptive.

I. D'UNE REQUÊTE ADMINISTRATIVE À UNE INCULPATION POUR SÉJOUR IRRÉGULIER

A. Présentation du cours d'action

Le 23 décembre 2009, un bébé dont les parents sont des ressortissants nigérians décède à domicile dans la ville de Salé, adjacente à Rabat. Une enquête est menée par la police judiciaire pour établir les causes du décès[143] ; les parents, en situation irrégulière, sont entendus dans le cadre d'un interrogatoire de police. Le couple se fait assister dans la procédure d'inhumation[144] par un agent travaillant pour Caritas, organisation intervenant dans l'assistance sociale aux migrants subsahariens et relevant du service social de l'Église catholique au Maroc. Une erreur dans la déclaration de décès de l'enfant implique pour les parents de se rendre une nouvelle fois auprès de la police pour corriger les mentions de son état civil, en vue d'obtenir l'autorisation d'inhumation[145].

Dans le cadre de mon travail au GADEM, je suis contactée pour cet accompagnement au commissariat. Je refuse dans un premier temps d'intervenir. Je crains que cela implique des sanctions pour séjour irrégulier, sans possibilité de les contester ou de s'y opposer. Par la suite, j'accompagne ce couple au commissariat d'arrondissement vers lequel ils ont été orientés. Ils doivent y effectuer la démarche pour obtenir l'autorisation d'inhumer leur enfant. Je me présente au commissariat, avec un collègue du GADEM[146], comme connaissances soutenant les parents endeuillés. Les policiers disent

[143] Selon les dispositions du code de procédure pénale, la police judiciaire se déplace dans le cas d'un décès à domicile sur les lieux de découverte du corps, afin d'effectuer une enquête sur les causes du décès. L'officier d'état civil établit un acte de décès – contenant, si possible, l'identité complète de la personne décédée - sur la base d'un procès verbal dressé par la police judiciaire et visé par le procureur du Roi (art. 25 de la loi n°37-99 relative à l'état civil).

[144] Les difficultés d'accès à la procédure d'inhumation (problèmes d'identification, craintes d'interpellation pour séjour irrégulier, coût de l'inhumation, en particulier pour les chrétiens, etc.) ont amené certaines organisations comme Caritas Maroc à proposer un soutien aux proches d'étrangers décédés en situation précaire Cette offre de Caritas découle de l'implication de l'Église dans l'organisation même des inhumations de chrétiens.

[145] À la suite d'un décès à domicile, une enquête est menée par les services de la police judiciaire. Un certificat médical de constatation du décès ou une attestation administrative sont délivrés et permettent d'obtenir, auprès des services du procureur du Roi, un permis d'inhumation.

[146] M'ayant accompagnée jusqu'au commissariat, mon collègue ne reviendra qu'entre la fin de l'interrogatoire et le départ vers le commissariat central.

devoir consulter le commissaire. Nous attendons. La mère pleure. Ils reviennent dix minutes plus tard et insistent pour réinterroger le couple. Ils me disent que je dois assurer la traduction de l'interrogatoire. Je refuse, invoquant mon manque de compétences dans ce rôle d'interprète. Alors que nous pensions venir pour une formalité, soit la correction d'un document de la procédure d'inhumation et la validation de l'identité de l'enfant sur la base d'une attestation officielle délivrée par l'ambassade du Nigeria au Maroc, nous nous retrouvons dans la position de devoir participer à un interrogatoire de police. Celui-ci dure trois heures et demie, de 12h à 15h30. Les policiers nous annoncent que le couple devra ensuite se rendre au tribunal pour rencontrer le procureur du Roi qui posera quelques questions, à la suite desquelles les deux ressortissants nigérians seront libres de repartir. Dans un second temps, l'un des policiers nous informe qu'il a contacté le procureur par téléphone et que tout est réglé. Il ne sera finalement pas nécessaire pour le couple de se rendre au tribunal. Malgré nos interrogations, aucune clarification sur le type de procédure en cours n'est apportée. D'après nos interlocuteurs, il ne s'agit que d'une formalité en vue de l'obtention de l'autorisation d'inhumation. Une fois le procès-verbal établi, les policiers demandent au couple de se déplacer au commissariat central pour un entretien de routine, « sans risque » disent-ils, avant de pouvoir rentrer chez eux. Les deux conjoints ont dû signer le procès-verbal rédigé en arabe, après une traduction approximative et rapide effectuée par mon collègue et moi. Aucun exemplaire du procès-verbal ne nous est remis[147].

Nous nous rendons au commissariat central avec le couple, l'un des policiers et le responsable des pompes funèbres qui servira de chauffeur[148]. Connaissant mon statut d'acteur associatif[149], ce dernier m'amène à passer d'amie solidaire à accompagnant associatif, sans autre précision et sans que cela fasse visiblement réagir le policier présent. À notre arrivée, du fait de ma présence, le commissaire nous renvoie d'abord, invective les policiers qui nous accompagnent, leur reprochant ma présence, sans jamais m'adresser la parole, avant de revenir vers nous. Le couple et moi-même attendons dans l'un des couloirs du commissariat, toujours entourés de policiers. Le commissaire demande à me recevoir individuellement. Il me pose quelques questions sur mon parcours et sur l'association. Je lui parle du couple et de l'inhumation de l'enfant. En ne répondant pas à sa question, j'opère un dés-appariement de la paire adjacente « question »/« réponse » (Schegloff & Sacks, 1973 : 295-96).

[147] L'un des exemplaires du procès verbal est remis au responsable des pompes funèbres en charge d'accompagner la procédure, puis au juge pour que soit délivrée l'autorisation d'inhumation. Ces procès-verbaux constituant des pièces du dossier judiciaire, ils n'ont pas pour objet d'être cédés aux personnes interrogées.

[148] Le déplacement au commissariat central se fera dans la fourgonnette de la Compagnie Marocaine des Pompes Funèbres.

[149] J'avais eu à intervenir auprès de la compagnie marocaine des pompes funèbres (CMPF) pour d'autres procédures d'inhumation d'étrangers.

Cette brèche rompt la logique des tours de paroles et vise à réorienter la conversation vers l'enfant décédé. Il me dit que je serai reçue par l'un de ses collègues pour quelques questions de routine et que je ne dois pas m'inquiéter. Le couple attend dans le couloir. Je rejoins un bureau annexe pour être interrogée sur mon implication dans le GADEM, l'objet de l'association et les raisons de ma présence auprès du couple. Après avoir répondu aux questions posées, je sors de ce bureau et croise le commissaire qui dit avoir été ravi de me rencontrer. Il ajoute que je peux partir sereinement. Je m'enquiers du couple. Des policiers me répondent l'avoir vu partir. Je ne parviens pourtant pas à joindre le mari et la femme par téléphone et crains qu'ils aient été interpellés et placés en détention. Je suis accompagnée à l'extérieur du commissariat par un policier qui insiste sur le fait que le couple est effectivement parti et que je n'ai plus rien à faire dans le commissariat. Après un long moment d'échange à l'extérieur, où les amis du couple et l'agent de terrain de Caritas nous attendaient, un membre du GADEM nous rejoint. Nous craignons la mise en œuvre d'une procédure de refoulement (cf. chapitre 4). Des contacts sont pris avec des personnalités susceptibles d'intervenir pour la libération du couple, dont des responsables administratifs, policiers et militaires. Certains de nos interlocuteurs nous confirment qu'une décision d'éloignement a bien été prise et qu'il ne leur est plus possible d'intervenir. Nous rédigeons un communiqué de presse, un avocat est contacté et disposé à formuler un recours devant le juge administratif. Le communiqué est diffusé le lendemain sur différentes listes d'échange d'information et de plaidoyer relatives à la situation des migrants et réunissant des réseaux d'actions transnationaux (cf. chapitre 3). Après 36 heures de détention dans une cellule au sous-sol du commissariat, le couple est libéré. L'enfant sera inhumé le 28 décembre.

B. Risques de sanctions au séjour irrégulier et interventions associatives

L'insécurité est l'une des caractéristiques communément admises de la vie des étrangers « en situation irrégulière », devenue[150] inhérente à cette catégorie. Cette insécurité fait partie de la connaissance de l'arrière-plan qu'acquièrent tant les étrangers dits subsahariens, catégorisés comme étant en séjour irrégulier, que les personnes les côtoyant régulièrement. L'évaluation des risques encourus varie selon le contexte de répression, les catégories d'étrangers concernés, les types de sanctions prises et les perspectives de contestation. Le refus initial d'effectuer cet accompagnement au commissariat est associé aux craintes que l'administration engage des sanctions à l'encontre de ce couple pour séjour irrégulier sur le territoire. Les acteurs associatifs sont

[150] Les sanctions pour séjour irrégulier ont évolué dans le temps (cf. chapitre 4).

toujours réticents à effectuer des accompagnements dans ces situations. Les craintes de refoulement sont évoquées en amont par les membres du GADEM, de Caritas et par le couple, tout comme les moyens limités pour s'y opposer[151]. Cela s'intègre à ce que Cicourel (1968) nomme l'horizon prospectif-rétrospectif du raisonnement, qui réfère la réalité à des situations semblables. Dans ses actions de défense des droits des étrangers, le GADEM recourt essentiellement à ce qui est qualifié de plaidoyer ou d'accompagnement juridique. Ces actions traduisent le souci de ne pas exposer l'accompagné à un risque démesuré. Le soutien de l'étranger dans ses démarches et procédures vise l'amélioration plus globale des droits des étrangers, par l'évolution des pratiques de l'administration. Le plaidoyer s'appuie sur des concepts comme l'« *empowerment* » ou l'« approche droit »[152]. Le *Petit guide de plaidoyer*, publié par le GADEM en 2011, associe la notion « *d'empowerment* » « à l'idée de l'obtention et l'appropriation de pouvoir et de l'autonomisation [des personnes concernées] par le biais du renforcement de capacités » (GADEM, 2011 :7). Ce terme, aujourd'hui largement usité dans le domaine du développement international, est difficilement traduisible en français, mais peut renvoyer à la prise en charge de soi-même, à la capacité de pouvoir agir et de faire des choix (Calvès, 2009 ; Marteu, 2011 ; Guérin, 2011). Il fait également écho à la distinction opérée dans le mandat du GADEM entre accompagnements et assistance. Le GADEM se veut en effet être un « groupe d'accompagnement » qui considère l'étranger comme « sujet actif susceptible de formuler des revendications » (GADEM, 2011 : 7) et amené à se positionner sur les actions qui le concernent. Cela implique formellement des décisions prises en connaissance des risques encourus, ainsi que le droit de l'individu accompagné à participer aux décisions qui le concernent.

Les perspectives de contester juridiquement ou politiquement une éventuelle (mais probable) décision d'éloignement ont une incidence sur les dispositions ou réticences à effectuer un tel accompagnement. Pour le GADEM, il s'agit en effet d'éviter d'intervenir ou d'enclencher une procédure dans des situations pour lesquelles les perspectives d'intervention, de contestation de la décision devant les tribunaux ou de mobilisation de l'opinion publique sont limitées. Outre les difficultés à obtenir les preuves de

[151] Les sanctions pour séjour irrégulier prises consistent le plus souvent en un refoulement, mais peuvent aussi être accompagnées d'une inculpation pénale pour entrée/séjour irrégulier. L'inculpation pénale ne semble pas systématique, bien qu'elle ne soit pas toujours connue, ni de l'étranger concerné, ni d'acteurs extérieurs à la procédure judiciaire.

[152] L'approche basée sur les droits humains ou « approche droit » s'appuie sur « les valeurs universelles des droits humains pour revendiquer les droits de certaines populations vulnérables » (GADEM, 2011 :7). Les « valeurs universelles des droits humains », auxquelles se réfèrent les organisations et acteurs sont généralement celles de la Déclaration universelle des droits de l'homme, les instruments nationaux, régionaux et internationaux des droits de l'homme, en particulier ceux issus des Nations Unies. Ces techniques et modalités d'action visent à soutenir le plaidoyer et à influer sur les décisions prises au niveau institutionnel et politique.

la décision prise, à déterminer le type de procédure en cours (cf. chapitre 4), ce couple d'étrangers ne font partie d'aucune des catégories de « personnes protégées des éloignements », telles que prévues par la loi n° 02-03. Ils ne s'intègrent ni à la catégorie « femme enceinte » ni à celle « de réfugiés » ; aucun « mineur » n'est par ailleurs présent. Ces catégories, comme plus largement celles renvoyant à la « vulnérabilité », sont associées à des critères et à des caractéristiques qui ne sont pas données une fois pour toutes et sont étroitement dépendantes du contexte. L'activité de conseil juridique « suppose une maîtrise et un usage stratégique du droit des étrangers, conçus dans une perspective militante : il s'agit de mobiliser la règle de droit pour contester légalement les mesures d'éloignement » (Fischer, 2009b).

L'objet de la rencontre en amont avec les parents de l'enfant défunt est de mieux comprendre les éléments de la situation, de les avertir des risques encourus s'ils se rendent au commissariat, voire de les en dissuader. Pour l'étranger en situation irrégulière sur lequel pèse une menace d'expulsion, « ce qu'il ne peut évaluer, c'est le risque qu'il encourt, autrement dit la probabilité d'être effectivement arrêté » (Le Courant, 2015 : 125). Cela ne relève pourtant pas d'un acte d'inconscience. Dans la situation décrite par Le Courant, l'étranger est soumis à un dilemme : soit formuler une demande de régularisation qui lui permettra de sortir de son irrégularité administrative, soit encourir le risque d'être expulsé vers son pays d'origine. Dans notre exemple, il s'agit pour le couple d'obtenir l'autorisation d'inhumer leur enfant, conditionnée par cette démarche auprès de la police, au risque d'être refoulé à la frontière algéro-marocaine. Si les étrangers ne se perçoivent pas nécessairement comme des délinquants du fait de leur séjour irrégulier, « la vie en situation irrégulière s'accompagne d'un apprentissage, celui de la lecture du monde à la lumière de cette situation administrative » (Le Courant, 2015 :130). Le couple de Nigérians se dit conscient des risques de refoulement et disposé à les prendre. L'homme et la femme demandent alors à être accompagnés au commissariat d'arrondissement. Le postulat sous-jacent est que la police pourrait hésiter à les interpeller du fait de notre présence. Dans tous les cas, si nous refusons de les accompagner, eux se disent prêts à se rendre seuls au commissariat. Pour ce couple, la crainte du refoulement passe donc après leur souhait d'inhumer leur enfant décédé.

Ce qui pourrait être communément perçu comme une prise de risque démesurée dépend en fait de la connaissance ou de l'expérience des refoulements qu'ont les étrangers concernés. Le refoulement peut apparaître comme une sanction limitée dans le temps, aux conséquences mesurées. L'évaluation de cette sanction varie selon les compétences et connaissances pratiques acquises au cours des refoulements précédents, des soutiens potentiels susceptibles d'atténuer certains désagréments et du degré d'appréhension de l'impact de la procédure de renvoi. Ce qui apparaît pour certains comme une expérience traumatisante n'est, pour d'autres, qu'un contretemps, une routine désagréable, se résumant en un aller-retour forcé à Oujda et la frontière orientale du Maroc. La menace « façonne ainsi, différemment, le quotidien des étrangers en situation irrégulière, puisque de sa perception va dépendre l'ampleur de leur assujettissement à cette situation administrative » (Le Courant, 2015 :130-131).

Si le fait d'être accompagné peut contribuer à sécuriser les étrangers, les membres du GADEM partagent le même constat : celui d'une marge de manœuvre limitée en cas de décision de refoulement[153], ainsi que l'ambiguïté que peut engendrer notre présence. Le risque que les agents des forces de l'ordre et leur hiérarchie s'orientent vers une application plus stricte des procédures, du fait d'un regard extérieur, est également évoqué. Dans le contexte marocain, ce regard militant en faveur de la protection de personnes en séjour irrégulier peut être assimilé à une forme d'ingérence dans l'action administrative et dans des procédures jusque-là maintenues dans l'invisibilité (cf. chapitre 12). Notre statut d'acteur membre d'une association de défense des droits des étrangers peut être perçu comme menaçant et associé à une opposition aux pratiques de la police. Cela peut pousser cette dernière à faire preuve d'un surcroît de sévérité dans l'application du droit positif ou, au contraire, d'humanité face à ce couple en détresse, afin de limiter les jugements négatifs qui sont portés sur leur travail, à l'heure où un certain nombre de déclarations et de réformes soulignent l'attachement du Maroc aux droits de l'homme et ses engagements pour améliorer l'État de droit. La présence de personnes catégorisées comme militants des droits humains (*huqûqiyyîn*) est donc à double tranchant et s'avérer contre-productive. Les sanctions pénales et administratives ne relèvent légalement pas des mêmes procédures[154]. Le procureur du Roi joue un rôle central dans les décisions d'éloignement[155] et d'inculpation ; il incarne l'autorité judiciaire, dirige la

---

[153] Il pourrait s'agir d'entrer en communication avec les décideurs potentiels de ces éloignements pour tenter de négocier une protection, d'interpeller le juge administratif pour contester la décision d'éloignement ou de dénoncer publiquement et a posteriori le refoulement de ce couple, avec des effets limités pour ces personnes. Ces difficultés sont également associées à des contraintes pratiques et contextuelles d'intervention, renvoyant aux difficultés de mobiliser un avocat bénéficiant de compétences relatives à la procédure de refoulement, à celles découlant de la mise en œuvre pratique de cette procédure (absence de notification, difficulté d'entrer en contact avec les personnes en cours de refoulement, etc.), susceptibles d'intervenir dans un laps de temps limité et dans un contexte des fête de Noël qui impliquent l'indisponibilité à réagir de certains soutiens et relais, notamment européens.

[154] Si les sanctions consistent généralement en un éloignement à la frontière algéro-marocaine, des sanctions pénales peuvent également être prises en parallèle selon la loi n°02-03 (cf. chapitre 4 & 5)

[155] L'inculpation pénale relève des services du procureur du Roi, alors que les sanctions d'éloignement (expulsion et reconduite à la frontière) peuvent être, selon l'article 28 de la loi n°02-03, exécutées d'office par l'administration. La loi n°02-03 ne précise pas quelle est l'autorité administrative compétente. Il a été constaté que les services en question interviennent régulièrement dans la prise de ces décisions, bien que d'autres responsables

police judiciaire et représente le ministère public (cf. chapitre 4). La manière d'être catégorisé par nos interlocuteurs et le ton que nous donnons à notre intervention paraissent fondamentaux. Mon collègue et moi-même nous présentons initialement au commissariat comme étant des amis du couple et recourrons au registre émotionnel de l'empathie envers ce couple qui vient de perdre son enfant, afin de tenter d'influer sur les décisions des policiers. Il s'agit d'une démarche qui n'est orientée ni vers le plaidoyer ni vers l'introduction d'une action en justice à venir pour le GADEM.

II. L'INTERROGATOIRE EN PRATIQUE

En nous rendant dans ce commissariat, nous n'envisagions pas d'être soumis à un interrogatoire. Le couple de Nigérians avait déjà été interrogé dans le cadre de l'enquête de la police judiciaire au sujet du décès de leur enfant. Tous deux avaient reçu l'instruction de se présenter au commissariat, munis d'une attestation de l'ambassade de leur pays d'origine, pour corriger un élément de l'état civil de leur enfant décédé en vue de son inhumation. Pourtant, après leur avoir expliqué l'objet de notre visite, nos interlocuteurs policiers nous disent devoir consulter le commissaire. Ils reviennent dix minutes plu tard et insistent pour réinterroger le couple. J'ai eu accès, dans le cadre de mon travail de recherche, à des procès-verbaux d'écoute élaborés par la police, sans avoir assisté aux interrogatoires correspondants. Je décrirai ici le déroulement de cet interrogatoire, sans avoir pu disposer de sa retranscription écrite. L'absence de ce matériau limite l'analyse que je pourrai faire du résultat écrit élaboré par la police de cet interrogatoire et de la transformation qui l'a accompagné. Mon analyse se base donc ici sur les interactions observées, retranscrites dans mes prises de notes. La relecture et la traduction du procès-verbal qui ont été effectuées a posteriori me permettent cependant d'en dégager les principaux éléments. Un travail sur les modalités de retranscription de l'interrogatoire, tel que mené dans d'autres contextes (Komter, 2001 ; Van Charldorp, 2011, Meehan, 1997), aurait certes permis d'éclairer les altérations entre l'interaction orale et la retranscription écrite, mais il est très difficile de mettre en place un tel protocole d'enquête au Maroc, que l'on soit acteur associatif ou chercheur. Je me centrerai donc ici sur les interactions observées entre les policiers, les étrangers interrogés et moi-même, dans le cadre de cet interrogatoire de police qui a duré trois heures.

---

administratifs soient formellement compétents et en prennent parfois l'initiative (cf. chapitre 4).

A. Interrogatoire de routine et élaboration du procès-verbal

L'interrogatoire se déroule dans un commissariat d'arrondissement de Rabat. Après être entrés par un couloir sombre qui aboutit à un hall ouvrant à des bureaux, dont celui du commissaire, nous attendons les policiers dans le premier bureau, situé dans le couloir à droite. Le bureau est équipé de deux tables et de deux chaises. Sur l'un des bureaux est posé un ordinateur utilisé pour la retranscription de l'interrogatoire. Placardée au mur, une affiche (apparemment ancienne) indique l'effectif de certaines catégories de personnes habitant dans l'arrondissement (professions libérales, avocats, étrangers ou juifs). Une chaise est laissée à la disposition de la femme nigériane, tandis que la seconde est occupée par l'un des policiers face à l'ordinateur, ce qui implique que je passe l'essentiel de la séance debout. C'est le deuxième policier qui mène l'interrogatoire, pendant que l'autre tape à l'ordinateur tout en réagissant ponctuellement à l'interaction. Cette configuration est classique dans les interrogatoires de police (Van Charldorp, 2011). Les policiers m'indiquent que je dois assurer la traduction de l'interrogatoire. Comme mentionné précédemment, je refuse d'abord en invoquant mon incompétence. L'absence d'interprète habilité est régulièrement constatée dans les procédures de police et les services de police ont alors recours à des membres du personnel, à des accompagnateurs du témoin ou du prévenu, à des individus de passage acceptant de jouer ce rôle. Ce recours à des interprètes profanes constitue une pratique courante.

Dans la situation du couple nigérian, les policiers présentent cet interrogatoire comme étant routinier et indispensable pour que le couple puisse obtenir son document en vue de l'inhumation de l'enfant. À maintes reprises, je précise que nous ne sommes là que pour rectifier un élément d'une procédure déjà finalisée, en vue d'obtenir l'autorisation d'inhumation et que, dans ces conditions, un nouvel interrogatoire n'est pas nécessaire. Malgré mon insistance, les policiers répondent qu'il s'agit de la procédure et qu'un nouveau procès-verbal doit être établi, impliquant un second interrogatoire. À la suite de la rédaction du procès-verbal, le couple doit se rendre au tribunal de Première instance (TPI) pour « formalité ». Le juge pose quelques questions au couple et nous laisse repartir. La femme pleure. Je traduis cet échange au couple. Les deux policiers répètent plusieurs fois qu'ils ont reçu des ordres, mais qu'ils feront tout pour éviter que le couple ait des ennuis. L'interrogatoire commence et je traduis les questions posées par les policiers. Si l'un d'eux est plus actif dans la formulation des questions, le second intervient régulièrement. Les premières questions portent sur l'identité des deux conjoints et enclenchent l'interrogatoire. Il s'agit, dans la séquence stéréotypée de l'interrogatoire de police, de « la séquence qui consiste à prendre l'identité de l'accusé, à le décrire et à lui poser une première question de type standard

[qui] indique aux participants que ce qui va être dit à présent est consigné et doté d'une valeur juridique » (Dupret, 2006b : 159).

Je traduis la question de l'arabe dialectal à l'anglais et le couple répond en soulignant que ces informations sont contenues dans l'attestation fournie par l'ambassade. Ces indications font partie des mentions obligatoires définies par le code de procédure pénale, comme il en est des coordonnées du couple qui déclare résider dans l'un des quartiers de Salé. Les policiers demandent ensuite aux conjoints de spécifier leur statut administratif. Si le séjour irrégulier du couple leur a été annoncé dès nos premiers échanges, cette question correspond davantage à une demande de validation de leur part. Il s'agit ici de la manifestation publique de la performance correcte de son travail par le professionnel engagé de manière routinière dans l'exercice de sa profession (Dupret, 2006b : 20).

Comme cela se retrouve dans les procès-verbaux impliquant un étranger en séjour irrégulier (cf. chapitre 5), les policiers posent ensuite des questions sur le lieu de leur entrée au Maroc et sur la durée de leur résidence irrégulière. Je ne traduis d'abord pas cette question, demandant aux policiers si ces éléments sont vraiment importants dans la procédure en cours, a priori déconnectée des questions de séjour. Comme pour mes réactions précédentes, le policier évoque la procédure et le fait que ce procès-verbal en élaboration annulerait le précédent. Je traduis au couple qui déclare être entré par la frontière de Oujda et résider au Maroc depuis un an et demi. Les agents de police sont eux-mêmes dans une posture rassurante à notre égard : « Ne vous inquiétez pas », « c'est la procédure », « ce n'est qu'une formalité », « ils rentreront bientôt chez eux », etc.

Pendant l'interrogatoire, l'un des policiers dit contacter le procureur et se justifie en soulignant qu'il est obligatoire d'informer le procureur en cas de séjour irrégulier. L'échange téléphonique est bref. Nous n'entendons pas les propos du procureur. Lorsque le policier raccroche, il nous annonce que tout est réglé et que nous n'aurons pas à aller au tribunal[156]. Le policier demande ensuite si le couple est marié. À la réponse par l'affirmative, le policier insiste en demandant si ce mariage est officiel et si l'enfant a été conçu dans le cadre du mariage. Je réagis en expliquant que le mariage n'est pas une condition posée par la loi nigériane pour une vie maritale et que la déclaration de mariage ainsi que le document de l'ambassade, attestant la filiation et l'état civil de l'enfant, devraient suffire à remplir le procès-verbal de la police permettant d'obtenir le permis d'inhumation auprès du procureur.

Cet interrogatoire n'intègre aucune question ouverte, mais uniquement des demandes de précisions ou de confirmations, comme il en a été de l'entrée par

[156] Ils m'intègrent comme destinataire du message, je fais partie du « nous » et sert alors d'interlocuteur, partageant la même langue et a priori des schèmes sous-jacents et des méthodes de compréhension communs.

la ville d'Oujda, située près de la frontière entre l'Algérie et le Maroc. La question conductrice dans le cadre d'un interrogatoire sert « à fournir les détails qui permettent au procureur de formuler l'acte d'accusation » (Komter, 2001 : 390). Dans les procédures décrites par Komter, les policiers chargés de l'interrogatoire sont enjoints à ne pas utiliser uniquement des questions conductrices, « parce que cela pourrait vouloir dire qu'ils se sont déjà forgé une opinion sur le cours probable des événements et qu'ils sont moins réceptifs à la version du suspect » (Komter, 2001 : 389). Dans l'interrogatoire du couple nigérian, les faits supposés par les policiers ne demandent qu'à être confirmés ou validés, les questions ouvertes s'avérant en fait peu utiles. Contrairement à la situation d'un grand nombre des ressortissants d'Afrique de l'Ouest (cf. chapitre 3) présents au Maroc, l'entrée sur le territoire marocain de ressortissants nigérians est conditionnée par l'obtention d'un visa, difficile à obtenir en pratique. L'hypothèse posée est donc celle d'une entrée irrégulière et leur passage par la frontière officiellement fermée avec l'Algérie. Il s'agit de la qualification de l'irrégularité du séjour de ce couple, selon des modalités spécifiques à leur nationalité.

Cela renvoie à la capacité de s'appuyer sur des schémas sous-jacents permettant de produire un sens partagé de la réalité sociale[157], ce que Garfinkel a appelé méthode documentaire d'interprétation. Nos connaissances et expériences sont utilisées de manière prospective pour donner sens, comme système interprétatif, aux événements et objets du monde. Ce qui ne s'intègre pas dans ce que le policier veut entendre, qui ne constitue pas une réponse à ses questions précises, n'est pas pris en compte. Les policiers interprètent la situation à partir de leur connaissance de bon sens des structures sociales (Garfinkel, 2009). Cela renvoie aux modalités par lesquelles « les membres, profanes ou professionnels, faisant face à des situations ou à des événements qui se présentent toujours dans leur singularité, les identifient en les contextualisant, c'est-à-dire en les incluant dans une totalité (une structure, un modèle, un schème, etc.) » (Garfinkel, 2009 :30). Interviennent ainsi leur connaissance des parcours rattachés à la catégorie d' « étrangers subsahariens en séjour irrégulier », ainsi que, peut-être plus spécifiquement, celle du parcours des « Nigérians en séjour irrégulier ». Ce savoir se fonde sur des compétences techniques et des acquis professionnels, tout en intégrant un « substrat profane important » (Dupret, 2006b : 131). Le professionnel, au-delà d'être policier membre d'une institution, est aussi Marocain, habitant

[157] Garfinkel a emprunté cette notion à Karl Mannheim (1952) en la faisant évoluer pour rendre compte de la nature de la « connaissance de sens commun des structures sociales » (Barthélémy & Quéré, 2009 : 30). Pour Garfinkel, « la méthode consiste à voir dans une apparence donnée "l'illustration", "l'index", la "représentation" d'une structure sous-jacente dont l'existence est présupposée. Non seulement la structure sous-jacente est dérivée de ses indices documentaires individuels, mais ces derniers sont à leur tour interprétés sur la base de "ce que l'on sait" de la structure sous-jacente. Chacun est utilisé pour élaborer l'autre » (2009 : 152).

d'un quartier, membre de différents groupes sociaux, téléspectateur ou lecteur de journaux ; bref, il mobilise simultanément dans sa pratique professionnelle sens professionnel et sens ordinaire.

Dans cet interrogatoire, les agents de police, les deux étrangers et les personnes intervenantes agissent, donnent un sens et rendent compte de leurs actions en les intégrant dans leur contexte de déploiement, notamment institutionnel. Les policiers reproduisent des éléments d'enquêtes précédentes et incorporent « les apparences observées dans [leur] savoir présupposé des structures sociales » (Garfinkel 2009 :151). Cela n'implique aucun déterminisme, amenant le jugement à être « toujours révisable, rétrospectivement aussi, si bien que le sens de l'événement passé peut changer » (Travers, 2001 : 353). Cela n'exclut pas que des précisions concernant les conditions d'entrée, les caractéristiques (notamment socio-économiques) de l'étranger ou des éléments de son dossier soient mentionnés dans le procès-verbal. Ces précisions soutiennent alors sa singularisation. Ces indications interviennent dans les catégorisations opérées concernant l'étranger. L'interrogatoire n'est ainsi « pas uniquement rétrospectif - il ne porte pas seulement sur "ce qui s'est passé (...)" - mais il est également prospectif, dans la mesure où il anticipe son enregistrement dans un document qui servira de preuve dans le processus pénal ultérieur » (Komter, 2001 : 389). L'interrogatoire se termine par la demande de ma carte d'identité, validant ma condition de participant à l'interrogatoire en tant qu'interprète. Le procès-verbal est ensuite relu et traduit à l'attention du couple. Il ressemble à d'autres procès-verbaux que j'ai pu consulter. Aucun énoncé de délit n'apparaît, mais le statut irrégulier des deux conjoints est évoqué en amont et à plusieurs reprises. Après une présentation des éléments d'identification des interpellés, des lieux et des policiers intervenus dans l'interrogatoire, se développe un récit confondant la première et la troisième personne et reprenant certains des éléments de l'interrogatoire sur l'entrée, le séjour irrégulier, l'absence de mariage formel et le décès de leur enfant. Ce procès-verbal intègre des éléments des déclarations de l'un ou l'autre des membres du couple, sans qu'il soit toujours aisé de les distinguer les uns des autres, lorsque les pronoms personnels, « elle » ou « il », ne sont pas explicités. Les déclarations des conjoints qui ne répondaient pas directement à une question des policiers n'apparaissent pas, tout en ayant occupé un temps substantiel de l'interrogatoire. Le procès-verbal semble constituer une finalité administrative en soi, servant à valider ou confirmer des éléments présupposés, davantage qu'il n'est « utilisé comme une ressource pour mener l'interrogatoire » (Komter, 2001 : 392) et clarifier des faits.

B. Interaction et médiation : une posture d'accompagnateur qui s'adapte

Dans une telle situation, en tant que membres du GADEM, notre présence a pour objet de faciliter la rencontre entre les policiers et les étrangers concernés. Elle doit permettre aussi de décoder la situation pour les migrants et de dissuader les policiers de les sanctionner. Il ne s'agit ni d'une présence pour alimenter une quelconque action de plaidoyer en faveur du droit des migrants ni d'un soutien légal qui aurait pour objet de rappeler à la police les droits dont jouissent les étrangers au Maroc. Cela n'exclut cependant pas le passage à d'autres registres d'action.

Dès notre arrivée, vigilante, je m'efforce de ne pas entrer dans les détails de la situation administrative du couple et de mettre en avant le fait que nous ne venons que corriger un élément d'une procédure qui a déjà été menée. Il s'agit alors de susciter l'empathie des policiers. La crainte de sanctions à l'encontre du couple m'amène plutôt à adopter une posture de courtoisie et à donner des marques de déférence[158] à ces officiers de police. Les deux conjoints nigérians pleurent, répondent aux questions, évoquent régulièrement leur bébé décédé, demandent à pouvoir rentrer chez eux et à procéder à l'inhumation prévue. Ils activent ainsi[159] la possible alternative entre moralité ou sympathie et coercition (Komter, 1998), afin d'emporter l'adhésion des policiers, d'attirer la sympathie et la compassion, d'atténuer les interférences négatives et donc la gravité supposée de leur séjour irrégulier. Mon collègue et moi-même tentons de nous ajuster à ce contexte institutionnel contraignant, en anticipant les solutions permettant d'éviter d'éventuelles sanctions supplémentaires consécutives à leur séjour irrégulier sur le territoire. Nos interventions manifestent le souci de ne pas braquer les policiers qui se montrent rassurants et expriment régulièrement leur empathie envers le couple et sa situation. Nous sommes donc dans un jeu de catégorisation qui tient au savoir local présumé de nos interlocuteurs. Nous participons au suivi de la conversation dans un système de tours de parole collaboratif mené par les policiers, qui intègre des paires adjacentes « question/réponse » complexifiées par « la voix de l'interprète » (Niemants, 2014). Entre la première et la seconde partie de la paire, intervient en effet la traduction vers les interpellés, la concertation à deux ou à trois, ainsi que la réponse fournie au policier. La réponse de l'interpellé ne fait donc pas suite directement à la traduction de la question du policier. Au-delà, par certaines réponses déconnectées de questions liées à l'identification ou au séjour des parents, nous (le père et moi) ramenons ponctuellement le dossier à l'inhumation de l'enfant, réorientant la

---

[158] La déférence est définie comme étant une « considération respectueuse qu'on témoigne à quelqu'un, marque de respect » [Larousse].

[159] Il ne s'agit pas ici de postuler une démarche stratégique ou manipulatrice, mais davantage de considérer les éventuels effets de leurs actions.

conversation et opérant ainsi une brèche et un dés-appariement des paires conversationnelles. Le cours de l'interrogatoire se poursuit pourtant sans grandes dérives et les questions sont répétées jusqu'à l'obtention d'une réponse satisfaisant le policier.

La présence d'un accompagnateur, en mesure de décoder les interactions et relativement familiarisé avec l'univers de l'administration policière, est plutôt perçue comme perturbatrice dans l'interaction entre l'étranger et le policier (Spire, 2007 :15). Si, au départ, je refuse de servir d'interprète dans le cadre de l'interrogatoire du couple, en définitive, je m'y résigne après avoir souligné que je n'étais pas en mesure d'assurer une traduction convenable. Le droit positif relatif à la procédure pénale et aux droits de défense prévoit la possibilité de bénéficier d'un soutien pour la traduction. À l'étape de l'interrogatoire, il ne s'agit pas de l'obligation de faire appel à un traducteur assermenté, mais d'obtenir l'assistance de toute personne majeure qui « doit prêter serment de traduire fidèlement »[160]. Mon expérience des interrogatoires, des témoignages et documents de police recueillis dans d'autres cas, me font pressentir que refuser d'intervenir, en tant qu'interprète, ne permettra ni de dissuader de la poursuite de la procédure ni de garantir une traduction adéquate. Si ma présence peut déranger, elle permet cependant de m'impliquer dans une procédure, de la légitimer dans le cadre de la procédure administrative et de faciliter l'interaction. Les réponses apportées sur les conditions d'entrée et de séjour au Maroc sont régulièrement nuancées, tentant d'atténuer les catégorisations liées à la déviance et anticipant des inférences négatives rattachées aux migrants irréguliers ou entrés irrégulièrement sur le territoire.

Lorsque les policiers demandent si l'enfant a été conçu dans le cadre du mariage, à la réponse négative du conjoint, je complète par une explication sur les différences de contexte culturel entre le Nigeria et le Maroc, visant à limiter les inférences morales négatives qui pourraient découler de l'absence de mariage formel pour ce couple étranger. En arrière-plan, non seulement le prisme d'analyse et le référentiel moral sous-entendent la pénalisation des relations sexuelles hors mariage au Maroc[161], mais aussi l'association régulièrement opérée entre ressortissants nigérians et pratiques liées à la traite des personnes et aux trafics, qui pourraient amener à considérer que ce mariage n'est qu'une couverture pour des activités légalement et moralement condamnables. L'objectif est d'entretenir l'empathie des policiers pour ce couple et les inciter à utiliser leur marge de manœuvre pour éviter les sanctions pour séjour irrégulier. La marge de manœuvre dont bénéficient les

[160] Le code de procédure pénale (art.112) prévoit que la police judiciaire puisse faire appel comme interprète à toute personne capable d'assurer la traduction, âgée de dix-huit ans au moins et non appelée à témoigner dans l'affaire.
[161] L'article 490 du Code pénal sanctionne les relations sexuelles en dehors des liens du mariage.

agents de police, dans les procédures de qualification juridique et la transmission d'informations à leurs supérieurs ou au travers des procès-verbaux, dans l'orientation vers des choix indexicaux et comportementaux plus amicaux/bienveillants ou accusateurs/agressifs, les place en position de force. Cela est accentué par le contexte de l'interaction institutionnelle, un interrogatoire de police dans un commissariat, sous-tendant une relation asymétrique dans l'allocation des temps de parole dont les agents de police sont dépositaires, dans un lieu associé à la répression et à la menace de sanction pour les étrangers en séjour irrégulier. Cependant, les professionnels de l'administration « peuvent faire alterner ce qui tient de leur personne (se montrer compréhensifs, mobiliser des compétences ou des valeurs qui leur sont propres...) et les composantes les plus formelles de leur fonction bureaucratique » (Dubois, 2010 : 6).

Au fur et à mesure de ces interactions, une pluralité d'indices renforce la mise en œuvre d'une procédure liée au séjour irrégulier, ouvrant la voie à des sanctions. Si je réagis en tentant d'orienter l'interrogatoire vers des dimensions indépendantes du séjour, soulignant le désespoir des parents, les policiers adoptent une posture qui se veut rassurante. En dépit de nos questionnements, ils présentent la procédure comme une simple formalité en vue de l'obtention de l'autorisation d'inhumation. Le maintien dans l'opacité de ce que ces policiers mettent en œuvre et leur souplesse apparente sont faits « pour obtenir 'en douceur', et partant, de manière d'autant plus efficace, l'assentiment du visiteur auquel on a donné des marques de considération tout en rappelant la nécessaire soumission à la règle » (Dubois, 2010 : 6). Le consentement est ainsi obtenu, à partir d'une participation de fait, alimentée par le souci de ne pas contrarier les policiers. Le « refus explicite de répondre aux questions de nature personnelle et la demande de savoir pourquoi les questions sont posées augmentent significativement les chances pour une personne [interpellée] d'être poursuivie pour un motif mineur » (Bittner, 1967 : 708).

La posture que j'adopte pourrait être de l'ordre de la médiation, voire de la collaboration, avec les autorités. Je me trouve alors face à un dilemme moral : soit une collaboration qui légitime ma présence, mais aussi le déroulement de la procédure en cours et la posture de traductrice, soit la volonté de limiter les risques que le couple soit sanctionné pour séjour irrégulier. Je réagis timidement et poliment aux vices de procédure qui m'apparaissent - en évitant d'ailleurs de les qualifier ainsi - demandant naïvement s'« il ne faudrait pas plutôt que... ». Je n'insiste pas trop lorsqu'aucune réponse clairement énoncée n'est apportée à mes questions, mais réagis régulièrement pour orienter l'interaction vers la demande initiale du couple, leur déplacement de leur propre chef au commissariat ou leur désarroi. Les policiers poursuivent ainsi leur travail, en me maintenant à distance, limitant les interférences que je pourrais leur imposer. Il s'agit alors d'une « stratégie pour laquelle l'opacité et l'ambiguïté constituent une dimension délibérément recherchée et entretenue » (Brodeur, 1984 : 25).

III. D'UN INTERROGATOIRE DE ROUTINE À UNE PROCÉDURE DE REFOULEMENT : CONTRAINTES INSTITUTIONNELLES ET PLAIDOYER ASSOCIATIF

Dans cet interrogatoire, nombre d'indices contreviennent à l'établissement d'une procédure judiciaire normale orientée vers le décès de l'enfant. Aucune question ne fait référence aux conditions de vie de l'enfant ou aux personnes en contact avec lui au moment de son décès. La procédure s'accompagne d'annonces par les policiers sur la suite qui sera donnée à l'interrogatoire[162]. Les séquences qui se déroulent maintiennent l'incertitude sur le parcours envisagé pour le procès-verbal en cours d'élaboration (Komter, 2001). Plusieurs questions se posent alors : entre moralité et contraintes institutionnelles, quelle intelligibilité émerge des modalités de déploiement de cet interrogatoire ? Quels sont les effets pratiques visibles de notre/mon intervention en tant qu'acteur extérieur à l'institution policière sur les déploiements du droit ? Quels ont été mes postures et rôles dans le cadre de cet accompagnement ? Comment a finalement été mobilisé le plaidoyer, comme moyen de pression sur les pouvoirs publics et d'intervention sur les pratiques du droit ?

A. Une procédure par étapes : intentionnalité et moralité

Si les policiers disent avoir reçu des ordres, nous n'en connaissons pas la nature ni ne parvenons à saisir le contenu de l'échange téléphonique avec celui qu'ils présentent comme étant le procureur du Roi. L'ambiguïté des directives reçues est délibérément entretenue, entre ordre général et diffus, à l'encontre de certaines catégories de délinquants, et instructions propres à cette situation. Les perspectives de la négociation singulière que nous tentons en dépendent pourtant. Les annonces successives faites par les agents de police – de la correction d'un document finalisé à un interrogatoire de police, de l'obligation de se rendre au tribunal à sa dispense à la suite de l'échange téléphonique avec le procureur, etc. – entretiennent le flou sur la nature exacte de la procédure en cours, entre autorisation d'inhumation et procédure de refoulement. Le fait que le couple ait été orienté dans ce commissariat éloigné de leur lieu de résidence, les questions concernant le lieu d'entrée et la durée de séjour au Maroc, le mystère autour de l'échange téléphonique avec le procureur ou l'absence de

162 Il s'agit là du second interrogatoire auquel le couple est soumis après le décès de leur enfant.

questions concernant le décès de l'enfant sont autant d'indices tendant à conforter une procédure de refoulement totalement déconnectée de la motivation première du déplacement au commissariat. Les déclarations complémentaires des deux conjoints - en lien avec le décès de leur enfant - n'ont aucun impact sur l'interaction et ne sont pas retranscrites dans le procès-verbal. Il nous est difficile de faire marche arrière à cette étape, « au moment où l'incertitude [devient] quasi-certitude de l'existence d'un danger (…). Au contraire, ce semi-constat paralyse » (Claverie, 2004). Il ne permet pas de percevoir clairement comment s'en prémunir, n'étant ni clair ni explicite, et « au cœur de cette réalité opaque, tout devient susceptible - en vain - d'interprétations et de réinterprétations multiples » (Le Courant, 2015 : 129). Si je sonde régulièrement les policiers présents sur leurs intentions, ils tentent à chaque fois de nous rassurer, sans toutefois y parvenir. Ils nous annoncent à plusieurs reprises que les deux ressortissants nigérians seront libres de rentrer chez eux à l'issue de l'interrogatoire. Pour autant, une fois le procès-verbal rédigé, les policiers introduisent une nouvelle étape. Ils demandent au couple de se rendre au commissariat central pour y subir un entretien de routine, « sans risque » disent-ils, avant de rentrer chez eux.

Comme indiqué dans le chapitre 4, les étrangers interpellés pour séjour irrégulier à Rabat sont le plus souvent transportés au commissariat central, préalable récurrent à leur éloignement vers la frontière maroco-algérienne. Cette annonce sonne comme un indice supplémentaire d'une menace de refoulement. Pourtant, « dans une telle situation d'incertitude, les moindres détails sont susceptibles d'être interprétés comme de bons ou de mauvais présages, sans qu'un diagnostic fiable - préservant du risque - puisse être établi » (Le Courant, 2015 : 125). Quelle que soit la crédibilité accordée aux propos rassurants du policier, le couple est emmené au commissariat central et je les accompagne. Les policiers n'utilisent aucun moyen coercitif, le transfert au commissariat central est assuré par la fourgonnette du service des pompes funèbres, société privée spécialisée dans les inhumations de non-musulmans et sans liens hiérarchiques ou institutionnels avec la police. Le commissaire refuse de nous recevoir en invoquant ma présence. Outre l'intérêt de m'éloigner du couple d'étrangers en recourant à une « main de velours », l'interrogatoire de police auquel je suis alors soumise permet de recueillir des informations sur ma personne et sur l'association pour laquelle j'interviens. Cette situation se déroule avant 2013 et avant que le GADEM, qui fonctionne pourtant légalement, ne reçoive le récépissé de reconnaissance de l'association de la part des services de la Wilaya – rattachés au ministère de l'Intérieur. Cet interrogatoire pourrait constituer une mise en garde. « L'épée de Damoclès » placée au-dessus de l'association entrave l'activité de l'association à différents niveaux, par l'impossibilité ou des difficultés à ouvrir un compte bancaire, à recruter des salariés, à louer un local, etc. À cela s'ajoute le lien communément entretenu entre absence de récépissé de l'association et fonctionnement illégal.

Lorsque je sors de ce bureau, le commissaire m'annonce que je peux partir sereinement et que le couple est rentré chez lui. La crainte de leur arrestation pour refoulement se renforce. Cette annonce conforte le fait que mon interrogatoire visait à m'écarter et à mettre en œuvre la suite de la procédure en toute tranquillité. Je tente de contacter le couple par téléphone, sans succès. Des policiers me font sortir du commissariat. L'arrestation du couple m'est confirmée par le fait qu'ils n'ont pas rejoint leurs amis au lieu de rendez-vous fixé. Comme le souligne Le Courant, la peur, « comme émotion qui accompagne la conscience du risque encouru » (2015 : 129), est constitutive de l'incertitude propre aux relations de l'étranger en séjour irrégulier et de la police. L'interpellation en vue d'un refoulement renvoie au caractère délictuel d'un séjour irrégulier sur le territoire national et prend le dessus sur la requête initiale (corriger un document autorisant l'inhumation de leur enfant). Ces pratiques d'arrestation opportuniste par la police ont été constatées à maintes occasions, avant 2013, à l'occasion de dépôts de plaintes d'étrangers en séjour irrégulier. Comme souligné précédemment, ces interpellations d'étrangers ne sont pas systématiques ; « l'expérience faite est celle d'un univers où rien ne va de soi, où l'anodin peut devenir "alarmant" » (Le Courant, 2015 : 130). Cela est accentué par l'indétermination qui prévaut du début à la fin de la procédure. Face à l'interpellation du couple, il est alors possible de relever a posteriori, dans les détails de la procédure, les indices perçus comme menaçants, ceux qui étaient effectivement porteurs de sens et qui soulignent l'intentionnalité des policiers dans ce cours d'action. Cette intentionnalité interroge le pouvoir d'arrêter ou de ne pas arrêter des agents de police, susceptibles d'avoir reçu des instructions spécifiques en ce sens. Selon le code de procédure pénale, les officiers de police doivent signaler toute infraction qu'ils auraient constatée aux services du procureur du Roi. Dans les faits, l'ensemble des infractions constatées ne sont pas signalées et, incidemment, tous les auteurs d'infraction ne sont pas interpellés. Pour reprendre Bittner, « le pouvoir d'arrêter et la liberté de ne pas arrêter peuvent être utilisés dans des cas qui n'impliquent pas d'infraction évidente » (1967 : 702). La situation de ce couple, comme celle de Destiny précédemment évoquée (chapitre 4), leur passage d'un statut de victime ou de requérant à celui de coupable de séjour irrégulier renvoient au travail pratique que réalise alors la catégorie d'« étranger en séjour irrégulier ». Les questions morales ou éthiques ne semblent avoir aucune incidence sur le déploiement de la procédure ni sur la décision prise. Si cela interpelle la marge de manœuvre et de négociation des policiers vis-à-vis de leurs supérieurs hiérarchiques, force est d'admettre que le travail d'un policier est de se soumettre aux procédures en vigueur et d'obéir aux ordres de sa hiérarchie.

Pourtant, et comme nous l'avons évoqué, tous les étrangers en séjour irrégulier ne font pas l'objet de la même attention, ni ne sont tous sanctionnés par des éloignements en cas d'interpellation. La catégorie à laquelle l'auteur de l'infraction est associé apparaît déterminante dans l'identification de celle-ci, condamnable ou du moins passible de sanction. L'individu est associé à un groupe, ici celui des « Subsahariens en séjour irrégulier » ou des « Nigérians en séjour irrégulier ». Le séjour irrégulier « n'est pas traité comme un fait particulier rattaché à l'auteur de l'acte - à son parcours, son caractère, sa personnalité, etc. -, ni comme le résultat d'une situation singulière dans laquelle il s'est trouvé entraîné [...]. Son action supposée est décrite comme si elle révélait, en un sens, la nature et les activités des autres membres du groupe [...] incorporée dans ce qui est conçu comme étant l'histoire du groupe » (Jayyusi, 2010 : 91). Dans ce sens, les caractéristiques individuelles de la personne interpellée apparaissent secondaires. Les aspects moraux associés à cette infraction s'en trouvent limités. Il s'agit pour les policiers chargés de l'interrogatoire de compléter les éléments d'une procédure, sans porter de jugement négatif sur le couple ou leur présence irrégulière sur le territoire. Ils consolent régulièrement les deux parents et tentent de les rassurer. Les arguments utilisés pour tenter d'alimenter l'empathie des policiers en vue de dissuader la sanction au séjour irrégulier[163] n'ont pas influé sur la procédure ni sur l'exécution d'ordres donnés, ne portant finalement pas atteinte à l'accomplissement routinier du travail de la police.

B. De la médiation à la dénonciation

À ma sortie du commissariat, j'interpelle des membres du GADEM. Des contacts sont pris avec des personnalités susceptibles d'intervenir pour faire libérer le couple, dont des responsables administratifs, policiers et militaires. Nous rédigeons un communiqué de presse et un avocat est contacté, disposé à formuler un recours devant le tribunal administratif contre la décision d'éloignement. Le plaidoyer est mobilisé comme catégorie d'action et se déploie en parallèle sous différentes formes. Si, comme le soulignent Ollion et Siméant (2015 : 9), le terme recouvre des pratiques diverses d'influence et ne bénéficie pas de définition claire, le plaidoyer est défini par le GADEM comme « un processus visant à déclencher un changement positif en faveur d'un groupe ou d'une cause. Ce changement peut concerner une politique, une législation, un programme ou un projet d'intérêt général ». Le plaidoyer basé sur l'« approche droit » « fonde son argumentaire sur le fait que les instruments internationaux de protection des droits humains sont destinés à

---

[163] Ces arguments renvoient au fait de rappeler que cette situation se déroule la veille de Noël, pour un couple de chrétiens qui vient de perdre son enfant et entreprend des démarches pour son inhumation. Son également rappelées les conditions sociales précaires que vivent ces personnes au Maroc et leur incompréhension de la procédure.

guider les pays à s'acquitter de leurs obligations relatives à la pleine réalisation des droits des populations présentes sur leur territoire » (GADEM, 2011 : 7). Au-delà du recours à des arguments associés au droit positif et aux instruments internationaux relatifs aux droits humains, le plaidoyer est ici défini par rapport aux objectifs escomptés.

Dans cette situation, intervient tout d'abord une conception strictement juridique de la défense de l'individu au travers du lien établi avec un avocat disposé à déposer un recours dès le lendemain contre la décision d'éloignement. Cette action implique une démarche proactive de la part de l'avocat du fait de la non-délivrance par les autorités d'une notification de la décision formalisant l'arrestation et permettant un tel recours (cf. chapitre 4). Une conception plus large de la défense des droits passe par la dénonciation publique de cette interpellation. Elle consiste en la rédaction d'un communiqué de presse intitulé « Guerre aux migrants : La police marocaine franchit un nouveau palier dans la perte d'humanité ». Ce communiqué est diffusé dès le lendemain à différents médias et sur plusieurs listes de diffusion d'informations et de plaidoyers, regroupant acteurs associatifs, politiques et médiatiques, d'Europe et d'Afrique[164]. Ces vecteurs de communication permettent d'échanger autour de l'actualité relative à la migration, aux droits des étrangers ou aux activités de réseaux d'organisations intervenant dans le domaine. Sont ainsi interpellés les membres de ces réseaux ou, plus largement, et par les relais établis, des décideurs politiques ou alliés divers. Ces outils de plaidoyer sont aussi susceptibles de relayer des dénonciations publiques et de mobiliser autour de causes collectives. Enfin, des acteurs de la sécurité, de l'administration ou associatifs sont sollicités sur la base de liens plutôt personnels, en vue d'une négociation située avec l'administration policière ; cette action tenant moins du recours juridique que d'un soutien, d'une demande de faveur, pour libérer le couple.

Entre temps et après 36 heures de détention dans une cellule du commissariat, le couple a été libéré, sans que les déterminants de cette libération puissent être clairement identifiés. Il ne s'agit pourtant pas de l'interpellation du juge qui n'avait pas encore abouti au moment de la libération du couple. Le communiqué continue cependant de circuler. Il est repris le 26 décembre par le quotidien espagnol ABC[165], dans un article intitulé « Noël derrière les barreaux ». Le communiqué et son résumé traduit en plusieurs langues continueront d'être transférés sur d'autres réseaux et

---

164 Ces listes de diffusion émanent de différentes logiques de plaidoyer pour la défense des droits des migrants (manifeste euro-africain par exemple), contre les politiques européennes d'externalisation des dispositifs migratoires (cf. Migreurop), etc., et réunissent divers catégories d'acteurs - militants associatifs, journalistes, chercheurs, migrants. Les acteurs impliqués dans ces listes de diffusion relaient régulièrement les informations qui y sont transmises sur d'autres réseaux d'échanges d'information et de diffusion intéressés par ces sujets.

165 De VegaLuis, « Navidad entre rejas », *abc.es*, 10-02-10.

auprès d'autres contacts, indiquant parfois (mais pas toujours) que le couple a depuis été libéré. Le communiqué de presse et le plaidoyer s'autonomisent de la situation particulière de ce couple. Il se dé-singularise pour s'ancrer dans la dénonciation plus large des refoulements pratiqués contre les étrangers au Maroc. Cette « désingularisation de la protestation et des actants figurant dans la relation de ce qui s'est passé » (Boltansky & Claverie, 2007) implique le détachement par rapport aux personnes, ce qui se traduit dans le communiqué par une anonymisation des personnes concernées. D'un cas particulier, l'histoire devient collective et engage la référence au droit positif et à l'humanité. C'est alors non seulement le sort d'un grand nombre de personnes qui est en jeu, mais également le sens de la justice et de l'humanité comme bien commun, rejoignant l'idée d'un projet d'intérêt général.

Si ces outils ne sont ici déployés qu'en dernier recours, le plaidoyer, sous forme de dénonciation publique, est régulièrement utilisé pour rendre visibles des situations de violation des droits, à un niveau national et international, et influer sur les pratiques du droit. Les réseaux et acteurs se professionnalisent, comme le démontrent l'efficacité des relais accordés à certaines informations, nourris par les formations et le renforcement des capacités de plaidoyer, « *empowerment* » ou « approche droit », ainsi que le soutien et la valorisation apportés par certains bailleurs et partenaires nationaux et internationaux.

Les activités de plaidoyer menées par le GADEM se traduisent le plus souvent par de la communication publique, en vue d'informer et de sensibiliser. Sont également sollicitées des instances de protection des droits de l'homme et des acteurs politiques marocains. Il s'agit plus rarement de collaborations ou de négociations avec les professionnels directement impliqués dans les actions contestées. Si le GADEM s'est fixé pour mandat d'œuvrer à l'amélioration des droits des étrangers au Maroc, notamment par des accompagnements juridiques, cela ne consiste pas en la multiplication d'accompagnements individuels dont bénéficieraient uniquement les personnes directement concernées. Non seulement les moyens d'action de l'association et le nombre d'accompagnants potentiels sont limités, mais le GADEM tente aussi de centrer son soutien sur des situations dites emblématiques[166] de non-respect du droit positif, intervenant plus globalement sur la condition des étrangers au Maroc. Ces actions ne peuvent se mener qu'en recourant à des mécanismes qui dépassent ceux de la négociation ou des demandes d'interventions adressées à des personnes proches de ces institutions ou de certains de leurs membres.

L'existence d'une telle critique des procédures caractérisées par leur aspect répressif témoigne en l'occurrence des transformations qu'a connues l'environnement du droit des étrangers au Maroc ainsi que de la place qu'y

[166] Ce concept d'« emblématique » est appréhendé de manière contextuelle par les membres du GADEM qui le maintienne comme principe d'action, le redéfinissent et le mobilisent en situation selon les perspectives envisagées (par exemple large impact d'un cas particulier).

occupent les acteurs associatifs ou plus largement la société civile. Cette activité questionne la marge de protestation et les limites de la controverse politique (Vairel, 2007), et conduit à s'interroger sur la sensibilité politique des autorités marocaines dans ce type de publicité relative aux droits humains. Cela n'empêche pas que cette démarche de négociation ou de demande d'intervention pour résoudre un problème singulier, qui implique la mise en œuvre de compétences et de ressources particulières, soit occasionnellement mobilisée. Elle s'ancre dans des pratiques courantes du contexte marocain, qui participent à un univers partagé entre profanes et professionnels de l'administration. Il est en effet commun de recourir à des sollicitations interpersonnelles, de mobiliser des contacts face aux difficultés de l'action en justice, de l'accès à certains services ou droits. Les dispositions de certains gradés de la police, de l'armée ou des intermédiaires à recevoir de telles demandes font, de plus, écho à la culture du silence qui caractérise l'univers des forces de sécurité marocaine. Les immiscions et regards extérieurs portés sur leur travail quotidien, tout comme le recours à la justice, sont le plus souvent considérés comme intrusifs et non amicaux. De plus, si le procureur du Roi fait office de relais entre les directives du gouvernement, la police et l'instance judiciaire, « l'opacité des directives transmises [du politique] est évidemment une fonction directe de la prévision qui est faite du caractère illégal ou répréhensible des opérations qui devront être accomplies pour les mettre en application » (Brodeur, 1984 : 32). En l'absence de procédure formelle, le flou qui entoure l'identité institutionnelle du donneur d'ordre permet de protéger tant les policiers qui exécutent les ordres que ceux qui prennent les décisions. Le recours à la dénonciation publique apparaît logique comme registre d'action face à des pratiques non formalisées, de donneurs d'ordres non établis, et face à des alternatives judiciaires limitées. Il s'intègre ici dans une redéfinition des pratiques et des postures des acteurs au fur et à mesure de l'évolution de la situation et des arguments dont ils disposent pour contester la décision. Enfin, si la contestation positive devant un tribunal légitime la dénonciation, le plaidoyer public sert non seulement l'étranger concerné, mais a également pour objet d'influer plus largement sur l'évolution des pratiques du droit.

Conclusion du chapitre

Ce cas pratique nous révèle des dimensions bien plus larges que celles de l'organisation séquentielle et structurée d'un interrogatoire de police. Il met en lumière l'ambiguïté et l'incertitude qui entourent l'intervention d'acteurs associatifs dans des contextes de mise à distance des règles de droit positif par l'administration. Il révèle également des mécanismes de protection mis en place par des policiers chargés d'une procédure, ainsi que l'action de l'institution pour limiter les éventuelles interférences dans le déroulement routinier de son activité. Dans notre cas d'étude, la libération du couple délégitime d'éventuelles surenchères dans la dénonciation publique. L'impossibilité de prouver l'effectivité des séquences de la procédure et sa suspension par la libération du couple, avant que le refoulement ne soit mis en œuvre opère par effet de désamorçage. Cela rend caduque l'annonce de la menace de refoulement. Et sa dénonciation reste suspendue aux témoignages d'acteurs associatifs, en l'absence de déclaration publique de la part des autorités marocaines. Cette libération neutralise la dénonciation politique pour en faire une pratique mise en œuvre par des policiers évoquant leur obéissance à un « chèque en gris », pour reprendre l'image de Brodeur, qui constitue une caution mutuelle entre le donneur d'ordre et le policier : « Contre le premier, on ne peut faire la preuve qu'il est complice d'une opération dont il n'a jamais pris une connaissance particulière. Quant au second, il peut toujours arguer, de façon implacablement raisonnée, qu'une licence générale autorise des pratiques particulières, sous peine de n'avoir aucun sens » (Brodeur, 1984 : 33).

Le travail de diffusion du droit positif et de dénonciation des violations des droits des étrangers constitue la part la plus importante du travail du GADEM. Parallèlement, il consiste à rendre visibles les pratiques de l'administration qui ne correspondent pas aux dispositions du droit positif. Cela implique d'être au plus près du déploiement de ce droit et de contester régulièrement les pratiques, même à l'issue des procédures. Le souci de développer les moyens d'action du GADEM s'est traduit par l'élaboration d'un guide[167], qui illustre la spécialisation de l'association dans le plaidoyer, ainsi que son engagement à intervenir dans le cadre de mobilisations collectives pour l'amélioration de l'accès aux droits.

---

[167] Ce guide (*Petit guide de plaidoyer pour la défense des droits des migrants, réfugiés et demandeurs d'asile*) s'inspire de différentes expériences développées par des ONG et institutions internationales, et notamment d'outils similaires élaborés pour d'autres catégories de personnes vulnérables (ici, les associations de soutien aux personnes en situation de handicap), soulignant les liens existants entre intervenants de différents domaines du plaidoyer pour les droits humains, ainsi que les référentiels d'action communs partagés.

CHAPITRE 7

RECONNAISSANCE DE FILIATION ET PERSONNALITÉ JURIDIQUE DE L'ÉTRANGER EN SÉJOUR IRRÉGULIER

Ce chapitre s'intéresse à la notion de personnalité juridique, aux valeurs morales associées au séjour irrégulier et à sa prise en compte en termes de personne, d'usager, de justiciable ou de ressortissant, dans une affaire de demande de reconnaissance de parenté sur un enfant mineur par un étranger en séjour irrégulier sur le territoire marocain. Ces moments de procédure complexe permettent de décrire les chemins du raisonnement et de la prise de décision des membres d'une administration consulaire étrangère au Maroc et de la justice marocaine attachée aux affaires familiales, en éclairant le fonctionnement et les relations qu'entretiennent ces administrations entre elles. Cela aide aussi à mieux saisir les mécanismes ayant abouti à la reconnaissance de la personnalité juridique de l'étranger concerné, conditionnée ici par son statut de ressortissant d'un État d'Afrique centrale. L'un des enjeux de ce chapitre est de relever la dimension cognitive du phénomène juridique, au travers de l'usage des catégories juridiques et de sens commun intervenant dans la pratique des règles et de leur interprétation, ainsi que le rôle situé des négociations menées.

Quand celui que j'appellerai Quentin[168] vient me voir, il se présente comme veuf et père d'un enfant dont la filiation n'est pas reconnue. Du fait de son décès lors de l'accouchement, l'avis de naissance n'a pu être remis à la mère. Les membres du couple, de nationalités identiques, ne se sont pas mariés légalement. La paternité doit être prouvée et l'hôpital refuse de remettre l'enfant à Quentin. Un acte de naissance a cependant été établi par l'officier d'état civil de l'ambassade de l'État d'origine[169] pour l'enfant (que j'appellerai Catherine). Cet acte de naissance n'intègre aucune indication concernant son père. Malgré les démarches effectuées par Quentin, demandant une reconnaissance de paternité, l'enfant a été placé sous la responsabilité d'un

[168] Pour des raisons de confidentialité, les noms et dates ont été modifiés.
[169] L'ambassade ou les autorités consulaires impliquées dans ce cours d'action, dont Quentin, Catherine et sa mère sont ressortissants, sont désignés comme « de l'État d'origine ».

centre de la protection de l'enfance marocain. Quentin a pu lui rendre visite durant les trois premiers mois de son placement. La question de la garde de l'enfant a été déférée au parquet et une audience s'est tenue près de sept mois après le placement. Entre-temps, Quentin s'est vu refuser les visites au centre de protection de l'enfance. Il s'est rendu à l'audience - tenue en arabe -, accompagné d'un ami marocain qui lui sert alors d'interprète et l'aide à rédiger une requête écrite remise au juge. Il demande que soit reconnue sa paternité et qu'on lui remette sa fille. Sa requête restée sans suite et après avoir interpellé différents acteurs, il s'adresse au GADEM qui me fait intervenir. Dans ce cours d'action, et pour reprendre la formule de Mehan et Wood (1975), je suis donc aussi le phénomène étudié (*becoming the phenomenon*). Au moment de la saisine du GADEM en 2008, cette procédure dure déjà depuis deux ans. Elle se prolongera encore six mois. Il s'agissait pour le GADEM en premier lieu de sonder les perspectives d'une réouverture du dossier de demande de reconnaissance de filiation, d'amener les acteurs du tribunal marocain et de l'ambassade à reconnaître le statut juridique de cet étranger en séjour irrégulier au Maroc, afin que puisse être reconnue la légitimité de sa requête en reconnaissance de paternité, mais également la responsabilité découlant de la reconnaissance à la naissance de l'enfant par son État d'origine.

Seront retracés, dans un premier temps, le déroulement et les séquences de négociations menées auprès des autorités consulaires de l'État d'origine pour les inciter à intervenir dans cette affaire. Dans un second temps, l'analyse portera sur le recours aux catégories liées à la moralité et à la déviance dans les interactions observées avec les administrations - marocaines et étrangères - impliquées. De là, j'envisagerai, dans un troisième temps, le déploiement du raisonnement juridique et le positionnement du juge de la famille aboutissant à la remise en *kafala* de l'enfant à son père naturel.

Au travers de cette analyse, je retracerai les diverses étapes de la médiation. Les autorités judiciaires marocaines et les autorités diplomatiques du pays d'origine ayant refusé d'intervenir, j'ai tenté de modifier les termes du débat de manière à ce qu'ils soutiennent la demande de reconnaissance de paternité. Le processus d'intéressement et d'enrôlement mis en place (Callon, 1986) vise à identifier et mobiliser les acteurs susceptibles d'intervenir en faveur de l'examen de la demande de reconnaissance de paternité. Ce processus passe par la négociation des rôles de chaque personne et de chacune de ces institutions, de la légitimité de la demande de Quentin, ainsi que des catégorisations et qualifications juridiques opérées. La problématisation, « outre la définition des acteurs qu'elle implique, possède donc des propriétés dynamiques : elle indique les déplacements et détours à consentir et pour cela les alliances à sceller » (Callon, 1986 : 183). Pour convaincre les acteurs de l'administration consulaire de l'État d'origine et de la justice marocaine d'intervenir en faveur de Quentin, j'ai eu recours à une pluralité de méthodes de négociation qui seront présentées au cours de ce chapitre.

Nombre de travaux (Garfinkel, 1967 (trad. 2009] ; Pollner, 1987 ; Atkinson & Drew, 1979 ; Travers & Manzo, 1997 ; Sudnow, 1965, Dupret, 2006b) ont cherché à rendre compte des modalités par lesquelles les individus « aussi bien professionnels que profanes, engagés dans des affaires en justice manifestent et utilisent leur compréhension du droit, de ses catégories et de ses implications en sorte de pouvoir agir de manière pertinente » (Dupret, 2005 : 639). Si la séquence judiciaire suit différentes étapes qui répondent « à une série d'accomplissements empiriquement observables et explicitement produits par les participants au procès » (Dupret, 2006 : 20), je fournirai ici plus largement des éléments factuels qu'il m'a été donné de suivre dans le cadre d'une procédure correspondant davantage à une médiation judiciaire qu'à un procès. Cette procédure se situe par ailleurs en partie hors de l'enceinte du tribunal. Cette analyse du raisonnement juridique appliqué intègre les collaborations entre acteurs et négociations menées en amont, bien au-delà du positionnement du juge. Le raisonnement juridique est situé comme processus social dépendant aussi de contingences contextuelles, institutionnelles et interactionnelles. Cela implique de ne pas concentrer l'attention sur les documents juridiques formalisés qui, comme l'illustre ce cas pratique, n'auraient pas permis de percevoir le cours tortueux que suit régulièrement l'activité juridique.

I. FONCTIONS CONSULAIRES ET NÉGOCIATION POUR UNE RECONNAISSANCE COMME RESSORTISSANT

Après être intervenu dans la procédure de rapatriement du corps de l'épouse défunte, en lien avec l'ambassade de l'État d'origine à Rabat, Quentin a également entrepris des démarches auprès de l'ambassade et du tribunal familial[170] pour obtenir la reconnaissance de sa paternité sur l'enfant. Par l'acte de naissance délivré, les autorités du pays d'origine reconnaissent légalement Catherine comme leur ressortissante. Si cet acte a été établi avant le terme du délai légal prévu par la législation de l'État d'origine[171] pour la déclaration d'un enfant à l'état civil, l'absence de mention du père sur ce

[170] Ce que j'appelle tribunal familial correspond à la section de la famille du Tribunal de première instance (TPI). Tout en étant rattachée au TPI, le tribunal familial bénéficie d'une organisation propre, traite exclusivement des affaires de la famille et est alors délocalisé dans un autre quartier de Rabat.

[171] Document établi un peu moins de deux semaines après la naissance de l'enfant (et le décès de la mère), lorsque la déclaration d'un enfant à l'état civil doit être effectuée dans les trente jours suivant la naissance.

document officiel rend son ajout difficile a posteriori[172]. Par cet acte d'état civil cependant, Catherine, en tant que ressortissante de l'État d'origine et orpheline, est formellement placée sous la protection de l'ambassade. Je parlerai ici d'autorités consulaires pour intégrer les agents diplomatiques intervenant dans le cadre des fonctions consulaires de l'ambassade.

Dans un premier temps, nous sommes reçus par le vice-consul de l'ambassade, chargé des affaires économiques et politiques. Après un retour sur les mandats respectifs du GADEM et de l'ambassade, en termes d'assistance aux ressortissants et d'état civil, le vice-consul exprime un vif intérêt pour le travail du GADEM, susceptible de soulager l'ambassade en assistant certains ressortissants, en particulier ceux en séjour irrégulier au Maroc. Après un échange sur la situation de Quentin, l'entretien se termine par l'expression de l'engagement du vice-consul à mobiliser tous les moyens de l'ambassade pour régler cette affaire, « pour le bien de l'enfant » ajoute-t-il. Il me propose de revenir la semaine suivante pour rencontrer le chargé d'affaires consulaires, alors absent, afin de consulter le dossier de Quentin et pour échanger sur les suites à donner. Je rencontre entre temps la coordinatrice du centre de protection de l'enfance où a été placée Catherine ; elle justifie l'interdiction de visite de Quentin par le fait qu'il ne dispose d'aucun document d'identité. Cet entretien se termine par un accord informel : Quentin pourra effectuer de nouveau des visites à l'orphelinat s'il fournit un document de l'ambassade ou du juge attestant son identité. En échangeant avec des employés du centre de protection de l'enfance, je réalise que Catherine est appelée Azhar - un prénom arabe associé aux musulmans -, par le personnel de l'établissement. L'état civil de l'enfant, tel qu'enregistré auprès de l'ambassade de son État d'origine, la dénomme pourtant Catherine. Celle-ci est formellement de nationalité étrangère et par conséquent sous la responsabilité des autorités de l'État d'origine de sa mère. En outre, sa mère est chrétienne et a été inhumée suivant le rite chrétien. Quant à Quentin, qui déclare être son père, il se présente également comme chrétien. Je rencontre le chargé d'affaires consulaires de l'ambassade qui ne conteste à aucun moment la nationalité de l'enfant[173]. Il la place formellement sous la responsabilité de son ambassade, mais oscille entre leur engagement à soutenir Quentin, dans le respect de la législation marocaine, et la réouverture du dossier, en raison de différentes suspicions concernant le père. Comme préalable, il demande à être saisi par les autorités marocaines - magistrat ou centre de protection de l'enfance - d'une demande de délivrance d'un document d'identification pour Quentin. Il demande également que le GADEM se porte garant moralement de l'équilibre psychologique de Quentin.

---

[172] Á l'expiration de ce délai de trente jours, la procédure prévoit une décision de justice, marocaine ou de l'institution judiciaire de l'État d'origine.

[173] Difficilement contestable du fait de la délivrance de l'acte de naissance par l'ambassade.

L'ambassade est la représentation des autorités nationales dans le pays d'accueil. Si le mandat et les activités principales des agents diplomatiques consistent à renforcer les liens économiques, diplomatiques et culturels avec le pays hôte, ils sont aussi formellement en charge, au travers de leurs services consulaires, de missions de protection vis-à-vis de leurs ressortissants, de l'accomplissement et de la délivrance d'actes administratifs et d'état civil. Ces missions peuvent évoluer et varier selon les pays. Les textes internationaux comme la convention de Vienne sur les relations consulaires de 1963[174] précisent ces fonctions consulaires. Le mandat de protection de leurs ressortissants par les autorités consulaires est aussi souligné par des conventions internationales s'intéressant aux travailleurs migrants, aux femmes ou aux enfants. Pour illustration, la convention relative aux droits de l'enfant prévoit dans son article 8 que : « 1. Les États parties s'engagent à respecter le droit de l'enfant de préserver son identité, y compris sa nationalité, son nom et ses relations familiales, tels qu'ils sont reconnus par la loi, sans ingérence illégale. 2. Si un enfant est illégalement privé des éléments constitutifs de son identité ou de certains d'entre eux, les États parties doivent lui accorder une assistance et une protection appropriées, pour que son identité soit rétablie aussi rapidement que possible ».

Si l'importance accordée à ces conventions est variable, leur force contraignante est faible. Ces fonctions consulaires sont retranscrites et ainsi formellement confortées, dans le droit positif interne de l'État concerné par notre affaire, par un décret organisant les services extérieurs permanents du ministère des Affaires étrangères[175]. De plus, différents textes juridiques marocains - loi n° 02-03, code de procédure pénale, loi relative à l'organisation et au fonctionnement des établissements pénitentiaires, etc. - prévoient la possibilité pour l'étranger de communiquer et de bénéficier de l'assistance de ses autorités consulaires. Non seulement les autorités consulaires sont mandatées pour assurer des fonctions d'état civil, de délivrance d'actes administratifs et d'assistance aux ressortissants, mais elles sont aussi formellement appelées, par la législation marocaine, à remplir de

---

[174] Établie à Vienne le 18 avril 1961, entrée en vigueur le 24 avril 1964, cette convention a été ratifiée par un certain nombre d'État dont l'État d'origine (1977) et le Maroc (1968) qui l'a retranscrite dans le décret n° 2-66-646 du 29 janvier 1970 portant application du Dahir n° 421-66 du 20 octobre 1969, relatif aux attributions des agents diplomatiques et des Consuls à l'étranger.

[175] Article 9 : Sous l'autorité du chef de mission diplomatique la mission consulaire est chargée d'assurer une mission générale de défense et de protection des intérêts du [pays d'origine] et de ses ressortissants, ainsi que d'une mission d'information et d'appui à la mission diplomatique dont elle relève. Á ce titre, elle est chargée : de favoriser le développement des relations commerciales, économiques, culturelles et scientifiques entre le [pays d'origine] et l'État de résidence ; des questions relatives à l'état-civil et à l'émi-immigration ; de la transmission et de l'exécution des actes judiciaires (commissions rogatoires, etc..) ; de l'assistance et de l'encadrement des [ressortissants], notamment des mineurs et des incapables.

telles fonctions, dans la mesure où elles ne contreviennent pas aux lois du pays d'accueil. Des limites à l'intervention des autorités consulaires en matière de protection sont cependant régulièrement énoncées. Il s'agit aussi de placer le ressortissant concerné devant ses responsabilités ou de ne pas interférer sur des procédures menées par l'État d'accueil.

Si ces textes ne font pas de distinction dans le statut administratif du ressortissant dans le pays d'accueil, l'absence d'un statut régulier restreint le plus souvent l'accès aux services des ambassades étrangères au Maroc. Les limites posées par les lois du pays d'accueil sur le mandat des autorités consulaires semblent être régulièrement interprétées de manière plus large que le non-respect du droit marocain, et renvoyer à toute action - notamment autorisée par les lois nationales - susceptible d'influer sur le traitement accordé aux étrangers par les autorités marocaines.

Les problèmes des ressortissants considérés comme ne respectant pas les lois du pays hôte peuvent constituer un véritable problème pour les autorités diplomatiques qui ne souhaitent pas y être mêlées. Par ailleurs, les agents consulaires peuvent craindre des sanctions dans le cas où ils outrepasseraient leurs prérogatives. Si l'article 25 de la convention de Vienne sur les relations diplomatiques (1961) dispose que « l'État accréditaire accorde toutes facilités pour l'accomplissement des fonctions de la mission », les relations entre les diplomates et l'État d'accueil sont complexes. Certaines ambassades bénéficient d'une grande marge de manœuvre, découlant de la position politique de l'État d'attache, de la qualité de ses relations avec le Maroc, ainsi que de l'importance accordée politiquement à l'assistance aux ressortissants ou à certaines catégories de ressortissants. Au-delà, une démarche engagée ou distanciée de la part de diplomates, le statut du ressortissant concerné, les enjeux et la complexité de l'affaire interviennent dans les dispositions de l'ambassade ou du diplomate à s'engager. En effet, « le diplomate n'est pas un magistrat indépendant et les postes d'ambassadeur sont à la discrétion du gouvernement. Il peut donc être risqué de déplaire ou de critiquer. Il en résultera un certain conformisme intellectuel et, par suite, une diplomatie moins imaginative et novatrice » (Pouzoulet, 2005, 130). Des sanctions peuvent affecter la carrière du diplomate, du fait des réactions des autorités du pays hôte qui considèrent un membre du personnel diplomatique comme persona non grata[176].

[176] Ce pouvoir des autorités du pays hôte se retrouve dans l'article 9 de la Convention de Viennes sur les relations diplomatiques (1961) : « 1. L'État accréditaire peut, à tout moment et sans avoir à motiver sa décision, informer l'État accréditant que le chef ou tout autre membre du personnel diplomatique de la mission est *persona non grata* ou que tout autre membre du personnel de la mission n'est pas acceptable. L'État accréditant rappellera alors la personne en cause ou mettra fin à ses fonctions auprès de la mission, selon le cas. Une personne peut être déclarée *non grata* ou non acceptable avant d'arriver sur le territoire de l'État accréditaire ».

C'est ainsi que la régularité ou l'irrégularité du séjour sur le territoire marocain devient, pour le ressortissant étranger, le pré requis principal pour l'accès aux autorités consulaires dont il relève, remettant en question son statut de ressortissant de cet État[177]. Les autorités consulaires interviennent d'abord en faveur de leurs ressortissants en séjour régulier (étudiants, travailleurs en séjour régulier, chefs d'entreprises, etc.), mais aussi, à la demande des autorités marocaines, pour des ressortissants en séjour irrégulier (identification, délivrance de laissez-passer pour quitter le territoire, procédures d'inhumation, etc.). Les missions consulaires disposent généralement de moyens limités. La position des diplomates chargés de ces dossiers peut donc s'avérer délicate et basée sur des injonctions contradictoires. Leur mandat officiel implique de répondre à des missions déterminées - pour lesquelles ils sont parfois seuls compétents (exemple : confiscation de passeport) - qui ne font pas de distinction entre les ressortissants dont ils ont la charge. La demande qui m'est formulée par le chargé d'affaires consulaires, à savoir fournir une évaluation du nombre de ressortissants séjournant irrégulièrement au Maroc, renvoie à ce rôle d'encadrement[178] des ressortissants à l'étranger. Les réserves formulées par les responsables diplomatiques sur le séjour irrégulier de Quentin et sur la situation délicate d'un nombre indéterminé de ressortissants font écho au malaise à intervenir pour ces catégories de personnes. Ce serait de plus une erreur de considérer a priori ces acteurs diplomatiques comme opposés aux mesures prises par les autorités marocaines à l'encontre des étrangers - ressortissants de leur État ou pas - en situation administrative irrégulière.

Ce n'est que lors du second entretien avec la responsable du centre de protection de l'enfance que les conséquences de l'utilisation du surnom d'Azhar pour désigner Catherine apparaissent plus clairement. Devenue orpheline et placée, au moins en pratique, sous la responsabilité des autorités marocaines, Catherine a vu son état civil modifié. Celle-ci est donc formellement susceptible d'être remise en *kafala*, c'est-à-dire en procédure de prise en charge d'enfants démunis de liens parentaux par des familles musulmanes. La responsable du centre de protection de l'enfance refuse de saisir officiellement l'ambassade et demande à ce que le document d'identification de Quentin soit ajouté au dossier du juge des tutelles, ne le considérant donc plus suffisant pour autoriser les visites de ce dernier à Catherine. Pendant plusieurs semaines, nous sommes renvoyés de bureau en bureau, des acteurs administratifs marocains aux acteurs consulaires, chacun exprimant le souhait d'être saisi formellement par l'autre pour intervenir. Nous

[177] Contrairement à une idée communément répandue, cette condition de séjour régulier est valable tant pour les ambassades africaines qu'européennes.

[178] Indiqué dans la présentation des activités consulaires : « L'encadrement (protection des citoyens [de l'État d'origine], assistance juridique, etc.) de la communauté des [ressortissants de l'État d'origine] (Travailleurs et migrants) résidant au Royaume du Maroc ».

sommes pourtant face à un problème plus complexe qu'une reconnaissance de paternité : celui du rétablissement dans son état civil d'un enfant mineur étranger. Reconnue par les autorités du pays d'origine comme leur ressortissante, l'enfant a été placée (tacitement) sous la tutelle des autorités marocaines qui, face à un enfant considéré comme abandonné, ont entrepris son introduction en procédure de *kafala*. Celle-ci est régie par la loi n° 15-01[179] relative à la prise en charge (*kafala*) des enfants abandonnés, définis (art.1) comme : « tout enfant de l'un ou de l'autre sexe n'ayant pas atteint l'âge de 18 années grégoriennes révolues lorsqu'il se trouve dans l'une des situations suivantes : être né de parents inconnus ou d'un père inconnu et d'une mère connue qui l'a abandonné de son plein gré ; être orphelin ou avoir des parents incapables de subvenir à ses besoins ou ne disposant pas de moyens légaux de subsistance ; avoir des parents de mauvaise conduite n'assumant pas leur responsabilité de protection et d'orientation en vue de le conduire dans la bonne voie, comme lorsque ceux-ci sont déchus de la tutelle légale ou que l'un des deux, après le décès ou l'incapacité de l'autre, se révèle dévoyé et ne s'acquitte pas de son devoir précité à l'égard de l'enfant »[180].

La mère de Catherine étant décédée à l'hôpital au cours de l'accouchement, accomplir les démarches pour son inhumation ou le rapatriement de son corps exigeait son identification. La reconnaissance de la mère impliquait celle de sa fille, nouvellement née, comme ressortissante du même État. La reconnaissance de l'enfant ne préjuge pas d'une intention de la placer sous la protection des autorités du pays de nationalité. Par l'introduction en procédure de *kafala*, la nationalité étrangère de l'enfant, découlant de son enregistrement à l'état civil de l'État d'origine de sa mère, est de fait remise en question.

Face à cette impasse, le GADEM interpelle l'ambassade du pays d'origine par un courrier et une note officiellement remis, qui récapitulent les éléments de l'affaire. La mobilisation d'arguments découlant du droit positif renvoie les autorités consulaires à leur mandat de protection et à leurs obligations légales, en particulier dans le cas d'un enfant mineur orphelin. Le changement du nom de l'enfant et la crainte qu'il soit confié à une famille musulmane, en tant qu'enfant *makfoul*[181], font écho à la fois à des arguments de protection de l'enfance et à des questions morales et religieuses liées à la préservation de l'identité. Le corollaire de l'intégration de l'enfant dans une procédure de *kafala* est la déclaration d'abandon qui en dépend. En effet, l'enfant ayant été reconnu ressortissant de l'État d'origine et sous sa protection par son inscription à l'état civil, la mise en place d'une procédure de prise en charge

---

[179] Dahir n° 1-02-172 du 1 rabii Il 1423 (13 juin 2002) portant promulgation de la loi n° 15-01 relative à la prise en charge (la *kafala*) des enfants abandonnés.

[180] Article premier du dahir n° 1-02-172 du 1 rabii Il 1423 (13 juin 2002) portant promulgation de la loi n° 15-01 relative à la prise en charge (la *kafala*) des enfants abandonnés.

[181] *Makfoul* signifie sous régime de *kafala*, c'est-à-dire de tutelle.

(*kafala*) des enfants abandonnés sous-entend son abandon. Cette redéfinition du statut de l'enfant implique la responsabilité des autorités consulaires. Le vice-consul, chargé des affaires économiques et politiques, réagit et annonce son intervention au nom de l'ambassade. Comme le soulignent Maynard et Manzo dans leur travail sur les procédures de délibération d'un jury (1993), la manière dont un argument particulier fait écho à la compréhension de sens commun peut amener les acteurs à modifier leur positionnement et procéder à une reformulation narrative des critères juridiquement pertinents pour leur choix (Maynard & Manzo, 1993 : 174).

Les échanges avec les acteurs marocains qui insistent pour que l'ambassade intervienne en premier lieu pour la réouverture du dossier ont également légitimé une action des autorités consulaires. En saisissant formellement les autorités consulaires par une note reprenant les différents événements et étapes constituant l'affaire[182], l'interpellation sort de l'oralité ; elle devient officielle pour l'ambassade, ce qui souligne l'importance de la trace laissée. La note demande la réouverture du dossier de Quentin et se place dans une perspective de rétablissement de la justice, à partir d'éléments qui auraient pu échapper aux acteurs consulaires[183]. Le ton employé est celui d'une demande de soutien et de conseil [« Á cet effet, nous sollicitons vos conseils et votre soutien, en vue de la mise en œuvre d'une procédure de reconnaissance de paternité auprès des autorités concernées et pour que l'enfant [*nom de l'enfant*] puisse, dans la mesure du possible, retrouver sa famille. […] »], qui ne met pas en accusation les autorités marocaines et celles de l'État d'origine de Catherine. Cela renvoie au dilemme croissant entre conflit et coopération, auquel fait référence M. Komter (1998 : xxii). Ce rapport de force consiste en une action de médiation visant à convaincre ou à mettre en accord deux parties, lorsque l'action contentieuse n'est pas possible ou n'est pas souhaitée dans un premier temps.

Cette intervention souligne également le rôle de médiation que peuvent jouer des professionnels du droit ou des acteurs extérieurs à l'institution judiciaire, comme il en est d'acteurs associatifs. Des recherches comme celles de Spire (2008), Fischer (2006) ou Israël (2001, 2005), rattachées notamment au *cause-lawyering*[184], se sont penchées sur ce type d'intervention et sur leur impact sur la mise en œuvre du droit. Ce type de médiation se rapproche de celles décrites par Ph. Milburn pour qui : « la médiation ne se présente pas comme une profession : elle insiste au contraire souvent sur son caractère

[182] Avec dates, noms des intervenants et documents justificatifs à l'appui.

[183] Nationalité [du pays d'origine] de Catherine, absence des autorités consulaires au cours de l'audience liée à la garde de l'enfant, changement d'état civil et risque d'introduction en procédure de *kafala*.

[184] « *Cause lawyering* », définit par L. Israël comme : « formes d'activisme de la part de membres des professions judiciaires, et plus particulièrement des avocats, qui prennent un engagement moral, civique ou politique pour une cause publique dans le cadre de leur activité professionnelle » (2005 : 19).

citoyen (bénévolat, absence de savoir théorique constitué, inscription associative, etc.). Le médiateur ne dispose pas d'une confiance préalable : la valeur de son intervention repose uniquement sur celle que lui prêtent les médiés » (Milburn, 2002 : 67). Comme cela s'est traduit dans les échanges avec le chargé d'affaires consulaires, les réticences ne découlent pas uniquement de précautions prises vis-à-vis des autorités marocaines ou d'un décalage par rapport au mandat officiel des autorités consulaires. Son discours traduit l'image négative qu'il accole aux ressortissants en séjour irrégulier. Négociation et catégorisations sont alors indissociables.

II. Catégorisations et personnalité juridique : entre paternité et clandestinité

La négociation apparaît comme la tentative d'influer sur les catégorisations opérées. Se référant à l'analyse de la catégorisation développée par Sacks (1972), Ogien définit les catégories comme étant les méthodes qui « permettent à un "membre" d'identifier, au moyen de certaines règles d'application, les éléments suffisants à une détermination d'objet localement et temporellement située » (1994 : 253). Les catégorisations renvoient donc à des classifications ou des types sociaux situant l'acteur social, les collectivités ou les objets, sensibles au contexte et organisant nos perceptions, savoirs ou autres formes de conduites sociales. Elles se doivent donc d'être perçues in vivo.

Quentin se présente à moi comme veuf et père d'un enfant pour lequel sa filiation n'est pas reconnue. Le père dit « naturel » est le père biologique d'un enfant. Pourtant, différents critères ou traits caractéristiques peuvent être invoqués et appliqués à cette catégorie de père. Si nous pouvions difficilement nous baser sur les déclarations de Quentin pour plaider sa paternité naturelle, celui-ci a néanmoins fourni des éléments donnant une substance à la catégorie de père. Ces éléments attestent les liens et sa vie conjugale avec la mère de l'enfant, ainsi que des démarches renvoyant à son souci de responsabilité envers l'enfant. Nous verrons au travers des interactions observées comment cette catégorie de père est associée à différents critères qui semblent la déterminer, ainsi que les implications morales qui y sont associées. Le corollaire de la non-reconnaissance de la filiation de Quentin dans ce contexte est l'intégration de Catherine dans la catégorie d'« enfant orpheline ».

Tout au long de ces échanges, j'ai eu recours à différentes méthodes visant à inverser les constructions négatives entourant l'image apposée sur Quentin. Il s'agissait en particulier d'inverser le processus de dégradation et les notions stéréotypiques de sens commun à propos des migrants en séjour irrégulier auxquels Quentin était associé. Harold Garfinkel a appelé « cérémonie de dégradation de statut » ce processus de description négative qu'il définit comme « tout travail communicationnel entre des personnes par lequel l'identité publique d'un acteur est transformée en quelque chose qui est considéré comme inférieur dans la schématisation locale des types sociaux » (Garfinkel, 1956 : 420).

Comme le soulignent Jalbert et David (2008), diverses stratégies peuvent être utilisées dans le but d'inverser la dégradation. Celles-ci peuvent consister à démontrer l'existence de comportements positifs chez une personne catégorisée négativement, à expliquer ces comportements négatifs ou à établir une équivalence entre les personnes catégorisées négativement et des personnes considérées comme normales. Je me pencherai sur certains des mécanismes qui émergent de ces échanges, en m'efforçant de déceler comment sont construites les tentatives d'inversion des notions de sens commun.

La qualification juridique de père est rattachée à une reconnaissance officielle, découlant formellement soit d'une déclaration de l'enfant par la mère à l'état civil, qui se fait dans des délais déterminés par les lois nationales[185], soit de l'existence d'un contrat de mariage induisant une filiation a priori entre les conjoints et les enfants nés dans le cadre de cette union. La qualification juridique de père peut aussi être rétablie a posteriori dans certaines circonstances. Elle émane d'une décision judiciaire et est laissée à l'appréciation du juge. La mère étant décédée en couche et le couple n'étant pas marié, la filiation doit donc être prouvée. Par l'acte de naissance établi par l'officier d'état civil de l'ambassade[186], les autorités de l'État d'origine ont reconnu Catherine comme étant leur ressortissante, enregistrée à l'état civil de l'État d'origine, mais de père inconnu. Elle en devient donc orpheline, légalement sous la protection de l'ambassade, mais placée en pratique sous la responsabilité d'un centre de protection de l'enfance marocain. À aucun moment, la filiation naturelle de Quentin n'est remise en question. Pourtant, non seulement l'acte de naissance délivré par les autorités du pays d'origine est établi avant la fin du délai légal, mais la demande formulée par Quentin pour que sa paternité soit examinée ne semble jamais avoir fait l'objet d'attention, en l'absence de mariage légal avec la mère et du fait de son séjour irrégulier au Maroc.

Face au vice-consul de l'ambassade, chargé des affaires économiques et politiques, qui dit avoir eu à sa disposition peu d'éléments sur la situation de Quentin, je souligne la détresse du père, les différentes démarches menées pour récupérer son enfant et la responsabilité de l'ambassade vis-à-vis de cet enfant reconnu comme étant leur ressortissant. J'avais eu des échos positifs de ce diplomate en fin de carrière, de son implication dans le soutien aux

[185] Les délais d'enregistrement d'un enfant à l'état civil sont de 30 jours à compter de la naissance sous la législation marocaine et de l'État d'origine de Quentin. Ce délai dépassé, la procédure se situe ensuite sur le terrain judiciaire.

[186] Qui, au-delà, porte un nom dont la proximité avec celui de Quentin ne peut que troubler.

ressortissants en séjour irrégulier. Le vice-consul fait référence aux difficultés que les autorités consulaires rencontrent pour encadrer et assister les ressortissants en séjour irrégulier. Il ne fait pourtant aucun lien entre séjour irrégulier et paternité et exprime son engagement à mettre en œuvre « tous les moyens » pour régler cette affaire « pour le bien de l'enfant ». Il semble nous assigner à un objectif d'assistance et de défense des droits de ses ressortissants. La question des droits des étrangers l'amène à associer les catégories « ambassade » et « services consulaires » et les catégories « association » et « ONG de défense des droits », comme s'il s'agissait d'une paire relationnelle, au sens de Sacks (1995). Cette communauté d'objectifs, tout en mobilisant des leviers d'action différents, soutient un processus d'intéressement entre le GADEM et le vice-consul qui crée un rapport de force favorable (Callon, 1986 : 189). Le vice-consul me propose de revenir à l'ambassade la semaine suivante pour rencontrer le chargé d'affaires consulaires formellement en charge de ces questions.

La coordinatrice du centre de protection de l'enfance que je rencontre seule quelques jours plus tard connaît la situation de celle qu'elle appelle Azhar. Elle dit ne pas avoir de nouvelles du père depuis six mois et souligne que celui-ci aurait pu venir visiter sa fille ou donner des nouvelles entre temps. Elle fait ainsi référence à l'une des aptitudes et caractéristiques considérées comme constitutives de la catégorie de père, habituellement utilisée comme critère administratif et des services sociaux pour juger du « maintien des liens affectifs » (Dubois, 2010 : 29). Quentin est renvoyé à l'image du mauvais père qui délaisse sa fille. Elle indique qu'un rapport social a été remis au juge des tutelles. L'entrée dans le centre de protection de l'enfance est conditionnée par la présentation d'une pièce d'identité. Cette procédure ne semble pas avoir été appliquée à Quentin pendant les trois premiers mois de placement de l'enfant, mais c'est la raison qu'invoque la coordinatrice du centre pour justifier l'interdiction de visite faite ensuite, qu'elle maintient lorsqu'à la fin de l'entretien elle déclare qu'« il n'a qu'à présenter une carte d'identité pour venir visiter sa fille ». Cette affirmation ne prend pas en compte le statut de « clandestin » qu'elle associe à Quentin et, par conséquent, son incapacité à fournir une pièce d'identité, alors même que la présentation de celle-ci à l'entrée est un préalable à l'évaluation de sa conformité aux devoirs moraux attachés à la catégorie de père.

Les inférences négatives rattachées au séjour irrégulier de Quentin se retrouvent également dans les propos du chargé d'affaires consulaires et culturelles, que je rencontre seule. Celui-ci exprime clairement sa méfiance vis-à-vis de ces « clandestins » qu'il qualifie de « bandits ». Cette qualification peut être rapprochée d'une catégorisation en termes de type, par laquelle les actions délictuelles (dont la circulation et le séjour irrégulier perçus comme délits et actions déviantes) commises par certains ressortissants en séjour irrégulier sont érigées en attribut généralisé à une classe de personnes. Comme le souligne Jayyusi, « les activités, les manières d'être d'individus singuliers catégorisés sous les auspices d'un "type" ne trouvent pas leur explication en référence à leur histoire personnelle : ils sont déshistoricisés » (Jayyusi, 2010 : 68). C'est ainsi que ce diplomate recourt à cette catégorie pour désigner les étrangers en séjour irrégulier. L'utilisation du terme de « bandit » fait référence à des actions déviantes plus larges que celles liées au séjour. Il s'agit de ce que Jayyusi qualifie de « catégorie chapeau » (« *umbrella categorizations* ») (2010 : 64) qui renvoie non seulement à l'image que ce diplomate peut avoir des ressortissants en séjour irrégulier et - en me référant aux activités liées catégoriellement (Sacks 1974) - aux activités qu'il leur associe, mais également aux différents discours médiatiques et politiques concernant les Subsahariens en séjour irrégulier au Maroc. Si le droit positif ne prévoit pas d'incapacité à la paternité liée au séjour irrégulier et si, à aucun moment, la paternité de Quentin n'est remise en question, son séjour irrégulier au Maroc est en pratique une entrave à l'examen de sa demande. Celle-ci est exprimée tant par la responsable de l'orphelinat, qui pointe régulièrement le statut de clandestin et d'illégal de Quentin, que par le substitut du procureur et le chargé d'affaires consulaires. Ces acteurs chargés de la protection de l'enfance établissent un lien entre séjour irrégulier, dangerosité potentielle et irresponsabilité d'un individu. Comme le souligne Jayyusi, « l'usage des catégorisations n'est pas une simple question de description des personnes, mais d'attribution de propriétés spécifiques » (2010 : 70). Être en séjour irrégulier renvoie alors non seulement à un ancrage dans la déviance (passage illégal de frontières, activités de subsistance présumées déviantes, etc.), mais aussi à une irresponsabilité ou une inconscience, conduisant au déni de la personnalité juridique de l'individu, autrement dit de l'aptitude à être titulaire de droits et de devoirs, ici rattachés à la filiation. Cela vient conforter la dimension nécessairement contingente et située de la catégorie de la personne (Dupret, 2006 : 243).

Lorsque je présente la situation de Quentin au chargé d'affaires consulaires, celui-ci dit ne pas connaître le dossier. Il évoque pourtant la réaction violente qu'aurait eue Quentin à l'encontre de l'ambassade, faisant ainsi référence à l'épisode au cours duquel ce dernier a menacé de brûler l'ambassade. Son étiquetage comme déviant ou dangereux se répète à différentes reprises dans les propos du chargé d'affaires consulaires. Les menaces proférées par Quentin à l'encontre de l'ambassade ont fait suite à l'audience tenue au tribunal concernant la garde de l'enfant. Ces menaces ont conduit à la rupture de ses relations avec l'ambassade, jusqu'à ce qu'intervienne le GADEM. À cela s'ajoute l'imputation de fraude qui vient se greffer au discours du chargé d'affaires consulaires, lorsqu'il évoque l'utilisation d'une fausse identité par la mère au moment de son accouchement et les conséquences que cela a engendrées dans les procédures qui ont suivi son décès et le rétablissement de sa nationalité d'origine[187]. Il est important de comprendre comment, dans une discussion, le processus de déviance s'installe, en prenant en considération des « aspects tels que la catégorie d'appartenance du locuteur, de l'interlocuteur et de la personne à laquelle il est fait allusion et des normes supposées de la catégorie par rapport auxquelles la personne en question est jugée "déviante" » (Jayyusi, 2010 : 25). Ce diplomate chargé des relations consulaires intervient en pratique essentiellement auprès des ressortissants en situation régulière. Le contexte politique autour de la migration irrégulière a alimenté une méfiance réciproque entre les ressortissants en situation irrégulière et les autorités consulaires. Étant son interlocuteur et intervenant en faveur d'un ressortissant en séjour irrégulier, se sont mises en place des stratégies de conversation.

L'absence de Quentin au cours de cet échange et les caractéristiques négatives que le chargé d'affaires consulaires lui associe correspondent également à une mise en garde qu'il m'adresse, tentant de me dissuader d'intervenir. Le chargé d'affaires consulaires adopte une posture amicale, entre pairs et en référence à un statut social qui supposément nous rapprocherait l'un de l'autre. Alors qu'il disait ne pas connaître le dossier, il avance ensuite des hypothèses pour justifier les difficultés d'accès à l'orphelinat rencontrées par Quentin, qui pourraient être dues, selon lui, à une tentative de kidnapping de l'enfant ou à des problèmes posés par ce dernier (visites en groupe, suspicion de maladie, etc.). Les actes de kidnapping ou de banditisme n'étant moralement ni permises ni acceptables, ces catégorisations consécutives à une action portent en elles un jugement moral négatif (Jayyusi, 2010 : 108). Cela vient attester le fait que « toutes les activités et actions situées bénéficient d'une "vie après la mort" » (Jayyusi, 2010 : 13). Les caractéristiques morales de Quentin et de ses actions, intégrant son séjour irrégulier, apparaissent ainsi comme critères de l'intervention de l'ambassade (ou pas) et discordantes avec l'examen même du statut de Quentin en tant que père. Si ses hypothèses vont dans le sens d'une criminalisation de la personne de Quentin, je lui réponds que je n'en suis pas informée, que la responsable de l'orphelinat n'en a pas fait mention en ces termes et qu'elle a elle-même justifié les difficultés d'accès à l'orphelinat par l'exigence d'un document d'identité à l'entrée ; exigence qui m'a également été appliquée. J'atténue donc les catégorisations qui pourraient découler de ses hypothèses, en avançant leur caractère de préjugé, non établi, et en invoquant ma connaissance du dossier au travers des échanges que j'ai déjà obtenus avec différents interlocuteurs concernés. Revenant sur les menaces proférées à

[187] Le chargé d'affaires consulaires dit qu'il a entendu parler du dossier d'une femme décédée, présentée d'abord comme [d'une autre nationalité] qui s'est avérée être [de la nationalité de l'État d'origine]. Cette femme pourrait être [la mère de l'enfant]. Il m'annonce qu'elle serait rentrée avec un autre passeport (…) et que si son identité [de l'État d'origine] avait été avérée, l'enfant aurait été au [pays d'origine].

l'encontre de l'ambassade, je les associe à la souffrance d'un père dont la paternité est déniée et qui ne parvient pas à obtenir l'assistance des autorités de son pays, appelant ainsi à l'empathie. Je souligne également les preuves de sa vie conjugale avec la mère de l'enfant et de sa paternité avérée à l'égard d'un autre enfant né du couple. Tout au long de cet échange, j'utilise un argumentaire visant à dissocier le statut administratif des questions liées à la reconnaissance de paternité, ainsi que de manière pragmatique, la question de la reconnaissance de paternité de celle de la prise en charge de l'enfant.

Mes mots pour désigner Quentin sont volontairement maintenus dans un formalisme et un registre distinct de celui du séjour. Comme le souligne Jayyusi, « les catégories emportent avec elles un agglomérat de caractéristiques escomptées » (2010 : 70) et les catégories que j'utilise sortent Quentin du registre de la déviance, tout comme mon insistance à valoriser ses démarches pour rester en lien avec l'enfant et obtenir la reconnaissance de sa paternité, en demandant conseil à différents acteurs de la justice marocaine. J'opère ainsi un renversement des catégorisations qui remet en question les inférences et jugements négatifs découlant de celles mobilisées par le chargé d'affaires consulaires. J'utilise l'image du « père en désespoir » face à celle du « mauvais père ». Si l'argumentaire autour de la paternité est maintenu, en recadrant mon intervention et en dissociant la catégorie de « père » de la compétence qui lui est normalement associée en termes de garde de l'enfant, j'interpelle le diplomate non pas sur le droit de Quentin à pouvoir récupérer son enfant, mais sur le droit de l'enfant à être préservé dans son identité et sa filiation. Par le recours à la catégorie de « fille orpheline sous la responsabilité de l'ambassade », je me réfère à une catégorie qui me semble alors plus appropriée pour interpeller l'ambassade dans un premier temps. Cela s'accompagne de l'insistance à signifier le caractère temporaire et localement situé de la catégorisation de « séjour irrégulier », face à celle de « père » qui peut être par ailleurs distinguée de la garde de l'enfant qui l'accompagne a priori, par unc décision de justice. En réponse, si le chargé d'affaires consulaires considère qu'il n'est pas normal que l'enfant ait atterri en orphelinat, il émet des hypothèses qui sous-entendent que cette situation s'expliquerait par les résistances et protestations de Quentin, liant ainsi la légitimité de la paternité à une conduite adéquate. L'une des propriétés des systèmes catégoriels d'appartenance « tient au fait que des classes de prédicats peuvent leur être imputées conventionnellement, ce qui inclut des activités, des droits, des attentes, des obligations, des savoirs, des attributs et des compétences liés à la catégorie (« *categorybound* ») » (Dupret, 2006b : 68-69). La suite de son argumentaire renvoie davantage à sa perception de l'illégitimité de Quentin à assumer sa responsabilité de père qu'à une remise en question de sa paternité. Il ajoute en effet qu'il aurait été préférable que Quentin « laisse l'enfant rentrer au pays », car il serait difficilement envisageable que l'enfant soit remis à un « aventurier ». Enfin, il s'interroge et m'interroge sur l'état psychologique de Quentin en indiquant que, sans garantie sur sa santé mentale, il aurait du mal à apporter son soutien[188].

À la fin de notre entretien, le chargé d'affaires consulaires se dit pourtant disposé à faire tout ce qui est en son pouvoir pour résoudre le problème pour le bien-être de l'enfant et ajoute que l'ambassade essaiera de faciliter l'obtention des droits des ressortissants du pays d'origine. Il propose que Quentin fournisse des documents d'identification pour bénéficier d'une carte consulaire.

Lors de la rencontre suivante, et alors que Quentin répond aux conditions d'identification posées par le diplomate pour la délivrance d'une carte consulaire, ce dernier réclame que lui soit fourni un courrier de la responsable de l'orphelinat confirmant la demande à l'ambassade d'un document officiel, ainsi qu'une prise en charge morale du GADEM. Comme le souligne Vincent Dubois dans son travail sur les relations de guichet, « les catégories les plus fréquemment usitées d'"usagers", de "client" ou de "citoyen" ne sont en effet pas plus universelles qu'exemptes de dimension normative » (2010 : 10). Ce n'est qu'à la suite de la note du GADEM interpellant officiellement l'ambassade que la représentation diplomatique s'implique. Cette note s'accompagne d'un ensemble d'éléments soulignant non seulement la maîtrise du dossier, mais également celle des dispositifs légaux en la matière et des mandats formels des différents intervenants. Accompagnée d'un courrier signé du président du GADEM, elle se veut une interpellation officielle. Cette note présente les éléments de l'affaire, différentes dispositions légales qui confortent la légitimité de la demande de Quentin et d'une assistance consulaire, et s'appuie sur l'adéquation des paires catégorielles telles que traitées par Sacks : fille/père, orpheline/procédure de *kafala*, ressortissante reconnue/sous la responsabilité de l'ambassade. Ces arguments interpellent l'ambassade sur la mise en œuvre des textes juridiques relatifs à la protection de l'enfant et aux missions consulaires. La réaction de l'ambassade se traduit par l'intervention du vice-consul chargé des affaires économiques et politiques. L'implication de ce dernier conforte l'impression que les interventions pour des ressortissants en séjour irrégulier relèvent davantage du « chargé des affaires économiques et politiques » que des « affaires consulaires », faisant ainsi écho à la dimension politique de ce dossier. L'implication de l'ambassade, par l'intermédiaire de son vice-consul, pourrait aussi être associée à la personnalité et au profil même de ce diplomate en fin de carrière.

Le courrier officiel, signé de l'ambassadeur, est remis au juge quelques jours après la rencontre. Par la délivrance d'une carte consulaire et la reconnaissance de sa paternité, Quentin redevient formellement ressortissant

[188] Le chargé d'affaires consulaires fait ainsi encore une fois référence à l'épisode des menaces proférées contre l'ambassade. Il refuse de le recevoir tant que des excuses n'ont pas été formulées par Quentin.

de son État d'origine et père naturel de Catherine. L'ambassade reconnaît non seulement sa personnalité juridique, mais le rétablit dans son statut de ressortissant et d'usager de l'administration consulaire. L'enregistrement juridique, qui passe ici par la tutelle de l'ambassade, permet à Quentin de devenir justiciable du tribunal familial marocain. L'administration consulaire apparaît alors, pour reprendre les termes de Vincent Dubois, comme « lieu essentiel d'identités ; "identités de papier", qui matérialisent l'acquisition individuelle d'un statut, notamment par l'inscription sur les registres d'état civil[189] et par l'octroi de cartes » (Dubois, 2010 : 16). Ce courrier est adressé au président du tribunal des Affaires sociales et familiales et marque un tournant dans la reconnaissance de ces deux ressortissants. L'ambassade demande par ce courrier la réouverture du dossier de Catherine, la levée de l'interdiction de visite de l'enfant à l'orphelinat, vis-à-vis duquel l'ambassade souligne « sa profonde reconnaissance », et la remise de l'enfant à son « père naturel ». Cette reconnaissance est justifiée par différents arguments légaux sur lesquels je reviendrai dans la partie suivante de ce chapitre.

Par cette intervention pour convaincre les acteurs de l'administration consulaire de l'État d'origine et de la justice marocaine du bien-fondé de la requête de Quentin, nous mobilisons différentes méthodes de négociation. S'il s'agit bien d'une négociation en premier lieu avec les agents de l'ambassade impliqués, c'est que l'intervention de cette dernière n'est pas acquise et que les moyens pour les inciter à intervenir sont limités. Sans déclaration de la mère et sans mariage légal des parents, la réouverture du dossier ne peut se faire qu'avec l'intervention des autorités de l'État d'origine qui ont reconnu l'enfant.

J'envisagerai ici les modalités par lesquelles le juge s'est positionné, à suite de l'implication du vice-consul et de l'ambassade, demandant officiellement « au cas où il aurait été clos, la réouverture du dossier »[190]. Cela nous permettra de mettre en lumière non seulement certaines dimensions du fonctionnement de ces administrations, mais également les relations qu'elles entretiennent entre elles. Je traiterai du déploiement du raisonnement chez le juge marocain de la famille l'ayant conduit à rendre un avis en faveur de la demande de réouverture du dossier de filiation.

---

[189] La notion d'« identités de papiers » est reprise de l'historien Gérard Noiriel. (Noiriel, 1988).

[190] Courrier de l'ambassadeur adressé à M. Le Président du tribunal des Affaires sociales et familiales.

III. Interactions administratives et déploiement du raisonnement juridique

Les fonctionnaires du tribunal familial ne sont pas confrontés à des demandes d'étrangers en situation administrative irrégulière. Contrairement au TPI, le tribunal familial est régulièrement interpellé par des demandes d'étrangers concernant l'attribution de *kafala* ou dans le cadre de mariages dits mixtes[191] qui impliquent comme condition préalable, pour l'étranger concerné, une entrée et un séjour réguliers. L'absence de séjour légal de Quentin au Maroc et de reconnaissance de sa paternité le rendait inexistant légalement pour l'administration et la justice marocaines. L'une des manières de le dégager de son statut d'irrégulier a été de soutenir son identification, son rattachement à un autre État et la reconnaissance de l'enfant par les autorités de l'État d'origine.

Les différents allers-retours au tribunal ont permis d'alimenter des liens, tant avec les gardiens, qu'avec les policiers, la greffière, ainsi que les secrétariats du procureur et du juge de la famille. Le rôle des agents de sécurité et des petits fonctionnaires, assurant le relais entre les bureaux et l'accueil des usagers en premier lieu, est apparu comme fondamental dans cette affaire. Au travers des interactions dans les bureaux et les couloirs, différents conseils et mises en garde nous sont apportés, précisant quand il était préférable de venir, comment s'adresser au juge ou au substitut du procureur en particulier. Cela renvoie au rôle, souvent informel, que certains acteurs de la fonction publique ou habitués des lieux (agent de sécurité, gardien de voitures, etc.) ont acquis au sein de l'institution. Ces derniers, tout en n'étant pas rattachés officiellement à l'administration, bénéficient de compétences de membre de l'administration qui leur permettent de décoder des modalités de négociation et d'accès à certains droits et responsables qu'ils côtoient quotidiennement. Ce sont les liens entretenus avec des agents intermédiaires du tribunal qui nous permettent de revenir - accompagnés du vice-consul de l'ambassade - au tribunal familial au moment où le substitut du procureur est effectivement présent. Alors que les fonctionnaires de l'institution judiciaire étaient régulièrement en grève, ces informations se sont avérées précieuses pour limiter les déplacements inutiles. À partir d'un premier accueil et d'une orientation, le rôle des agents intermédiaires et petits fonctionnaires est également de filtrer, de limiter ou de faciliter l'accès aux rangs supérieurs de l'institution. La « séparation entre tâche de décision et tâche de réception » a aussi pour fonction de limiter les possibilités de négociation (Spire, 2008 : 23). Au cours des temps d'attente dans l'enceinte du tribunal, j'ai pu observer les comportements et postures, ce

[191] Le mariage mixte correspond en l'occurrence à un mariage binational, entre un-e Marocain-e et un-e étranger-e. Les requêtes concernent des demandes d'autorisation de mariage mixte, de dissolution du mariage, des questions de gardes d'enfants, etc.

qui m'a permis d'identifier les personnes-ressources potentielles. Accompagnant Quentin dans sa demande de réouverture de dossier, j'ai adapté mes comportements aux manières avec lesquelles mes interlocuteurs pouvaient me percevoir, faisant preuve de déférence ou d'assurance, passant d'un registre formel à d'autres plus familiers, utilisant, selon mon interlocuteur, la *darija* marocaine, le français, occasionnellement l'*amazigh*, respectant les temps d'attente imposés, tout en insistant parfois pour être reçue, invoquant alors mes engagements professionnels. Comme le souligne Maynard, « nous apprenons sur la structure de l'action sociale en soi et non pas seulement sur un aspect particulier ou institutionnel de celle-ci » (1984 : 11). Les liens tissés avec les agents administratifs ou d'accueil du tribunal et de l'orphelinat m'ont permise de compter sur l'assistance de certains d'entre eux ; ce qui a remis en question la fiction de « bureaucrates dotés d'une fonction précisément codifiée dans l'exercice de laquelle les caractéristiques individuelles disparaîtraient à un point tel qu'ils seraient parfaitement interchangeables » (Dubois, 2010 : 3). Sans être en mesure d'évaluer l'impact de ces stratégies personnelles, elles me positionnaient comme soutien aux administrations et non pas en opposition, tout en conservant un regard extérieur : Marocaine, disposant de connaissances juridiques, dont mes interlocuteurs ne savaient finalement pas grand-chose. Ce « jeu des rôles a partie liée avec la production du consentement » (Dubois, 2010 : 6) ; il avait pour objet de mon côté d'orienter nos interlocuteurs vers une certaine empathie, susceptible de soutenir leur volonté d'implication et d'intervention en notre faveur, auprès des échelons supérieurs de l'institution, mais aussi dans le travail administratif qu'ils auraient à réaliser pour ce dossier. Cette affaire souligne l'importance des petites interactions au sein des administrations (Spire, 2008 ; Dubois, 2010 ; Lipsky, 2010), qui m'ont permis de bénéficier de certains conseils sur la manière de les interpeller. La compétence est en effet « l'application pratique du savoir socialement organisé et utilisé comme ressource pour l'implication du professionnel dans sa pratique » (Milburn, 2002 : 48).

Lors des différentes séquences qui suivront, je serai présente, accompagnant alors tant le vice-consul que Quentin. Entre l'ambassade, sous la protection de laquelle est formellement placé le mineur orphelin, et Quentin revendiquant sa paternité, le requérant de l'action devant le tribunal n'est à ce stade pas clairement établi. Je serai parfois reçue seule, comme il en a été lors du bref entretien accordé par le substitut du procureur du Roi qui me demande de lui expliquer l'affaire - sans accorder d'importance à la présence du vice-consul resté à l'extérieur du bureau. Il évoque sa méconnaissance du dossier et nous oriente vers le président du tribunal familial, juge des tutelles. Celui-ci connaît l'affaire et se dit tout à fait disposé à régler la situation « pour le bien de l'enfant ». Le juge demande à ce que l'ambassade lui fournisse un courrier attestant de la nationalité de Quentin et Catherine, ainsi que du fait que

Quentin est bien le père de Catherine. L'assistante du juge nous explique alors comment rédiger le courrier et nous fournit la photocopie d'un exemple de lettre, qui s'avère être le courrier adressé deux ans auparavant par Quentin qui, déjà, demandait la reconnaissance de sa paternité.

Par le courrier adressé au président du tribunal familial, l'ambassade demande la réouverture du dossier, la levée de l'interdiction de visite à l'orphelinat, vis-à-vis duquel l'ambassade souligne « sa profonde reconnaissance », et la remise de l'enfant à son « père naturel ». Cette reconnaissance de paternité est justifiée dans le courrier de l'ambassade par « la jurisprudence constante » et se réfère à une loi du pays d'origine aux yeux de laquelle « les éléments versés au dossier susmentionné sont largement suffisants pour justifier la paternité du requérant vis-à-vis de la petite C. ». Le courrier rappelle la compétence des autorités de l'État d'origine : « Au regard du droit international, notamment la convention de La Haye du 12 avril 1930 en son article 4 qui stipule que "... un État ne peut exercer sa protection diplomatique au profit d'un de ses nationaux à l'encontre d'un État dont celui-ci est aussi le national", ce dossier ne suggère aucun conflit éventuel de nationalité ». Par cette référence, tout conflit de lois est écarté.

Ce courrier officiel a donc valeur de décision de justice émanant des autorités de l'État d'origine, rétablissant Quentin dans sa paternité et lui accordant la garde de l'enfant. Formellement, celle-ci doit être validée par les autorités marocaines pour prendre effet. À la suite de ce courrier, le juge autorise non seulement Quentin à visiter Catherine, mais aussi que l'enfant soit emmenée par son père au tribunal, bénéficiant alors d'autorisations ponctuelles de sortie, pour les dernières étapes de la procédure. La présence de l'enfant, le rétablissement des liens avec son père et sa découverte du monde extérieur au centre de protection de l'enfance, d'où elle n'est que rarement sortie, contribuent à alimenter l'empathie des interlocuteurs du tribunal. Il reste alors à obtenir l'aval du procureur du Roi. Le substitut du procureur s'oppose dans un premier temps à ce que l'enfant soit remis à Quentin, évoquant son séjour irrégulier sur le territoire marocain. Le juge familial, que nous rencontrons à différentes reprises, nous assure que la remise de l'enfant sera dissociée du séjour irrégulier au Maroc. Si ma présence a permis l'accès à des informations et éléments de la situation, elle s'est aussi avérée utile dans la contribution aux transferts d'informations et de documents d'un service à l'autre. Ces services rendus pour faciliter le travail de ces fonctionnaires m'ont amenée à être progressivement mobilisée pour remettre un document ou un registre d'un bureau à l'autre. Cela a limité les délais de transfert des informations et documents entre les différents bureaux du tribunal, mais aussi avec l'ambassade et l'orphelinat. Alors que l'aboutissement de la procédure impliquait une volonté, ou du moins une disposition favorable, de la part des décideurs du tribunal (juge et procureur), de certains fonctionnaires du tribunal et de l'orphelinat (services sociaux), et des diplomates de l'ambassade, l'accès à ces informations visait à limiter les risques de mauvaise orientation et de perte de temps. La diffusion d'informations fausses peut contribuer à de fâcheuses orientations, nécessitant des recoupements réguliers entre informateurs et intégrant souvent une part d'incertitude. Cela souligne le manque de visibilité de certaines procédures - en particulier dans des situations non prévues par les textes et instructions formels.

L'engagement d'une procédure de *kafala* implique de fait le changement de l'état civil de l'enfant, supposé marocain et donc musulman, pour être remis à une famille musulmane. Selon la loi relative à la prise en charge des enfants abandonnés[192], c'est le procureur du Roi près le TPI qui procède au placement provisoire de l'enfant et lance une enquête parallèlement au dépôt d'une demande de déclaration d'abandon (art.4-5). Le tribunal peut ensuite procéder « à toute enquête ou expertise complémentaire qu'il jugera nécessaire » (art.6) et prononce un jugement s'il apparaît que les parents de l'enfant sont inconnus. Ce jugement est affiché dans certains lieux pendant une durée de trois mois au cours de laquelle les parents de l'enfant peuvent réclamer sa restitution. Quentin s'est bien présenté au tribunal dans ce délai pour demander la restitution de l'enfant en affirmant sa paternité. Pourtant, cette demande n'a pas été prise en compte, ce qui renvoie au peu de crédibilité accordée à cet étranger en séjour irrégulier et non reconnu comme ressortissant par son ambassade. Si nous n'avons pas idée des relations entretenues alors entre le tribunal et les autorités de l'État d'origine, le fait est que la procédure de placement de l'enfant en *kafala* semble avoir suivi son cours comme si Quentin n'existait pas et que Catherine était effectivement abandonnée. Le jugement déclarant Catherine telle quelle a été prononcé. L'absence de représentant de l'ambassade à cette audience et la déclaration de Catherine comme orpheline interrogent sur la responsabilité formelle de l'ambassade sur leur ressortissante mineure.

Lorsque j'interviens postérieurement à la procédure de placement, j'adopte unc posture de neutralité, motivée notamment par la vision incertaine des conséquences d'un comportement qui pourrait être jugé agressif ou protestataire (Dubois, 2010 : 51). La résolution de cette affaire dépend étroitement de l'implication de l'ambassade et du juge marocain. Pour Philip Milburn, la neutralité « traduit également l'absence de responsabilité du médiateur sur le fond de l'affaire : elle permet dès lors de renvoyer les parties en présence à la responsabilité mutuelle quant à leur différend et de prendre appui dessus pour construire son issue » (Milburn, 2002).

En reconnaissant deux ans plus tard la paternité de Quentin et en demandant que l'enfant, devenue depuis Azhar, lui soit restituée, les représentants de l'ambassade acceptent non seulement le principe de la prise

---

[192] Dahir n° 1-02-172 du 1 rabii II 1423 (13 juin 2002) portant promulgation de la loi n° 15-01 relative à la prise en charge (la *kafala*) des enfants abandonnés.

en charge de l'enfant par Quentin, mais se positionnent comme protecteurs de l'enfant. Si le procureur du Roi refuse de valider dans un premier temps la remise de Catherine à Quentin, cela peut renvoyer à la mise en œuvre déjà effective de la procédure de *kafala* et à la reconnaissance de l'enfant comme orphelin, ce qui implique soit que les vérifications faites pour confirmer l'absence de parents n'ont pas été menées pleinement, soit que les autorités de l'État d'origine n'ont pas répondu aux sollicitations de la justice marocaine. S'il ne veut pas entendre parler de cette affaire, nous craignons alors que celle-ci ne puisse aboutir. Le procureur du Roi et ses substituts sont les représentants du ministère public au sein des sections familiales du TPI. Comme évoqué dans le chapitre 4 pour les interpellations d'étrangers en séjour irrégulier, les services du procureur sont directement impliqués dans le maintien de l'ordre public et, dans ce cadre, régulièrement concernés par les questions de sécurité, de lutte contre la fraude et de séjour irrégulier des étrangers au Maroc.

Dans cette affaire, le juge intervient alors dans le rétablissement de la justice et décide de ne pas tenir compte de l'opposition exprimée par le procureur auprès du tribunal familial. Ce positionnement du juge de la famille, présenté comme audacieux par certains acteurs du tribunal, renvoie aux rôles et aux mandats distincts des magistrats du siège et du parquet (ministère public) dans ce type d'affaires, mais également à la place de l'exécutif, au travers des services du procureur du Roi, intervenant dans les inculpations et sanctions au séjour irrégulier d'étrangers. Cependant, la position du procureur pourrait aussi être liée à la remise en question de la procédure menée dans le cadre de la déclaration d'abandon de l'enfant et à l'absence de l'ambassade pendant toute cette procédure.

Pour justifier sa décision de remise de l'enfant, le juge fait référence, tant à la demande de reconnaissance de paternité remise par Quentin au tribunal familial deux ans auparavant, « qui a comme objet le regroupement d'avec sa fille », qu'au courrier officiel de l'ambassade fourni ultérieurement, ainsi qu'à la mention de la validation de la décision par le procureur. Ces éléments légitiment cette décision et lui apportent une correction procédurale que viennent compléter les éléments du procès-verbal de remise de la personne en *kafala*. La correction procédurale renvoie à l'orientation routinière du professionnel vers la production publique du fait que ce dernier accomplit correctement son travail (cf. chapitre 5). Dans l'« ordre de remise de l'enfant » délivré par le juge de la famille, Quentin est reconnu comme le père naturel de l'enfant. L'état civil et le prénom originel de Catherine y apparaissent en alternance avec son prénom musulman d'adoption (« dénommée… »). Il fonde sa décision sur une disposition du dahir portant sur la *kafala* des enfants abandonnés concernant la remise à la personne chargée de la *kafala*. Formellement, la *kafala* des enfants déclarés abandonnés par jugement peut être confiée, selon ce dahir, aux époux musulmans ou à la femme musulmane remplissant certaines conditions, aux établissements publics chargés de la protection de l'enfance ainsi qu'aux organismes, organisations et associations à caractère social reconnus d'utilité publique et disposant des moyens matériels, des ressources et des compétences humaines aptes à assurer la protection des enfants, à leur donner une bonne éducation et à les élever conformément à l'Islam [art.9]. La qualification juridique établie par le juge apparaît donc en contradiction avec les caractéristiques de Quentin, de père naturel et de non-musulman. De plus, selon l'article 2 du même décret, la *kafala* est « l'engagement de prendre en charge la protection, l'éducation et l'entretien d'un enfant abandonné au même titre que le ferait un père pour son enfant. La *kafala* ne donne pas de droit à la filiation ni à la succession ». Par la remise de l'enfant en *kafala*, le juge ne remet pas en question la procédure ayant conduit à déclarer l'enfant orphelin et à engager la *kafala*. Il juxtapose deux qualifications juridiques formellement contradictoires : la reconnaissance de paternité, qui emporte avec elle la filiation, et la remise de l'enfant en *kafala*, qui n'entraîne aucun lien de filiation et correspond davantage à la tutelle sur un enfant musulman. Il s'agit ici, pour le juge, de trouver une qualification juridique adéquate, à toute fin pratique, pour une situation atypique. Il objective par cette qualification la catégorie de « père naturel » et de « non-musulman qui prend en charge son propre enfant en *kafala* ». En effet, « le processus juridique de qualification est totalement soutenu par le processus social de normalisation, c'est-à-dire par cet ensemble d'opérations par lesquelles le juge sélectionne de manière routinière les caractéristiques d'un cas qui ressemble à un type de cas commun, normal, usuel » (Sudnow, 1965). C'est par cette opération originale de qualification que le juge résoudra l'affaire. Cette requalification, « au moyen d'une fiction qui constitue un artifice » (Weller, 2007) par rapport à la réalité, apparaît alors comme non problématique et renvoie à une rationalité pratique qui ne remet en question ni le travail du procureur du Roi, ni celui de l'ambassade. Le juge maintient cependant une pertinence juridique au travers de sa définition de la situation. Par son jugement, il « opère de manière justificative, en identifiant l'ensemble des règles procédurales et substantielles auxquelles il satisfait tout en cachant le caractère pratique de sa propre constitution » (Dupret, 2006b : 21). Quentin a pu récupérer son enfant à la suite du jugement rendu par le président du tribunal familial.

CONCLUSION DU CHAPITRE

Ce cas concret, bien que particulier, « casse le socle des activités ordinaires », révélant ainsi « certains de ses secrets de fabrication » (Garfinkel, 2009 : 28). Il met en lumière des mécanismes qui ne lui sont pas propres. Il souligne non seulement l'impossibilité d'isoler le droit des pratiques du droit, mais également les modalités par lesquelles les négociations, les réajustements et les catégorisations opèrent dans un agencement d'acteurs, professionnels et profanes, qui agissent, à différents niveaux, sur le déploiement des procédures. Le rôle des petits fonctionnaires du tribunal, des employés de l'orphelinat, de la secrétaire de l'ambassade, des professionnels du droit rencontrés et des acteurs intervenant en amont du juge, des diplomates et du substitut du procureur, l'influence qu'ils ont pu exercer sur nos propres pratiques, sur notre compréhension de l'environnement propre à ces institutions, mais aussi sur le déroulement de la procédure, confortent l'affirmation qu'il est « impossible d'isoler une question des détails circonstanciels qui ont entouré son émergence » (Dupret, 2006b : 15). Si les interactions avec les agents de l'administration n'agissent pas directement sur la décision du juge, elles interviennent dans l'accès à la justice et aux acteurs décisionnaires et facilitent [ou non] l'accomplissement de la procédure. Comme le souligne Milburn, « le médiateur ne dispose pas d'une confiance préalable : la valeur de son intervention repose uniquement sur celle que lui prête les médiés » (Milburn, 2002 : 67). Cette médiation n'est ici possible que grâce au soutien de ces différents acteurs, parfois considérés comme subalternes, mais constituant un filtre dans l'accès aux administrations, comme il en est de la justice.

Cette situation interroge non seulement l'importance des intermédiaires - fonctionnaires ou personnel des institutions judiciaires - dans l'accès aux acteurs décisionnaires et, plus globalement, à la justice, mais également le rôle d'acteurs - professionnels de la justice ou non - susceptibles d'opérer des renversements dans les catégorisations et qualifications juridiques, de fournir des arguments susceptibles d'orienter le raisonnement juridique. Si c'est bien là le rôle classique des avocats, leur mobilisation reste difficile dans le contexte marocain. Par ailleurs, un certain nombre d'affaires se situent au-delà de la défense d'un client dans l'enceinte d'un tribunal. Celles-ci impliquent alors plus largement le soutien à l'obtention de documents d'identification administratifs ou une intervention pour l'obtention préalable de décisions légales émanant d'instances étrangères. Des acteurs, notamment associatifs, mènent ponctuellement ce genre d'accompagnements et de négociations. Cela implique cependant un investissement lourd en temps et en démarches, qui se fait au détriment d'autres situations problématiques, et des réponses apportées par les acteurs des institutions difficilement généralisables. Par leur caractère peu visible et accessible, ces négociations, familières aux avocats et aux professionnels de la justice, sont les méthodes « vues, mais non remarquées », parce qu'elles sont tenues pour évidentes[193], qui organisent en partie les décisions de justice. Cela justifie le recours à une démarche contextualisée et située, alimentée ici par une posture d'actrice, qui vise à observer et à décrire les chemins du raisonnement et de la prise de décision, ainsi que la pratique des règles et de leur interprétation. Les différentes dimensions du raisonnement juridique ici exposées mettent en relief les ambiguïtés de la personnalité juridique attribuée à l'étranger en séjour irrégulier, non seulement pour les autorités marocaines, mais également pour celles représentant son État d'origine.

[193] Cela renvoie à la formule de Garfinkel (2009), « *seen but unnoticed methods* », difficilement traduisible.

CHAPITRE 8

EMPLOI DES ÉTRANGERS ET RELATIONS ENTRE SÉJOUR ET EMPLOI

Je souhaiterais, au travers de ce chapitre, traiter des relations entre les catégories administratives et de sens commun associées aux travailleurs étrangers au Maroc, ainsi que de leur nature normative. Partant de différents éclairages de terrain, je décrirai des procédures relatives à l'accès à l'emploi des étrangers, en relation avec les modalités d'entrée sur le territoire et les conditions d'accès au séjour régulier. Dans un premier temps, je traiterai du cas pratique d'Ibrahim, étranger au Maroc dont j'ai suivi la situation, en évoquant les conditions de son accès à l'emploi et les difficultés rencontrées pour sa régularisation. J'envisagerai dans un second temps les conditions générales d'accès au marché du travail marocain pour les étrangers, ainsi que l'impact du droit positif et de sa mise en œuvre sur les pratiques des acteurs. Cela m'amènera à interroger plus largement, dans un troisième temps, la relation entre accès à l'emploi et situation administrative de l'étranger. Il s'agira d'envisager les modalités par lesquelles l'accès à l'emploi et au séjour est compris et mis en œuvre de manière située. Je prends ainsi mes distances avec l'idée que « les normes et règles puissent constituer des facteurs contraignant de manière déterministe la conduite des gens » (Dupret, 2006b : 8), dans un contexte national où il n'est pas avéré que la normalité soit l'accès des gens, nationaux et étrangers, à un emploi déclaré. Mon intérêt porte davantage ici sur les mécanismes liant les procédures d'accès au séjour régulier et celles concernant l'emploi que sur l'intelligibilité et les modalités de déploiement au quotidien du droit concernant le travailleur étranger, les normes de l'accès à l'emploi ou les droits accordés aux travailleurs.

I. UNE SITUATION D'ACCÈS À L'EMPLOI ET AU SÉJOUR

Ibrahim est Malien[194]. Il bénéficie, du fait d'une convention entre le Maroc et le Mali, d'une dispense de visa d'entrée au Maroc, tout comme les

[194] Si dans un souci de confidentialité et parce que cette situation ne lui est pas propre, le nom et la nationalité d'« Ibrahim » ont été modifiés, nous l'avons adapté avec le souci de le maintenir en cohérence avec le jeu des catégorisations qui a eu cours dans cette situation, dans

ressortissants de différents États, notamment européens et africains. Cette dispense lui permet de rester sur le territoire pour un séjour dit « touristique » d'une durée de 90 jours. Détenteur d'un diplôme supérieur et après plusieurs années d'expérience dans son domaine d'activité, il est venu au Maroc pour y travailler. Il a d'abord été recruté par un important centre d'appel sous convention de stage pendant près de deux ans. Ibrahim était alors formellement étudiant et a dû s'inscrire dans une école privée pour l'obtention de son titre de séjour. Ce statut d'étudiant constitue pour l'administration une catégorie réelle, au fondement de la régularisation du séjour d'Ibrahim. Ce rattachement au statut d'étudiant correspond à un statut administratif avec des conséquences juridiques sur le séjour de l'étranger et ses modalités. Ibrahim a dû se couvrir de cette catégorie administrative pour pouvoir résider régulièrement au Maroc et y exercer son activité professionnelle. Comme lui, de nombreux Marocains et étrangers travaillent sans contrat de travail au Maroc. Dans un contexte où non seulement le marché dit informel constitue une part importante de l'emploi national, mais où les stages hors formation ne sont régis par aucun texte juridique, ces pratiques sont largement répandues. L'employeur bénéficie ainsi de travailleurs, nationaux ou étrangers, considérés comme en formation et pour lesquels ne s'appliquent pas les dispositions du Code du travail. Si ces conventions de stage relèvent de situations de « travail camouflé », le risque pour l'employé étranger de perdre son emploi n'incite pas à les contester.

Les premières catégories d'« étudiant » et de « stagiaire » qu'Ibrahim habite formellement ont des conséquences pratiques. L'appartenance à la catégorie d'« étudiant stagiaire » induit un parcours de formation, une carrière en construction et l'inscription dans une structure de formation. Une inadéquation apparaît donc entre la catégorie associée au statut administratif et la catégorie réelle d'appartenance professionnelle. Sa présence dans l'entreprise est camouflée, son apport minimisé et son statut moins valorisé (et valorisant) que celui d'un travailleur. Concrètement, Ibrahim doit payer des frais de scolarité et ne bénéficie d'aucune protection en lien avec son emploi. Symboliquement, il est toujours étudiant, bien qu'ayant plusieurs années d'études et d'expérience professionnelle à son actif, ainsi qu'une famille à charge et un entourage qui le perçoit comme travailleur. Ibrahim a, dans le cadre de son stage, occupé un poste de chargé de clientèle, difficile à justifier sur une longue durée (deux ans) comme étant une expérience de formation. Ainsi, non seulement ces pratiques d'employeurs tendent à amalgamer les situations de travailleurs et d'étudiants sous convention de stage, mais elles font aussi courir le risque que la scolarisation effective soit contrôlée par les services de la sûreté nationale chargés du renouvellement des titres de séjour. Il pourrait être considéré comme fraudeur ou délinquant, tout comme l'entreprise qui

le cadre des pratiques de l'employeur, de l'étranger concerné, des administrations impliquées, et de la mise en œuvre du droit en pratique concernant l'accès au travail ou au séjour.

l'emploie. La catégorie « étudiant stagiaire » qui lui permet d'obtenir un titre de séjour et celle de « travailleur », qui correspond à la réalité de sa situation et à la manière dont Ibrahim la perçoit, apparaissent comme contradictoires et ne se justifient que par le fait que l'employeur ne soit pas disposé ou en mesure de le recruter sous contrat de travail. Les conventions de stage d'Ibrahim ont ainsi été renouvelées tous les six mois pendant deux ans ; comme pour d'autres employés de la société.

En 2010, Ibrahim bénéficie, à la suite de démarches entreprises par son employeur, de l'autorisation formelle de travailler et d'un visa sur son contrat de travail étranger (CTE). Il passe ainsi de la catégorie d'« étudiant stagiaire » à celle de « travailleur », ce qui lui permet d'avoir le statut correspondant à son activité réelle. Cela n'est pourtant pas le résultat d'une évolution du marché du travail marocain. Ibrahim ne sait pas comment se sont passées les démarches d'obtention de son autorisation de travail, entre son employeur et l'Agence nationale de promotion de l'emploi et des compétences (ANAPEC). Il a fourni à son employeur un curriculum vitae et la copie de ses diplômes, mais n'est pas intervenu dans la procédure. Il ne sait donc pas si celle-ci s'est effectivement basée sur la confrontation de ses compétences avec les compétences nationales disponibles, comme le prévoit la procédure dite de préférence nationale. Son premier visa de travail est de 18 mois ; il est renouvelé une seconde fois dans les mêmes conditions pour une durée de 12 mois. Le séjour d'Ibrahim se pérennisant au Maroc, sa conjointe le rejoint avec leur enfant. Celle-ci obtient, en 2011, un emploi et un titre de séjour « travail ».

Fin 2012, la direction de l'entreprise d'Ibrahim convoque certains salariés étrangers. Il semblerait que différents centres d'appel aient reçu un rappel des autorités chargées de l'emploi et l'annonce d'une application plus rigoureuse de la procédure. Cet employeur dit ne plus être disposé à soutenir les employés de son entreprise qui, comme Ibrahim, ont besoin d'une autorisation de travail. Cette annonce signifie pour ce dernier la fin de son emploi, sachant que tant son titre de séjour que son visa de travail arrivent bientôt à expiration. Ibrahim (comme beaucoup) ne connaît pas les compétences disponibles sur le marché du travail marocain. Il est donc placé dans une vulnérabilité vis-à-vis de son employeur et de l'évaluation faite par l'ANAPEC et le ministère de l'Emploi, qui le limite de fait dans ses perspectives d'accès au travail sur lesquelles il n'a que peu de prise. Pour Ibrahim, s'agit-il d'un refus de son employeur d'effectuer les démarches de renouvellement de son autorisation de travail ? N'a-t-il effectivement aucune perspective d'obtenir une autorisation de travail du fait que des Marocains bénéficient de compétences comparables aux siennes ? Cela n'était-il pas le cas deux années auparavant ? D'autres déterminants, extérieurs à Ibrahim, auraient-ils évolué, ne lui permettant plus d'avoir accès à une autorisation de travail ?

Ibrahim repasse donc dans la catégorie de ceux ne « détenant pas de compétences particulières au Maroc » et risque de rejoindre les « étrangers sans activité au Maroc », voire les « étrangers irrégulièrement établis au Maroc ». Pourtant son employeur est disposé à continuer à l'employer sous convention de stage si Ibrahim parvient à régulariser sa situation de manière autonome. Ibrahim ne souhaite pas revenir à sa situation antérieure en se couvrant du statut formel d'« étudiant » pour obtenir un titre de séjour en décalage avec son activité professionnelle et inconciliable, selon les textes juridiques en vigueur, avec un emploi rémunéré[195]. Au-delà, il souhaiterait éviter de se retrouver dans une situation d'irrégularité administrative. Dans la recherche d'une solution légale, il tente de s'appuyer sur ses autres qualités légales, et en particulier sur celles de « conjoint d'une étrangère travaillant régulièrement » et de « père d'enfants scolarisés » au Maroc. Il envisage un moment une procédure de régularisation au titre de l'unité familiale[196], sur la base du séjour régulier au Maroc des membres de sa famille ; leur enfant étant scolarisé, sa femme travaillant régulièrement et ayant les moyens de subvenir aux besoins de la famille. Les réponses obtenues dans trois commissariats de la région ne les y encouragent pas. Dans le premier commissariat où le couple se rend, la réponse de l'agent qui les reçoit invoque l'impossibilité de délivrance d'un titre de séjour, tant que le conjoint ne bénéficie pas d'une carte de résidence. La réponse de cet agent fait écho à l'article 17 de la loi n° 02-03[197]. La conjointe d'Ibrahim est détentrice d'une carte d'immatriculation « travail ». Nous reviendrons sur la distinction entre carte de résidence et carte d'immatriculation dans la troisième partie de ce chapitre.

Dans le second commissariat où se présente une amie française du couple présentant la situation d'Ibrahim, en tant qu'ami étranger, rien ne semble exclure la délivrance d'un titre de séjour à un conjoint d'étranger en séjour régulier. Une liste de documents à fournir lui est remise.

Dans le troisième commissariat où se rend le couple, un document en arabe leur est présenté comme étant une circulaire selon laquelle le titre de séjour pour conjoint n'est délivré que pour une femme souhaitant rejoindre son

---

[195] Les étrangers résidant au Maroc sous couvert de titre de séjour étudiant n'ont légalement pas le droit d'exercer une activité professionnelle et doivent fournir à l'administration la preuve de ressources suffisantes à la poursuite de leurs études au Maroc.

[196] Cette appellation renvoie au fait de pouvoir bénéficier d'un titre de séjour en tant que parent et conjoint.e d'un.e étrangèr.e établie régulièrement sur le territoire. Elle correspond alors formellement soit à la possibilité de bénéficier d'un titre de séjour en tant que conjoint.e d'un.e étrangèr.e séjournant régulièrement au Maroc, soit à celle prévue dans le cadre du regroupement familial (cf. infra).

[197] Article 17 de la loi n° 02-03 : « Sous réserve de la régularité du séjour et de celle de l'entrée au territoire marocain, et sauf dérogation, la carte de résidence est délivrée : (…) 4 — au conjoint et aux enfants mineurs d'un étranger titulaire de la carte de résidence. (…) ».

conjoint et non l'inverse. La référence est ici faite à la procédure de regroupement familial[198].

Si l'un des commissariats n'exclut pas la possibilité qu'il puisse accéder à un titre de séjour en tant que conjoint, il ne s'agit pas du commissariat d'attache d'Ibrahim. Pour les deux autres commissariats, il ne remplit pas les conditions énoncées.

Cette histoire souligne la complexité et la dimension contextuelle des catégorisations légales et administratives, ici en particulier de celles de « travailleur étranger soumis à la procédure ANAPEC », d'« étudiant étranger », de « stagiaire étranger », d'« étranger en situation administrative régulière » ou « irrégulière au Maroc ». Elle révèle également l'opacité de certaines procédures rattachées à des règles du droit positif, ainsi que la compréhension différentielle manifestée par des acteurs du droit face à une même situation factuelle.

Un certain nombre d'acteurs du droit sont susceptibles d'intervenir dans l'orientation que prendra l'individu, entre sa situation effective et le statut formel qui lui est rendu accessible ou la catégorisation qui lui est assignée administrativement. L'illusion publique de l'effectivité du droit positif et des catégorisations employées est maintenue. Cela réinterroge aussi la catégorie d'« étranger irrégulier », qualifié également couramment de « clandestin », de « sans-papier », « de migrant en transit », régulièrement attribuée aux étrangers d'origine subsaharienne au Maroc.

II. De l'accès à l'emploi des étrangers au Maroc

Fin 2012, la remise en question du renouvellement des autorisations de travail a été annoncée, de manière concomitante, par différents employeurs à leurs employés étrangers. Certains salariés concernés, dans l'incompréhension, ont dénoncé l'impasse dans laquelle cette mesure les plaçait et plusieurs journaux ont relayé l'information. Cela s'est en particulier fait sentir dans le milieu des centres d'appel, importants pourvoyeurs d'emplois au Maroc. La première réaction a été de mettre en question l'adoption de nouvelles mesures.

---

198 La procédure de regroupement familial est prévue par l'article 16 du décret d'application n° 2-09-607 (1er avril 2010) de la loi n° 02-03 qui dispose : « L'étranger désirant le regroupement familial doit présenter les documents établissant sa relation familiale en cas de mariage ou de filiation parentale ou de filiation paternelle jusqu'à l'âge de la majorité pour les enfants (…), en ayant des moyens d'existence suffisants. Les titres de séjour délivrés à l'étranger ayant entré au Maroc pour le regroupement familial portent la mention "regroupement familial", à condition qu'il dispose d'un visa d'entrée au Maroc portant la mention "regroupement familial" lorsque sa nationalité est soumise à cette formalité ». Ibrahim n'est pas soumis à la procédure de demande de visa en tant que ressortissant malien, mais se trouve d'ores et déjà sur le territoire marocain.

Certains ont même parlé de « circulaire Benkirane[199] ». Pourtant, il pourrait uniquement s'agir d'une application plus stricte — ou d'une moindre tolérance — des règles du droit positif d'ores et déjà en vigueur[200].

L'obligation pour l'étranger résidant « ordinaire »[201] souhaitant exercer une activité professionnelle au Maroc, de présenter (au contrôle aux frontières) un contrat de travail dûment visé par le service de l'immigration du ministère du Travail et des Affaires sociales[202], était déjà formellement prévue par l'article 2 du Dahir du 15 novembre 1934 réglementant l'immigration en zone française de l'empire chérifien (Sefrioui, 1973 : 264), abrogé en 2003. Depuis 2004, l'accès à l'emploi des étrangers au Maroc est régi par une procédure dite de préférence nationale[203]. Ainsi, selon l'article 516 de la loi n° 65.99 relative au Code du travail, « tout employeur désireux de recruter un salarié étranger doit obtenir une autorisation de l'autorité gouvernementale chargée du travail. Cette autorisation est accordée sous forme de visa apposé sur le contrat de travail ». L'ANAPEC, créée en 2000, y joue un rôle central au travers de sa mission visant à certifier l'absence de profils nationaux pour occuper les postes auxquels candidatent les étrangers (arrêté ministériel du 9 février 2005)[204]. Cette procédure qui doit être introduite par l'employeur conditionne la validité du contrat de travail de l'étranger et la régularisation de son séjour

---

[199] Cette situation se déroule au moment du gouvernement Benkirane, qui a dirigé le pays durant deux mandats, entre 2012 et 2013, puis entre 2013 et 2017.

[200] Cette procédure a été rappelée à plusieurs reprises, notamment par le journal *La Vie Eco* : Aziza Belouas, « La nouvelle procédure relative à l'embauche des étrangers au Maroc », *lavieeco*, 2006-10-20 ; Brahim Habriche, « Faire travailler un étranger : mode d'emploi », *lavieeco*, 2010-09-27. Elle a été rappelée à la suite de ces licenciements par le journal officiel Le Matin : Najat Mouhssine, « Embauche d'un travailleur étranger : Une règlementation spécifique à respecter », *Le Matin*, 11 novembre 2012.

[201] Sous le protectorat français et espagnol sur le Maroc étaient distingués les « résidents privilégiés » des « résidents ordinaires ». Les « résidents privilégiés » sont « les ressortissants des puissances qui ont conclu avec le Maroc un accord ou une convention de dispense » (Sefrioui, 1973 : 35). L'obligation d'immatriculation et les procédures d'établissement au Maroc ne s'appliquaient donc pas à certaines catégories nationales d'étrangers (Sefrioui, 1973).

[202] L'intitulé de ce ministère a régulièrement changé depuis le protectorat, accompagnant l'évolution de son mandat, de ministère du travail et des questions ou affaires sociales, en passant par ministère du Développement social, de la solidarité, de l'emploi et de la formation professionnelle, à l'intitulé de ministère du Travail et de l'insertion professionnelle.

[203] Par ailleurs, l'accès à certaines professions dites réglementées est rendu légalement inaccessible aux étrangers ou limité par des critères particuliers, la possession d'un diplôme ou de qualifications spécifiques, la validation par un ordre, etc. Si certaines professions libérales sont réservées aux Marocains (notaire, huissier de justice, copiste), d'autres sont soumises au principe de réciprocité (avocat, expert judiciaire, traducteur agréé auprès des juridictions, expert-comptable) ou impliquent une autorisation de l'administration à la suite de l'accomplissement de certaines conditions (médecine, vétérinaire, architecte, ingénieur géomètre-topographe, pharmacien).

[204] Arrêté du ministre de l'Emploi et de la formation professionnelle n° 1391-05 du 25 novembre 2005. Publié en français au BO n° 5540 du 5 juillet 2007 (en arabe en 2005). Liste des dispensés d'autorisation de travail, p. 914.

au titre du travail. Certaines catégories d'étrangers en sont légalement dispensées (les « réfugiés »[205], les conjoint.e.s de Marocain.e.s, les Tunisiens, Sénégalais ou Algériens notamment) ou bénéficient de facilités à l'accès au marché du travail, portant notamment sur la durée du visa de travail[206].

La demande soumise à l'ANAPEC implique pour l'employeur de suivre une procédure qui induit un coût financier[207] et nécessite une certaine anticipation[208]. L'autorisation de travail (visa du contrat de travail par le ministère de l'Emploi) délivrée est généralement d'une année, et d'un an à deux ans en cas de renouvellement. Elle doit être réintroduite en cas de modification du contrat de travail[209]. Nous présenterons plus tard certaines évolutions récentes touchant à la durée des visas de travail délivrés par le ministère de l'Emploi. Soulignons également que le ministère du Travail a engagé un ensemble de réformes dans ce domaine concernant la simplification et la réduction des coûts de cette procédure.

En 2010, selon les chiffres fournis par le ministère de l'Emploi, les contrats visés concernent essentiellement des ressortissants de l'Union européenne (4

---

[205] La compréhension et l'évolution contextuelle de cette catégorie de « réfugié » sont explicitées dans le chapitre 12 de ce travail.

[206] Les salariés de nationalité française peuvent bénéficier de visa de leur contrat de travail qui peut aller jusque dix ans, du fait des dispositions (article 2) de l'accord entre le gouvernement français et celui du gouvernement Maroc en matière de séjour et d'emploi du 9 octobre 1987.

[207] Dans le cadre d'une enquête menée par Eba Nguema Nisrine, certains travailleurs européens ont indiqué que le coût de la procédure ANAPEC qu'ils avaient mené s'élevait à près de 5 000dh (EBA NGUEMA, 2015). D'autres estimations considèrent que ce coût est supérieur. Soulignons que ce coût incombe a priori à l'employeur et non au candidat travailleur. Il semblerait cependant que certains employeurs fassent porter, partiellement ou pleinement, ces coûts à leurs salariés étrangers.

[208] Cette procédure impliquait, jusque récemment, la publication d'annonces de presse « offre d'emploi » sur deux journaux dont le tirage dépasse 10 000 exemplaires (un en français, le second en arabe), et de remplir un descriptif du poste. Un délai de 10 jours est accordé pour que l'ANAPEC reçoive les dossiers de candidature et procède au traitement. Si la recherche par annonces s'avère infructueuse, l'employeur fourni un dossier intégrant une demande adressée au Directeur général de l'ANAPEC comprenant les noms et prénoms du salarié étranger, avec l'emploi métier en précisant les compétences requises et les tâches à effectuer, des copies des diplômes et attestations de travail de l'intéressé, son curriculum vitae et le descriptif de poste dont le canevas est fourni par l'ANAPEC. Selon le document qui m'a été remis par le ministère de l'Emploi, « si l'employeur est autorisé à employer le salarié étranger pour lequel toute cette procédure a été entamée, il doit se munir de ladite attestation accompagnée de toutes les pièces que lui réclamera le département de l'Emploi (direction de l'Emploi) ». (ministère de l'Emploi, « Projet de réponse relatif à l'accès des étrangers au marché du travail », document non publié remis en mai 2013). Cependant, dans le cadre des réformes entreprises par le ministère du Travail, il semblerait, en 2018, que l'exigence de la publication des annonces sur des journaux papier et à haut tirage soit en cours de suppression (au regard notamment du recours possible à des supports électroniques).

[209] Pour les ressortissants français bénéficiant de l'article 2 de l'Accord du 9 octobre 1987 : « En cas de changement d'employeur, le nouveau contrat recevra automatiquement le visa pour une durée égale à la période qui reste à courir ».

500 salariés), soit environ 52,5 % de l'ensemble des salariés étrangers[210]. Les contrats visés pour les ressortissants français sont alors de 3 001, de 451 pour les Turcs et de 974 pour les Chinois[211].

Si ces chiffres ne distinguent pas la délivrance d'attestation d'activité ANAPEC et les contrats visés par le ministère de l'Emploi, cette distinction entre les deux procédures apparaît dans le tableau ci-dessous.

Tableau 6 : Nombre d'attestations ANAPEC et de contrats visés par le ministère de l'Emploi (intégrant les dispensés d'attestations ANAPEC).

	2007	2008	2009	2010	2011	2012
Attestation d'activités ANAPEC délivrées	1947	1812	2110	2037	2394	3684
Nombre de contrats visés dont :	7574	8770	9378	8901	8972	8311
Renouvellement	3981	4385	5509	5561	5550	5217
1er établissement	3353	4097	3532	3009	3030	2787

Source : Délégation de l'emploi des étrangers, ministère de l'Emploi

Les modalités de mise en œuvre de la procédure légale et de la formalisation du recrutement d'un étranger manifestent les critères d'éligibilité et la traduction pratique de la procédure de préférence nationale. Suivant Tamanaha, qui considère que « ce qu'est le droit est déterminé par les usages communs des gens, dans le champ social, et non pas à l'avance par le théoricien ou le chercheur en sciences sociales » (2000 : 314), il s'agit de s'intéresser à la manière dont les acteurs déploient et comprennent le droit. Le droit est alors pris en tant qu'activité pratique s'insérant dans des interactions et dans un contexte donné, en lien notamment avec le mécanisme des catégorisations déployées par les acteurs.

Le durcissement des pratiques constaté fin 2012 s'intègre à un contexte de focalisation sur la migration dite subsaharienne et, plus récemment, sur l'arrivée de plus en plus de ressortissants d'autres pays, notamment européens, en quête d'emploi. Pourtant, le nombre des autorisations de travail délivrées apparaît faible et les perspectives légales d'accès au marché du travail formel limitées. Certains étrangers bénéficient légalement d'un accès privilégié au marché du travail. Ceux-ci peuvent cependant être confrontés à des difficultés

[210] Ministère de l'Emploi et de la Formation professionnelle, *Rapport sur l'emploi des salariés étrangers au Maroc*, janvier 2011, p.6.

[211] Au titre des statistiques de 2012, les nationalités prédominantes sont les Français (2 600 contrats), suivis des Turcs (647), des Chinois (456), des Bulgares (338), des Philippins (276), des Espagnols (275), des Algériens (235) et des Égyptiens (Capital Consulting, 2014 : 24).

pratiques d'entrée sur le territoire marocain ou de régularisation de leur emploi et de leur séjour, compliquées par celles de l'obtention d'un contrat de travail, d'un contrat de bail ou de l'ouverture d'un compte bancaire. Les réfugiés font également partie des catégories légalement dispensées de la procédure dite ANAPEC. Pourtant, la non-reconnaissance du statut délivré par l'UNHCR a rendu cette disposition ineffective jusqu'en 2013. Depuis, tous les réfugiés reconnus par l'UNHCR ne sont pas reconnus comme tels par les autorités marocaines[212], limitant leur accès aux droits découlant de leur statut, notamment ceux liés à l'accès à l'emploi.

Si le différentiel entre attestations ANAPEC et contrats visés (*cf. tableau ci-dessus*) s'explique en partie par les dispenses d'attestation ANAPEC dont bénéficient certains étrangers, un certain nombre d'étrangers bénéficiant de cette dispense ne font pas viser leur contrat de travail. Certains peuvent le régulariser en tant que conjoint.e de Marocain.e, réfugié ou visiteur[213]. Selon les services du ministère de l'Emploi et de la Formation professionnelle : « Le critère d'octroi du visa d'un contrat de travail d'étranger répond à un double objectif, d'une part, le souci évident et incontournable de protéger la main-d'œuvre nationale contre toute concurrence que pourrait lui opposer la main-d'œuvre étrangère, à qualification professionnelle égale et, d'autre part, la réponse aux besoins du pays en compétences étrangères nécessaires au développement de notre pays. Toutefois, l'instruction favorable de certaines demandes de visa de contrat de travail est inévitable eu égard à des considérations d'ordre politique, économique ou social »[214]. L'attestation de l'ANAPEC est présentée, par le ministère de l'Emploi, comme « une pièce parmi d'autre [*qui*] permet aux services compétents du département de l'emploi la prise de décision quant au visa du contrat de travail d'étranger »[215]. Face à une procédure considérée comme lourde et contraignante, pour une

---

[212] À la suite de l'annonce de la Nouvelle Politique d'Immigration et d'Asile (NPIA) en septembre 2013, les autorités marocaines ont reconnu le statut de certains des réfugiés reconnus comme tels par l'UNHCR. Certains (en particulier syriens) ont été exclus de cette reconnaissance. Par ailleurs, la fermeture de la commission interministérielle en charge en charge des auditions de réfugiés, de mars 2017 à décembre 2018, a ralentie le processus de reconnaissance des réfugiés de l'UNHCR par les autorités marocaines (cf. chapitre 12).

[213] Il peut cependant paraître surprenant que seulement 574 contrats aient été visés en 2010 pour des salariés algériens (211), sénégalais (235) et tunisiens (128), non soumis à la procédure ANAPEC [Source : ministère de l'Emploi et de la Formation professionnelle, *Rapport sur l'emploi des salariés étrangers au Maroc*, janvier 2011, p.7]. Bien que résidant aussi sous d'autres statuts administratifs que celui de « travailleur » (chef d'entreprise, étudiant, conjoint.e de marocain.e, etc.), ils sont pourtant plus nombreux au Maroc, notamment en situation de travail et parfois sans autre statut légal susceptible de soutenir la régularisation de leur séjour sur le territoire marocain.

[214] Document remis en réponse à des questions soumises par écrit au service de l'emploi des étrangers, en mai 2013.

[215] Ibid.

administration qui dispose de moyens insuffisants[216], des considérations d'ordre économique et politique interviennent également. Des partenariats stratégiques et des enjeux liés aux investissements étrangers au Maroc (BTP, hôtellerie, restauration, aéronautique, *offshoring*, grandes enseignes et multinationales adjudicataires de marchés publics) justifient ainsi la dispense de procédure ANAPEC accordée à certains candidats étrangers et à leurs employeurs. Ces étrangers travaillent donc de manière régulière au Maroc et bénéficient d'un contrat de travail visé par le ministère de l'Emploi, sans avoir été soumis à la règle de la préférence nationale et sans faire partie des catégories légalement dispensées de cette procédure. M. Seddiki, alors ministre de l'Emploi, admet d'ailleurs, dans un reportage diffusé en mars 2015, que « les procédures sont un peu compliquées » et que le « système dérogatoire » au niveau de la mise en œuvre de la procédure par le ministère de l'Emploi est « très développé »[217]. Si la procédure d'autorisation de travail intègre le recours régulier et normalisé à des dérogations à l'attestation ANAPEC, pour certains étrangers, elle est par contre rendue difficilement accessible à d'autres étrangers, quand bien même ceux-ci rempliraient les conditions pour accéder formellement à la procédure ANAPEC. Pour illustration, j'ai pu suivre la procédure menée pour le recrutement d'un étranger originaire d'Afrique centrale, pour une structure accueillant un public d'étrangers originaires majoritairement d'Afrique de l'Ouest ou centrale. Les attentes liées au poste et ses compétences particulières, sa connaissance de terrain et sa maîtrise de langues d'Afrique de l'Ouest et centrale rendent peu probable une concurrence avec un profil marocain. La demande d'autorisation de travail n'a jamais pu aboutir.

Outre les modalités de déploiement de la procédure ANAPEC et d'obtention de l'autorisation de travail, il s'agit d'interroger les modalités mêmes d'accès à l'emploi déclaré pour un étranger au Maroc, préalable à une régularisation non seulement de l'emploi, mais également du séjour[218]. Si certaines catégories d'étrangers (notamment les Sénégalais, les Tunisiens et les Algériens) sont formellement dispensées de visa d'entrée et d'autorisation de travail, cela ne contraint de fait pas l'employeur à les déclarer et à se soumettre à la procédure d'autorisation de travail. L'intégration de ces travailleurs dans des emplois non déclarés — pour des sociétés parfois également non déclarées — renvoie aux réalités d'un marché de l'emploi et de

---

[216] M'Hammed Nejjari, chef du service de la gestion des flux migratoires pour des fins de travail déclare, en 2014, qu' : « Un effectif réduit gère ce flux massif. En 2004, nous étions 36 personnes à traiter les dossiers. Actuellement, nous ne sommes que 13 », dans Nazih Ahlam, « Analyse/mobilité des cadres : Les compétences marocaines d'abord », *L'Économiste*, édition n° 4416, 09/12/2014.

[217] Émission 2M, « dans les coulisses de l'univers des salariés étrangers », diffusée le 9 mars 2015.

[218] Sauf pour ceux en mesure de régulariser leur séjour sous un autre statut administratif (conjoint.e de marocain.e, visiteur, etc.).

secteurs de l'économie ancrés dans des activités — globales ou partielles — dites informelles. Elle tient aussi de l'évaluation morale, matérielle et pratique réalisée par l'employeur quant à la pertinence de déclarer son salarié, dans un environnement où le travail non déclaré est couramment considéré comme normal et, à ce jour, non problématique, en particulier dans certains secteurs. Soulignons qu'il est également compliqué de déclarer l'emploi de certaines catégories de travailleurs, comme il en est des employées de maison ; et ce malgré l'adoption en 2016 de la loi n° 19-12 fixant les conditions de travail et d'emploi des travailleurs domestiques.

Entre les étrangers appartenant à des catégories bénéficiant, selon les textes[219], de facilités pour l'accès à l'emploi, mais qui, en pratique, en sont exclus[220], et ceux soumis formellement à la règle de préférence nationale bénéficiant en pratique de dérogations, c'est par l'attention portée à la grammaire pratique des actes que nous apparaissent les modalités de production et de manifestation de la rationalité pratique des acteurs - étranger, employeur, agent de l'inspection du travail, agent administratif de l'ANAPEC, responsable du ministère de l'Emploi ou d'autres instances de décision – concernant l'accès à certaines procédures, comme il peut en être de l'emploi ou du séjour. La règle est à appréhender sans présupposer de son attache au droit positif. La substance donnée aux dispositions du droit positif transparaît cependant de ces pratiques, notamment en termes de contournement, de publicité ou de justification, réintégrant le caractère descriptible et justifiable de l'action (*accountability)* auquel Garfinkel fait référence (2009)[221]. Dans un rapport intitulé « Maroc : Migration, marché du travail et développement » (2010), Khachani évoque, à côté de cette population qui réside légalement au Maroc, d'autres migrants qui travaillent « au noir » :

> Des nationalités insoupçonnées sont en situation irrégulière. Les inspecteurs de travail ont dénombré récemment près de 3 000 étrangers qui travaillent « au noir » au Maroc. 45 nationalités ont été recensées dont des Anglais, des Libanais, des Coréens et des Saoudiens. Mais les Chinois et les Français demeurent les plus nombreux. Tous les secteurs d'activités sont concernés, avec une forte concentration de travailleurs

[219] Ces textes juridiques émanent le plus souvent de Conventions bilatérale ou internationales, impliquant une réciprocité pour les ressortissants marocains dans le bénéfice de ces dispositions.

[220] Sénégalais, réfugiés statutaires de l'UNHCR, conjoint.e de marocain.e, etc.

[221] « Par descriptible j'entends observable et rapportable, au sens où les membres disposent de leurs activités et situations à travers ces pratiques situées que sont voir-et-dire. Je veux dire également que de telles pratiques consistent en un accomplissement sans fin, continu et contingent ; qu'elles sont réalisées, et provoquées comme événements, dans le cadre des affaires courantes qu'elles décrivent tout en les organisant ; qu'elles sont l'œuvre d'agents qui participent à des situations d'une manière telle que, obstinément, ils tablent sur leur compétence, la reconnaissent, l'utilisent, la considèrent comme allant de soi » (Garfinkel, 2009 : 51).

> étrangers dans l'hôtellerie et la restauration. Cette fraude touche même les entreprises structurées. (…) Mais la présence irrégulière la plus visible est celle des Subsahariens. Le Maroc est devenu un espace de transit et a tendance à devenir un pays d'immigration (2010 : 26).

Différentes inférences opèrent ici. Le soupçon de travail irrégulier (dit « au noir ») semble ne pas s'appliquer naturellement à certaines catégories nationales d'étrangers (Anglais, Libanais, etc.) et aux sociétés dites « structurées ». Il est donc important de percevoir les collections de droits et devoirs rattachées au statut de l'étranger au-delà des règles formellement en vigueur. Pour reprendre Wittgenstein (2014 : §202), « suivre une règle est une pratique. Penser que l'on suit la règle n'est pas suivre la règle ». Si, d'après ces chiffres, les « Chinois et les Français demeurent les plus nombreux » à travailler irrégulièrement, à quoi correspond cette « présence irrégulière plus visible » des Subsahariens ? S'agit-il de celle qui aurait échappé à l'inspection du travail ? Découle-t-elle de la visibilité des dits Subsahariens dans l'espace public ou de la connaissance commune (présumée ?) qu'auraient les gens au Maroc de l'emploi irrégulier des étrangers ?

En nous intéressant ici aux « procédures par lesquelles les acteurs analysent les circonstances dans lesquelles ils se trouvent et conçoivent et mettent en œuvre des modes d'action » (Heritage, 1984 : 9), nous cherchons à mieux comprendre les logiques sous-jacentes aux dispositifs publics et politiques d'emploi des étrangers.

La décision de permettre aux étrangers régularisés par le biais des opérations exceptionnelles de régularisation de 2014 et 2017 (cf. chapitre 10) d'accéder à l'emploi sans passer par la procédure ANAPEC constitue un tournant, ayant permis de déroger aux dispositions du droit commun et de faciliter le recrutement des étrangers concernés, auparavant en séjour irrégulier et, pour certains, entrés irrégulièrement sur le territoire. Il reste difficile aujourd'hui d'estimer le nombre d'étrangers ayant pu bénéficier de cette dérogation, d'autant que tous les régularisés ne sont pas déclarés dans l'emploi qu'ils occupent. Par ailleurs, certains d'entres eux font d'ores et déjà partie des catégories d'étrangers dispensés par les dispositions du droit positif de la procédure ANAPEC (Sénégalais, Algériens, conjoint.e de Marocain.e, etc.). Cette décision politique de régulariser des étrangers en séjour irrégulier s'est accompagnée de celle d'accorder automatiquement l'autorisation de travail à l'ensemble des régularisés de ces opérations, en dérogation au Code du travail. La mention « travail » a été indiquée comme motif de séjour sur les cartes d'immatriculation délivrées aux bénéficiaires de la première opération de régularisation ; la mention « opération exceptionnelle de régularisation » pour les bénéficiaires de la seconde. L'obtention d'un titre de séjour dans le cadre de ces procédures de régularisation exceptionnelle conditionne l'accès à cette dérogation particulière (cf. chapitre 10), facilitant l'accès à l'emploi formel, mais sans temporalité définie pour ce qui est de sa prorogation. Les autres étrangers restent soumis à la procédure de droit commun telle que présentée dans ce chapitre, soutenant la distinction entre « étrangers réguliers », « étrangers régularisés », « étrangers irréguliers » et « étrangers en séjour touristique [ou visiteur] travaillant irrégulièrement ».

Au travers des opérations de catégorisation et des lectures situées des droits rattachés à telle ou telle catégorie d'étrangers, nous est donné à voir le sens commun de ceux qui, engagés dans une certaine pratique, interprètent la règle. L'intérêt et les coûts de la déclaration d'un salarié étranger, en termes financiers, mais aussi de lourdeur administrative et donc de délais ou de durée de la procédure sont à prendre en compte. Il en est ainsi également des besoins en compétences ou des profils bénéfiques tels qu'identifiés par les responsables chargés d'autoriser l'emploi de tel ou tel étranger, selon des déterminants liés aux compétences particulières détenues par le candidat, aux secteurs d'emploi en demande, mais aussi aux caractéristiques de l'employeur ou aux relations avec l'État d'origine du candidat. Peuvent également être interpellées les modalités par lesquelles des décisions relatives à l'attribution ou à la restriction de certains droits alimentent des orientations et négociations politiques, au niveau national, bilatéral ou régional. La nouvelle politique d'immigration et d'asile a été rapidement présentée par les discours politiques et médiatiques comme étant orientée vers ceux qualifiés de « migrants africains », en vue de soutenir l'« intégration » de cette population dans la société marocaine, tout en contribuant à nourrir les démarches diplomatiques pour se rapprocher ou soutenir la collaboration avec certains États ou organisations régionales, africaines et européennes notamment[222].

Les modalités par lesquelles les règles et les pratiques s'organisent, dans un environnement constitué de différents acteurs, dont les activités s'ajustent, contribuent à la production d'un ordre endogène (Garfinkel, 2009), dans ce que Paul ten Have et George Psathas (1995 : ix) appellent l'« ordre situé » (Dupret, 2006b : 123). C'est ce que nous souhaiterions traiter dans une dernière partie, en envisageant les liens entre accès à l'emploi et situation administrative de l'étranger.

III. ACCÈS À L'EMPLOI ET SÉJOUR DE L'ÉTRANGER

Le travailleur étranger au Maroc — venu de manière autonome ou à la suite de l'appel d'un employeur — ne bénéficie que d'un délai court (90 jours

---

222 Par exemple avec l'Union africaine, que le Maroc a réintégrée en janvier 2017, la CEDEAO que le Maroc a demandé d'intégrer en février 2017, mais aussi avec des structures européennes en charge de la lutte contre la migration irrégulière ou du renforcement de la position du Maroc comme pont (économique, commercial, politique, etc.) entre les deux continents.

ou la durée du visa octroyé) pour qu'aboutisse la procédure d'autorisation de travail permettant la régularisation de son séjour sur le territoire. Au-delà de ce délai, il risque de se retrouver en séjour irrégulier[223]. La possibilité qu'ont les « dispensés de visa d'entrée » de sortir du territoire pour y revenir, si leurs démarches n'ont pas abouti, constitue l'une des pratiques permettant de travailler au Maroc tout en s'intégrant à la catégorie du « touriste », assimilé au séjour régulier. Les pratiques liées à l'entrée sur le territoire marocain agissent sur l'accès au séjour ou au travail des étrangers[224]. À cela s'ajoute la possibilité d'annuler le visa si « l'étranger exerce au Maroc une activité lucrative, sans avoir été régulièrement autorisé, ou s'il existe des indices concordants permettant de présumer que l'intéressé est venu au Maroc pour s'y établir, ou si son comportement trouble l'ordre public » (art.40 de la loi n°02-03). Les dispositions du droit positif prévoient donc explicitement la possibilité d'annuler le visa d'un étranger exerçant une activité lucrative sans autorisation légale[225].

Si nous avons évoqué les modalités de déploiement de la règle de préférence nationale, différentes déclarations publiques de responsables politiques, relayées par la presse nationale, ont dénoncé l'emploi clandestin des étrangers, l'absence de protection juridique de ces travailleurs ou la concurrence déloyale opérée sur le marché de l'emploi national. Des critiques sont formulées quant à l'opacité de la procédure d'autorisation de travail. Les déclarations politiques en question ciblaient en particulier les travailleurs étrangers ne bénéficiant pas d'autorisations de travail. En juillet 2012, le ministre de l'Emploi alertait déjà, dans un discours prononcé devant le Conseil économique et social des Nations Unies, sur l'amplification de la crise de l'emploi et l'influence négative que pouvaient avoir le retour de ressortissants marocains et l'afflux des ressortissants des pays du Nord[226]. Lors de la session de rentrée 2013 de la Chambre des représentants, c'est le groupe du Parti de la Justice et du Développement (PJD) qui a interpellé le ministre de l'Emploi sur le travail clandestin des étrangers, qui aurait visé essentiellement les

---

[223] Signalons que le décret n° 2-09-607 du 1er avril 2010 pris pour application de la loi n° 02-03 conditionne l'attribution d'une carte d'immatriculation portant la mention « pour le travail » à la fourniture d'un « contrat de travail homologué par l'autorité gouvernementale chargée de l'emploi », ainsi que d'un visa d'entrée au Maroc portant la mention « pour le travail » pour les ressortissants d'États ne bénéficiant pas de dispense de visa d'entrée.

[224] La dispense de visa d'entrée ou le fait d'avoir obtenu un visa d'accès au territoire marocain ne rendent cependant pas automatique l'entrée sur le territoire (cf. chapitre 3).

[225] Non seulement cette disposition ne s'applique a priori pas aux étrangers dispensés de visa, mais je n'ai jamais eu à constater au cours de mon expérience de sanctions de cet ordre au travail irrégulier d'étrangers.

[226] « Crise d'emploi et immigration : Les précisions de Abdelouahed Souhail », *Aujourdhui.ma*, 17-07-2012.

Européens, accusés de priver les compétences nationales de postes d'emploi et d'être rémunérés à des niveaux jugés indécents[227].

Dans un communiqué daté du 14 juin 2013, le ministère de l'Intérieur invite les Européens ayant dépassé les trois mois de séjour accordés aux touristes à régulariser leur situation. Ainsi le ministère constate que « de plus en plus de ressortissants de pays européens, espagnols, français et autres, qui visitent ou séjournent au royaume, y occupent, à titre temporaire ou permanent, des emplois ou y créent des entreprises »[228]. Ce communiqué souligne que « fidèle à sa tradition de pays hospitalier, ouvert et accueillant, le Maroc se réjouit de cette nouvelle marque de confiance dans sa politique de développement ». Et d'ajouter : « Afin d'améliorer les conditions de séjour de ces étrangers, de veiller sur leur sécurité et de leur assurer leurs droits, il leur est recommandé de remplir, auprès des services concernés, les formalités relatives à leur séjour et à leurs occupations professionnelles ». Les étrangers européens ont la possibilité de sortir du territoire marocain par les frontières de Ceuta et Melilla, permettant de réduire non seulement les distances, la durée, mais également les coûts de ces allers-retours en vue d'un maintien en séjour régulier sur le territoire sous statut « touristique ». D'autres, et notamment des ressortissants sénégalais ont recours à la même pratique en passant par la frontière maroco-mauritanienne, tout en étant plus régulièrement soumis à des entraves à l'entrée découlant de suspicions quant au risque de séjour irrégulier sur le territoire. Ce qui est présenté comme un « secret de polichinelle » est aisé à constater dans les grandes villes du royaume (Rabat, Casablanca, Tanger, Marrakech et Agadir en particulier) où la diversité des travailleurs étrangers est visible.

Si l'employeur est passible d'une amende en cas d'emploi d'un salarié étranger sans autorisation de travail ou sans se conformer au modèle de contrat de travail prévu par la loi, le montant de l'amende prévue est peu dissuasif (2 000 à 5 000 dH) [229]. L'étranger qui ne détient pas de contrat de travail en règle ne bénéficie d'aucune protection légale liée à son emploi considéré comme informel. Dans le cadre du suivi de différentes affaires concernant des étrangers victimes d'accidents du travail ou souhaitant dénoncer leurs conditions de travail, j'ai pu constater du peu de protection accordée par la justice marocaine et l'inspection du travail aux étrangers ne disposant pas de contrats de travail, et a fortiori d'autorisations de travail valides. Le postulat

---

[227] Voir à ce sujet Mohammed Jaabouk, « Etrangers au Maroc : Les députés interpellent les ministres de l'Intérieur et de l'Emploi », *Yabiladi.com*, 02/01/201.3

[228] MAP, « Séjour des étrangers au Maroc : Les étrangers désireux de séjourner ou travailler au Maroc invités à remplir les formalités », *Le Matin,* 16 juin 2013.

[229] « Est puni d'une amende de 2 000 à 5 000 dirhams tout employeur : qui n'a pas obtenu l'autorisation prévue par l'article 516 ou qui a employé un salarié étranger dépourvu de ladite autorisation ; qui emploie un salarié étranger dont le contrat n'est pas conforme au modèle prévu par l'article 517 ; qui enfreint les dispositions des articles 518 et 519 » (art.521 du Code du travail).

est que le travail des étrangers sans autorisation, n'étant pas issu d'un contrat de travail conforme à la législation, il ne peut y avoir de protection légale, même en cas d'accident de travail[230]. Si le rôle de l'inspection du travail est « d'assurer l'application des dispositions législatives et réglementaires relatives au travail » (art 532 du Code du travail), cette disposition est pour l'instant limitée en pratique pour ce qui est des étrangers aux « personnes liées par un contrat de travail »[231]. L'inspection du travail peut alors intervenir pour mettre fin à l'emploi irrégulier d'un salarié étranger en demandant à l'employeur de prendre à sa charge les frais de retour de l'employé dans son pays[232]. Dans la pratique, les interventions de l'inspection du travail dans ce sens semblent limitées et les inspecteurs du travail sont limités dans leurs interventions par leur effectif réduit et les difficultés qui découlent de la saisine des procureurs quant aux infractions qu'ils constatent et du suivi des procès-verbaux dressés. D'après les informations transmises par le ministère de l'Emploi, au cours de l'année 2012, « l'inspection du travail a réalisé 25 411 visites d'inspection dans le secteur de l'industrie, du commerce et des services et 1 306 visites dans le secteur agricole. Dans ce cadre, les agents d'inspection ont dressé 508 procès-verbaux avec 508 délits dont 11 concernent le non-respect des procédures relatives au travail des salariés étrangers »[233].

---

230 En 2010, au nom du GADEM, j'ai accompagné un travailleur sénégalais victime d'un accident de travail (quatre doigts coupés et la main écrasée par une machine d'usine). Il a été possible d'impliquer le syndicat ODT et l'inspection du travail. Ce travailleur sénégalais était entré régulièrement. Il aurait pu travailler légalement, dispensé d'autorisation de travail comme tous les ressortissants sénégalais. Aucune sanction contre l'employeur n'a cependant pu être envisagée, sous le motif que son emploi n'était pas déclaré par son employeur. Un accord à l'amiable a été négocié via l'inspection du travail en vue d'une indemnisation du salarié concerné. Après des mois d'attente, celui-ci est retourné au Sénégal sans avoir reçu aucune indemnisation et privé de l'usage de sa main gauche. Une quarantaine d'étrangers, majoritairement originaire du Sénégal, travaillaient alors dans la même société sans bénéficier de contrat de travail, contraints à des allers-retours compliqués (notamment au regard du salaire reçu) et réguliers au Sénégal pour se maintenir en séjour régulier ou soumis aux contraintes liées à un séjour irrégulier sur le territoire. L'une des contraintes de cette intervention était de ne pas mettre en péril l'emploi de ces travailleurs sénégalais exerçant irrégulièrement, tout comme une partie des salariés marocains recrutés par cette société.

231 Cette indication est intégrée dans le document remis en réponse à des questions soumises par écrit au service de l'emploi des étrangers, en mai 2013. Il y était indiqué que « la mission principale des agents de l'inspection du travail est d'assurer l'application des dispositions législatives et réglementaires relatives au travail qui s'applique aux personnes liées par un contrat de travail » (« Projet de réponse relatif à l'accès des étrangers au marché du travail », ministère de l'Emploi, document non publié remis en mai 2013 en réponse à des questions soumises par écrit au service de l'emploi des étrangers, p.5).

232 Cette pratique fait écho à l'article 518 du Code du travail qui prévoit que le contrat de travail étranger « doit stipuler qu'en cas de refus de l'octroi de l'autorisation mentionnée au 1er alinéa de l'article 516, l'employeur s'engage à prendre à sa charge les frais du retour du salarié étranger à son pays ou au pays où il résidait ».

233 Ministère de l'Emploi, « Projet de réponse relatif à l'accès des étrangers au marché du travail », document non publié remis en mai 2013 en réponse à des questions soumises par écrit au service de l'emploi des étrangers, p.6.

Comme l'illustre la situation d'Ibrahim présentée en amont, le fait, pour les étrangers soumis à l'attestation ANAPEC, que la procédure soit gérée par les employeurs et l'absence de formalisation du refus de renouvellement de leur autorisation de travail, ne soutient pas la maîtrise par l'étranger concerné des enjeux de cette procédure et de sa candidature, alors même que son droit au séjour en dépend. Si l'étranger a pu obtenir une autorisation de travail via la procédure de préférence nationale, il doit, comme nous l'avons vu, la renouveler périodiquement. Jusque récemment, le contrat de travail étranger était à durée déterminée. Le contrat de travail à durée indéterminée n'existait légalement pas pour l'étranger au Maroc, quelque soit l'accord passé avec son employeur. Le juge semble systématiquement conditionner les demandes en réparation, indemnités (pour licenciement abusif notamment), requalification du contrat de travail, etc., à la validité de l'autorisation de travail, limitant les éventuelles réparations ou indemnités dues au salarié étranger à la durée restante de cette autorisation. Cela porte nécessairement préjudice aux étrangers disposant d'un CDI, mais d'une autorisation de travail à court terme. En 2018, plusieurs décisions de la chambre sociale de la Cour de cassation contredisent cette tendance[234]. Le cœur de la procédure pour l'étranger, quelle que soit sa catégorie, se situe bien au niveau de l'autorisation de travail, plaçant le travailleur étranger qui n'en dispose pas (même détenteur d'un contrat de travail) dans une situation administrative irrégulière vis-à-vis de l'emploi, susceptible de découler sur une situation administrative irrégulière vis-à-vis du séjour. Quatre ans après le lancement de la première opération exceptionnelle de régularisation, les régularisés de l'opération font exception, ainsi que les étrangers parvenant à régulariser leur séjour sous un autre statut. Certaine.s employée.s de maison ont ainsi pu régulariser leur séjour, ce qui ne leur aurait pas été rendu accessible dans le cadre du droit commun et reste exclu pour ceux n'ayant pu bénéficier des opérations exceptionnelles de régularisation.

La tolérance accordée au recrutement de travailleurs étrangers ne disposant pas d'autorisations de travail – dispensés ou pas de l'attestation d'activité délivrée par l'ANAPEC –, et celle concernant l'emploi non déclaré de travailleurs marocains, accompagne la pratique consistant pour certains à conditionner le recrutement du salarié étranger par un séjour régulier indépendant du statut de travailleur, comme cela se retrouve dans la situation d'Ibrahim. Il s'agit alors pour le travailleur étranger de se couvrir d'un statut formel de « touriste », contraint à des sorties et entrées régulières sur le territoire, d'« étudiant » impliquant une inscription dans une école privée, ou de recourir à une autre catégorie administrative qui lui est rendue accessible. Il s'agit notamment des catégories administratives de « conjoint.e de Marocain.e », de « réfugié reconnu par les autorités marocaines », de

[234] Notamment arrêt n°936/1 de la chambre sociale de la cour de Cassation, en date du 16/10/2018, Dossier social n° 1743/5/1/2016.

« visiteur »[235] ou de « conjoint.e d'étranger titulaire d'une carte de résidence » (cf. supra). C'est face à cette situation qu'Ibrahim, ayant perdu son emploi à la suite de l'annonce du non-renouvellement de son autorisation de travail, a entrepris différentes démarches en vue de se maintenir sur le territoire marocain où sa conjointe exerce une activité professionnelle autorisée. Les réponses obtenues dans les trois commissariats (cf. supra) renvoient à des caractéristiques et conditions rapportées par les agents de police concernant l'accès à la catégorie administrative de l'étranger régularisé au titre du séjour régulier de son conjoint étranger. Ces critères sont la manifestation des compréhensions de l'arrière-plan et du contexte, notamment juridique, sur lesquelles s'appuient ces agents, comme ressources pour identifier la catégorie administrative dans laquelle s'intègre l'individu concerné. Elle renvoie, dans la réponse obtenue dans le premier commissariat, à une référence aux instructions émanant d'un texte juridique - la loi n° 02-03 - prévoyant l'accès à cette procédure pour le conjoint du détenteur d'une carte de résidence. La catégorie des étrangers en séjour régulier se subdivise alors entre détenteur d'une carte d'immatriculation et détenteur d'une carte de résidence. Ces deux catégories administratives ne sont formellement pas rattachées aux mêmes droits, notamment celui de l'étranger de faire bénéficier son conjoint d'un titre de séjour. La carte de résidence correspond à une autorisation de séjour pérenne sur le territoire[236]. La carte d'immatriculation est quant à elle d'une durée de un à dix ans.

Cette compréhension d'arrière-plan tient compte des interlocuteurs concernés et, dans la réponse fournie dans le second commissariat, à celle d'une interlocutrice française détentrice d'une carte d'immatriculation. Les caractéristiques attribuées à cette interlocutrice, semble avoir participé à l'ajustement de la réponse apportée et orienté la possibilité ou pas de délivrance d'un titre de séjour au titre de conjoint. La réponse de l'agent de police peut découler de pratiques consistant à considérer les ressortissants européens comme destinataires naturels de la possibilité de se voir accorder une carte de résidence en cas de « résidence sur le territoire marocain, non

[235] Selon l'article 13 de la loi n° 02-03, « la carte d'immatriculation délivrée à l'étranger, qui apporte la preuve qu'il peut vivre de ses seules ressources et qui prend l'engagement de n'exercer au Maroc aucune activité professionnelle soumise à autorisation, porte la mention "visiteur".

[236] La carte de résidence prévue par l'article 16 de la loi n° 02-03 est d'une durée de 10 ans renouvelable (art. 20 du décret n° 2-09-607 pris pour application de la loi n° 02-03). L'article 16 de la loi n° 02-03 correspond à la possibilité pour l'administration d'octroyer une carte de résidence à « l'étranger qui justifie d'une résidence sur le territoire marocain, non interrompue, conforme aux lois et règlements en vigueur, d'au moins 4 années ». Aucune précision de durée n'est apportée pour ce qui est de la carte de résidence délivrée au titre de l'article 17 de la ladite loi concernant les étrangers bénéficiaires de plein droit de cette carte (réfugié, conjoint.e d'un.e marocain.e, conjoint.e et enfant d'un.e étrangèr.e titulaire de la carte de résident, etc.). Précisions qu'un certain nombre de bénéficiaires de droit d'une carte de résidence se voient délivrer une carte d'immatriculation de longue durée.

interrompue, conforme aux lois et règlements en vigueur, d'au moins 4 années » (art. 16 de la loi n° 02-03) ou s'intégrer dans les facilités en matière de séjour et d'emploi prévues par l'accord France - Maroc de 1987[237] précédemment cité. Il ne nous est pas possible d'affirmer, jusqu'à plus ample informé, de l'influence exercée par ces dispositions formelles. La conjointe d'Ibrahim ne s'intègre pas à la catégorie des bénéficiaires de la convention bilatérale entre la France et le Maroc. Soulignons cependant que celle-ci séjourne au Maroc de manière continue et régulière depuis quatre ans, alors que son amie française y séjourne depuis trois ans. Pourtant, si les dispositions de la convention bilatérale énoncée considèrent comme un droit l'accès d'un.e Français.e à une carte de résidence, la loi n° 02-03 n'en prévoit que la possibilité pour la conjointe d'Ibrahim. En effet, « la décision d'accorder ou de refuser la carte de résidence est prise en tenant compte notamment des moyens d'existence dont l'étranger dispose, parmi lesquels les conditions de son activité professionnelle et, le cas échéant, des faits qu'il peut invoquer à l'appui de son intention de s'établir durablement sur le territoire marocain » (art. 16 de la loi n° 02-03). Non seulement cette possibilité peut être conditionnée par une demande de l'intéressé — bien qu'elle soit en pratique parfois directement proposée par l'administration policière à certains étrangers —, mais elle ne reste accessible qu'au moment du renouvellement du titre de séjour. Le fait que l'agent de police ait envisagé cette solution face à son interlocutrice française renvoie à l'appréciation de la règle adéquate qu'il opère en situation, pour chaque cas singulier.

La réponse apportée au couple dans le troisième commissariat renvoie à la capacité de l'administration de produire de nouvelles normes. D'une règle générale, émanant du texte de loi, des instructions, sous forme de circulaires, précisent les modalités de mise en œuvre de ces dispositions générales par les agents et lient ici la délivrance d'un titre de séjour au fait que la demande concerne le conjoint homme souhaitant que sa femme le rejoigne sur le territoire, et non l'inverse. Ces instructions viennent ici non seulement restreindre l'accès aux dispositions juridiques générales, mais impliquent de plus que l'interlocuteur se soumette à l'énonciation orale de la règle par l'agent de police, rendue inaccessible par la non-remise du document et par sa présentation en arabe. Le fait pour l'administration de ne pas publier ou de ne pas rendre accessibles les circulaires énonçant certaines règles maintient une marge d'appréciation sur les décisions prises, sans pour autant qu'il soit avéré

[237] L'article 2 de cet accord prévoit que « les ressortissants français résidant au Maroc et justifiant de trois ans de séjour régulier à la date d'entrée en vigueur du présent Accord bénéficient, de plein droit, d'une autorisation de séjour de dix ans ainsi que du visa pour toute profession salariée sur l'ensemble du territoire du Royaume du Maroc de leur contrat de travail par les autorités compétentes, pour une même durée de dix ans. En cas de changement d'employeur, le nouveau contrat recevra automatiquement le visa pour une durée égale à la période qui reste à courir. L'autorisation de séjour et le visa mentionnés à l'alinéa précédent sont de plein droit renouvelables à leur expiration pour une durée de dix ans ».

que les pratiques qui en découlent s'intègrent dans les règles énoncées par ces textes juridiques (Spire, 2008). Comme le souligne Lascoumes, « contrairement aux perspectives habituelles qui placent dans leurs analyses le juge "en majesté", ce sont plutôt les usagers du droit (administrateurs et administrés) qui se trouvent placés au centre de l'analyse des activités juridiques, ceci, indépendamment de toute validité juridique a priori. Car peu importe ici l'exactitude de leurs analyses et le bien-fondé de leurs prétentions. (…) La question principale est celle des conditions et des formes de mobilisation pratique des règles et la compréhension des régularités observables à l'analyse » (1990 : 52-53). Dans ces allers-retours entre procédures liées au droit au travail et au séjour, apparaissent les dimensions liées au contexte de compréhension par les agents concernés des caractéristiques de leur.s interlocuteur.s, de la situation qui leur est soumise et de leurs contraintes pratiques. Pour reprendre Spire, « tout le pouvoir des agents chargés d'appliquer la loi réside dans cette opacité à choisir de mettre en avant un critère et d'en occulter d'autres pour rendre légitime la décision qu'ils s'apprêtent à prendre (2008 : 81). C'est tout l'intérêt d'une approche praxéologique qui requiert l'utilisation des « critères dont disposent les participants pour déterminer les caractéristiques marquantes des épisodes interactionnels » (Maynard, 1984 : 19). Comme nous l'avons souligné, les dimensions liées au séjour et à l'accès à l'emploi sont régulièrement dépendantes les unes des autres. Les pratiques intègrent alors des normes d'action susceptibles de faciliter ou de compliquer le séjour ou l'accès à l'emploi de certains étrangers. Il ne s'agit pourtant pas de postuler d'une opacité volontairement alimentée par l'agent administratif, qui peut cependant être confortée dans certaines situations. Il ne s'agit pas non plus de postuler du fait que l'agent administratif établirait un lien entre accès à l'emploi et au séjour (et vice versa). Ces pratiques confortent une interprétation des conduites des gens qui ne se laisse pas prendre par une lecture au seul prisme des dispositions du droit positif. Elles incitent à mettre en œuvre une analyse qui soit « plutôt fondée et validée par les orientations propres des participants, leurs catégorisations et les compréhensions qu'ils manifestent » (Maynard, 1984 : 19).

CONCLUSION DU CHAPITRE

En tant que pays d'émigration, la préoccupation du Maroc a été orientée vers la situation de ses ressortissants à l'étranger, larges contributeurs au développement du pays et confrontés à des procédures d'accès à l'emploi soumises à la « préférence nationale ». Si cette règle au Maroc a été positivée au cours de la période du protectorat, ce n'est que tardivement qu'elle est devenue objet de questions dans un pays devenu terre d'immigration. Pourtant, l'immigration de travail existe, sous différentes formes et depuis un certain temps. Comme dans d'autres pays, l'efficience même du marché de l'emploi est interpellée, parallèlement aux capacités d'accueil et de protection de l'étranger "travailleur". Ce dernier ne vient pas nécessairement au Maroc sous ce statut. Pourtant, certains disposent légalement de facilités pour y exercer une activité professionnelle (réfugiés ou conjoint.e.s de Marocain.e.s, Sénégalais.e.s, Tunisien.nne.s et Algérien.ne.s notamment). Entre les discours entourant la ou les migrations au Maroc et l'opacité de certaines procédures, le royaume doit aujourd'hui faire face à des défis majeurs, souvent perçus comme antagoniques, qui interrogent notamment la place du droit dans les politiques publiques. Un ensemble d'acteurs marocains, soutenus en cela par des partenaires étrangers (Organisations internationales et coopérations étatiques européennes en particulier), se penchent actuellement sur des réformes en vue d'une amélioration du dispositif marocain de régulation de la main-d'œuvre étrangère à des fins de travail. Le projet Sharaka, initiative découlant du partenariat pour la mobilité UE-Maroc signé en 2013, en est une illustration, au travers notamment de son volet de renforcement des capacités des autorités marocaines dans l'intégration des immigrés régularisés sur le marché du travail marocain. Ce projet a accompagné d'autres réformes mises en œuvre par le ministère de l'Emploi et l'ANAPEC en vue d'une simplification des procédures. Un rapport de l'Organisation internationale du travail, daté de décembre 2014, recommande d'atténuer la « préférence nationale », d'assouplir et de clarifier la procédure ANAPEC[238]. Si cela peut laisser augurer d'un assouplissement des conditions formelles d'accès à l'emploi pour les étrangers au Maroc, « toute réforme politique par le droit impose d'être pragmatique et de considérer que cet instrument n'est pas seul à pouvoir enclencher un cercle vertueux » (Dupret & Ferrié, 2006 : 12). Ainsi, la réforme par le droit implique au préalable une réforme des pratiques du droit. Au-delà, la focalisation opérée depuis le lancement en 2013 de la « nouvelle politique migratoire » sur les populations dites subsahariennes, éventuellement syriennes et philippines, et le peu d'attention accordée aux autres catégories d'étrangers, pourtant aussi concernées par l'emploi illégal au Maroc, éclaire sur les modalités par lesquelles la politisation peut survenir de manière contingente. Pour illustration, dans le cadre de l'opération exceptionnelle de régularisation des étrangers qui s'est déroulée en 2014 et a bénéficié, selon le ministère de l'Intérieur, à près de 18 000 étrangers en situation irrégulière (sur 27 332 demandes) issus de 116 nationalités, les Sénégalais (6 600)[239] arrivent en tête des régularisés, alors même qu'ils sont formellement dispensés de visa d'entrée et d'autorisation de travail au Maroc. Des avancées sont à noter dans

---

[238] Lemaizi Salaheddine, « Emploi et préférence nationale : un système à bout de souffle », *LesEco*, 09/12/2014

[239] MAP, « Opération exceptionnelle de régularisation des étrangers au Maroc : environ 18 000 migrants régularisés en 2014 », 09/02/2015.

le cadre des procédures d'accès à l'emploi : mise en place, en 2017, du site *Taechir* de gestion des demandes de visa des contrats de travail des étrangers (CTE), engagement du ministère de l'Emploi d'assurer une réponse aux demandes de visas formulées dans un délai maximum de dix (10) jours, réduction du coût de la procédure en supprimant l'obligation de publier les annonces de postes dans des journaux papiers pour les employeurs. L'évolution récente de la jurisprudence relative à la validité du contrat de travail étranger souligne le souci du juge d'une harmonisation du droit et de ses pratiques avec les engagements internationaux du Maroc. C'est une avancée considérable dans la prise en compte de la réalité de l'immigration de travailleurs étrangers sur le territoire, aujourd'hui moins précarisés qu'hier.

PARTIE III

L'ÉTRANGER CATÉGORISÉ

CHAPITRE 9

L'ANALYSE DES CATÉGORISATIONS DE L'ÉTRANGER DANS LES DISCOURS PUBLICS ET LA VIE ORDINAIRE

L'analyse des catégories d'appartenance est centrale dans la compréhension du savoir ordinaire et des méthodes utilisées par les individus dans leurs activités de description et de jugement, omniprésentes dans la vie quotidienne (cf. chapitre 1). Il s'agit alors de porter son attention sur la nature indexicale des mots, la « sensibilité contextuelle du langage, en s'intéressant au parler comme véhicule de l'action sociale » (Drew & Heritage, 1992 : 16). Ce chapitre permettra, dans un premier temps, de retracer succinctement l'évolution de l'analyse des catégorisations d'appartenance, par un retour sur la pensée de Schütz (1953, 1987, 1990) relative aux procédures d'interprétation mises en œuvre par tout un chacun pour donner sens à ses actions et à celles des autres. Ce retour sur les fondements de l'analyse des catégorisations d'appartenance sera complété par des éléments de l'approche développée par Sacks (1970 [2011], 1972, 1974, 1995) puis prolongée par des auteurs tels que Jayyusi (2010), comme méthodes employées par les individus dans la vie quotidienne pour réaliser leurs activités. Dans une seconde partie, je m'intéresserai à différents mécanismes et outils de l'analyse des catégorisations. Je les envisagerai au travers de la manière dont les gens désignent l'étranger dans les discours, le raisonnement ordinaire et « mondain » (Pollner, 1987). Il ne s'agit pas pour autant d'établir un état des lieux de l'usage de la catégorie « étranger » à un moment et dans un contexte donné, dans la société marocaine ou au sein des multiples groupes sociaux qui la constituent. Un tel objectif serait non seulement impossible à atteindre, mais nous éloignerait d'emblée de l'approche adoptée. Ce chapitre permettra d'éclairer certains des mécanismes par lesquels l'étranger est désigné et de soutenir l'analyse des chapitres suivants.

I. L'ANALYSE DES CATÉGORISATIONS D'APPARTENANCE : GENÈSE ET ÉVOLUTION CONCEPTUELLE.

A. Raisonnement ordinaire et sens commun

Dans la vie de tous les jours, les gens interprètent les objets et événements ordinaires comme allant de soi, à partir de leurs apparences et d'expériences passées. Cela conduit à la mise à jour systématique de conventions culturelles qui rendent possible la production de sens et qui soutiennent l'organisation des relations sociales et des pratiques variées de la vie sociale. Les individus agissent alors le plus souvent de manière spontanée, « sans trop se poser de question » avant d'agir ou d'interpréter le sens de leurs activités quotidiennes.

Les membres d'un groupe social ont la capacité de rendre compte de leur compréhension, notamment de l'environnement social. Ils fonctionnent de manière intersubjective[240]. Comme le suggère Schütz (1953), « nous saisissons d'emblée les objets, les événements, les personnes comme étant d'une certaine sorte, nous les appréhendons dans leurs propriétés typiques, c'est-à-dire selon des déterminations générales, liées au type, et non pas dans leurs particularités individuelles » (Dupret, 2006b : 59). Cette approche pragmatique ouvre un large champ de réflexion sur l'appréhension des objets d'expérience et la construction des contextes de sens, en situant l'activité pratique et l'attitude naturelle au cœur des opérations de typification. Pour Cefaï, « l'appréhension des objets d'expérience implique indissociablement leur inscription dans des contextes de sens, et leur ordonnancement dans des structures de pertinence, où ils sont rendus disponibles aux activités pratiques et aux activités interprétatives des acteurs » (1994 : 108-109). Cefaï parle de « réserves d'expériences » qu'il définit comme étant « celles acquises par l'acteur au cours de son parcours biographique, à travers la découverte de solutions aux problèmes qu'il rencontre dans le monde de la vie quotidienne. Elles se constituent par sédimentation des expériences passées, s'accroissent à travers les performances de l'acteur qui a appris à définir des situations et à construire des contextes où il peut comprendre avec validité et agir avec efficacité. En retour, les réserves d'expérience contribuent à la détermination des expériences à venir, qu'elles pré-articulent et qu'elles pré-orientent à la façon d'une grammaire générative » (1994 : 115).

Le sens commun ne renvoie pas à une compréhension universelle ou propre à un groupe qui s'avérerait intangible : « D'un point de vue analytique,

---

[240] Cela fait écho à ce que Schütz (1953) a développé comme étant « la thèse générale de la réciprocité des perspectives ». Celle-ci intègre l'interchangeabilité des points de vue et la congruence du système de pertinences. Ces deux idéalisations réduisent la singularité tenant à la situation biographique d'autrui, permettant de percevoir sous le même angle un événement ou un objet qui nous serait donné à voir dans la même perspective qu'autrui.

parler de "sens commun" vise simplement le fait que, au sein d'une collection donnée de personnes organisées en quoi que ce soit qui puisse être appelé de manière sensée une collectivité, il y aura un ensemble de questions que ces gens trouveront "évidentes", "allant de soi" et "au-delà du doute et de l'investigation". Ce que sont ces questions variera, naturellement, d'une collectivité à l'autre » (Sharrock et Anderson, 1991 : 63-4, cité dans Dupret, 2006b : 187).

Il en va de la même façon de notre apprentissage. Si enfant, nous apprenons des adultes qui nous entourent, nos expériences contribuent à réajuster constamment nos connaissances et la compréhension de notre environnement. L'étranger qui arrive dans une nouvelle société fait face à un ensemble de situations dont il n'est pas toujours familier. Il n'est pas pour autant démuni et empruntera « au répertoire de ses schèmes d'expériences déjà éprouvés pour tenter de se repérer, de déchiffrer des expressions, d'identifier des lieux, de reconnaître des pratiques, d'appréhender un sens des gestes et des mots et de distinguer des relations de pouvoir et de sociabilité » (Cefaï, 1994 : 117). L'individu peut s'appuyer sur différentes caractéristiques susceptibles de soutenir une meilleure compréhension de son nouvel environnement social.

C'est l'objet d'un essai élaboré par Schütz sur l'étranger, paru originellement en 1944, qui, dans le cadre d'une théorie générale de l'interprétation, envisage « la situation typique dans laquelle se trouve un étranger lorsqu'il s'efforce d'interpréter le modèle culturel du nouveau groupe qu'il aborde et de s'orienter en son sein » (2010 : 7). Dans cette perspective, Schütz envisage l'« étranger » comme « un adulte de notre époque et de notre civilisation, qui essaie de se faire accepter pour de bon, ou, à tout le moins, d'être toléré par ce nouveau groupe » (2010 : 7). Il s'intéresse donc à la situation sociale induite par cette position de nouvel entrant, extérieur à la culture du groupe qui le reçoit dont l'immigrant est un exemple typique, mais qui peut aussi concerner le citadin qui s'installe à la campagne, le Français d'origine marocaine qui rejoint le pays de ses parents, la recrue qui rejoint l'armée ou le fiancé qui cherche à se faire accepter par sa belle-famille. Le partage d'un « horizon de familiarité » entre des personnes formellement étrangères a des effets sur le déploiement des interactions de la vie ordinaire, quelque soit le degré de cette familiarité. C'est ce qu'a montré Garfinkel qui a mené des expériences consistant à demander à des étudiants de se comporter chez eux et auprès de leur famille, pendant un temps délimité, comme s'ils étaient des étrangers (2009 : 112). La suppression d'un ensemble de suppositions contextuelles altère radicalement la façon dont les événements sont perçus et rapportés (Héritage, 1991 : 100). L'individu qui arrive dans une nouvelle société commencera par interpréter son nouvel environnement social à partir de sa manière de penser habituelle ou des schèmes d'interprétation qui lui ont été communiqués comme étant adéquats dans cet environnement. Pour illustration, la personne parlant arabe ou français pourra s'appuyer, dans le contexte marocain, sur sa maîtrise de la langue pour trouver des interlocuteurs avec qui communiquer, mais également pour saisir certains indices permettant de s'orienter dans la vie quotidienne. Les étrangers originaires de pays et de cultures où ces langues sont couramment utilisées ont donc a priori un avantage comparatif à se faire comprendre, si tant est que l'acquisition d'éléments de cette langue suffise à cet usage[241]. En effet, la maîtrise d'éléments linguistique ne suffit pas à comprendre l'univers du discours, les normes et subtilités d'une langue, et encore moins d'une culture. L'interprétation de la vie sociale n'est pas adéquate lorsqu'elle s'appuie sur des modèles culturels qui visent à « limiter les recherches pénibles en fournissant des conduites déjà prêtes à l'emploi [à] remplacer la vérité difficile à atteindre par des truismes commodes, et [à] substituer une explication qui va de soi à ce qui pose question » (Schütz, 2010 : 17). D'ailleurs, l'étranger s'en rend compte au fil de ses expériences lorsque, par exemple, en interpellant un Marocain en arabe littéral ou égyptien, il prend conscience que, si le Maroc est qualifié formellement de pays arabe, l'arabe qui y est parlé ne ressemble pas tout à fait à l'arabe qu'il a appris ou même à l'arabe tout court, a fortiori lorsqu'il s'adresse à des interlocuteurs amazighophones. L'individu peut ainsi être confronté à des discordances entre sa vision des choses, ses schèmes d'interprétation et les situations à maîtriser, l'amenant parfois à vivre ce que Garfinkel appelle des expériences disruptives. Comme le souligne Dupret (2006b), ce monde partagé ne vaut jamais que jusqu'à preuve du contraire. L'individu doit s'adapter dans des zones qu'il ne connaît pas ou peu.

B. Les catégorisations d'appartenance de Sacks à Jayyusi

Dans leurs activités quotidiennes, les individus sélectionnent les catégories pertinentes pour identifier des personnes, des lieux, des objets ou des situations. Il y a toujours diverses manières de décrire un événement ou une personne. Pour Sacks, les catégories d'appartenance sont des classifications ou des types sociaux permettant de décrire des personnes, des objets ou des collectivités. Il développe la notion de systèmes catégoriels d'appartenance qu'il définit comme étant « n'importe quelle collection de catégories d'appartenance, contenant au moins une catégorie, qui peut être appliquée à une population d'au moins un membre, en sorte qu'elle permette, par le recours à certaines règles d'application, l'appariement d'au moins un membre de la population avec un membre du système catégoriel. Chaque paire est alors organisée en relation à un problème ou à une tâche spécifique. Un système est donc une collection en plus des règles d'application » (Sacks, 1974 : 218-219) et une collection consiste donc en catégories qui « vont ensemble » (ibid. :

[241] Certains étrangers francophones, souhaitant profiter de leur séjour pour apprendre l'arabe, se plaignent du peu d'occasions qui leur sont données de pratiquer l'arabe au Maroc et du fait d'être régulièrement renvoyés à la langue française par leurs interlocuteurs marocains.

219). Pour illustration, les catégories « père », « mère », « frère », « sœur », « cousin » appartiennent au dispositif de catégorisation « famille ». Le dispositif de catégorisation découle alors du travail de sélection des catégories par les membres de la société, dans la mesure où ces groupements naturels (les collections) sont une caractéristique du raisonnement pratique.

À ces systèmes catégoriels sont associées certaines règles d'usage. Si un premier membre d'une population donnée est catégorisé, la catégorie ou d'autres catégories de la même collection peuvent être utilisées pour catégoriser d'autres membres de cette population (ibid. : 219). Il s'agit là de la règle de cohérence. La règle d'économie renvoie quant à elle au fait qu'une seule catégorie d'appartenance suffit à décrire le membre d'une population donnée, avec pour postulat sous-jacent, le fait de considérer que les gens s'orientent dans leur activité de catégorisation de manière naturelle, sans sophistication inutile. Pour Sacks en effet, « si deux catégories ou plus sont utilisées pour catégoriser deux membres ou plus d'une population et si ces catégories peuvent être entendues comme catégories de la même collection, alors entendez-les ainsi » (ibid. : 219-220).

L'une des propriétés des systèmes catégoriels d'appartenance tels que traités par Sacks est qu'il existe des préférences conventionnelles amenant à associer des activités à des catégories, ce qu'il analyse en termes d'« activités liées à une catégorie ». Il établit ainsi le lien entre catégorisations d'appartenance et caractéristiques qui y sont attachées. Il distingue des sous-groupes (ou collections) de systèmes catégoriels d'appartenance dans ce qu'il appelle des « paires relationnelles standardisées » ou « appariées », c'est-à-dire des doublets qui se réfèrent à des relations entre les personnes (Dupret *et al.* 2011). Il s'agit de systèmes de collection de deux catégories, comme il en est de « frère »/« sœur », « voisin »/« voisin » ou « policier »/« suspect ».

Dans différentes situations pratiques, l'existence d'une relation de paire peut en elle-même être adéquate en termes d'imputation de droits ou de devoirs moraux ou de toute autre qualité imputable (Dupret, 2006b : 69). Il en est ainsi de la paire « parent »/« enfant », « médecin »/« patient » ou « ambassade »/« ressortissant ». De nombreux types d'activités peuvent être considérés comme liés à ces catégories d'appartenance, comme le père peut éduquer son enfant, le médecin effectuer un diagnostic sur l'état de santé de son patient ou une ambassade protéger les intérêts de ses ressortissants. Ces exemples et le lien établi entre ces activités et ces catégories d'appartenance fonctionnent de manière complètement décontextualisée, en se fondant sur la connaissance et la compréhension que nous pouvons avoir de ces statuts ou de celle qui est conventionnellement admise. Il aurait d'ailleurs été possible de considérer que, dans certains contextes, le père sanctionne son enfant, que le médecin témoigne de l'état de santé de son patient devant un tribunal ou que l'ambassade participe à l'expulsion de ses ressortissants non admis sur un territoire. Jayyusi (2010) a introduit une variante dans ces relations de paires qu'elle appelle « paires relationnelles asymétriques » et qui renvoie à une distribution asymétrique de savoirs, de droits et de devoirs entre les deux parties, comme il en est conventionnellement des paires « étudiant »/« enseignant », « juge »/« accusé » ou « policier »/« inculpé ».

Les successeurs de Sacks ont élargi le champ de ce qui pouvait être lié à une catégorie, partant des activités, des droits et obligations, pour y intégrer ce que Watson (1978) appelle « prédicats ». Il s'agit des savoirs, des compétences et des attributs (ou traits) liés aux catégories.

En s'intéressant à la manière dont l'ordre moral est construit par des procédures locales et occasionnées de catégorisation, Jayyusi a affiné l'analyse de Sacks en mettant un accent particulier sur « le caractère interactionnel et situé de la catégorisation en tant qu'elle s'inscrit dans un complexe de pratiques de membres » (Jayyusi, 2010 : 40). Elle montre ainsi comment, au travers d'une multitude de mécanismes de catégorisation, les gens décrivent, catégorisent, imputent des caractéristiques à d'autres personnes, s'orientent par là même vers un ordre moral qu'ils produisent et reproduisent. La distinction qu'elle opère entre « catégories de membre » et « catégorisations d'appartenance » contribue ainsi à élargir le champ de l'analyse des catégorisations : « Les secondes évoquent l'activité par laquelle des membres catégorisent d'autres membres ou utilisent pour les désigner des "modes de caractérisation" de ces derniers, tandis que les premiers renvoient aux catégories culturellement déjà disponibles que les membres emploient dans leur activité de catégorisation ordinaire et pour accomplir diverses tâches pratiques. L'usage de telles catégories n'épuise cependant pas l'emploi des catégorisations ni la poursuite de l'activité de catégorisation des membres » (Jayyusi, 2010 : 63).

Cette distinction, que l'auteur perçoit de manière non rigide, vise à dissocier les catégories qui peuvent être considérées comme éléments d'un dispositif de catégorisation (liées à d'autres concepts) et celles qui « subsument différentes sortes de caractéristiques particulières et de descriptions », qualifiées de « catégorisations chapeaux » (*umbrella categorizations*) (2010 : 64).

Les catégorisations, comme tout fait social, ne peuvent constituer un objet stable. Garfinkel et Sacks, dans un article faisant référence (1970), ont substitué à l'idée durkheimienne de la « constance de l'objet », celle de « processus », dynamique, contingent et soumis à une création continuelle par l'accomplissement des membres. Cela conduit inévitablement à un changement de perspective quant à la construction du savoir et de la cognition de sens commun. Les catégorisations de sens commun sont une ressource précieuse en tant qu'elles fournissent une « forme de constitution de premier degré des phénomènes que nous voulons étudier — une carte phénoménale du monde social qui doit être ensuite analysée en détail quant à son organisation, ses caractéristiques, sa production et son intelligibilité » (Jayyusi, 2010 : 52).

Les catégorisations mobilisées dans les discours politiques et médiatiques alimentent et sont alimentées par le raisonnement pratique des membres d'une société. Nombre d'auteurs se sont penchés sur l'intelligibilité telle qu'elle émerge de discours publics et sur les modalités par lesquelles les individus se représentent et comprennent la réalité (Jayyusi, 1991 ; Leudar & Nekvapil, 2002, 2004, 2006 ; Leudar, Marsland, Nekvapil, 2004 ; Dupret, Klaus & Ghazzal, 2010 ; Hester & Housley, 2002 ; Klaus, 2012 ; Barthélémy & Quéré, 1991 ; Housley & Fitzgerald, 2002).

Les individus utilisent des descriptions, catégorisations et typifications de manière routinière pour accomplir différentes tâches de la vie quotidienne. Les catégorisations sont omniprésentes, ce qui explique que « très tôt l'étude de l'action et du raisonnement pratiques rencontrèrent la question fondamentale de la catégorisation des personnes » (Coulter, 1994 : 55).

Nous faisons tous l'objet d'une diversité de catégories d'appartenance. Une personne peut être identifiée selon sa nationalité, son origine régionale ou son ethnie, sa langue, sa couleur de peau, sa religion, mais aussi son sexe, son âge, sa profession, ou selon des catégories *ad hoc* (comme « le monsieur à la chemise verte »). Pourtant, bien au-delà de ces catégories, il y a toujours diverses manières de décrire un événement ou une personne et, comme le souligne Sacks, le « problème de la catégorisation » est un problème de sélection (Sacks, 1966 : 16 *in* Hester, 2002 : 25). Le développement qui suit traite de mécanismes renvoyant à la catégorie de l'« étranger ». Il ne s'appuie pas seulement sur mon terrain de recherche, mais intègre également des éléments de ma propre expérience de la vie marocaine.

II. Catégories et catégorisations de l'étranger dans le sens commun

Les catégories « Sénégalais », « Français », « Marocain » ou « Nigérian » constituent des catégorisations d'appartenance nationale qui reposent sur « des éléments aussi variés que l'ascendance, le lieu de naissance, la langue, l'arrière-plan culturel, etc. » (Jayyusi, 2010 : 93). La loi n° 02-03 distingue l'étranger du national par le critère de la nationalité[242], qu'il a acquise formellement par la naissance, via l'enregistrement à l'état civil marocain, et par une filiation marocaine (« droit du sang ») uniquement paternelle jusqu'en 2004, maternelle également depuis, ou par l'acquisition de la nationalité marocaine[243]. Le critère de la nationalité pour déterminer qui est étranger est

[242] La loi n° 02-03 considère l'étranger comme « la personne n'ayant pas la nationalité marocaine, n'ayant pas de nationalité connue, ou dont la nationalité n'a pas pu être déterminée » (art. 1).

[243] L'attribution de la nationalité au Maroc ne concerne actuellement que peu de personnes. Peu de données existent à ce sujet et l'acquisition de la nationalité reste globalement difficile.

conventionnellement fixé. Pour illustration, c'est en 2004, avec la réforme du code de la famille, que les enfants de mère marocaine ont pu prétendre à la nationalité marocaine. D'un statut formel d'« étrangers », un certain nombre d'enfants de mères marocaines sont devenus légalement « Marocains ». Par ailleurs, si l'appartenance formelle peut soutenir la perception et l'association comme membre du groupe national, ces processus peuvent être complètement disjoints.

Comme le soulignent Hester et Housley, l'identité nationale ne peut être considérée comme variable explicative de phénomènes de pouvoir, découlant de critères établis par des institutions et constitués de conditions sociales diverses qui lui seraient extérieures (2002 : 2). Pour illustration, lorsqu'un interlocuteur que j'interpelle pour lui demander le sens d'une phrase en arabe que j'ai des difficultés à déchiffrer me répond « Tu ne parles pas arabe, tu n'es pas marocain ? », celui-ci associe la marocanité à la maîtrise de la langue arabe qui en constitue alors une caractéristique essentielle et est évaluée à l'aune de la compréhension de cette phrase. La réponse « je suis amazigh » peut être en soi disruptive, interpelle la paire relationnelle « Marocain »/« Arabe », et consiste alors à intégrer une caractéristique alternative constitutive de la catégorie « Marocain ». La maîtrise de l'arabe, l'appartenance à l'Islam et un certain nombre d'autres caractéristiques sont régulièrement requises et attendues du membre appartenant à la catégorie « Marocain ». Si ces critères en sont constitutifs, ils ne sont « pas toujours nécessairement suffisants ou adéquats à des fins d'invocation, d'attribution ou d'usage d'une catégorie » (Jayyusi, 2010 : 82).

L'identité marocaine, la marocanité ou l'appartenance à la nation marocaine est un sujet bien trop vaste pour être pleinement envisagé ici. La marocanité fait l'objet d'un investissement politique au Maroc qu'il serait en soi intéressant d'examiner. Elle est à envisager comme accomplissement social et pratique des membres d'une société de la compréhension qu'ils ont de leur appartenance à une communauté nationale. La logique de l'affiliation à des catégories d'appartenance s'ancre dans la praxis (Coulter, 1994). Il s'agit alors de considérer la culture comme « une réalisation interactionnelle continue des membres, et non pas un édifice préexistant et défini une fois pour toutes de normes et de typifications de sens commun » (Jayyusi, 2010 : 33). L'arabité des Marocains mériterait dans ce sens d'être interrogée et l'est régulièrement au travers du clivage « amazigh » / « arabe ».

C'est l'objet du recueil de Hester et Housley autour de l'identité nationale, qui s'intéresse précisément aux « méthodes d'accomplissement, d'affichage, de contestation, de négociation, de gestion et de reconnaissance de l'identité nationale » (Hester & Housley, 2002 : 4). Les catégories telles que

---

La nationalité, l'appartenance formelle à la « communauté marocaine » découlent donc essentiellement de la filiation, du « droit du sang ».

« Maghrébins », « Arabes », « Amazighs » ou « Africains » peuvent ainsi renvoyer tant aux membres d'espaces géographiques[244] qu'à des identités collectives. La référence à une appartenance collective, « maghrébine », « arabe », « amazigh » ou « africaine » notamment, est aussi soutenue par des discours qui font de l'appartenance à une culture maghrébine commune, à une arabité, une amazighité ou une africanité des principes d'identité. Ces appartenances collectives sont régulièrement objet de conflits de catégorisation.

Ces catégorisations renvoient aussi régulièrement à d'autres pertinences que celle relevant du seul critère de la nationalité formelle. Elles amènent à envisager un ensemble de dimensions de la « culture en action » (Hester & Housley, 2002), qu'il ne m'est donné ici de traiter que partiellement. Les descriptions catégorielles renvoyant à l'« autre » ou à l'« étranger » sont innombrables et accomplies selon chaque contexte.

L'histoire et les expériences partagées, entre Marocains et certains Européens, en particulier Français et Espagnols, ou avec les peuples voisins maghrébins, l'appartenance présumée à une même religion, les liens historiques entretenus entre le Maroc et le Sénégal, les relations de certains régimes d'États d'Afrique centrale avec la monarchie marocaine, les positions de certains États vis-à-vis d'intérêts stratégiques marocains, les renommées d'équipes de football nationales, etc., sont autant d'éléments susceptibles d'alimenter un arrière-plan de connaissance et un horizon de familiarité entre des Marocains et des membres issus d'autres catégories nationales. La référence à une communauté musulmane est par exemple régulièrement exprimée par des Marocains face à d'autres personnes supposées musulmanes, marocaines ou étrangères, dans un « Hna koulna mselmine » (« Nous sommes tous musulmans »). Derrière cette expression est présupposée l'idée que cette communauté surpasserait d'autres référentiels et valoriserait positivement ses membres, ce que soutient le « Al hamdu li-llah » (« grâce à Dieu ») qui suit régulièrement la première partie de la formule. Il peut s'agir d'appartenances présumées à partir de ce que l'on connaît des appartenances religieuses des membres de certaines catégories nationales ou s'appuyant sur des indices comme le lieu de la rencontre. C'est parce qu'ils sont à Fès, ville connue pour être un centre de pèlerinage de musulmans soufis du monde entier, et qu'ils sont Sénégalais et donc considérés comme a priori musulmans, qu'ils arborent éventuellement des signes de leur affiliation religieuse, que les plus âgés des pèlerins sénégalais de la confrérie tidjane, auxquels Lanza s'intéresse « sont appelés "hajj", titre réservé à ceux, en islam, ayant déjà accompli le pèlerinage à la Mecque, informant implicitement sur le statut de musulman qu'on leur accorde » (2015 : 69). Une affiliation religieuse peut aussi être déduite de signes extérieurs, de marqueurs qu'une personne affiche, d'expressions

[244] Les catégories « Arabes » et « Amazighs » étant alors associées à un « monde arabe » ou « un monde amazigh », appelé *tamazgha* par les militants amazighs.

formulées ou d'activités pratiques accomplies. Cela constitue un enjeu perçu par des mendiants étrangers non musulmans qui recourent à des formules se référant à l'islam (*fissah billah*), escomptant ainsi l'expression d'une plus grande charité de la part de leurs interlocuteurs marocains. Il s'agit pour ces personnes de la prise en compte du savoir local présumé et des croyances de l'interlocuteur dans la configuration de la conduite communicative (Coulter, 1994 : 56).

Cette communauté de valeur n'est pourtant plus pertinente dans d'autres contextes et l'appartenance supposée à une même religion ne suffit pas en soi. Pour illustration, le Sénégal et le Maroc sont réputés avoir des filiations historiques et religieuses, au travers notamment de la confrérie musulmane de la *Tijanniyya*. Si l'islam peut constituer un « ticket d'entrée » pour les étrangers musulmans au regard des Marocains, Timera note pourtant qu'au sein même du discours sur l'« islam partagé » entre musulmans marocains et sénégalais, et parfois membres de la même confrérie religieuse, une dévalorisation de la croyance et de la pratique religieuse de l'autre peut être constatée (2011 : 157). L'islam subsaharien est minorisé par certains Marocains, considéré comme d'une authenticité plus lointaine et accompagnant une dévalorisation sociale et statutaire des Subsahariens noirs. L'islamité des Marocains est, quant à elle, déniée par certains Subsahariens musulmans, faisant notamment face dans leur quotidien au Maroc à des pratiques qui détonent de l'image, souvent idéalisée, qu'ils pouvaient avoir de l'islam dans les pays maghrébins et arabes. Cette dévalorisation réciproque ne peut être comprise indépendamment d'éléments d'identifications ou de stigmatisation associés à la couleur de peau, à l'origine ethnoculturelle, etc., en partie liée à des dimensions historiques. Les relations héritées du passé, et notamment de la traite et de l'esclavage des noirs dans le monde musulman persistent dans l'imaginaire collectif et se maintiennent au travers de l'expression de rapports statutaires et de domination plus ou moins marqués et conscients. Par ailleurs, comme le rappelle Timera, les sociétés ouest-africaines sont également habitées par des rapports de domination et de servitude. Ces relations entre groupes statutaires ne sont cependant pas associées directement à la couleur de peau (2011 : 150). À cela s'ajoute l'impact du statut d'« immigré subsaharien » découlant du traitement médiatique réalisé ces dernières années concernant l'immigration irrégulière en transit vers l'Europe, sur lequel nous reviendrons. Cela soulève l'ambiguïté de l'usage de ces catégorisations dans des contextes où le statut du noir marocain, renégocié au fil de la cohabitation et de l'émancipation, ne peut être assimilé à celui du noir migrant arrivant dans la société marocaine. Le même type de relation pourrait être interrogé, en tenant compte notamment de l'effet de l'histoire de la colonisation, mais également d'autres clivages, entre les Européens et les Marocains, ou entre les ressortissants de pays du Moyen-Orient dits arabes et les Marocains.

Il importe d'analyser les catégorisations d'appartenance non pas au travers d'une approche purement sémantique, mais en lui préférant une perspective in vivo, sensible au contexte (Dupret & *al.*, 2011). C'est ainsi que dans le contexte marocain, le Marocain peut épouser une non-musulmane si celle-ci appartient à l'une des catégories du système « gens du Livre » qui intègre les « chrétiens » et les « juifs ». Il en découle alors une paire relationnelle « homme musulman »/« femme chrétienne » non problématique en matière de mariage. À l'inverse, le mariage d'une Marocaine musulmane avec un étranger non musulman n'est légalement (et socialement) pas considéré comme valide[245]. Soulignons le fait que le Marocain est présumé musulman, sauf s'il est membre de la catégorie « juif marocain ». Le mariage d'un « homme marocain » avec une « étrangère chrétienne » est donc admis légalement et religieusement. Pourtant, j'ai été plusieurs fois interpellée quant à mon devoir d'amener ma mère chrétienne à se convertir à l'Islam. La catégorie « chrétien » renvoyait explicitement mes interlocuteurs au risque d'un « passage en enfer » pour ma mère, comme propriété générique du groupe « chrétien ». La paire « musulman »/« chrétien » devient alors dans ce contexte « une paire standardisée antithétique où sont unies dans un même dispositif catégoriel une thèse et son antithèse » (Dupret & Ferrié, 2004 : 48). Parmi les particularités des paires de nature antithétique « la distribution des droits et devoirs propres à chacune des deux parties de la paire opère de manière, non pas asymétrique ou disjonctive, mais inverse » (Dupret & Ferrié, 2004 : 48). La paire relationnelle « mère »/« enfant » implique une obligation d'assistance mutuelle entre les deux parties de la paire et la catégorie de « mère » celle d'éduquer ses enfants dans la religion musulmane. De là découle une disjonction contextuelle et conventionnelle entre « fille musulmane » et « mère chrétienne ». Au-delà du jugement moral porté sur la non-appartenance de ma mère à l'Islam, susceptible de constituer une menace quant à mon éducation religieuse, c'est aussi l'affirmation conventionnellement située qu'il n'est pas adéquat (notamment pour son bien) qu'une femme étrangère, en devenant « mère d'enfants marocains » (peut être au-delà de « conjointe de Marocain »), se maintienne dans une appartenance religieuse chrétienne.

Passons à d'autres types de catégorisations de l'étranger. Dans un article intitulé « Le Maroc débordé par les Subsahariens »[246], le journaliste évoque les difficultés que pose l'« immigration clandestine des subsahariens [*qui*] est en train de prendre des dimensions alarmantes ». La catégorie de « subsaharien » constitue ici une catégorisation en termes de type, associée non seulement à la

---

245 L'étranger non musulman souhaitant épouser une Marocaine doit au préalable se convertir à l'Islam ou, du moins, établir un acte de conversion à l'Islam. Un mariage sous le régime marocain est obligatoire pour une vie conjugale au Maroc, au risque de tomber sous le coup de sanctions pénales aux relations sexuelles hors mariage. Des complications administratives peuvent également en découler en cas d'enfants nés de ce couple « illégitime ».

246 Omar Dahbi, « Le Maroc débordé par les Subsahariens », *Aujourd'hui. ma*, 15 juillet 2003.

couleur de peau ou à l'apparence visible « au premier coup d'œil », mais également à différents éléments contextualisés (Jayyusi, 2010). Le récit du journaliste s'insère dans une catégorie d'action (un type d'action) explicitée comme étant une « opération d'arrestation » d'« immigrés clandestins ». L'action est localisée au travers du lieu de l'opération qui se situe dans un quartier particulier de Rabat. Les opérations de typification permettant de catégoriser des personnes et d'interpréter des actions, fondées sur les expériences passées de l'individu et sur son stock de connaissances, peuvent amener l'individu à prendre pour des caractères typiques des caractères individuels ou propres à certains groupes sociaux. Les catégorisations en termes de type peuvent être associées à des classes de catégories de personnes visibles pour autrui, comme il en est des catégories « mendiant », « femme », « mineur » ou « noir », mais aussi à des catégories d'actions.

L'« immigration des Subsahariens » est ici érigée en problème. Ce que vient soutenir un ensemble d'inférences négatives découlant des activités que le journaliste associe à cette population. Celui-ci mobilise explicitement une catégorisation de collectivité par la référence à une « communauté ». Si l'emploi de guillemets peut traduire une prise de distance par rapport aux caractéristiques communes qui lui sont associées, un ensemble de caractéristiques sont attribuées à « ces Subsahariens » ou aux « Subsahariens ». Cela renvoie à une catégorisation en termes de type qui désigne alternativement « les Subsahariens » ou un « genre de Subsahariens »[247], sans qu'il soit toujours aisé d'identifier les activités qu'il associe à l'une ou l'autre de ces catégories[248], ce que Sacks appelle activités liées à une catégorie. Le journaliste opère par transitivité des attributs ; il transforme une action en attribut collectif et projette sur l'ensemble du groupe des « Subsahariens » des actions et caractéristiques morales qu'il leur associe, ce que réalisait déjà le titre de l'article (« Le Maroc débordé par les subsahariens »). C'est ainsi que, si le journaliste décrit ces ramifications criminelles comme ayant été découvertes par la police, le lien établi par une relation de causalité [« à cause de »] entre l'insécurité et l'installation dans ce quartier de cette « communauté » contribue à associer ces activités indistinctement aux membres de cette « communauté », opérant ainsi par transitivité des attributs. Cela suppose également que ce quartier ne connaissait pas l'« insécurité » auparavant.

Comme le souligne Jayyusi, « c'est en vertu du fait que l'action prêtée (...) à "l'un d'entre eux" (une collection de personnes) est utilisée comme une

247 « Des Subsahariens », les Subsahariens ayant fait l'objet de l'opération d'arrestation, les Subsahariens en attente du « départ vers l'Eldorado promis », « les Subsahariens qui transitent par le Maroc », « ces clandestins ».

248 Pour illustration, si « des passeports falsifiés, de la fausse monnaie nationale et internationale, drogue et armes blanches, ont été découverts lors de la descente policière », le journaliste s'autorise à en déduire [« ce qui démontre »] « que des réseaux mafieux, constitués et dirigés par les subsahariennes eux-mêmes commencent à prendre forme ».

caractérisation rétrospective du groupe tout entier (…) que le groupe ou la collection de personnes sont présentés (…) comme étant bel et bien un groupe moralement organisé » (2010 : 92). Si le fait, pour une personne ou un groupe, de ne pas respecter une règle, celle du séjour régulier, ne renvoie pas forcément à une assignation de déviance, la « présence non désirée de cette "communauté" » et les activités délictuelles que le journaliste leur associe confortent cette catégorisation comme déviant (Pollner, 1974 ; Becker, 1985).

L'association de Marocains ou d'étrangers, notamment dits subsahariens, à la migration irrégulière dans le contexte marocain n'implique pourtant pas a priori l'attribution de caractéristiques négatives et ne renvoie pas forcément à un jugement moral pour le sens commun. Pollner s'oppose ainsi à l'approche appréhendant la déviance comme une « propriété essentielle en quelque sorte inhérente aux actes désignés ainsi » (1974 : 27). Il considère que certaines analyses se rattachant à la théorie de l'étiquetage, comme il en est de celle développée par Howard Becker (1985), révèlent une profonde ambiguïté en mêlant modèle de sens commun et modèle sociologique dans la relation entre acteurs sociaux et déviance. Pour Pollner, il s'agit de considérer « le modèle de sens commun comme partie intégrante de l'entreprise de création de déviance » (ibid.). Si l'entrée et le séjour irréguliers constituent un délit au sens du droit positif et font l'objet d'une répression policière active orientée vers ceux catégorisés comme « Subsahariens clandestins », cela ne préjuge pas des caractéristiques associées à la migration irrégulière, dans le sens commun, dans un contexte où un certain nombre de Marocains ont émigré, notamment irrégulièrement, ce qui tend à alimenter un sentiment de solidarité au sein de la population marocaine.

La catégorisation de « migrant » ne se réfère alors pas à l'histoire personnelle de ces personnes, qui sont plutôt déshistoricisées (Jayyusi, 2010 : 68). D'autres catégories d'étrangers ont parfois été rattachées à la catégorie de « migrant » ou d'« irrégulier », comme il en est des Syriens ou des Philippines. Les « Syriens » sont, depuis le début du conflit en Syrie, plus naturellement catégorisés comme « réfugiés » et les Philippines comme « domestiques », « employées de maison » ou « nounous », en référence aux activités qui leur sont associées, et à la nature donnée à leur migration au Maroc. L'intégration dans la catégorie de « réfugié » peut découler d'une reconnaissance officielle par les institutions chargées de ces questions ou être inférée du fait de l'évocation de motifs communément admis comme légitimes. La catégorie de « réfugié » est consécutive à un événement (des persécutions, une guerre, etc.) et l'association d'une personne à cette catégorie dépend alors étroitement de la crédibilité accordée à cet événement, à la personne invoquant son appartenance à cette catégorie, à l'institution chargée de déterminer le statut de réfugié et aux modalités de sa détermination.

L'association de l'« irrégularité » à la catégorie des « Subsahariens » a pour corollaire des préoccupations concernant les étrangers en séjour irrégulier qui se limitent le plus souvent à cette catégorie d'étrangers. Pourtant, des données et informations diverses attestent de la présence au Maroc de Subsahariens appartenant à différentes catégories professionnelles, administratives et nationales installées régulièrement au Maroc (Berriane, 2009, 2012 ; Infantino, 2011 ; Niandou, 2014, 2015 ; Nzamba, 2015), ainsi que d'étrangers en séjour irrégulier originaires d'autres zones géographiques que l'Afrique subsaharienne (cf. chapitre 3 & 11). Ce qui apparaît comme un « secret de polichinelle » pour de nombreux Marocains, qui côtoient ces personnes dans leur vie quotidienne, ne fait cependant pas l'objet de la même attention médiatique, politique et administrative. Par ailleurs, la « clandestinité » et l'« irrégularité » s'émancipent des caractéristiques qui leur sont formellement associées, consistant en l'absence d'identification formelle ou de droit à séjourner sur le territoire. S'il est parfois admis que des étrangers non subsahariens sont en séjour irrégulier, ils sont généralement évacués des discours relatifs à la migration irrégulière au Maroc. Ils sont peu associés à la catégorie des « étrangers irréguliers », et ne sont que très rarement associés au qualificatif de « migrant ». C'est ce qu'illustre la distinction opérée dans le rapport *État des lieux et diagnostic pour l'élaboration de la stratégie nationale de l'immigration et de l'asile* (Capital Consulting, juillet 2014), qui semble avoir servi de base à la SNIA, entre la catégorie « immigrés en situation administrative irrégulière » et celle de « visiteurs séjournant légalement sans titre de travail » sur laquelle nous reviendrons dans les chapitres 10 et 12. Qualifier un ressortissant français de migrant irrégulier relève pour nombre d'interlocuteurs d'une incongruité, comme j'ai pu le constater dans de nombreuses discussions (cf. chapitre 12).

Il existe une diversité de relations entre une catégorie et les personnes associées à cette catégorie. Si l'appartenance à la catégorie « migrant » peut être revendiquée[249], cette même catégorisation peut a contrario faire l'objet de désaveu de la part de la personne catégorisée. Des ressortissants d'Afrique de l'Ouest et centrale résidant au Maroc se positionnent ainsi comme « étudiant », « travailleur » ou « réfugié », en réaction à la catégorie de « migrant » qui leur est assignée. Ils essaient ainsi de changer la perception qui leur est donnée. Pourtant, le parcours migratoire, présumé ou avéré, de la personne semble avoir peu d'impact, dans un certain nombre de situations, sur la catégorisation de « migrant » produite par les autres. Comme l'explicite Jayyusi, il semble que « l'appartenance catégorielle disponible à la perception soit plus forte que celle que le comportement rend accessible à partir du moment où une

[249] Pour illustration, le slogan « nous sommes tous des migrants » a été mobilisé par une diversité d'acteurs revendiquant cette appartenance à la catégorie de « migrant » ou militants pour les droits des migrants, dans une démarche de dénonciation des inférences négatives associées à la catégorie de « migrant » et de la relation asymétrique entre la catégorie « migrant » et celle d'« étranger ».

discordance est repérée entre ces deux appartenances. La première demeure même si elle est modifiée par la seconde » (2010 : 119).

Les descriptions véhiculant des images négatives ou décrivant des activités moralement (et souvent aussi légalement) condamnables concernant les personnes regroupées dans la catégorie de « Subsahariens », d'« immigrés subsahariens » ou de « Subsahariens irréguliers », sont nombreuses depuis le début des années 2000. Elles consistent régulièrement en l'attribution de caractéristiques ou d'actions peu étayées, mais reposent sur la production reconnaissable d'« imputations de déviance ». Pour illustrations, le 6 septembre 2005, l'hebdomadaire *Ashamal* titre, sous une photographie présentant des personnes noires — « Les "sauterelles noires" envahissent le nord du Maroc ». En janvier 2007, *Al Ittihad Al Ichtiraki* reprend un « rapport secret lié à la sécurité de l'État » qui « affirme que les migrants subsahariens, proviennent de pays qui connaissent des pandémies de sida, avec tous les risques de transmission de cette maladie, mais aussi de transmission d'autres maladies, telles que la tuberculose, surtout que certaines migrantes, s'adonnent a la prostitution à cause du manque de moyens » (...) « Le rapport n'a pas hésité à avertir de l'éventualité d'embrigader les migrants clandestins pour les transformer en "bombes humaines" par les terroristes ». (...) « Le rapport explique que les "escadrons" de Subsahariens se sont transformés en mendiants dans la plupart des grandes villes marocaines, plus encore, certains préfèrent s'adonner aux crimes, comme le vol et l'escroquerie et la falsification de la monnaie ».

Du cliché à l'imputation d'un attribut collectif à une catégorie de personnes, le flot de ces énoncés publics peut soutenir des stéréotypes intervenant dans « notre appréciation quotidienne et pratique de la distribution du savoir et des croyances » (Coulter, 1989 : 38). Ces préjugés et stéréotypes fonctionnent de manière transitive, dans la mesure où « le membre d'un groupe catégoriel, alors même qu'il ne s'agit pas d'un groupe au sens d'une communauté organisée, est considéré comme le représentant de cette catégorie, est paré de ses caractéristiques et se trouve inexorablement lié, à ce titre, à ce dont elle peut faire l'objet » (Dupret *et al.*, 2011 : 6).

Le recours fréquent à la catégorie de « Subsaharien » a pour effet d'englober dans un même groupe, une même collectivité, les ressortissants de différents pays du sud du Sahara ou des « noirs africains », en les considérant comme groupe moralement organisé. La catégorie de « Subsaharien » fait référence, dans le discours commun au Maroc et en Europe du moins, aux ressortissants d'« Afrique noire ». En 2006, le Conseil des migrants subsahariens au Maroc (CMSM) exprime sa désapprobation quant à cette appellation de « subsaharien » qu'il considère comme étant une création de l'Europe cherchant « les voies et moyens pour nous séparer de nos frères de l'Afrique du Nord en créant les terminologies qui nous divisent, nous qui habitons un même continent »[250], lui préférant le terme de « noirs » pour limiter la prolifération de termes politiquement corrects. La catégorie « Africain » est couramment utilisée de manière alternative à celle de « noir ». « Subsaharien » et « Africain » sont alors associés aux mêmes caractéristiques. En qualifiant les Subsahariens de noirs, beaucoup de Marocains craignent en effet d'être accusés de racisme. Comme le souligne Amselle, concernant la notion d'Afrique, celle-ci représente aussi « une construction, un concept dont les lois de fonctionnement obéissent à une logique sémantique totalement indépendante de tout enracinement dans un territoire. Le concept Afrique appartient à tous ceux qui veulent s'en emparer, se brancher sur elle » (2001 : 15). Ces concepts ont non seulement des frontières mouvantes, mais le mode d'occupation d'une catégorie, la relation catégorie/occupant est étroitement contextuelle et dépend de la manifestation de l'intéressé lui-même par rapport à cette appartenance et des caractéristiques associées à une catégorie dans un contexte donné pour l'application d'une appartenance à une personne. C'est d'ailleurs ce qui amène des Marocains à se distancier de cet usage de la notion d'« Africain » en soulignant l'africanité du Maroc qui lierait alors Nord-africains et Subsahariens à une appartenance commune au même espace géographique, voire à des référentiels culturels communs. L'Afrique du Nord et les villes sahéliennes ne correspondent déjà pas à l'Afrique qu'ils connaissent pour des personnes d'Afrique centrale ou australe et l'assimilation à une communauté « africaine » avec les populations d'Afrique sahélienne ou du nord n'est pas non plus évidente (Bredeloup, Pliez, 2005 : 5).

Il est ainsi important de distinguer les catégories d'appartenance mobilisées que s'attribuent les acteurs eux-mêmes de celles qui leur sont assignées. La formule « on est tous Africain », énoncée par des Marocains en réaction à la qualification du ressortissant d'Afrique de l'Ouest et centrale (dit « subsaharien ») comme « africain » ou du Marocain comme non africain, renvoie à une sollicitation de cette appartenance à l'africanité. Mettre en avant l'africanité peut prendre une pluralité de significations : relever d'un positionnement politique révélateur de conflits de catégorisation, marquer la revendication d'une appartenance régionale plus que nationale ou de celle d'une africanité en soi du Maroc et du Marocain. La catégorie « Africain » s'intègre alors à la paire relationnelle « Africain »/« Marocain » et établit de manière située un « nous », dans ce qui est généralement distingué entre un « nous » et un « eux ».

L'association entre ceux catégorisés comme « Subsahariens », « Africains » ou « citoyens du sud du Sahara » et « immigration clandestine » est pourtant mise en avant dans de nombreux discours de responsables politiques et dans la presse, à partir du début des années 2000 (Belguendouz, 2003) (cf. chapitre 3,

[250] Conseil des migrants « subsahariens » au Maroc, lettre à l'intention des participants au Forum Social Mondial de Bamako. Les guillemets ont été ajoutés à cette occasion par les membres du CMSM.

chapitre 10 & 11). Je l'illustrerai en insistant sur les modalités par lesquelles l'intelligibilité d'un énoncé est étroitement liée à son organisation séquentielle et à la place de l'énoncé par rapport à d'autres énoncés (Coulter, 1994 ; Jayyusi, 2010). Jayyusi traite ainsi des listes comme susceptibles de produire une catégorisation. Examinons le passage suivant constituant le sous-titre d'un article intitulé « Le Péril noir » (*Maroc Hebdo*, 2 novembre 2012).

> « Des milliers de Subsahariens clandestins au Maroc. Ils vivent de mendicité, s'adonnent au trafic de drogue et à la prostitution. Ils font l'objet de racisme et de xénophobie. Ils posent un problème humain et sécuritaire pour le pays… ».

C'est par une liste d'éléments sélectionnés, structurés cumulativement et présentés comme décrivant un type de personnes (les « Subsahariens clandestins ») que le sous-titre se décline, par des items successifs, par transitivité des attributs. Le premier item caractérise le groupe des « Subsahariens clandestins » à partir d'une estimation quantitative dont l'imprécision induit un grand nombre de membres. Le recours à des grands chiffres est par ailleurs un processus couramment utilisé pour entretenir la peur de l'envahissement. Le second item énonce des activités illicites qui peuvent être considérées comme immorales ou du moins dérangeantes (comme il en est de la mendicité par exemple), attribuées aux « Subsahariens clandestins » au Maroc. Soulignons que le terme « s'adonner » n'est pas anodin, comme le souligne Ndèye Coumba Diouf, dans l'une des analyses développées par le LMI Movida sur les idées reçues sur la migration[251], et renvoie au fait de se livrer à une activité par inclinaison et avec ardeur. Un glissement implicite est également opéré entre hommes et femmes. En effet, si l'on présuppose que ce sont les femmes qui entrent dans la prostitution, cet énoncé permet d'englober les deux sexes. Cela contribue à la criminalisation des migrants par laquelle un certain nombre de problèmes de société et de sécurité sont attribués à l'immigré, en particulier celui considéré comme « clandestin » (Palidda, 1999).

Une équivoque peut apparaître à partir du troisième item. On peut en effet se demander si les items désignent les mêmes catégories de personnes. Dans cet item, « ils » passent alors de sujet à « objet [*victime*] de racisme et de xénophobie ». Le racisme et la xénophobie opérant généralement sur la base d'une apparence physique ou de celle d'une « étrangéité » visible, ce troisième item amène à élargir le groupe des personnes désignées, des « Subsahariens clandestins », aux « Subsahariens ». La caractéristique de « clandestin » n'a pas le caractère d'une disponibilité publique à la perception et, si

[251] Ndèye Coumba Diouf, « idée reçue #9. Les migrantes dans les mines d'or ne sont pas toutes des prostituées », sur le site internet du LMI Movida. https://movida.hypotheses.org/4380.

« Subsahariens clandestins » constitue un sous-groupe des « Subsahariens », les deux catégories ne sont pas complètement interchangeables. Les « éléments co-sélectionnés fonctionnent à la manière d'une procédure de reconnaissance d'une classe de catégorie » (Jayyusi, 2010 : 124).

Cet article, comme un ensemble d'énoncés concernant ceux que les journalistes qualifient de « Subsahariens », s'intègre dans un contexte de préoccupations grandissantes de la part de l'UE et de ses États membres quant à l'émigration de Marocains et des dits Subsahariens, du Maroc (et d'autres pays frontaliers) vers son territoire (cf. chapitre 10). Le « Subsaharien » est alors associé au système catégoriel d'appartenance de « migrant » (« immigré », « émigré », « migrant en transit ») qui renvoie aux caractéristiques d'un « parcours migratoire ». La catégorie « migrant », temporaire par essence, en devient alors contextuellement une caractéristique attribuée à certaines catégories d'étrangers de manière plus durable. C'est l'expérience qu'a faite Clothilde, ressortissante belge arrivée au Maroc depuis quelques mois, investie dans l'initiative de la Charte mondiale des migrants. Alors qu'elle s'apprêtait à prendre la parole en public pour parler de la Charte[252], Clothilde s'est fait cordialement renvoyer par des Marocains et des ressortissants d'Afrique centrale parce que n'étant pas « migrante ».

Prenons une illustration plus récente. Dans un article paru en 2015, une journaliste revient sur la répartition sur le territoire des 86 206 étrangers recensés en 2014, tout en indiquant qu'elle ne détient pas d'informations quant à l'origine nationale et régionale de ces étrangers[253]. Elle exprime ses « surprises » quant à l'installation d'étrangers dans certains lieux ou villes et déclare qu'« à Casablanca et Rabat, nos "gwars" [*cf.* infra] optent plutôt pour les quartiers chics ». Elle indique aussi que le quartier de Figuig « abrite quatre expatriés et deux autres qui ont choisi de s'installer à Z'hiliga… ». L'Européen ou le Nord-américain sont régulièrement catégorisés comme « expatriés » et leur « migration » qualifiée d'« expatriation ». La catégorie « expatrié » relève moins d'un statut professionnel que d'un statut social supposé supérieur, de modes et de conditions de vie plus confortables, ainsi que de parcours de mobilité considérés non seulement comme privilégiés, mais également comme non problématiques. La paire disjonctive « migrant »/« expatrié » n'est pas propre au contexte marocain, comme le relève un article du journal britannique *The Guardian* (13/03/2015), reprit deux jours plus tard par le journal français l'*Express*, sous le même intitulé « Pourquoi les Blancs sont des "expats" et les autres des "immigrés" ? ». Un certain nombre d'attentes

[252] La Charte mondiale des migrants est une initiative impulsée en 2006 qui s'insère dans la dynamique des Forums Sociaux et vise à redonner la parole aux migrants.

[253] Elle annonce en effet que « le HCP a révélé le nombre des étrangers installés au Maroc, mais non leur nationalité pour le moment », Fatima Moho, « Enquête. Où vivent les étrangers au Maroc ? », *le360.ma*, 01/05/2015. La ventilation par origine régionale (et pour certaines nationalités) sera publiée en décembre 2017, à l'occasion de la journée internationale des migrants (cf. chapitres 3 & 12).

conventionnelles et normatives découlent de cette association à la catégorie de « gawri » (singulier de « gwwār »), comme, dans cet article, celle d'habiter un « quartier chic » ou, plus généralement, de correspondre physiquement au type « européen » ou « nord-américain », de bénéficier d'un pouvoir économique confortable. D'ailleurs, les ressortissants européens assimilés à d'autres origines nationales (comme les Français d'origine maghrébine, les noirs européens ou les Européens de type asiatique) ne seront a priori pas associés aux caractéristiques du « gawri » et seront alors renvoyés à d'autres catégorisations de sens commun. Le terme de « gawri » peut, dans différents contextes, constituer une appellation péjorative. L'assimilation entre le « Gawri » et le « Nasrani », en référence à une appartenance présumée à la religion chrétienne, est régulièrement opérée. Si le terme « Nasrani » (nazaréens) est plus communément utilisé pour désigner le « chrétien blanc », celui de « Masihi » (chrétien) englobe plus largement l'ensemble des chrétiens.

Une série d'images est accolée au « noir africain » qui opère en fonction de catégories et de constructions de sens commun, largement basées sur des construits sociaux (Dupret 2006b ; Schütz, 1990 ; Cefaï, 1994). Un ensemble de qualificatifs sont utilisés pour désigner le « noir » ou le « noir non ressortissant » dans le langage courant au Maroc, comme il en est des dénominations de « ăzzi » (cf. infra), de « Al-louwiyine » (littéralement « les colorés »), de « mon ami » ou d'« Africain ». Si ces termes peuvent constituer des catégorisations alternatives, ils ne sont pourtant pas toujours interchangeables. Pour reprendre Jayyusi, « l'usage des catégorisations n'est pas une simple question de description des personnes, mais d'attribution de propriétés spécifiques » (2010 : 25).

Prenons le terme de « ăzzi ». Celui-ci est utilisé pour désigner tant des étrangers que des nationaux sur la base d'une couleur de peau noire, davantage que sur la base d'une altérité nationale. Il fait référence pour beaucoup à une relation asymétrique de domination du « noir » par le « blanc ». Le terme « ăzzi » est utilisé parfois comme une boutade (comme celui de « negro » peut l'être dans d'autres contextes)[254]. Il est courant que des Marocains s'apostrophent amicalement par le qualificatif de « ăzzi » en se référant à la couleur de peau de l'un d'eux, ce qui n'est pas sans faire écho aux « alliances à plaisanterie » largement étudiées en anthropologie (Canut & Smith, 2006) qui, quel que soit le rôle qu'on leur attribue (pacification, résolution de conflits, réactivations de stratifications sociales, etc.) peuvent acquérir une dimension politique et normative. Ces boutades ne sont d'ailleurs pas toujours bien accueillies par leur destinataire. L'acceptation de ce propos n'est généralement admise, comme l'indique Timera, que pour des proches et « dans la limite

[254] C'est ce que souligne Lanza en reprenant les propos d'un Marocain interviewé, « pour beaucoup de Marocains, il s'agit d'une manière amicale et issue de la plaisanterie pour appeler les Noirs, pour casser la glace, en ne sachant pas comment les appeler » (Lanza, 2015).

d'une énonciation qui emprunte la forme euphémisante de la plaisanterie» (Timera, 2011 : 150). Le terme «ăzzi» prend, pour certains Marocains et étrangers, des connotations racistes, renvoyant au statut d'esclave du noir, hérité du passé. La question du racisme au Maroc a fait l'objet d'articles de presse[255], ainsi que de déclarations et actions s'opposant à l'usage de ces inférences catégorielles (cf. chapitre 3). C'est ainsi qu'en 2014, une campagne « Masmitich ăzzi » (« Je ne m'appelle pas *ăzzi* ») a été lancée au Maroc par un collectif d'individus et d'associations militants pour les droits des migrants, suivant l'action du collectif informel « Papiers pour tous », soutenant l'organisation en 2016 d'une campagne transmaghrébine contre le racisme[256].

« Mon ami » est une autre appellation qui s'utilise mutuellement entre personnes originaires d'Afrique de l'Ouest et centrale et Marocains. Ce qualificatif s'accorde d'ailleurs de manière surprenante. Il suffit souvent de demander à des Marocains où sont les « Monamis » dans un immeuble pour que nous soit indiqué l'appartement des « Monamiyines », comme si ce nom précédé d'un adjectif possessif se convertissait en sujet susceptible d'être passé au pluriel. Si ce qualificatif pour désigner les personnes originaires d'Afrique de l'Ouest et centrale dénote plutôt une certaine sympathie, il s'émancipe parfois de son sens en étant juxtaposé à des inférences bien moins positives. Par ailleurs, comme le soulignent Péraldi et Edogué Ntang, « appeler quelqu'un "mon ami" n'est pas dépréciatif en soi, plutôt par le caractère indistinct de l'adresse ; le terme peut s'appliquer indifféremment à un jeune homme comme à une personne âgée, à un diplomate comme à un mendiant, dans une société où c'est justement la déclinaison des marques distinctives qui signifie le respect ou la déférence » (2011 : 51). Certaines de ces qualifications ne renvoient pas à une catégorisation en termes d'appartenance nationale et sont utilisées indistinctement pour désigner des personnes de nationalité marocaine ou étrangère, comme il en est de la notion de « ăzzi », de celle de « chinoui » (chinois) ou, dans une moindre mesure, de celle de « gawri ». Lorsqu'une personne, identifiée comme Marocaine, s'exprime un peu trop en français ou adopte un comportement assimilé au comportement typique de

[255] En 2004, le journal *Jeune Afrique* s'est posé la question « Les Maghrébins sont-ils racistes ? », en publiant plusieurs articles sur cette question, dont un article de Zoubeïrou Maïga, intitulé « Singes, olives et chocolats », qui souligne « l'épaisseur du malentendu entre Marocains de souche et immigrés d'Afrique noire ». Celui-ci nuance ce constat en distinguant les catégorisations relatives à certains pays : « Le Sénégal est le seul pays à bénéficier d'une image plutôt positive : il passe pour "le plus riche" et "le plus civilisé d'Afrique", noire bien sûr. La Guinée, le Gabon, le Cameroun (à cause du football), le Kenya (à cause de l'athlétisme), le Congo-Brazza, la RDC, la Guinée équatoriale et Madagascar (où Mohammed V fut bien accueilli lors de son exil) s'en tirent sans trop de dommages, mais le reste… Le reste, c'est la jungle, ou peut s'en faut » [*Jeune Afrique*, 14 juin 2004].

[256] « "Ni oussif, ni Azzi, Baraka et Yezzi" ["Ni esclave, ni Azzi, stop, ça suffit"], Campagne maghrébine contre les discriminations raciales : Pour des législations nationales contre les discriminations raciales », réunissant des acteurs et organisations du Maroc, de Mauritanie, de Tunisie et d'Algérie.

l'occidental, elle peut être qualifiée de « gawri/a », la renvoyant ainsi à une disjonction entre son appartenance nationale et son comportement.

CONCLUSION DU CHAPITRE

Comme le montrent les illustrations précédentes, les catégorisations ne sont pas des dispositifs neutres. L'opération de catégorisation s'inscrit dans un ordre moral (Jayyusi, 2010 ; Dupret, 2006b). Rendre compte du travail que ces catégorisations réalisent permet de dévoiler et d'explorer la manière dont les gens décrivent les objets sociaux qui les entourent. Étudier les catégorisations d'appartenance n'a de sens qu'en les envisageant in vivo. Elles ne sont en effet pas données une fois pour toutes, mais constamment réactualisées. Cela renvoie à la nature irrémédiablement praxéologique de l'organisation de l'ordre social et des configurations de la pratique sociale. Les catégorisations sont déterminées par la tâche en cours et « c'est dans les termes de cette activité que ce trait est descriptivement exhibé ou tenu pour acquis » (Jayyusi, 2010 : 107). Cet élément permet de ne pas scléroser les pratiques catégorielles des acteurs dans une réalité transcendantale qui serait valable à tout moment, ne refléterait pas les ajustements opérés ni la prise en compte de leurs expériences par les membres de la société. Pourtant, l'individu n'est pas isolé dans ses pratiques qui s'ancrent dans un environnement social, lui-même en évolution, et implique diverses conventions culturelles qui rendent accessible la production de sens et des activités pratiques. Les activités de description, d'inférence et de jugement sont omniprésentes dans les conduites de la vie courante. La manière dont les personnes et les choses sont décrites et les catégorisations des personnes apparaissent donc comme fondamentales pour la compréhension des activités pratiques des membres. C'est l'analyse à laquelle nous nous attèlerons dans les chapitres suivants.

CHAPITRE 10

LA NOTION DE TRANSIT DANS LA FABRICATION DES RÉALITÉS MIGRATOIRES

Si le Maroc est d'abord un pays d'émigration, avec près de 5 millions de ressortissants à l'étranger[257], les références au transit d'étrangers, en particulier originaires d'Afrique de l'Ouest et centrale, sont omniprésentes dans les discours politiques et médiatiques depuis le début des années 2000. Ces représentations occultent, partiellement du moins, l'immigration ancienne de personnes qui n'ont pas toujours eu pour objectif initial de rejoindre l'Europe. Pourtant, « le Maroc est à la fois une grande terre d'émigration depuis la première vague de la Première Guerre mondiale et une terre d'immigration et d'accueil, même si la conscience collective n'a pas intégré cette donnée historique » (CNDH, 2013 : 2). La notion de transit a été largement reprise dans le cadre des coopérations de l'UE avec les pays de la rive sud de la méditerranée à propos de la lutte contre la migration irrégulière (cf. chapitre 3), renvoyant à l'idée d'une immigration ne se destinant pas au Maroc. Sera ici envisagé le phénomène de la « migration subsaharienne de transit » au Maroc en recourant à l'analyse des catégorisations et jeux de langage opérés au travers d'articles de presse, de débats télévisés, de programmes d'ONG, de discours politiques et de discussions « informelles ». Je m'inspirerai de la notion de « réseau dialogique » telle que développée par Leudar et Nekvapil (Leudar & Nekvapil, 2002, 2004, 2006 ; Leudar, Marsland, Nekvapil, 2004), qui envisagent des tours de paroles impliquant une coprésence d'intervenants, d'énoncés se répondant mutuellement et étendant le système de tours de parole aux échanges médiatisés. Je m'inspirerai de cette démarche qui met en relief l'interaction mutuelle, bien que régulièrement physiquement distante, entre des énonciations publiques et médiatiques pour révéler la complexité de ces échanges et de la production de sens autour d'un sujet d'actualité. Je lui préférerai cependant l'idée d'un tramage de pertinence, non seulement parce que je m'appuierai ici sur des illustrations qui ne relèvent pas d'une même logique et s'inscrivent dans des régimes différents de

[257] Contre 3,3 millions en 2003 selon Bentaleb, « Les Marocains du monde entre apports de devises et dénis de droits », *Libe.ma*, 10 août 2015. Ces chiffres ne distinguent pas les binationaux et font l'objet de controverses quant à leur mode d'établissement (Alaoui, 2013).

dialogisme, mais également parce que le phénomène envisagé est bien trop large pour être appréhendé en termes de réseau dialogique dans le cadre de ce travail.

Dans un premier temps, je me pencherai sur la construction de cette trame de pertinence autour du phénomène de la « migration de transit » ou de la « migration de transit des Subsahariens » au Maroc en revenant sur les maillons qui la constituent. Je traiterai donc du « contexte contextualisant » (Dupret & Ferrié, 2014 : 101) qui nourrit le tramage et soutient son extension et sa légitimité. Dans un second temps, j'analyserai succinctement le recours aux catégories du transit en tant que référentiel permettant de qualifier et de situer certains étrangers au Maroc. Je m'intéresserai dans un troisième temps à la « nouvelle politique d'immigration et d'asile » et à l'« opération exceptionnelle de régularisation » menée en 2014, pour envisager l'évolution des perceptions, des modalités de prise en compte des migrations sur le territoire, et du Maroc comme pays de transit ou d'immigration.

I. Trame de pertinence autour de la « migration de transit des Subsahariens au Maroc »

Les discours et déclarations qui entourent les événements de Ceuta et Melilla constituent l'un des maillons importants de la trame qui fonctionne en réseau d'« occurrences distantes dans le temps et dans l'espace, médiatisées et connectées entre elles thématiquement et argumentativement » (Dupret & Ferrié, 2014 : 39). Il s'agit d'envisager la dimension extravertie des échanges et leur impact situé en tant que créateur de la trame de pertinence qui se tisse autour du phénomène de la migration des Subsahariens au Maroc à partir du début des années 2000. Ce que les uns disent publiquement est repris, dans une version plus ou moins conforme, ou sert au contraire de référence pour une version contrastée. La trame de pertinence est alors constituée de maillons qui se répondent autour du même objet. Cet objet semble être davantage le phénomène de la « migration subsaharienne irrégulière de transit » que celui de l'« immigration au Maroc ». Il s'agit également de revenir sur le postulat selon lequel les ressortissants originaires d'Afrique de l'Ouest et centrale sont en transit. Cette trame de pertinence s'étend d'ailleurs au-delà de la société ou du contexte marocain, comme je l'illustrerai. La migration de transit du Maroc vers l'Europe est en effet associée plus largement aux politiques relatives à l'immigration ou à la lutte contre l'immigration irrégulière en Europe.

Du partenariat euro-méditerranéen (1995), au début des programmes MEDA (1996), à l'institution en 1998 du Groupe de Haut Niveau Asile et Immigration (GHNAI), la mise en place de l'espace Schengen et de dispositifs de contrôle à l'entrée de celui-ci ont situé les pays frontaliers de l'UE[258] comme territoires de transit que traversent les migrants pour rejoindre l'Europe. Le 1er juillet 1998, la présidence autrichienne de l'UE propose un « Document de stratégie sur la politique de l'UE en matière de migrations et d'asile »[259] qui prévoit de conditionner l'aide économique et au développement à la satisfaction des objectifs européens en matière de migration. En outre, ce document attribue des positionnements en matière de gestion de la migration aux pays de la région à partir d'un schéma de cercles concentriques[260] (Belguendouz, 2009 : 11). Dans ce cadre, le Maroc est appelé à contrôler sur son territoire le transit des migrants souhaitant se rendre irrégulièrement en Europe et à lutter contre les filières clandestines. C'est ce qui se retrouve dans certaines propositions du plan d'action Maroc remis en 1999 par le GHNAI, qui intègre la signature d'accords de réadmission, concernant des migrants non marocains ayant transité par le territoire marocain avant de pénétrer sur le sol de l'UE. Celui-ci évoque également le rétablissement par le Maroc des visas pour les ressortissants sénégalais, maliens, congolais (R.P.), ivoiriens, guinéens ou nigériens (Belguendouz, 2005). Les pays frontaliers de l'UE renforcent alors le contrôle à leurs frontières, soutenus en cela par différents dispositifs européens, pour lutter contre le transit d'étrangers non autorisés vers l'Europe (cf. chapitre 3). Le 24 février 1999, à une délégation de parlementaires français, l'ancien ministre d'État à l'Intérieur, Driss Basri, déclare sa volonté d'associer le Maroc à la politique européenne de l'immigration : « L'objectif principal pour le Maroc consiste à être partie prenante de la politique européenne de l'immigration consécutive à l'instauration de l'espace Schengen. Le Maroc est en effet conscient de la communauté des valeurs des deux parties et des intérêts mutuels à défendre. Au niveau méditerranéen, nous sommes par notre situation géographique et nos liens économiques, culturels et sociaux, partenaires à part entière de la sécurité européenne [...] la défense de l'espace européen ne peut être efficace que si le Maroc y apporte sa contribution » (cité dans Belguendouz, 2003 : 39-40).

---

[258] Il en a été ainsi pour le Maroc, la Libye ou la Mauritanie à partir de 2006 et des départs vers les iles Canaries des côtes Ouest-africaines, mais également des États situés à l'est de l'Europe.

[259] Document de stratégie sur la politique de l'UE en matière de migrations et d'asile — CK4-27 — ASIM 170, 1er juillet 1998.

[260] Ce schéma distingue les responsabilités attribuées aux pays en matière de migration selon qu'ils soient membres de l'espace Schengen, candidats à l'adhésion à l'UE, voisins ou associés à l'UE (pour le second cercle) appelés à rapprocher leur politique migratoire des critères de Schengen. Les pays de l'ancienne Union soviétique, la Turquie et l'Afrique du Nord (troisième cercle) sont alors enjoints à se concentrer sur le contrôle des transits et la lutte contre les filières clandestines, alors que le quatrième cercle (Proche-Orient, Chine, Afrique noire) doit éliminer les facteurs d'émigration. Voir à ce sujet Jelle Van Buuren, « Quand l'Union européenne s'entoure d'un cordon sanitaire », *Le Monde diplomatique*, janvier 1999, n° 538.

Peu à peu, les mesures destinées à empêcher les migrants d'entrer sur le territoire européen se transforment en mesures destinées à les empêcher de quitter le sol africain. Cette réalité n'est pas propre aux pays du sud de la Méditerranée et se retrouve dans toutes les régions voisines de l'UE. En 2004, l'OIM définit les migrants en transit comme étant « les étrangers résidant dans un pays pour une certaine durée, le temps de migrer de façon permanente vers un autre pays » (IOM, 2004 : 7)

Cette notion de transit est étroitement associée aux négociations menées entre le Maroc, l'UE et ses États membres pour un « partage des responsabilités », impliquant un engagement des autorités marocaines dans la lutte contre le transit de « clandestins » vers l'Europe, en contrepartie d'un soutien des autorités européennes. La migration de transit en devient une catégorie bureaucratique étroitement associée à la migration irrégulière et qui, comme le souligne Bredeloup, participe « de la confusion entretenue entre illégalité, criminalité et transit » (2013 : 62).

Des journalistes et des militants associatifs s'intéressent dès le début des années 2000 aux personnes catégorisées comme « migrants subsahariens » qui campent dans les forêts du nord du Maroc[261]. Comme l'illustre le contenu de l'article publié le 15 juillet 2003 par le journal *Aujourd'hui le Maroc,* les « clandestins subsahariens » sont associés au transit : « Le Maroc affronte tout seul des flux de plus en plus importants de clandestins subsahariens qui fuient la misère et les guerres civiles et ethniques sévissant dans leurs pays. Ces clandestins venus d'ailleurs font du royaume une étape de transit »[262].

Les déclarations formulées dans le cadre des échanges qui ont eu lieu au sein du parlement marocain autour de l'adoption de la loi n° 02-03 (cf. annexe n°3) ne peuvent être comprises de manière isolée. Des opinions divergentes s'expriment sur les manières de répondre au phénomène de l'émigration irrégulière et du transit des Subsahariens vers l'Europe. Un consensus se dégage pourtant sur l'importance d'adopter cette législation, afin « de protéger les frontières marocaines de l'infiltration des migrants clandestins sur son territoire, considéré comme étant un pont entre l'Afrique et l'Europe ». Comme le soulignent Dupret et Ferrié, « les participants à la production du droit s'orientent vers la nature réticulaire de celui-ci et tissent la trame de ses pertinences de différentes façons, entre autres en entremêlant des voix et des textes multiples et en incorporant au niveau d'une instance des propos tenus ou formulés par une autre instance » (2014 : 174). Dans cet extrait des débats parlementaires tenus à la chambre des conseillers autour de la loi n°02-03, c'est par l'association des deux parties de la phrase, que « migrants clandestins » renvoie à « Africains » se rendant en Europe. C'est ce à quoi

[261] En 2002, le journaliste Mustapha Abbassi du quotidien *Al Ahadath Al Maghribia* réalise un des premiers reportages à la forêt de Belyounech (Nord du Maroc) où campent des migrants présentés comme en situation administrative irrégulière.

[262] Omar Dahbi, « Le Maroc débordé par les subsahariens », 15 juillet 2003, *Aujourd'hui. ma*

renvoie la référence du Maroc comme pont, comme espace de transit entre l'Europe et l'Afrique (cf. chapitre 3). D'autres références renvoyant au passage des personnes originaires d'Afrique de l'Ouest et centrale par le Maroc pour rejoindre l'Europe y sont par ailleurs faites. L'émigration de ces ressortissants étrangers vers l'Europe en passant par le Maroc en vient à camoufler une émigration non moins importante constituée de nationaux, Marocains au Maroc et plus largement ressortissants d'autres États émigrants plus à l'est (Bredeloup 2013 : 60).

Par ces références à l'émigration irrégulière et au transit, soutenues par l'image des « pateras de la mort », et légitimées par des déclarations concordantes de responsables politiques, parlementaires, le Maroc est présenté comme « victime » de la migration clandestine avec, comme le souligne le ministre de l'Intérieur en réponse, le 7 mai 2003, à une question posée au parlement sur l'immigration irrégulière, « ce que cela suppose comme effets négatifs »[263]. La victime en devient le pays qui accueille ce migrant. Dans cette perspective, « la séance parlementaire se présente comme un instant particulier du débat public » (Dupret, Ferrié, Klaus, 2008 : 371) qui se déploie à l'extérieur et à l'intérieur de l'enceinte parlementaire.

Cette trame de pertinence se poursuit au-delà de l'adoption de la loi n° 02-03. Elle sera alimentée par les énoncés produits par une diversité d'acteurs, issus d'institutions publiques marocaines, associatives, d'organisations internationales ou de médias. En 2004, l'émission *Grand angle* diffuse un reportage sur la télévision publique marocaine *2M*, intitulé « Errances africaines. Aux avant-postes du continent ». À travers des témoignages, ce reportage retrace les conditions de vie de migrants originaires d'Afrique de l'Ouest et centrale à Oujda et dans les forêts de Bel Younes et Gourougou (Nord du Maroc). Les événements de Ceuta et Melilla, entre août et octobre 2005, font l'objet d'un traitement médiatique intense. Les tentatives de passages en force vers l'Europe sont signalées, ainsi que les efforts du Maroc et de l'Espagne pour juguler ces « flots » de migrants en transit vers l'Europe. Enfin, les conditions de vie précaires et le traitement accordé à ces migrants par les autorités marocaines sont largement évoqués.

L'idée est donc que le Maroc n'intéresserait pas ces migrants, mais assumerait les conséquences de la politique mise en place par l'UE pour lutter contre l'immigration sur son territoire. Cette posture de « gendarme de l'UE » (cf. Belguendouz, 2003), que les États européens chercheraient à imposer au Maroc, se retrouve dans les discours médiatiques, universitaires, politiques et associatifs. Le rapport du CCDH[264] publié en 2007, sur les événements de

[263] Extrait de l'intervention du ministre de l'Intérieur en réponse à une question sur l'immigration irrégulière au Maroc devant le parlement, le 7 mai 2003, dépêche MAP 072058, citée dans Belguendouz (2009 : 19).
[264] Institution marocaine des droits de l'Homme (depuis remplacée par le CNDH) (cf. chapitre 3).

Ceuta et Melilla, s'y réfère : « Si ces événements s'avèrent, conjoncturellement, l'aboutissement d'une gestion malencontreuse par le Maroc et par l'Espagne, ils demeurent en revanche comme structurellement le résultat d'une volonté européenne d'externaliser le traitement des migrants qui désirent accéder à son territoire. Qu'on le veuille ou non, ces événements sont la conséquence du renforcement de la coopération policière et militaire, de la politique "des accords de réadmission", et de tous les projets récents de l'Union européenne en matière d'immigration et d'asile (…) les assauts, les conditions de leurs constitutions ainsi que celles de leurs traitements par les pouvoirs publics marocains et espagnols, illustrent, jusqu'à la caricature, les conséquences du raisonnement répressif par lequel l'Europe a choisi de traiter la question des migrations. Ainsi, et à ses dépens, le Maroc est devenu le vigile obligé de la frontière sud de Schengen (…) Au mépris de leurs engagements internationaux, en particulier ceux relatifs aux droits des réfugiés, les États membres exercent des pressions importantes sur les pays de transit comme le Maroc, pour que tout soit mis en œuvre pour contrôler, parer, chasser et refouler les populations migrantes ». (2007 : 9)

La dernière phrase de cet extrait correspond mot pour mot à l'une des phrases introductives d'un rapport rédigé par la Cimade, trois ans plus tôt (Wender, 2004 : 2). Ce rapport s'intéresse aux « migrants subsahariens en transit au Maroc ». Son intitulé précise les lieux concernés par l'étude (« Gourougou, Bel Younes, Oujda ») et desquels sont issus les résultats publiés qui ciblent donc une partie de la catégorie des Subsahariens, sans ambition de généralisation. Ce ne sera pas le cas d'un certain nombre de supports et de déclarations qui reprendront ces données en transposant les caractéristiques identifiées par les investigateurs, relatives à un groupe de personnes particulières, à un moment et dans un espace donné, à des catégories de populations plus larges qui ne relèvent pas des mêmes contextes.

L'argument du transit a aussi été utilisé, dans le contrôle des migrations, comme monnaie d'échange de l'aide au développement et du rapprochement avec l'UE. Il a été intégré dans différentes négociations, notamment économiques et commerciales, ou liées à l'accès de nationaux au territoire européen. Cet européocentrisme, qui marque l'émergence et l'importance prise par cette catégorisation de « transit », s'intègre à la représentation du territoire européen et de son voisinage (Collyer, Düvell, de Haas, 2012). L'intérêt porté à cette migration de transit vers l'Europe et les financements accordés par les partenaires européens ont de fait orienté nombre de programmes, notamment d'ONG ou de recherche, vers la question du transit et des migrants dits « clandestins » au Maroc, supposés bloqués dans leur tentative de se rendre en Europe. Le postulat est donc que ces migrants resteraient sur le territoire marocain non par choix, mais par défaut. L'image erronée d'un afflux massif de migrants subsahariens en transit pour rejoindre l'Europe « coûte que coûte » a contribué à présenter les États maghrébins comme œuvrant pour soulager l'Europe et non pas pour gérer une migration qui les concernerait aussi, temporairement ou à plus long terme. Ce que certains analystes ont qualifié de rôle de « gendarme de l'Europe » (Belguendouz, 2003, 2005 ; Migreurop, 2007) a soutenu la déresponsabilisation des États concernés et de certains de leurs acteurs, institutionnels et non institutionnels, recourant à l'argument du transit pour renvoyer la responsabilité de la réception et la charge de cette présence « non voulue », aux pays « traditionnels » d'immigration (Papadopoulou, 2008 : 7). L'attention portée sur ce phénomène du transit vers l'Europe a contribué à camoufler des migrations, de personnes qui n'ont pas toujours pour objectif initial de rejoindre l'Europe, mais redéfinissent leurs parcours au gré des opportunités. Pour Choplin, « le phénomène du "transit", qui a retenu l'attention et suscité l'intérêt des Européens, ne représente au final que la plus courte des trois temporalités migratoires (avant, pendant et après le transit) » (2010 : 75). Les postures de pays d'émigration (ou de départ), de transit et d'immigration (ou d'arrivée), qui catégorisent les États se figent régulièrement dans les discours et les perceptions de sens commun, niant ainsi la diversité des mobilités que connaissent certains pays.

Le lien entre migration irrégulière et transit est établi de manière mécanique (Bredeloup, 2012). C'est ce qu'illustre la présentation faite devant La Commission économique des Nations Unies pour l'Europe à Genève en septembre 2011 par Malika Benradi (chercheuse à l'AMERM) qui déclare la migration au Maroc comme essentiellement subsaharienne : « Au Maroc, les migrants subsahariens, rentrés essentiellement par l'Algérie se comptent par milliers. Mais ce sont les interceptions qui permettent de donner une idée sur la dimension du phénomène »[265]. Les interceptions lors des tentatives de passage vers l'Europe permettraient donc de mieux cerner le phénomène de la « migration » ou de la « migration irrégulière » au Maroc. Dans cet énoncé, « irrégularité » et « transit » sont de fait associés. Par ailleurs, l'on peut s'interroger sur le fait que l'importance numérique des migrations (apparemment constatée à l'arrivée au Maroc) puisse se mesurer à l'aune des interceptions recensées au départ du Maroc vers l'Europe. Cette idée d'un vase communiquant n'est pas démontrée. Pourtant la référence aux milliers de migrants subsahariens entrés par l'Algérie (essentiellement, mais pas seulement), sans indication temporelle, tend à donner l'impression d'une augmentation exponentielle des tentatives de départ vers l'Europe. Cet énoncé est pourtant basé sur des statistiques d'entrées sur le territoire et d'interpellations douteuses.

L'intérêt politique porté à la migration de transit, qui constitue pourtant un phénomène ancien, a largement contribué à l'ériger en phénomène nouveau. Pour Bredeloup, la véritable nouveauté est que le phénomène soit « perçu ou

---

[265] Présentation faite devant la Commission économique des Nations Unies pour l'Europe à Genève en septembre 2011 par le professeur Malika Benradi (AMERM).

présenté comme nouveau par les experts internationaux » (2012). Cette prise de conscience de la « migration de transit » ne peut en effet être déconnectée des constats opérés par les experts internationaux quant aux effets des restrictions à l'entrée dans l'espace Schengen, à la signature d'accords de réadmission avec les États nord-africains, ainsi qu'aux contextes de changements politiques en Europe de l'Est et aux bouleversements politiques en Afrique subsaharienne (Bredeloup, 2012 : 457). Cette perception est étroitement orientée vers le prisme d'enjeux européens.

Sous l'intitulé « la migration irrégulière au Maroc », un certain nombre de rapports et d'énoncés de presse renvoient non seulement à la migration des Subsahariens, mais aussi au Maroc comme pays de transit et à une installation parfois par défaut de ces « migrants subsahariens ». C'est ce qu'illustre l'extrait suivant : « Du fait de sa proximité géographique, le Maroc est devenu un point de départ et de passage en masse de migrants [clandestins], avec l'Espagne comme destination privilégiée. Enfin, depuis peu, le Maroc semble être devenu un pays d'immigration, dans la mesure où [des flux, de plus en plus importants, de] (*les*) migrants en provenance de l'Afrique subsaharienne transitent par le Maroc dans l'espoir de rejoindre l'Europe. Beaucoup de ces migrants, confrontés aux mesures restrictives des politiques européennes, sont contraints de rester au Maroc pour une période relativement longue » [dans Mghari (2009 : 1 ; 2010 : 32)/dans AMDH (2013 : 15)].[266]

Les énoncés publics concernant la migration irrégulière au Maroc, orientés vers le transit des Subsahariens pour rejoindre l'Europe, constituent un environnement catégoriel fertile au sein duquel le caractère performatif du langage, au sens d'Austin (1970), devient particulièrement évident. Ces énoncés accompagnent l'image d'un Maroc qui serait devenu un pays d'immigration sous le seul prisme d'un échec du transit de ces migrants ; ils contribuent ainsi à l'élaboration de discours de vérité rendant pertinente la catégorie de « Subsahariens » pour désigner le phénomène migratoire au Maroc dans sa globalité.

II. LA CATÉGORIE DU TRANSIT : DE LA TRAME DE PERTINENCE À SES EFFETS PRATIQUES

En novembre 2003, la loi n° 02-03 est adoptée avec pour objectif que le Maroc contrôle davantage la migration sur son territoire, considérée comme susceptible d'être répercutée sur l'Europe. La notion de transit n'apparaît pas en tant que telle dans la législation marocaine. Certaines dispositions semblent

[266] Entre crochet des éléments qui apparaissent dans la communication (2009) et l'article (2010) de Mghari, mais pas dans le rapport de l'Association marocaine des droits humains (2013) qui a supprimé les notions de « clandestins » et de « flux » de son énoncé.

cependant concerner particulièrement - sans l'expliciter- le transit d'étrangers par le territoire marocain. Cette loi dissocie, comme son intitulé l'indique, « l'entrée et le séjour irréguliers des étrangers » (titre 1, chapitre 8), de « l'émigration et l'immigration irrégulières (titre 2) ». Cette distinction se retrouve dans les sanctions prévues par la loi. Si le titre 2 concerne également les Marocains impliqués dans des délits au séjour, l'émigration et l'immigration irrégulière sont perçues comme une circulation, distinguée dans la construction même de la loi. Pour Delphine Perrin, cette distinction instaure une confusion. Elle est « sans doute initialement fondée sur la volonté de réprimer spécifiquement les réseaux de circulation clandestine et d'adresser un message de collaboration aux partenaires européens » (Perrin, 2008). Comme nous l'avons vu (chapitre 3, 4 & 5), en pratique ce sont surtout des dispositifs physiques et militaires qui sont mobilisés par les autorités pour empêcher les migrants de rejoindre les côtes européennes, compliquant progressivement les passages illégaux de frontières et prolongeant les durées de séjour au Maroc de candidats à l'émigration irrégulière (cf. chapitre 3). L'un des enjeux politiques de cette notion de transit se situe dans la prise en charge d'étrangers entrés irrégulièrement sur le territoire d'un État par les autorités d'un autre État par lequel il aurait transité. Cette idée de responsabilité du pays de transit se retrouve dans l'accord conclu entre le Maroc et l'Espagne en 1992[267], remis en question, mais mobilisé régulièrement dans les faits, au travers de ce qui est qualifié de refoulement à chaud (cf. chapitre 4), ainsi que dans les accords de réadmission que négocient l'UE et le Maroc depuis le début des années 2000 concernant les étrangers entrés irrégulièrement en Europe qui auraient transité par le Maroc[268].

Le transit n'apparaît pas explicitement dans la législation marocaine. Pourtant, il s'est développé dans la pratique quotidienne comme un référentiel permettant de qualifier et de catégoriser certains étrangers. Le considérer s'intègre dans une démarche d'appréhension du droit en action. Revenons sur des éléments émanant de documents de police concernant deux cours d'action exposés précédemment : celui de Francis, entré régulièrement au Maroc avant de se retrouver en situation administrative irrégulière et d'être interpellé par la police (cf. chapitres 4 & 5), et celui de cinq réfugiés inculpés en 2009 pour « rassemblement armé, rébellion et violence contre un fonctionnaire public » et « séjour irrégulier » (cf. chapitre 5 et annexe n°6).

---

[267] Accord du 13/02/1992 entre le royaume d'Espagne et le royaume du Maroc relatif à la circulation des personnes, du transit et de la réadmission des étrangers entrés illégalement qui prévoit en son article 1[ier] que les autorités de l'État sollicité (le Maroc) réadmettent les ressortissants des pays tiers qui auraient transité par son territoire afin d'atteindre l'État requérant (l'Espagne).

[268] Cette idée de responsabilité du pays de transit existe au niveau européen concernant les demandes d'asile. La Convention européenne de Dublin (I et II) prévoit que l'examen d'une demande d'asile se fasse dans le premier pays d'entrée du demandeur par lequel il aurait transité.

Dans le premier procès-verbal d'écoute de Francis, celui-ci dit séjourner au Maroc de manière irrégulière : « Je ne suis pas parvenu à avoir des documents pour établir ma carte de résidence ». Pour l'officier de police, « le citoyen guinéen prénommé [Francis] […] réside sur le territoire national de façon non réglementaire […] en attendant que se présente à lui une occasion d'émigrer vers l'Europe ». Francis est donc catégorisé comme « clandestin en transit », alors même que ses premières déclarations contredisent ce projet. Il est refoulé à la frontière algéro-marocaine et inculpé pour séjour irrégulier. Il sera condamné (en son absence) à une peine de prison avec sursis.

Dans le second cours d'action évoqué, le projet de transit dont les cinq réfugiés reconnus par l'UNHCR semblent suspectés explique l'inculpation pour séjour irrégulier dont ils font l'objet. C'est ce qui ressort de leurs cinq procès-verbaux d'écoute (cf. annexe n°6). Les déclarations des réfugiés inculpés reviennent sur :

- Leur parcours migratoire, en soulignant leur volonté originelle de transiter par le Maroc pour rejoindre l'Europe et le caractère économique de leur exil : « À la fin de 2008, j'ai quitté mon pays pour immigrer en Europe à cause des problèmes économiques que connaît la Côte d'Ivoire »[269]/« […] à cause des problèmes économiques que connaît le Congo RDC […] »[270].

- L'entrée irrégulière sur le territoire marocain en recourant à un passeur : « Après avoir pris contact avec une personne sur place, qui nous a aidé moyennant une somme de 100 euros, nous avons traversé la frontière vers le Maroc »[271].

- La similitude de leur stratégie avec « le reste des migrants irréguliers » : « Après être entré au Maroc, je suis resté, comme le reste des migrants irréguliers dans une forêt au Nord du Royaume afin de préparer mon voyage à l'intérieur du Royaume du Maroc en attendant l'occasion de migrer vers l'Europe ».

- Les motivations de leur demande d'asile : « Afin de pouvoir circuler librement, je me suis adressé au Haut Commissariat des Nations unies pour les réfugiés pour obtenir la carte de cette institution, sachant que je n'appartiens à aucun parti politique ou milice anti-gouvernement ivoirien, mais c'est une manœuvre inventée par les migrants clandestins pour qu'ils puissent vivre dans les pays où ils séjournent ».

---

[269] PV du 03/07/2009 : Déclarations de R.C (ivoirien) - 10 h + M.R. (ivoirien) - 11 h + C.R (ivoirien) - 13 h + L.J. (ivoirien) - 16 h.

[270] PV du 03/07/2009 : Déclarations de K.C (Congo-RDC) - 17 h.

[271] Les déclarations extraites sont identiques, mots pour mots, dans les procès-verbaux des cinq inculpés : PV du 03/07/2009 : Déclarations de R.C (ivoirien) - 10 h + M.R. (ivoirien) - 11 h + C.R (ivoirien) - 13 h + L.J. (ivoirien) - 16 h + PV du 03/07/2009 : Déclarations de K.C (Congo-RDC) - 17 h.

- Leur séjour illégal : « Je vous confirme que je vis au Maroc de manière illégale, comme tous les autres migrants africains et que je ne possède aucun document officiel ».

Ces réfugiés y apparaissent comme de faux réfugiés qui auraient fondé leurs demandes d'asile sur la base d'informations mensongères en vue de transiter plus sereinement par le territoire marocain. L'extrême proximité des propos rapportés par ces cinq inculpés et les amalgames faits avec « tous les autres migrants africains » renvoient à l'élaboration même de ces procès-verbaux et à leur constitution téléologique. La catégorie du « transit » y apparaît comme une catégorie juridique. Le juge accorde aux documents de police une force probante qui rend ce récit incontestable (cf. chapitre 5). Par ailleurs, les propos rapportés de ces réfugiés créent une communauté d'intention avec « tous les autres migrants africains », figés dans la catégorie du « transit » pourtant éphémère ou du moins transitoire (Jayyusi, 2010).

Au-delà du vecteur de catégorisations que peuvent constituer ces documents dans la procédure judiciaire (cf. chapitre 5 & 12), le recours à l'image du migrant en transit n'est pas propre aux acteurs de la police. Il fait écho à des représentations du « migrant subsaharien » régulièrement véhiculées par les discours publics, médiatiques et politiques notamment. Les « migrants en transit » ont été constitués en population à part entière, tout en ne désignant quasiment que les Subsahariens, induisant le risque d'une stigmatisation de la population étrangère noire au Maroc. Depuis 2005, l'augmentation du nombre de Subsahariens clandestins, présentée comme exponentielle dans différents discours[272], accompagne les énoncés portant sur la menace et la dangerosité de ces migrants, prêts à tout pour rejoindre l'Europe. La construction sociale de la menace est d'ailleurs soutenue par l'absence de données fiables (Bredeloup, Pliez, 2005 : 5).

Obtenir des chiffres sur les « milliers de Subsahariens clandestins au Maroc » devient un enjeu[273]. Pendant plusieurs années, des chiffres,

---

[272] Khalid Jemmah, président de l'Association des amis et familles des victimes de l'immigration clandestine (AFVIC), dit « s'inquiéter du "flux migratoire subsaharien (qui) ne cesse de grossir. Il y a 5 ans, ils n'étaient pas plus de 400 dans tout le nord du Maroc. Aujourd'hui, on en compte plusieurs milliers (...) or le Maroc n'a pas la capacité de les accueillir ». [AFP, « Madrid s'inquiète des assauts d'immigrants à Melilla », *Aujourdhui.ma*, 30-08-2005].

[273] Dans le dossier « Le Péril Noir » évoqué précédemment par exemple (« Le Péril Noir », *MarocHebdo,* 2 novembre 2012), le journaliste déplore le fait qu'« il n'existe pas de statistiques officielles sur le nombre de Subsahariens sans papiers au Maroc », mais se réfère aux « associations des droits de l'Homme » et aux « sources policières » qui les estimeraient « à environ 40 000 personnes ». Il est toutefois dit qu'une récente étude sur la migration irrégulière subsaharienne au Maroc (IPPR, 2013) estime la présence des « Subsahariens en situation irrégulière » à un nombre qui « ne devrait pas excéder les 10 000 ». Le journaliste explique ce chiffre, nettement moins élevé, par les « refoulements qui ont lieu pratiquement chaque semaine », tout en indiquant que ce nombre est « susceptible d'augmenter assez rapidement compte tenu du flux continu des migrants ». Cette étude acquiert une crédibilité

approximatifs, ont été annoncés par le ministère de l'Intérieur, des ONG, organisations internationales et des chercheurs situant entre 10 000 et 25 000 le nombre de « Subsahariens irrégulièrement établis sur le territoire » et négligeant toute autre catégorie d'étrangers établis ou travaillant irrégulièrement sur le territoire. Dans un article publié en septembre 2013, l'économiste Mehdi Lahlou évoque « 12 000 à 15 000 Espagnols et autant de Français installés de façon irrégulière » au Maroc, pour un total de 40 à 50 000 étrangers européens en situation irrégulière[274]. Cet article s'intègre à un contexte où les « Européens séjournant irrégulièrement au Maroc » sont rendus plus visibles au travers d'articles de presse et de reportage télévisés. En février 2013, le journal de *France 2* diffuse un reportage intitulé « les Espagnols entrent clandestinement au Maroc pour y travailler » (JT du 12.02.2013). Comme évoqué précédemment (chapitre 8), le ministère de l'Intérieur publie, en juin 2013, un communiqué par lequel il invite les Européens ayant dépassé les trois mois de séjour accordés aux touristes à régulariser leur situation. La même année, le ministre de l'Emploi est interpellé par des députés de la chambre des Représentants concernant le travail clandestin d'étrangers, au sujet en particulier de ressortissants européens travaillant sans autorisation de travail. En 2012, le ministre de l'Emploi intervient sur « l'afflux des ressortissants des pays du Nord pensant y trouver des niches insuffisamment exploitées »[275], faisant référence à des non subsahariens en séjour irrégulier au Maroc. À la suite du communiqué du ministère de l'Intérieur, certaines voix s'élèvent, comme il en est de la section syndicale ODT-TIM qui dénonce la politique du « deux poids, deux mesures entre migrants subsahariens et européens[276].

Si nombre d'analyses soutiennent que l'immigration au Maroc concerne également d'autres catégories d'étrangers ou déclinent des profils d'étrangers originaires d'Afrique de l'Ouest et centrale installés au Maroc, sans projet de se rendre en Europe, leur impact sur la perception des présences étrangères au Maroc reste néanmoins limité et leur mobilisation ponctuelle et restreinte.

À ce jour, la plupart des rapports, études ou déclarations publiques présentent le Maroc comme une terre traditionnelle d'émigration, devenue un

particulière au travers du statut des organisations officielles qui l'ont conjointement réalisée : le Conseil de la communauté marocaine de l'étranger (CCME), l'Institut de recherche sur les politiques publiques (IPPR, institut britannique) et l'Union européenne.

274 Chaudier, J., « Le Maroc compte 10 fois moins d'étrangers que la France », *Yabiladi*, 22-09-2013

275 Discours d'Abdelouahed Souhail, ministre de l'Emploi et de la Formation professionnelle, le 5 juillet 2012 au forum de haut niveau de l'ECOSOC (Conseil économique et social de l'ONU).

276 Pour la section syndicale ODT-TIM, « au moment où les migrants européens sont caressés dans le sens des poils, les subsahariens reçoivent, quant à eux, toutes sortes de brimades : arrestation, refoulements abusifs à la frontière, détentions illégales, confiscations de passeports… » (Communiqué du 18 juin 2013).

point de transit vers l'Europe, avant de devenir un pays d'accueil, par défaut, pour un nombre croissant de migrants irréguliers. Une étude menée en 2007 par l'AMERM et le CISP sur « l'immigration subsaharienne au Maroc » (AMERM/CISP, 2007) se base sur un échantillon de 1 000 « migrants subsahariens » et couvre « 5 foyers de la migration de transit au Maroc » (Khachani, 2008 : 1), pour établir un profil des « migrants subsahariens » au Maroc. Comme le souligne Dupret, « quand elle utilise des données statistiques, la recherche tend à effacer l'"ici et maintenant" de chaque cas, c'est-à-dire qu'elle obscurcit le caractère nécessairement situé de toute activité » (2006 a), particulièrement prégnant pour ce qui est du transit. La catégorie d'action du transit, temporaire par essence, se base sur un projet individuel, susceptible d'évoluer en fonction du contexte et de la situation de l'individu. Force est de constater que la focalisation sur la catégorie de « migrants subsahariens », ainsi que le postulat du séjour par défaut au Maroc des personnes rattachées à cette catégorie et de leur volonté d'émigrer restent prédominants, hermétiques aux informations, notamment officielles, existantes, et aux études menées sur d'autres catégories de populations ou d'actions.

Outre le fait que le projet de transit peut difficilement être présupposé en amont d'un passage de frontière ou de démarches orientées vers un autre territoire, la catégorie du transit est par définition instable, fragile et temporaire. L'étape du transit peut logiquement être suivie de celle d'une stabilisation sur le territoire. Le migrant en situation régulière peut également se retrouver en situation irrégulière. Ces catégories sont poreuses et dépendent, outre du projet du migrant et de la capacité de l'étranger concerné à s'intégrer dans l'une des catégories légales permettant le séjour régulier sur le territoire, des modalités de mise en œuvre des procédures et du droit.

La « "migration de transit" n'est pas une catégorie distincte de migrant, mais une phase et un processus qui transcendent les diverses catégories de migrants. Plus important encore, cette phase joue un rôle essentiel dans la détermination du cours de la migration, de l'établissement et de l'intégration » (Papadopoulou, 2008 : 2). Cela implique de réinterroger les perspectives d'établissement sur le territoire et de se pencher sur les carrières des migrants. Contrairement aux perceptions communes concernant les migrants, et comme le soulignent des auteurs comme Alioua (2011) ou Papadopoulou (2008), les migrants n'arrivent pas toujours avec des projets clairs, déterminés ou figés. Ils adaptent, reconsidèrent régulièrement leurs projets, lors de différentes étapes de leurs parcours personnels, en fonction des opportunités, soutiens ou difficultés et contraintes qu'ils perçoivent et vivent. Bredeloup reprend ainsi la distinction entre une démarche par étapes, assimilée à un rallye, pour ceux qui remontent le continent dans une « ruée vers l'occident » (Goldschmidt, 2002 : 228), et « [le] cheminement plus hésitant de ceux qui reconsidèrent à chaque étape leur projet migratoire au regard des nouvelles opportunités ou pressions qu'ils rencontrent » (Bredeloup, 2013 : 65). Les étrangers, notamment originaires d'Afrique de l'Ouest et centrale, venus au Maroc pour tenter de s'y établir, à plus ou moins long terme, pourraient alors être associés à la seconde de ces catégories ou constituer une troisième catégorie, dans la mesure notamment où certains de ces migrants se rendent directement au Maroc. L'Europe n'est pas toujours la destination finale et, comme nous l'avons déjà souligné, le Maroc est également attractif pour un certain nombre d'étrangers, comme l'atteste l'augmentation récente et la diversification de son immigration.

Du projet de « Renforcement de la protection des droits des migrants dans un pays de transit, le Maroc »[277] (Tamkine Migrants), au programme de l'OIM de « Promotion de la santé et du bien-être parmi les migrants en transit en Égypte, Libye, Maroc, Tunisie et Yémen », le transit présumé se retrouve pourtant, de manière plus ou moins explicite, dans les intitulés de différents programmes d'ONG ou d'organisations internationales, ainsi que dans des discours tant d'acteurs associatifs que politiques, régulièrement relayés par la presse. Le « Projet de retour volontaire assisté de migrants en situation irrégulière au Maroc et de réinsertion dans leur pays d'origine » de l'OIM est présenté comme suit :

« Le programme de retour volontaire assisté vise avant tout à contribuer par une réponse humaine à la gestion des flux migratoires irréguliers au Maroc. Ainsi, l'un de ses objectifs principaux est d'assister les migrants irréguliers au Maroc, souvent en situation de détresse, souhaitant retourner volontairement dans leur pays d'origine. (…) Devenu difficile de " passer " en Europe, les migrants de transit se trouvent bloqués au Maroc en attendant une éventuelle possibilité de "passage" »[278].

La démarche du migrant de s'insérer dans un projet de retour volontaire est ici justifiée par son impossibilité de rejoindre l'Europe. Malgré le prisme du « transit des Subsahariens », qui apparaît dans les intitulés ou présentations de ces différents projets d'ONG ou d'organisations internationales, les activités qui sont effectivement mises en œuvre vont au-delà de préoccupations qui resteraient limitées au transit. Celles-ci s'impliquent dans des activités d'assistance sociale (pour des personnes en séjour irrégulier ou régulier précaires, demandeurs d'asile, réfugiés), de diffusion du droit positif et de soutien à l'installation au Maroc. Ces organisations mènent des actions de plaidoyer et de sensibilisation pour la prise en compte de ces populations étrangères dans les politiques publiques marocaines (scolarisation, accès aux soins, formation professionnelle, etc.), ce qui laisserait supposer qu'elles ne les

---

[277] Projet financé par l'UE, mené par Terre des Hommes (TDH) Espagne associé à TdH Lausanne (et TdH Maroc), en partenariat avec l'ONG Oum El Banine et le GADEM.

[278] OIM, « PROGRAMME DE RETOUR VOLONTAIRE ASSISTÉ DE MIGRANTS EN SITUATION IRRÉGULIÈRE AU MAROC ET DE RÉINSERTION DANS LEUR PAYS D'ORIGINE (AVRR) », AVRIL 2010.

perçoivent pas uniquement comme en transit ou, du moins, considèrent la possibilité que ce transit se mue en installation.

Certains discours renvoient à la menace que ces migrants constituent pour la stabilité nationale, à l'activité délictuelle dont se rendent coupables des ressortissants d'Afrique de l'Ouest et centrale, aux difficultés de cohabitation et d'intégration dans la société marocaine. D'autres prônent l'accès aux droits fondamentaux et aux droits de l'homme de ces « migrants précaires et vulnérables », bloqués dans leur projet de se rendre en Europe. Le fait est que les « Subsahariens en transit au Maroc » ou « installés par défaut » sont placés au cœur de débats et des discours publics, excluant de la trame de pertinence une diversité de profils et de catégories d'étrangers, y compris originaires d'Afrique de l'Ouest et centrale, qui résident pourtant au Maroc, régulièrement et irrégulièrement, sans projet de se rendre en Europe.

L'annonce en septembre 2013 d'une nouvelle politique migratoire, présentée comme globale, cohérente, humaniste et responsable (cf. chapitre 3), est perçue comme marquant un tournant dans la prise en compte de la diversité des présences étrangères, situant le Maroc aussi comme pays d'immigration et non plus seulement comme réceptacle par défaut d'un flux de migrants que le Royaume n'intéresserait pas.

III. UNE NOUVELLE POLITIQUE MIGRATOIRE POUR UN PAYS DE TRANSIT ?

Il s'agit alors, pour le CNDH, de revoir les modalités par lesquelles jusque-là « les pouvoirs publics ont agi de manière ad hoc, par touches successives, sans que leurs initiatives ne soient conçues de manière globale et adaptée aux nouvelles réalités » (CNDH, 2013 :2).

Le souverain marocain a rapidement réagi et soutenu les recommandations du CNDH « pour une politique d'asile et d'immigration radicalement nouvelle » (CNDH, 2013). Par ses instructions et discours, celui-ci s'est impliqué dans cette nouvelle politique, contribuant à alimenter l'image d'un Maroc disposé à assumer sa position de pays d'immigration : « ... Jadis point de passage vers l'Europe, notre pays s'est transformé en destination de résidence. Face à l'accroissement sensible du nombre des immigrés d'Afrique ou d'Europe, nous avons invité le gouvernement à élaborer une nouvelle politique globale relative aux questions d'immigration et d'asile, suivant une approche humanitaire conforme aux engagements internationaux de notre pays et respectueuse des droits des immigrés » (Extrait du discours prononcé à l'occasion du 38ème anniversaire de la marche verte du 6 novembre 2013).

Suivant ces recommandations royales, différentes mesures ont été impulsées, comme l'examen de la régularisation des réfugiés statutaires de l'UNHCR et le lancement d'une opération exceptionnelle de régularisation. Parallèlement, l'annonce a été faite de la « mise à niveau du cadre juridique » par l'élaboration de nouvelles lois sur l'asile, la traite des êtres humains, mais également par une refonte de la loi n° 02-03 sur l'entrée et le séjour des étrangers au Maroc. La session parlementaire d'avril 2014 a été annoncée comme échéance initiale. Des programmes visant à soutenir l'intégration des migrants au Maroc ont été mis en place ou sont prévus, ainsi que l'activation d'une commission interministérielle sur l'action diplomatique. Plusieurs départements ministériels ont été mobilisés, sous la coordination du ministère chargé des Marocains résidant à l'étranger (MRE) devenu également, depuis le lancement de la NPIA, celui des affaires de la migration (MCMREAM). Ces préoccupations nouvelles concernant l'accès des étrangers à leurs droits viennent se greffer à des réformes en cours ou annoncées, relatives à la mise à niveau plus générale du droit positif avec la Constitution de 2011 (cf. chapitre 3).

La reconnaissance par les autorités marocaines de 745 réfugiés statutaires de l'UNHCR à partir du 25 septembre 2013 fait suite à des revendications anciennes de réfugiés et demandeurs d'asile au Maroc, demandant notamment la mise en œuvre de dispositifs effectifs d'intégration ou la réinstallation dans un autre pays. Cette régularisation est passée par la validation, par une commission ad hoc du statut de réfugié délivré par l'UNHCR. Cette commission, qui réunit des représentants de plusieurs ministères, fait écho au dispositif du Bureau des Réfugiés et Apatrides (BRA), prévu par le décret de 1957 (cf. chapitre 3). Les autorités marocaines ont régulièrement remis en question le statut de réfugié, les procédures et documents délivrés par l'UNHCR, ainsi que les fondements mêmes des demandes d'asile (cf. chapitre 12). Celles-ci évoquent régulièrement non seulement l'absence d'une législation nationale de l'asile[279], mais aussi les réticences à assumer des demandes d'asile dont les pays de l'UE se déchargeraient, en rendant l'accès à leur territoire plus difficile. L'une des craintes sous-jacentes, soulignée par de nombreuses organisations de défense des droits de l'homme serait que les pays européens invoquent, comme motif à certains rejets de demandes d'asile formulées sur leur territoire, la possibilité pour les demandeurs d'asile ayant transité par le Maroc de formuler une demande de protection au Maroc, devenu « pays d'asile sûr ». La régularisation du séjour de « réfugiés statutaires de l'UNHCR » a permis d'escompter une stabilisation du séjour de ces réfugiés. Cependant, non seulement cette reconnaissance n'a concerné que les réfugiés d'ores et déjà reconnus par l'UNHCR, excluant une partie des réfugiés, comme il en est des ressortissants syriens reconnus réfugiés par l'UNHCR, mais elle ne suffit pas en soi à garantir les droits découlant du

[279] Dans différents discours institutionnels, la Convention de Genève est présentée comme ayant été imposée au Maroc, adoptée par les autorités du protectorat, comme il en est du décret de 1957.

statut de réfugié (accès à l'emploi, regroupement familial, pérennisation du séjour sur le territoire). Par ailleurs, la commission ad hoc a cessé d'auditionner les réfugiés orientés par l'UNHCR de mars 2017 à décembre 2018.

Le lancement officiel de l'« opération exceptionnelle de régularisation » de 2014, visant à la régularisation et à l'identification des étrangers en séjour irrégulier au Maroc[280] a été annoncé le 11 novembre 2013. Les critères de régularisation établis en premier lieu renvoient à une certaine stabilité sur le territoire[281]. Les difficultés à fournir les preuves et documents d'identification ont cependant compliqué l'accès à la régularisation pour un certain nombre d'étrangers concernés[282]. Par la suite, les décisions, en particulier de la Commission de suivi et de recours instituée dans ce cadre, permettront à davantage d'étrangers en séjour irrégulier de s'intégrer à cette opération. Sont prévus un allègement des preuves permettant de répondre à certains critères ainsi qu'un élargissement des conditions d'accès à certains des critères initialement fixés. En juillet 2014, cette commission décide de la régularisation des femmes, sans tenir compte des critères établis par la circulaire. Par une décision du ministère de l'Intérieur, les ressortissants syriens bénéficient alors également d'assouplissements particuliers pour régulariser leur séjour au travers de cette opération. Des réfugiés reconnus par l'UNHCR s'y sont intégrés, sur la base de l'un des critères établi par la circulaire et indépendamment de leur statut de réfugié[283]. Face au constat du faible nombre d'étrangers recourant à cette opération, des actions de sensibilisation ont été menées pour convaincre davantage d'étrangers « concernés » de déposer une demande de régularisation, quand bien même leur profil ne répondait pas aux critères fixés. Rappelons que les Subsahariens étaient généralement perçus comme étant les « personnes concernées », qu'il fallait convaincre pour une réussite de cette opération de régularisation. Le CNDH a alors souligné « l'importance de fédérer les efforts du gouvernement,

[280] L'opération exceptionnelle de régularisation de la situation de séjour des étrangers est régie par la circulaire conjointe n° 8303, signée le 16 décembre 2013 par le ministère de l'Intérieur et le ministère chargé des Marocains résidant à l'étranger et des Affaires de la migration.

[281] Les critères déterminants les conditions d'accès à la régularisation ont été précisés par la circulaire n° 8303. Les catégories d'étrangers initialement ciblées sont : Les conjoints de ressortissants marocains, les conjoints d'autres étrangers en résidence régulière au Maroc, les enfants issus des deux cas susvisés, les étrangers disposant de contrats de travail effectifs de deux ans, les étrangers justifiant de 5 ans de résidence continue au Maroc et les étrangers atteints de maladies graves.

[282] En lien avec l'obligation pour les conjoints de Marocaine de fournir un contrat de mariage marocain, de prouver une durée de résidence au Maroc d'au moins 5 ans ou un emploi effectif de 2 ans.

[283] C'est notamment le cas des réfugiés syriens qui, bien qu'auditionnés, ne sont alors pas reconnus par les autorités marocaine. L'un des motifs alors avancés est l'attente de l'adoption de la loi sur l'asile, en cours d'élaboration, qui permettrait aux réfugiés tels que les Syriens de bénéficier d'un statut de protection particulier.

des institutions et de la société civile afin de faire aboutir cette opération » (MAP, 01/2014). Des négociations ont été menées avec le ministère de l'Intérieur pour un moratoire sur les refoulements (cf. chapitre 4), afin de limiter l'effet dissuasif de ces mesures coercitives. Les premières cartes d'immatriculation ont été délivrées, dès le 14 février 2014, à l'occasion de cérémonies officielles et médiatisées. Les étrangers régularisés se sont vu remettre un titre de séjour d'un an portant mention « travail »[284]. À l'issue de cette première opération de régularisation et grâce notamment aux assouplissements de critères adoptés, 23 096 personnes ont obtenu un avis favorable de régularisation (83,5 % des demandes formulées). Ces avis favorables[285] ont été délivrés à des ressortissants issus de 116 nationalités, avec à leur tête les Sénégalais (6 600), suivis des Syriens (5 250), des Nigérians (2 380) et des Ivoiriens (2 281)[286].

Les étrangers originaires d'Afrique subsaharienne en séjour irrégulier, n'ayant pas déposé de demande de régularisation, ont été rapidement assimilés à des personnes « ne souhaitant pas s'établir au Maroc ». Les interpellations menées à partir de février 2015, à la suite de la fin officielle de la première opération de régularisation, ont ainsi distingué les étrangers en séjour irrégulier, disposant d'un récépissé de demande de régularisation, de ceux n'ayant pas formulé de demande[287].

Dans l'attente de l'adoption des projets de loi annoncés sur l'asile et la migration, les « régularisés de l'opération » sont maintenus dans un dispositif parallèle et dérogatoire à la procédure de droit commun (prévue par la loi n° 02-03 et les textes qui en précisent la mise en œuvre). En effet, les conditions posées pour accéder à cette opération ne correspondent pas aux conditions prévues par la loi n° 02-03. Une grande partie des régularisés ne sont actuellement pas en mesure de répondre à celles-ci, en particulier pour ceux entrés irrégulièrement sur le territoire et soumis à autorisation de travail (cf. chapitre 8). Pourtant, parmi ces régularisés, figurent des catégories d'étrangers qui auraient pu prétendre formellement à une régularisation de leur séjour sous les procédures prévues par la loi n° 02-03. C'est ainsi qu'un certain nombre de Syriens auraient pu prétendre à une régularisation de leur

---

[284] Outre la régularisation de leur séjour, les personnes régularisées bénéficient d'une autorisation de travailler sur le territoire marocain (cf. chapitre 8) et de l'accès à des programmes mis en œuvre dans le cadre de la SNIA.

[285] La distinction faite entre obtention d'un avis favorable de régularisation et régularisation se justifie par les difficultés qu'a rencontrées un certain nombre de bénéficiaires d'avis favorables pour l'obtention d'un titre de séjour (cf. infra).

[286] MAP, « Opération exceptionnelle de régularisation des étrangers au Maroc : environ 18 000 migrants régularisés en 2014 », 09/02/2015.

[287] La note élaborée par le GADEM et le CCMS rapporte que, dans certaines localités où ont été déplacés les Subsahariens interpellés, « les autorités locales ont proposé aux personnes détenues de remplir des demandes de régularisation » (GADEM/CCMS, 2015 : 12), alors même que l'opération de régularisation était formellement terminée.

séjour en tant que réfugié (décret de 1957, loi n° 02-03) ou des travailleurs sénégalais, dispensés de visa d'entrée et d'autorisation de travail au Maroc (cf. chapitre 8). Des difficultés résultant d'une entrée irrégulière, notamment pour des étrangers dispensés de visa d'entrée sur le territoire, ou de l'impossibilité de fournir des documents exigés (et dans les délais) par la police, peuvent conduire à l'impossibilité de régulariser son séjour. Parallèlement, si l'opération de régularisation visait les étrangers en situation administrative irrégulière, des étrangers titulaires de titres de séjour « étudiants » ont déposé des demandes de régularisation afin de pouvoir travailler sans passer par la procédure d'autorisation de travail (cf. chapitre 8). Certaines catégories d'étrangers, comme les étrangers séjournant au Maroc comme touristes, mais en situation administrative irrégulière au regard des activités exercées et de l'absence d'autorisation de résider au Maroc, ne s'y sont pas inscrites. Les personnes en séjour dit « touristique » ne sont pas considérées par l'administration comme « en séjour régulier ». L'opération de régularisation ne constitue que l'un des volets de cette réforme, préalable à la mise en œuvre de dispositifs intégrés dans la Stratégie nationale d'Immigration et d'Asile (SNIA).

Le rapport d'état des lieux et diagnostic élaboré par le cabinet Capital Consulting (juillet 2014) reprend les données de l'enquête menée en 2007 par l'AMERM et le CISP sur l'immigration subsaharienne au Maroc (AMERM/CISP, 2007) et estime le nombre d'« immigrés en situation administrative irrégulière » entre 30 000 à 40 000, dont 86 % seraient des ressortissants issus de sept pays subsahariens. Une distinction est introduite entre les « immigrés en situation administrative irrégulière »[288], qui renvoient essentiellement aux étrangers originaires d'Afrique de l'Ouest et centrale, et les « visiteurs séjournant légalement sans titre de travail », annoncés comme « non répertoriés ». Ces derniers sont présentés comme relevant d'« une autre migration, moins médiatisée, mais non moins signifiante par ses conséquences » qui consiste en « la présence de plus en plus nombreuse d'Européens qui viennent s'installer au Maroc sans titre de séjour, au titre de visites touristiques ou d'affaires » (Capital Consulting, 2014 : 39). (cf. chapitre 12). S'il est dit que les étrangers qualifiés de « subsahariens » passent du « transit » à l'« étape », ou « considèrent leur séjour comme une étape dans leur projet d'émigration (étape dont la durée moyenne tend à s'allonger) »[289],

---

[288] La présentation de cette population reprend les données d'une enquête réalisée en 2007 sur l'immigration subsaharienne au Maroc (AMERM/CISP, 2007), établissant à partir d'un échantillon de 1 000 migrants subsahariens et en couvrant « 5 foyers de la migration de transit au Maroc » (Khachani, 2008 : 1) un profil des « migrants subsahariens » au Maroc. Capital Consulting, *Élaboration de la stratégie nationale de l'immigration et de l'asile : Rapport d'État des lieux et diagnostic*, juillet 2014, p.30.

[289] Jaâfar Debbarh (chargé de la Direction de la coopération, des Études et de la Prospective), « La nouvelle politique d'Immigration et d'Asile du Royaume du Maroc », document du

les autres catégories d'étrangers, « notamment, des pays européens touchés par le ralentissement économique », sont quant à eux attirés par « la modernisation de l'économie et la qualité de la vie au Maroc » (Capital Consulting, 2014 : 4). Comme le souligne cette étude, « même si ces étrangers correspondent à la définition de migrants, les recherches et les dispositifs institutionnels continuent de les considérer comme des touristes comme s'ils n'étaient pas venus s'installer définitivement au Maroc » (*ibid.* : 39). La focalisation sur la migration irrégulière des Subsahariens et sur le projet de transit présumé qui constituerait une caractéristique associée à leur séjour alimente de fait la posture de responsabilité et d'humanisme mise en avant par différents discours des autorités marocaines.

Différentes conventions portant sur l'intégration économique ou socioculturelle des migrants et réfugiés ont été signées par le ministère des Affaires de la migration (MCMREAM) avec d'autres ministères et institutions publiques. Celles-ci ont accompagné l'implication de différentes associations, au travers de conventions pour l'accompagnement et l'assistance aux migrants régularisés. La catégorie de « migrant régularisé » s'émancipe progressivement de celle de « migrant régulier » — par définition régularisé à un moment donné par l'administration via les dispositions de la loi n° 02-03 — ainsi que de celle du « migrant irrégulier ». Le « migrant régularisé » est au centre des discours et fait l'objet de programmes spécifiques, dont l'impact reste encore difficile à évaluer, alors que le migrant régulier (77 548 en 2013) reste associé aux dispositions de droit commun et ne fait l'objet que de peu d'attention publique et médiatique. L'objectif affiché est de fournir des moyens au « migrant régularisé » pour une meilleure intégration au Maroc. Ces programmes et la « nouvelle politique migratoire » sont en partie soutenus par des financements européens, en parallèle des « efforts considérables consentis par le Royaume, aux côtés de ses partenaires, en vue d'accompagner le développement sur le continent africain et réunir les conditions économiques et sociales de la stabilité dans les pays émetteurs de migrants »[290].

En décembre 2016, le souverain marocain annonce le lancement d'une seconde opération exceptionnelle de régularisation pour les personnes en situation irrégulière sur le territoire. D'une durée d'un an et répondant formellement à la même procédure[291], cette opération vise à « améliorer les

ministère chargé des Marocains résidants à l'étranger et des Affaires de la migration, partie 2, p.3.

[290] Propos rapportés du chef de gouvernement Benkirane lors de son entrevue en juin 2015 avec le directeur général de l'OIM (MAP, 01/06/2015).

[291] Les dépôts de demandes de régularisation étaient possibles du 15 décembre 2016 au 31 décembre 2017 pour des demandes formellement examinées sous les mêmes critères que la première opération de régularisation. De nombreux dysfonctionnements ont été constatés dans la mise en œuvre pratique de cette opération, au-delà d'interprétations différentes des critères d'éligibilité. En décembre 2017, 28 400 dossiers de régularisation ont été déposés, concernant

conditions d'intégration des ressortissants étrangers, particulièrement africains »[292]. En janvier 2017, le Maroc réintègre l'Union africaine (UA) dans un contexte de réorientation diplomatique et économique du royaume vers le continent africain. La SNIA et l'attention accordée aux régularisés soutiennent la démarche humaniste portée par le Maroc et permettent d'offrir une alternative aux ressortissants d'Afrique de l'Ouest et centrale : celle de s'intégrer à la société marocaine. La régularisation du séjour est un préalable indispensable à la stabilisation sur un territoire et dans un parcours de mobilité, contribuant ainsi à sécuriser la personne qui en bénéficie.

Le fait d'user du qualificatif générique de « migrant », sans que les dispositifs en question concernent l'ensemble des migrants, ou encore de recourir à la notion de « stratégie nationale d'immigration et d'asile » contribue à alimenter l'ambigüité sur la population ciblée et la démarche adoptée, présentée comme globale. Or l'observation rend compte de la diversité des situations et des catégories d'étrangers au Maroc, tous statuts administratifs et nationalités confondus, ainsi que de la fluidité des carrières, statuts et projets des migrants.

CONCLUSION DU CHAPITRE

Le rôle de « gendarme de l'Europe » accordé aux pays maghrébins, dans lequel ces derniers ont été plus ou moins confortés, a contribué à biaiser la compréhension globale des présences étrangères au Maroc et des problématiques qu'elles posent de manière contextuelle.

L'un des enjeux politiques de la notion de transit se situe dans la prise en charge d'étrangers entrés irrégulièrement sur le territoire d'un État par les autorités d'un autre État par lequel ils auraient transité. Cette idée de responsabilité du pays dit de transit se retrouve dans l'accord conclu entre le Maroc et l'Espagne en 1992, au cœur de l'actualité récente en Espagne. Depuis le début des années 2000, les « refoulements à chaud », mais également les accords de réadmission reviennent régulièrement dans le cadre de négociations entre l'UE et le Maroc. En janvier 2015, la Commission européenne a d'ailleurs relancé les négociations autour d'un accord de réadmission. Au-delà du transit, c'est bien le problème de l'émigration irrégulière vers l'Europe qui est visé et qui a amené les États du sud de la méditerranée, et progressivement les pays situés encore plus au sud, à être considérés comme pays de transit. Le transit conduit alors à distinguer l'émigration de nationaux de celle de personnes venues d'ailleurs.

---

des personnes de 113 nationalités. En décembre 2018, le nombre des personnes ayant bénéficié d'une régularisation à ce titre n'est pas connu.

[292] « S.M. le Roi donne Ses Hautes Instructions pour améliorer les conditions d'intégration des ressortissants étrangers, particulièrement africains », MAP/*Le Matin*, 10 janvier 2017.

Il ne s'agit pas ici de contester le fait que des étrangers transitent par le territoire marocain pour rejoindre l'Europe. Ceux-ci sont principalement originaires de pays d'Afrique de l'Ouest et centrale, mais également du Maghreb, de Syrie et, dans une moindre mesure, d'Asie. Une partie de ces étrangers ne peut prétendre légalement accéder au séjour régulier sur le territoire marocain et, pour une partie, n'en a pas le souhait.

Mais le projet de transit ne peut être considéré que comme temporaire ; il est susceptible d'évoluer, en lien notamment avec les perspectives de stabilisation et de poursuite de sa mobilité pour le migrant en quête d'une situation qu'il jugerait satisfaisante. Il est également indéniable que des étrangers, originaires notamment d'Afrique de l'Ouest et centrale, viennent au Maroc pour s'y installer ou s'y installent, sans que cette décision ait nécessairement été clairement prise au départ.

L'intérêt porté par les autorités à l'immigration au Maroc ainsi qu'au déploiement des procédures légales et pratiques d'accès aux droits des étrangers et de stabilisation reste limité. Au travers de la SNIA, cette « nouvelle politique d'immigration et d'asile » se centre davantage sur l'intégration des régularisés, ce qui a favorisé l'accès à des dérogations et des programmes qui restent pour l'essentiel provisoires. L'étranger en transit est non seulement de passage, usant du Maroc comme d'un « tremplin » ou d'une « salle d'attente » avant d'atteindre le continent européen, mais également celui qui ne veut pas ou n'a pas eu l'opportunité de se stabiliser et poursuit sa migration vers d'autres destinations.

Au-delà du peu d'importance accordée à la diversité des présences étrangères, les possibilités légales et concrètes de se stabiliser au Maroc, par le biais des dispositions du droit commun, ont peu évolué au cours des dernières années. L'adoption d'une nouvelle loi sur l'asile et l'amendement de la loi n° 02-03 sont annoncés depuis 2014. L'immigration, régulière et irrégulière, se diversifie et les autorités marocaines y répondent au gré des évolutions et enjeux économiques, politiques, sécuritaires ou diplomatiques ; nationaux et supranationaux.

CHAPITRE 11

L'ASSAUT SUPPOSÉ DE MIGRANTS SUBSAHARIENS POUR PASSER EN ESPAGNE

Les vidéos sur la migration se sont multipliées ces dernières années et se sont intéressées, en particulier au Maroc, au phénomène de la « migration subsaharienne » (cf. chapitre précédent). Il s'agira dans ce chapitre d'apprécier le travail de production factuelle et d'énonciation de vérités telle qu'elles émergent d'une actualité associée à la « migration africaine ». L'analyse se basera sur la vidéo transmise par le journal électronique *Nadorcity.com.* Le matériau se compose de 27 photographies, d'une vidéo et d'un texte court qui présente « une tentative d'assaut » d'« Africains subsahariens » à la frontière maroco-espagnole, au point de passage de Beni Ansar. Le choix est ici fait de n'intégrer ni les commentaires des internautes réagissant à cette actualité ni les photographies extraites du film et ajoutées à la page du site[293]. Cette vidéo (de 8 : 50) est consultable sur le journal électronique *Nadorcity.com*[294], un support qui s'adresse aux Marocains de la région de Nador, localité proche de la frontière espagnole. En diffusant cette vidéo sur YouTube, *Nadorcity.com* entend s'adresser à un public plus large. Cependant, une marge d'interprétation supplémentaire est laissée au spectateur en ne maintenant sur YouTube que l'intitulé de la vidéo « Africains subsahariens »[295].

Au travers de son organisation séquentielle et catégorielle, nous traiterons des choix effectués par ceux qui ont filmé et monté cette vidéo, de l'énonciation des vérités qui découlent du film, ainsi que du texte qui l'accompagne et l'illustre. Cette vidéo a été diffusée en avril 2011 sur une liste d'information inter-associative. Elle est présentée comme illustrant la scène d'« un assaut massif d'environ 70 personnes […] sur le poste frontalier de Beni Ansar (Nador) ».

---

[293] Ces 27 photographies font partie de séquences extraites du film, pour certaines de plans coupés. Il s'agit donc de captures d'écran effectuées sur la vidéo diffusée et que le réalisateur a choisi de représenter distinctement.

[294]http://www.nadorcity.com (dernière consultation le 19/02/2019).

[295] Le qualificatif « Africain subsaharien » sera maintenu tout au long de cette analyse pour désigner le groupe des personnes ainsi désigné par l'intitulé de cette vidéo.

Une première partie permettra d'analyser la construction, l'organisation séquentielle et socio-logique de la vidéo, ainsi que certaines lectures rendues possibles par ce que la vidéo rend visible, d'abord indépendamment du texte qui l'accompagne. Sera ensuite appréhendé ce qu'apportent le texte à la vidéo, la vidéo au texte et de quelle manière les différents éléments tendent à conforter (ou non) la réalité telle que présentée par le site *Nadorcity*. Comment par ses choix, notamment de prises et de montage de la vidéo, mais aussi par la mise en parallèle de matériaux, le site *Nadorcity.com* rend-il intelligible la réalité auprès des spectateurs ? Cela permettra, dans un troisième temps, d'envisager plus largement, à partir du caractère contextuel et séquentiel du compte-rendu que constitue ce matériau, les modalités de production du discours journalistique et son impact situé sur la compréhension du contexte, ainsi que celui du contexte et de la compréhension de sens commun sur la production journalistique.

I. Ce que nous dit la vidéo de la situation

La personne ordinaire qui visionne cette vidéo n'est pas engagée a priori dans un processus analytique. J'essaierai de me situer ici dans l'attitude naturelle du téléspectateur qui « comprend ces histoires à l'intérieur d'une grammaire pratique, faite de procédés ordinaires de raisonnement, de collections catégorielles partagées et d'une connaissance d'arrière-plan de ce qui fait sens, pour l'audience dont il est membre » (Dupret & Klaus, 2010a : 93).

A. Présentation de la vidéo

La vidéo est introduite par le visuel de présentation de *Nador.city* et son slogan qui vante la proximité des informations transmises avec l'actualité de leur région : « عينك على منطقتك بمكان تواجدك »/« *L'œil sur votre région où que vous soyez* ».

Il s'agit d'une vidéo amateur, en apparence. Contrairement à la construction d'un spot télévisé, d'une publicité, d'un documentaire ou d'un film, aucun scénario ou script n'a été élaboré. C'est donc une scène prise sur le vif, comme en attestent la qualité du son, l'intégration des sons in vivo (diégétiques), les tremblements de la caméra, les coupures opérées et l'absence de commentaires. La personne qui filme n'a donc aucune garantie sur ce qu'elle va pouvoir filmer ni sur le déroulement des faits.

Dans cette vidéo, rien n'est dit sur l'identité de la personne qui filme. Une foule et des Marocains[296] semblent aussi filmer et prendre des photos de la scène avec leurs téléphones portables. Celui qui filme pourrait donc être n'importe quel participant à la scène, situé à l'extérieur du cercle délimité autour du groupe d'« Africains subsahariens »[297] qui constitue le cœur du dispositif narratif de l'événement. Pourtant, il parvient, par le biais de sa caméra, à rester proche physiquement des Africains subsahariens et à s'en éloigner, ce qui laisserait supposer qu'il ne fait pas partie de ce groupe, dont la liberté de mouvement est limitée. Il filme sans qu'on puisse repérer, en tant que spectateur, les réactions apparentes des Africains subsahariens ni celles des forces de l'ordre présentes ; et ce, même au court d'interactions qui ne sont habituellement pas rendues visibles, comme il en est de négociations avec la police. À noter que certaines séquences de la scène sont coupées, ce qui révèle des choix ou contraintes de la personne qui filme ou qui a monté le film diffusé. Cette vidéo peut être divisée en 19 séquences de durées variables que j'ai distinguées à partir des coupes réalisées. Je tenterai ici de relever les éléments essentiels permettant de situer les acteurs en présence et la scène telle quelle se laisse à voir au travers du film.

B. Description séquentielle de la vidéo

La vidéo débute sur une foule et des clameurs. Un groupe d'Africains subsahariens, dont certains protestent, sont au centre de la scène. Nous ne savons ni pourquoi ils protestent, ni ce qui a pu amener à ce regroupement ayant débuté avant que la caméra ne commence à tourner. Ce brouhaha et cette foule placent d'emblée le spectateur dans un climat de tension. Au même titre que les textes et les images, la bande-son contribue à l'intelligibilité naturelle de la scène. En premier plan et de dos [photo 1], ceux que nous supposons être des Marocains assistent à l'événement, entourant le groupe des Africains subsahariens [photo 2]. Pourtant, des Marocains et Africains subsahariens donnent le sentiment de vouloir canaliser ces protestations, formulant des appels au calme et exécutant des gestes invitant à s'asseoir. Des rôles différents se dégagent au sein du groupe des Africains subsahariens. Un policier en uniforme, reconnaissable à sa casquette, est le premier indice de la présence des forces de l'ordre. En arrière-plan, la présence d'une ambulance laisse supposer qu'un événement particulier est en train de se produire. Certains Africains subsahariens tournent leur regard vers l'extérieur. Certains désignent quelque chose de leurs mains levées dans cette direction.

[296] Je qualifie certains individus de « Marocains » pour me permettre d'envisager leur place et leurs actions, me ralliant à la manière dont ces personnes pourraient être identifiées par le spectateur ordinaire dans ce contexte.
[297] Nous reprenons ici pour désigner ces personnes le titre de la vidéo qui indique « Africains subsahariens » (أفارقة جنوب الصحراء).

Le fond sonore de la scène suivante, plus calme, amène un climat apaisé. Les Africains subsahariens réunis forment un cercle. Les uns sont assis, accroupis ; quelques-uns allongés semblent mal en point, d'autres sont debout. De manière contrastée, tous les Marocains sont debout et donnent l'impression d'une foule compacte, surplombant les Subsahariens. Des uniformes de policiers se dégagent de la foule des Marocains. Pourtant, tout au long de la vidéo, des moments d'échanges vifs entre Africains subsahariens ou entre ces derniers et des Marocains laissent supposer un rapport de force voire des résistances toujours en cours.

Autour, la foule observe tranquillement ce qui se passe, comme l'atteste le chant d'un enfant qui, joyeux, ressemble à celui d'un supporter de football. D'autres discutent et, tels des spectateurs, photographient la scène [photo 3]. Le cercle des Africains subsahariens se regroupe autour de personnes qui semblent être blessées et difficiles à dénombrer. Le téléspectateur suppose qu'un événement désagréable est survenu sans disposer d'élément tangible lui permettant de se faire une idée plus précise de la situation.

Dans la scène suivante, la caméra met la focale sur le groupe des Africains subsahariens. Des échanges vifs se poursuivent, audibles sur la bande-son, avant qu'un Marocain ne lève les bras en l'air. D'autres accompagnent le mouvement [photo 4] : « les mains là, les mains là ». Des Africains subsahariens lèvent aussi les bras et de dire « on n'a pas d'armes, on n'a rien » [photo 5 & 6]. La caméra se tourne ensuite vers un Africain subsaharien qui relève son pantalon pour dévoiler sa jambe. Il montre ce qui semble être une blessure, parle, mais ses paroles ne sont pas rendues audibles.

Ensuite, l'un des Africains subsahariens prend la parole en français (1 min 3 s) et semble interpeller la caméra, ce qui vient conforter le fait que celle-ci n'est pas cachée et autorisée, tant par les Africains subsahariens que par les personnes qui les entourent. Celui-ci désigne un individu sur sa droite et en montrant le côté droit de son visage explique qu'il a reçu un caillou à l'œil. Il dit « il y a lui, cailloux ». Les autres ont les mains levées.

Visible dans cette scène mais aussi dès la première séquence, un Marocain observe avec attention les Africains subsahariens exposant leurs blessures à la caméra [photo 7].

Dans la scène suivante, debout, un autre Africain subsaharien montre son pied blessé ; un geste de la main appuyé par son voisin qui désigne le pied recouvert d'une bande blanche [photo 8]. Les regards semblent être dispersés. Son voisin se lève pour enlever sa ceinture. Il découvre sa cuisse gauche. Alors qu'il retient son caleçon de ses mains, d'autres mains s'efforcent de montrer à la caméra l'emplacement ou la gravité de la blessure [photo 9].

L'interpellation [«*fais ton travail*»] que l'on entend (1 min 27 s) et qui semble s'adresser au caméraman vient conforter non seulement le fait que ces Africains subsahariens tentent de faire de cette caméra un outil pour faire passer un message, mais également qu'ils perçoivent ce caméraman comme un journaliste. Dans cette scène en particulier, les policiers semblent assez sereins, le visage impassible. Les Africains subsahariens se maintiennent dans le cercle. La liberté qui leur est accordée de communiquer avec les personnes extérieures au groupe - notamment avec le caméraman - laisse à penser que la police gère la situation. Ils sont contenus dans un cercle sans qu'il soit nécessaire de faire usage de la coercition ou de la force. Les Africains subsahariens ne semblent pas opposer de résistance ni tenter de s'échapper [photo 10].

La caméra se déplace à l'écart du groupe pour la scène suivante et filme ce qui semble être une discussion entre celui qui s'avère être un policier en civil (cf. infra) et l'un des Africains subsahariens [photo 11]. Ce dernier, qui peut être ici distingué par son écharpe autour du cou, s'était déjà fait remarquer auparavant, en particulier en appelant au calme et en montrant les blessures d'autres. Nous appellerons cet Africain subsaharien le « médiateur » pour le distinguer des autres. Au-delà de pouvoir être identifié, au regard du contexte, comme « Marocain », différents indices, tout au long de la vidéo, peuvent nous laisser penser que celui que l'on identifie comme un policier en civil appartient à un service de police. En effet, si un vaste éventail d'identités ou d'appartenances catégorielles « ne sont pas considérées comme accessibles de prime abord ni comme simplement visibles à l'œil nu, il existe une foule de possibilités de les rendre accessibles à la perception » (Jayyusi, 2010 : 116). L'identification des catégories telles que « informateurs », « espion » ou « policier en civil » intègre par définition une incertitude liée à la dissimulation de l'identité professionnelle volontairement opérée. Des indices, comme son omniprésence au premier plan, ses échanges et instructions aux forces de l'ordre et l'utilisation d'un talkie-walkie nous permettent de lever en partie cette équivoque.

Si nous n'entendons pas le contenu de l'échange entre le médiateur et le policier en civil, ce dernier semble expliquer quelque chose avec insistance et en demandant l'attention de son interlocuteur [photos 12, 13 & 14]. C'est ainsi que le policier ramène le médiateur dans la discussion en le prenant par l'épaule, lorsque celui-ci se détourne. La gestuelle, la main ou le doigt levé sont autant d'indicateurs qui renvoient au souhait de ce policier de retenir l'attention du médiateur.

Cette scène ressemble à une négociation ou à une concertation où le policier expliquerait ses règles du jeu ou ce qu'il envisage qu'il se passera. Ce rôle de négociateur suppose donc que non seulement ce policier en civil est gradé, mais également que le « médiateur » est considéré comme l'intermédiaire entre le groupe des Africains subsahariens et la police.

L'échange rapide déclenché par le médiateur avec un autre Africain resté attentif à la discussion précédente [photo 15] pourrait révéler l'existence d'une hiérarchie ou d'une distribution des rôles au sein des Africains subsahariens regroupés. Certains restent en effet assis la plupart du temps alors que d'autres se lèvent, interpellent, semblent donner des instructions et prennent la parole [photo 16]. L'assimilation de l'échange avec le policier en civil à une scène de négociation est confortée par la concertation qui suit entre le médiateur et le groupe des Africains subsahariens.

À la suite de l'échange, des interpellations sont audibles dans le groupe des Africains subsahariens : « hey écoutez », « chut ». L'homme habillé d'un pull en v fait un signe en direction de ses oreilles pour indique aux autres de se taire et d'écouter. Certains observateurs, dont le policier en civil, assistent à la scène [photo 17]. Le médiateur se tourne alors vers le groupe et prend la parole[298] : « Maintenant qu'on est là, on est en train de se faire entendre. Ce que je propose [...] malades, on les met dans l'ambulance qui les conduit à l'hôpital. Dès que nous allons monter dans les véhicules qui sont garés là [*cf. estafettes de la police*] [...] commissariat de Nador, pour qu'il y ait des gens de l'armée, les militaires, les gendarmes, les policiers, les gens de la défense, des ambassadeurs qui puissent être là pour qu'on puisse leur expliquer et il y a des gens, des Espagnols qu'ils vont alerter pour qu'on puisse discuter de ce que nous on veut et qu'est ce qu'il se passe. Maintenant, vous qui êtes là, qu'est ce que vous dites ? »

Il interpelle ensuite les autres pour avoir leur avis et accompagne son appel à la concertation de gestes de la main désignant le groupe. Plusieurs Africains subsahariens prennent ensuite la parole en même temps et l'on se retrouve rapidement dans la cacophonie. Certains appellent alors au calme [« attendez »] et tentent d'organiser la parole [« un à un »]. La scène est coupée.

La vidéo reprend (3 min 19 s) par un plan large et de haut sur une foule de Marocains [photo 18 & 19]. La caméra s'oriente vers des estafettes de la police qui s'approchent, gyrophare en marche. Des personnes semblent suivre du regard les estafettes qui se dirigent vers le groupe. La caméra est éloignée du centre de la scène et du groupe des Africains subsahariens.

À la séquence suivante (3 min 40 s), la caméra revient près du groupe et se positionne derrière une rangée composée de civils, de pompiers et de policiers, identifiables à leurs uniformes. Les Africains subsahariens échangent entre eux de manière animée. Un pompier se penche, comme pour récupérer quelqu'un qui se trouve à terre. Tous les corps de ceux qui regardent la scène et qui sont au premier rang sont penchés en avant en direction des Africains subsahariens qu'on devine assis ou allongés. Une certaine tension se dégage de la scène et les ambulanciers se mettent en retrait du groupe.

L'interaction entre le policier en civil et un « Africain subsaharien en chemise unie » dont la réaction semble avoir été à l'origine du retrait des

[298] Certains de ces propos sont difficilement audibles. Ceux qui ne l'étaient pas clairement n'ont pas été intégrés dans la retranscription.

pompiers [Scène 11/3 min 54 s] nous éclaire sur les motifs explicités du désaccord de cet Africain subsaharien qui déclare : « On va les amener et on va nous emmener en refoulement au lieu de nous envoyer au commissariat […] » [photo 20]. Autour des blessés, un cercle s'est constitué. Certains Africains subsahariens semblent être en désaccord et interviennent dans l'interaction entre le Subsaharien en chemise unie et le policier en civil, mais les échanges sont difficilement audibles. Certains propos s'en dégagent pourtant : « nous, on vous respecte, mais, vous ne nous respectez pas ». Des Africains subsahariens et Marocains observent la scène et y participent ponctuellement. Après un échange où un Africain subsaharien semble indexer les forces de l'ordre [« vous »], le policier en civil réagit comme s'il était désigné [« moi ? »], ce qui vient conforter le fait qu'il appartienne bien aux services des forces de l'ordre. Le policier en civil tape sur l'épaule de son interlocuteur avant de se reculer et de faire signe aux ambulanciers de prendre en charge les blessés. Un consensus semble avoir été trouvé lorsqu'ambulanciers et Africains subsahariens portent, dans les séquences suivantes, les civières des blessés jusqu'à l'ambulance, toujours entourés de policiers [photo 21 & 22]. Alors que des Africains subsahariens sont toujours à la porte de l'ambulance, des policiers les amènent à rejoindre le groupe reconstitué.

Par un plan à gauche, la caméra montre qu'un espace entre la foule et le groupe des Africains subsahariens a été établi, séparé par des policiers et des membres des forces auxiliaires[299] [photo 23]. Cette délimitation permet de percevoir plus clairement les membres de la police en civil, et notamment un Marocain en chemise bleue qui communique avec des Africains subsahariens. Un cordon de police se met progressivement et visiblement en place autour du groupe. Des membres des forces de l'ordre continuent en effet d'avancer en se tenant la main pour établir le cordon. Un policier en uniforme semble leur demander d'avancer plus rapidement.

Par un plan sur la gauche et plus distant, la caméra s'oriente vers cinq estafettes de la sûreté nationale, visibles, dont l'une vient d'arriver, et au moins trois fourgonnettes bleues relevant de compagnies différentes d'intervention de la sûreté nationale.

---

[299] Les forces auxiliaires (FA), communément appelées *Mokhaznis* (terme qui désigne formellement l'échelon inférieur du personnel de rangs des FA) ou *Mrouds*, sont rattachées au ministère de l'Intérieur tout en étant soumises au régime militaire. Elles assurent des missions de maintien de l'ordre et de sécurité publique et particulièrement des missions de défense opérationnelle du territoire et de sécurité civile. Elles assurent la mission de surveillance des frontières en dehors des points de passage, en collaboration avec d'autres corps tels que les Forces armées royales (FAR), la Marine royale (MR), la Gendarmerie royale (GR). Elles interviennent régulièrement dans la lutte contre la migration irrégulière, par des opérations de démantèlement de campements et dans le cadre d'interpellations. Certains migrants francophones leur ont donné le surnom de « Ali ».

Dans les séquences suivantes, les Africains subsahariens se dirigent en file indienne vers les fourgonnettes bleues [photo 24]. Ils semblent calmes et sont entourés de policiers qui les regardent passer et avec lesquels certains échangent brièvement [photo 25]. L'un s'adresse à un policier en lui disant qu'il a mal au pied, qu'il a été frappé.

La dernière scène montre des fourgonnettes de police qui avancent les unes après les autres, accompagnées de quads de la police, et qui s'éloignent de la caméra qui les filme [photo 26]. En vertu de son placement après le plan précédent, cette séquence fait écho à l'image des fourgonnettes embarquant le groupe des Africains subsahariens.

Dans son attitude naturelle, le téléspectateur ne déconstruit aucun des éléments de cette vidéo qu'il regarde. Il « les prend comme un tout, dont les diverses parties forment ensemble, et de manière inséparable, sa structure d'intelligibilité » (Dupret & Klaus, 2010 : 95). Chaque plan est en soi une narration allusive qui, par le mécanisme de juxtaposition des plans, produit un effet transitif et causal, contribuant ainsi à la construction d'une narration et d'une signification donnée à l'ensemble de la séquence. Si la description que j'ai opérée ainsi que ce décorticage de plans organisés en séquences visent à mieux appréhender le regard que la vidéo décrit au travers de son organisation catégorielle et séquentielle, il ne s'agit cependant pas de considérer la vidéo d'un côté, et le fait de la regarder de l'autre, mais bien de s'en saisir comme étant un tout, une seule et même chose (cf. Dupret & Klaus, 2010 a).

Sur le site *Nadorcity.com*, la vidéo est présentée à la suite d'un article et précède une série de photographies qui illustrent la scène. L'internaute qui consulte la page a également la possibilité d'y poster des commentaires[300]. Le visiteur qui consulte la page bénéficie donc d'un ensemble d'informations contextuelles qui configurent la production et orientent la réception des séquences de la vidéo. Un ensemble de catégorisations sont enchâssées dans l'organisation séquentielle de cette vidéo et le texte qui l'accompagne pourrait apparaître comme une légende, une contextualisation, à cette vidéo, soutenant la compréhension par le spectateur de la scène et de ses participants. L'organisation de la page du site situerait

[300] Je n'exploite ici pas ces commentaires qui constituent pourtant des ressources riches en catégorisations et jeux de langage permettant, au travers d'échanges discursifs en ligne, de traiter d'un certain nombre de pratiques situées des internautes, et de décrire la production endogène d'ordre et de sens entre l'information journalistique et la séquence des commentaires qui lui sont indexés. Voir à ce sujet l'article élaboré par Dupret, Klaus et Ghazzal (2010) sur la structure d'intelligibilité d'un forum de discussion arabe, qui cite un certain nombre de travaux consacrés aux échanges discursifs en ligne.

cependant davantage la vidéo comme élément probant de ce qu'avance le texte.

Photo 1

Photo 2

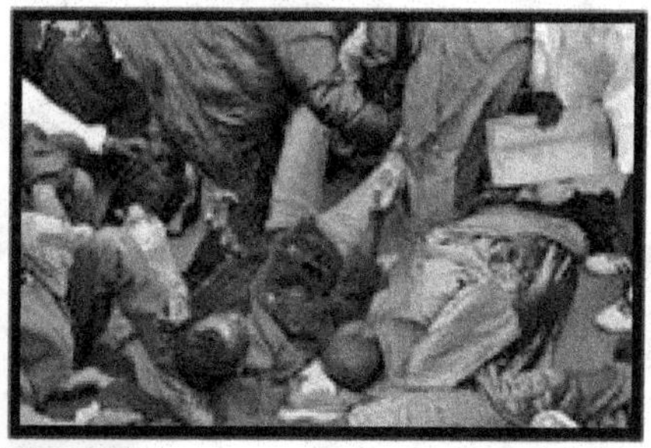

Photo 3

Photo 4

Photo 5 & 6

Photo 7

Photos 8 & 9

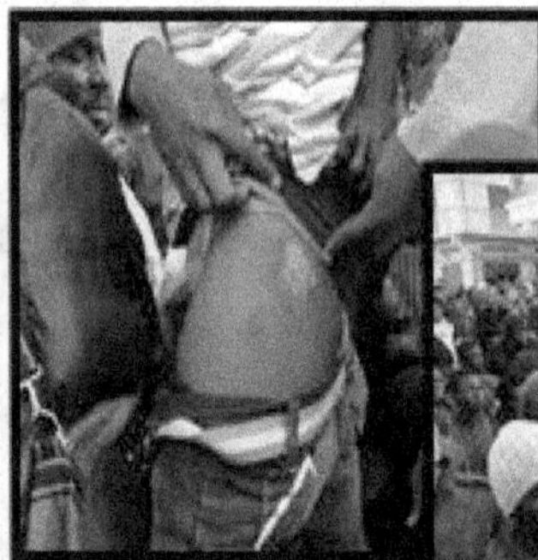

Photo 10

Photo 11

Photo 12

Photo 13

Photo 14

Photo 16

Photo 15

Photo 17

Photo. 18 & 19

Photo 20

Photo. 21 & 22

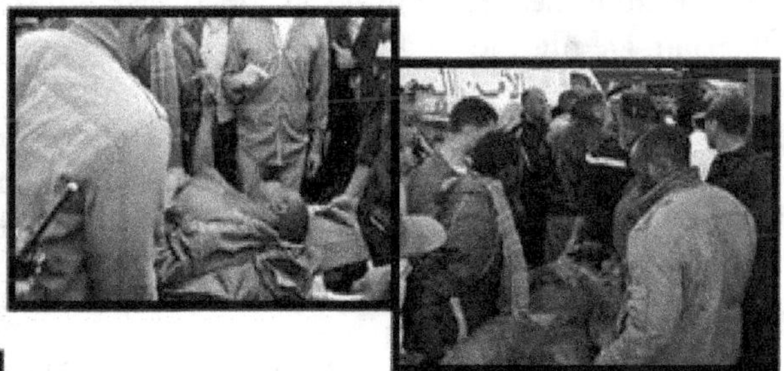

Photo 23

Photo 24, 25 & 26

II. De la vidéo au texte

Ce qui est d'abord rendu visible à l'internaute qui consulte cette page est l'intitulé de l'article « هجوم مفاجئ لولوج اعتقال 71 مهاجر إفريقي بمعبر بني انصار إثر مليلية »/« 71 migrants africains arrêtés au point de passage de Beni Ansar après une tentative d'assaut surprise pour accéder à Melilla ». Ce titre, qui n'apparaît pas pour la vidéo YouTube, situe la scène par des opérations de catégorisation de personnes (« migrants africains »), de lieux (« Melilla », « le point de passage de Béni Ansar ») et caractérisant l'action constitutive de l'événement (« une tentative d'assaut surprise pour accéder à Melilla »). Ce titre établit une correspondance avec les catégorisations d'acteurs et de lieux enchâssées dans l'organisation séquentielle de la vidéo et conforte le statut de preuve de ce matériau. De plus, le slogan du journal électronique qui apparaît au début de la vidéo sur les deux supports renvois à la crédibilité de l'information transmise par le journal « عينك على منطقتك بمكان تواجدك »/« L'œil sur votre région où que vous soyez ». Celui-ci se positionnerait comme témoin direct de l'actualité de la région, aussi fidèle que l'œil de l'observateur direct, membre de la communauté régionale.

A. La vidéo comme preuve pour appuyer la version de Nadorcity

Le texte localise la scène qui se serait déroulée le « samedi 9 avril courant, à 18 h [...] au point de passage de Beni Ansar ». Si dans la vidéo, aucun indicateur ne précise l'endroit où se déroule la scène, celle-ci semble se situer sur une large avenue, bordée de commerces et occupée dans la vidéo par une foule de personnes. La forte présence des forces de l'ordre, mais également de la population conforte le fait que la scène se situe non pas au pied d'un grillage hors des postes-frontière, mais bien à un point de passage officiel entre les territoires marocains et espagnols. Ceci dit, cette scène pourrait se tenir bien ailleurs, et seul le spectateur compétent, familier de cette zone, peut reconnaître le toit du poste-frontière qui apparaît à différents moments dans la vidéo. La scène se situe, tout au long de la vidéo, devant le poste frontalier de Beni Ansar, côté marocain, et les ambulances et fourgonnettes avancées sont placées entre le poste frontalier et le groupe des Africains subsahariens. La proximité du poste-frontière pourrait également expliquer les regards de certains Africains subsahariens, orientés régulièrement sur la droite — en direction du poste-frontière — au cours de la vidéo.

L'article décrit la situation ainsi : « un groupe d'immigrés africains de différentes nationalités et appartenant à différents pays du sud du Sahara, qui ont attaqué pour se rendre dans la ville occupée de Melilla, en forçant la barrière de sécurité de Beni Ansar et de Bab Melilla, sauf que des éléments de la sécurité et des groupes de citoyens l'ont empêché et ont encerclé ces immigrés africains. Cette interposition a fait échouer l'opération en question, en les encerclant jusqu'à l'arrivée des différents renforts sécuritaires ». Le fait de ne pas limiter la catégorisation à « groupe de Subsahariens » pourrait renvoyer à un souci de précision de la part du journaliste. Pourtant, les éléments apportés en complément — « immigrés », « de différentes nationalités » et « appartenant à différents pays du sud du Sahara » — n'apportent que peu d'indications supplémentaires. Le journaliste précise que ces « Africains » sont de « différentes nationalités ». Il insiste en ajoutant « appartenant à différents pays du sud du Sahara », ce qui pourrait avoir pour effet d'exclure les « Africains » du nord du Sahara de cette catégorie d'« Africain ». Ils seront ensuite qualifiés d'« immigrés africains » ou « ces immigrés », avant que ne soit repris à la fin de l'article le qualificatif « immigrés africains de différentes nationalités ». Ceux-ci seraient, « selon une source informée parmi ces immigrés », au nombre de soixante-et-onze. La formule utilisée constitue un procédé de légitimation d'une information présentée comme juste parce qu'émanant d'une source jugée crédible par le journaliste et interne au groupe. Cette information est cependant quelque peu fragilisée par l'imprécision de l'identification de la « source informée parmi ces immigrés ».

Le texte revient ensuite sur la version de l'assaut, qu'il présente comme ayant été soudain et brutal [« ont surpris les forces de sécurité et les citoyens dans la province de Beni Ansar, en faisant irruption brutalement, en groupe »]. De façon probable, et comme semble le conforter le moment filmé par le journaliste, celui-ci n'a pas assisté à la tentative d'assaut dont il parle. Les choix quant à la manière de présenter la situation se basent donc sur des témoignages et sur la connaissance d'arrière-plan qu'il a de la situation des « Africains subsahariens » dans ces zones. Il rend ainsi sa cohérence au récit en l'intégrant dans une séquence plus large qui n'apparaît pas dans le film : « Après avoir traversé une longue distance de marche à pied, à travers différents sentiers, venant de la région de la montagne Gourougou, que les immigrés africains utilisent comme abri pour se cacher des regards des forces de sécurité, en attendant une occasion de passer à Melilla ou traverser vers l'autre rive ». Des éléments n'appartenant pas à la situation alimentent la description ; ils sont considérés comme communs à l'ensemble des « Subsahariens en situation irrégulière » dans la région. Ainsi, non seulement ces « Africains subsahariens » seraient venus des monts Gourougou par « différents sentiers », mais l'auraient fait « logiquement » pour attaquer la frontière de Melilla. La présence de ce groupe d'« Africains subsahariens » ne pourrait être justifiée que par le mobile d'une « volonté des immigrés africains de se rendre à Melilla par la force ». Les formules traduisant la surprise (« ont surpris »), la rapidité et la brutalité (« en faisant irruption brutalement ») confortent la catégorisation de cette situation comme étant une « attaque ». À cela s'ajoute l'utilisation de notions comme celle d'« opération », d'« assaut », qui renvoient à une anticipation et à une action calculée quasi militaire. Ce groupe est présenté comme déterminé (« après avoir traversé une longue distance de marche à pied, à travers différents sentiers ») et leur situation précaire, dans le mont Gourougou, soutient l'intelligibilité de leur détermination à « passer à Melilla ou traverser vers l'autre rive ». Les blessures montrées dans différentes séquences de la vidéo pourraient également appuyer l'image d'« Africains subsahariens » vivant dans des conditions difficiles, précaires et de violence. La « force » ou la « menace » du groupe transparaît également au travers de la mobilisation d'agents des forces de l'ordre pour contenir ce groupe.

L'article souligne que « cette région a connu plusieurs fois un certain nombre d'interventions des forces de l'ordre », mais que celles-ci ont abouti à « l'arrestation de dizaines d'immigrés africains ». Il s'agit donc d'une routine pour les forces de l'ordre marocaines qui ont développé des compétences à intervenir dans ce genre de situations. Pourtant, ce groupe d'Africains subsahariens aura réussi à surprendre les forces de l'ordre et les « groupes de citoyens » alliés pour s'interposer. Face à un « groupe », supposé être organisé, uni, une réaction de groupe peut être légitimée. Cette coalition entre deux catégories d'acteurs habituellement distincts dans ce genre d'opérations est présentée comme ayant permis l'échec de « l'opération en question ». L'intervention de citoyens pour les encercler « jusqu'à l'arrivée des différents renforts sécuritaires » conforte le caractère menaçant du groupe auquel les éléments de la sécurité ne pouvaient alors faire face seuls. L'implication des « citoyens de la province » soutient la référence à la perturbation de l'ordre public local. La catégorie de « citoyen » peut être d'ailleurs mise en opposition avec celle d'« immigré ». La présence de ce groupe d'Africains subsahariens présentée comme un trouble à l'ordre public a justifié le déplacement de « responsables sécuritaires » sur les lieux et l'intervention de forces de sécurité. Si le groupe des Africains subsahariens a été encerclé, cette intervention est justifiée par la volonté de « s'opposer au désir des immigrés africains de se rendre à Melilla par la force ». Le choix de positionner la photo montée, constituée de deux photographies extraites de la vidéo, juste en dessous du titre de l'article conforte la version d'une confrontation entre le groupe de subsahariens, sur la partie gauche de la photographie, et les forces de l'ordre. Cette confrontation est aussi incarnée par le face-à-face entre celui que nous avons appelé le « médiateur » et le policier en civil, dans une posture qui pourrait être interprétée comme une interaction tendue. Associée au texte, cette image vient donc conforter l'intitulé de l'article et amène à associer les « Africains subsahariens », apparaissant sur la photographie, aux « 71 migrants africains arrêtés au point de passage de Beni Ansar après une tentative d'assaut surprise pour accéder à Melilla ».

L'article se termine par un paragraphe qui explique les suites de l'interpellation de ces Africains subsahariens. Alors qu'il ne parle à aucun moment de la manière dont s'est déroulé l'« assaut », le journaliste parle des trois « immigrés » blessés transportés par la protection civile « dans des ambulances vers l'hôpital Hassani de Nador pour recevoir les soins nécessaires suite à quelques blessures qu'ils ont reçues lors de l'une de leur tentative d'escalader les barbelés en fer qui entourent Melilla ». Des blessés sont visibles à différentes reprises dans la vidéo, apparaissent allongés et leur transport jusqu'aux ambulances est largement filmé. Pour ce qui est des autres Africains subsahariens, qu'il qualifie une nouvelle fois d'« immigrés africains de différentes nationalités », ils auraient été « transportés dans plus de 10 véhicules des forces de sécurités vers les locaux des forces de sécurité régionale à Nador, pour déterminer leur identité et procéder aux mesures réglementaires en vigueur qui consistent particulièrement dans le renvoi des personnes arrêtées vers leur pays d'origine ». Si la vidéo se termine bien par l'embarquement des Africains subsahariens dans des fourgonnettes de la sûreté nationale, les séquences qui suivent ne sont pas filmées et ne permettent pas de constater ce qui se déroule ensuite.

B. Ce que le texte ne nous dit pas : acteurs, actions et énonciation de vérités

Les titres et l'article apparaissent comme centraux dans la compréhension de la vidéo, de son déroulement et des processus de catégorisation opérés. Pourtant, la visualisation de la vidéo révèle des logiques propres qui ne se retrouvent pas dans la version rapportée par l'article de *Nadorcity.com*. Si la vidéo commence en effet sur un fond sonore bruyant, renvoyant à une ambiance conflictuelle, il ne semble pas s'agir, dans la partie filmée, de l'interposition des « éléments de la sécurité et des groupes de citoyens » pour empêcher « l'opération en question ». En effet, des membres du groupe des Africains subsahariens interviennent de concert avec des Marocains pour contenir le groupe dès le début de la vidéo. Non seulement ce groupe ne semble pas faire preuve d'une grande résistance, mais à aucun moment l'un d'eux n'est montré tentant de fuir ou de se rebeller. Cela peut cependant découler de la forte présence des forces de l'ordre qui les entourent dans un espace d'où il semble effectivement difficile de fuir. Cela pourrait également être associé au caractère routinier des arrestations et refoulements d'Africains subsahariens dans la zone frontalière maroco-espagnole (cf. chapitre 4). Les expériences vécues, les récits circulant concernant ces refoulements, certaines violences policières, peuvent soutenir une posture de déférence à toute fin pratique. Comme le souligne Bittner (1970) « les personnes contre qui s'exerce l'action de la police l'ont également en tête, et se comportent en conséquence. (…) toute intervention de la police est porteuse d'un message : il pourra, ou peut-être, il devra être fait usage de la force pour atteindre l'objectif souhaité » (2003 : 53). Alors que l'article les présente comme une menace, ceux-ci lèvent les bras, à l'appel d'un Marocain, qui pourrait être assimilé à un policier en civil, puis de certains Africains subsahariens, en disant ne pas avoir d'armes. Si nous ne savons pas d'où vient l'évocation d'armes et ce qui a pu amener ce Marocain a lancé ce mouvement, il semblerait que nous assistions à une tentative de ces Africains subsahariens de redéfinir la situation et de « faire la preuve » de leur inoffensivité. Il en est de même de la scène d'exposition des blessures, également révélatrice de leur volonté d'utiliser la caméra pour transmettre un message, une image — en s'adressant directement à elle —, et de celle de se présenter davantage comme victimes ou du moins vulnérables, que comme coupables ou dangereux. Ils ont non seulement le droit de parler, mais utilisent la caméra pour faire passer un message.

À cela vient s'ajouter la présence et la passivité des policiers qui regardent la scène sans réagir. Tout au long de la vidéo, si certaines interactions sont vives, aucune violence physique n'est relevée et certains échanges entre Africains subsahariens et membres des forces de l'ordre marocains semblent s'apparenter à de la connivence. La scène de négociation entre le médiateur et le policier en civil pourrait en être une illustration. Alors que, selon l'article, le groupe des Africains subsahariens a été interpellé, encerclé et contenu pour être arrêté, des agents des forces de l'ordre entament ce qui ressemble à une négociation, visant à leur faire accepter d'être emmenés et d'évacuer la place. Le policier en civil, qui semble bénéficier d'un statut particulier dans la hiérarchie des policiers présents, prend le temps d'échanger avec le médiateur. Dans cette interaction, ce dernier semble ne presque pas intervenir, laissant au policier en civil le quasi-monopole de l'espace d'expression. Si nous n'avons pas le détail de l'échange verbal, la gestuelle du policier, la restitution qu'en fait le médiateur nous en donne certains éléments de compréhension. Dans cette scène, non seulement le policier en civil prend un temps d'expliquer et d'échanger avec celui qui semble être le porte-parole du groupe des Africains subsahariens, mais il lui laisse l'opportunité d'une concertation avec le reste du groupe, révélée par l'introduction qu'en fait le médiateur : « maintenant, vous qui êtes là, qu'est-ce que vous dites ? ». La formulation « maintenant qu'on est là, on est en train de se faire entendre », sous-entend une volonté antérieure de se faire entendre laquelle n'aurait pas reçu d'écho favorable ou n'aurait pas abouti, et un objectif partagé par les membres du groupe. Le

« marché » proposé par le policier en civil, transmis par le médiateur aux Africains subsahariens, semble avoir été de permettre que les malades soient emmenés à l'hôpital en ambulance, que les autres soient embarqués dans les fourgonnettes de la police pour un commissariat où ils auraient l'opportunité d'« expliquer » à différents acteurs « ce qui se passe ». Le souhait de « se faire entendre » se retrouve également lorsqu'il évoque la possible arrivée de « personnes de l'armée, militaires, gendarmes, policiers, gens de la défense, ambassadeurs (…) et les responsables espagnols » pour qu'« on puisse discuter de ce que nous on veut et de ce qui se passe ». Cette interaction entre le médiateur et le groupe des Africains subsahariens constitue de toute évidence une incongruité par rapport à la définition de la situation et à l'objet même de la présence de ces Africains subsahariens telle que rapportée par *Nadorcity.com.* Si l'on entend une petite voix parmi le groupe exprimer son avis (« non, ils ne vont pas le faire »), le médiateur poursuit sa concertation : « maintenant, vous qui êtes là, chacun, qu'est-ce que vous dites ». Des mains s'agitent et certains tentent de prendre la parole en même temps, rendant les propos inaudibles. Cela amène l'un d'entre eux à tenter d'organiser l'échange par un « un à un ». La séquence se termine. Cette interaction révèle des attentes et un contexte qui ne se limite pas à celui d'une tentative d'assaut échouée. Le fait qu'une partie de cette scène de « concertation » ait été coupée procède d'un choix découlant de ce que les participants à la scène, le caméraman ou le réalisateur de la vidéo veulent montrer de la situation. De plus, le souhait de se faire entendre fait écho à la scène d'exposition des blessures, à l'interpellation faite à celui qui filme de « faire son travail » (1 min 27 s) en filmant les blessures qui lui sont exposées, ainsi qu'aux propos tenus par le « Subsaharien en chemise unie » : « nous on respecte, mais vous ne nous respectez pas ». Ces Africains subsahariens semblent en vouloir à « eux » et protester contre le manque de « respect » dont ils se disent victimes. Si rien ne nous est dit des causes de ces blessures dans la vidéo, l'article évoque trois personnes allongées avec « quelques blessures qu'ils ont reçues lors de l'une de leurs tentatives d'escalader les barbelés en fer ». Certaines blessures semblent pourtant antérieures, comme l'attestent les bandages et cicatrisations. L'exposition de ces blessures antérieures peuvent être révélatrices de la volonté de ces Africains subsahariens d'influer sur les catégorisations opérées à leur encontre, en se situant comme « victimes », soutenant leur revendication de se faire entendre par des responsables appartenant au dispositif de catégorisation des « acteurs de la sécurité » ou « représentants étatiques » énumérés par le médiateur (« gens de l'armée », « militaires », « gendarmes », « policiers », « gens de la défense », « ambassadeurs » et « Espagnols »).

La mission organisée par le GADEM en novembre 2011 et à laquelle j'ai participé ne s'intéressait pas à cet épisode rapporté par *NadorCity.com* qui s'est déroulé près de huit mois avant. C'est par coïncidence que celui-ci a été évoqué par un Camerounais (R) séjournant dans un campement aux abords d'Oujda. Celui-ci nous a ensuite mis en contact avec un Ivoirien (S), présenté comme le l*eader* de la manifestation et qui s'avère être le médiateur identifié dans la vidéo. R qui se présente comme l'instigateur d'une manifestation[301] nous rapporte une version différente de cet épisode : « C'est moi qui ai fait sortir les gens (…) C'est parti qu'il y avait un Guinéen, un Camerounais et un Ivoirien qui étaient partis à la barrière pour pouvoir entrer à Melilla. Ils sont rentrés, mais la *guardia* espagnole les a remis chez les militaires marocains. (…) Ils les ont tabassés à mort et ils sont partis les balancer à la forêt. Nous, on les a retrouvés. Moi, j'étais au cyber en train de causer avec ma famille et on m'a dit. Parce que moi, j'étais l'un des plus anciens en forêt. C'est là que j'ai dit aux frères que ce n'est pas normal qu'ils soient partis jusqu'à ce niveau [*jusqu'à les tabasser*]. On est sorti. On était d'abord presque dix au début. Après, tous les blacks qui suivaient, qui comprenaient que les gars sont en train de partir vers la guérite centrale pour réclamer les droits. Tous venaient et on est parti. On était près de 80, près de 100… au début. Parce que nous, on a bloqué la guérite principale. C'était à près de 30 minutes. Moi-même, j'ai une vidéo que j'ai gardée. Quand nous on a fait ça au début, j'ai cru que ça pouvait changer quelque chose, mais après dans les médias, comme par exemple *Nadorcity*, les commentaires que je voyais sur le net, c'était "ils ont voulu forcer la barrière, on les a arrêtés […]". Ce n'était pas ça… pourtant on avait filmé les gens qui étaient blessés. Les journalistes ont contredit ce que nous… On était assis et on levait les mains. Comment nous on veut forcer la barrière, on soulève les mains, on s'asseoit. Si nous, on veut forcer la guérite principale, on s'organise à presque 200 personnes ».

Je demande : « Comment s'est terminée la manifestation de Nador ? ».

Il répond : « Nous avons réclamé que nos ambassadeurs, que notre ambassadeur soit d'abord… il y avait des Camerounais, des Ivoiriens… chaque nationalité réclamait son ambassadeur… mais ils sont plus occupés à signer des papiers à Rabat… je n'ai jamais eu de lien avec l'ambassade. Si toi tu connais qu'il y a des Camerounais qui vivent dans la forêt d'Oujda et que toi, tu es à Rabat et que tu sais que tu représentes tous les Camerounais qui sont sur le territoire marocain et que toi, tu ne viens pas vers eux et qu'ils n'ont pas la possibilité de monter à Rabat, comment ils vont faire ? Ils n'ont jamais envoyé personne… le régional de Nador [*l'officier de police*] nous a fait comprendre que nous, il fallait qu'on monte à Nador et que nos représentants devaient venir à Nador pour que l'on puisse discuter. Nous, on a succombé aux ordres. On voulait refuser, mais ils nous ont dit "vous avez 30 minutes, si vous ne vous décidez pas, nous, on passe à la violence". Nous, on a cédé parce que nous, on ne voulait pas la violence. Nous, on n'était pas venu

301 Entretien enregistré à Oujda, le 11 novembre 2011 (GADEM).

là pour se faire tabasser. On a cédé et on est monté dans les fourgonnettes. Ils nous on fait comprendre que voilà, si prochainement on vous arrête, on vous tabasse... Quand vous arrivez ici comme ça, la première chose qu'il faut faire, c'est venir vous plaindre. Ça, c'est ce que la police a dit. Il faut venir vous plaindre. On a accepté. Ils ont dit "vous êtes 72", ils ont amené deux bus direction Oujda… "Vous allez aller à Oujda". Nous, on a accepté. Il n'y avait pas de problème. On a dit "il n'y a pas de problème si nous, on part à Oujda". Ce qui est sûr, c'est que nous on revient. Et quand on revient et qu'on t'arrête et qu'on te tabasse ou qu'on te… ».

J'aurai ensuite l'occasion d'échanger avec S. qui rapporte sa version de l'épisode : « Voilà que j'étais dans mon ghetto avec mes amis et nous avons pour habitude d'envoyer des gars aller chercher de l'eau à la carrière. À leur retour, ils ont trouvé deux personnes couchées, sauvagement battues. Ils viennent nous alerter. Les personnes blessées étaient au cours de la manif. Ils sont tous partis dans la nuit comme nous avions l'habitude de faire à Mariouari pour tenter leur chance à la nage. C'est à Mariouari que les militaires les ont battus. (…) Non, la manif n'a jamais été préparée. J'avoue que nous en avions marre du comportement des militaires. Nous vivions à Nador en province Beni Ansar et cette marche était purement improvisée… et ça a marché. Beaucoup d'amis ne croyaient pas. Certains parlaient du risque, mais moi, je m'en foutais. C'est quand nous sommes sortis dans la rue que des jeunes Marocains se sont mis à filmer. Tu sais, ce film, je vois… là nous étions dans la phase de discussion avec les responsables de l'armée, le divisionnaire. Je ne le connaissais pas avant, c'est à partir de ce film que nous sommes devenus de grands amis. Je veux dire après la manif. Nous lui avons présenté nos blessés, lui même a fait le constat. Nous avons présenté nos blessés et la cause de leurs blessures. Le divisionnaire a fait appel au colonel en charge des troubles de Mariouari et c'est après une longue concertation que nous avons connue tous qu'on pouvait libérer la frontière et aller discuter au commissariat central de Nador. C'est le commissaire qui m'a poussé à dire à mes amis de lever les mains. Il a menacé d'appliquer la force et je serais le seul responsable de ce qui va arriver. Alors j'ai répondu au commissaire que oui, que nous ne sommes pas armés et c'est à main nue que nous demandons le respect de nos droits. J'ai levé ma main en premier et demandé aux autres "levez vos mains, nous ne sommes pas armés" ».

Il revient, à la suite d'une question, sur la manière dont ils sont arrivés à la frontière : « Je suis organisateur avec M., celui qui est en jacket marron avec le chapeau. Il est aujourd'hui en Belgique, j'ai son numéro. Nous avons marché de la forêt sur le goudron jusqu'au centre-ville à la frontière. Les policiers de Beni Ansar ont essayé de nous arrêter avec leurs motos à quatre roues, mais nous étions déterminés, alors ils sont partis et nous avons continué notre marche. Le divisionnaire a négocié avec nous pour libérer la frontière. Ensemble, nous nous sommes compris et les négociations se sont poursuivies au commissariat central de Nador en présence du divisionnaire, du colonel de Mariouari, du commissaire du commissariat de Beni Ansar, du commissaire de la police scientifique. Nous avons dénoncé les vols et les agressions, les vols de nos biens, la barbarie des militaires et nous avons demandé qu'on ne nous batte plus. Au début, pendant 3 mois ça avait marché, mais après tout a changé. Il y a eu une riposte fatale contre nous face aux militaires. Cela s'est passé dans la forêt ».

Je lui demande alors ce que certains membres du groupe regardaient régulièrement sur le côté, hors champ de caméra, mais apparemment vers la frontière. Il me répond que « c'est le bloc sécuritaire mis en place et qui bloquait les journalistes espagnols qui venaient filmer ». Lorsque je lui demande de me préciser qui filmait, S. répond que « c'est le reporteur de *Nadorcity*. Je me souviens, il avait un appareil photo camera HD ». S. annonce qu'il était lui-même en contact avec *Nadorcity*.

Ces témoignages donnent une version différente de la « tentative d'assaut » qui serait en fait une manifestation organisée par ces migrants pour protester contre les violences subies aux abords des frontières. La vidéo de *Nadorcity.com* n'est qu'un extrait d'une séquence plus longue qui intègre les modalités d'arrivée de ces personnes à la frontière de Beni Ansar et les suites données à leur départ en fourgonnette de police. Pourtant, le mécanisme de juxtaposition des plans dans la vidéo produit un effet transitif et causal qui contribue à donner à ces images une valeur de véracité que viennent conforter le texte qui l'accompagne et les catégorisations opérées. La question de savoir si le journaliste croit ou pas à la version qu'il nous apporte ne nous est non seulement pas accessible, mais nous intéresse ici peu. Pour reprendre Dupret, « s'il existe un domaine singulier de discours public qui est toujours évalué en termes de vérité (aussi bien escompté normativement que soupçonnée en permanence d'être tordue), c'est le double domaine de la politique et des médias » (2011 : XI). Nous ne cherchons pas non plus à déterminer LA vérité, inaccessible à l'analyse, au risque de sursaturer de sens les détails relevés. Des récits concernant les tentatives de franchissement des frontières maroco-espagnoles alimentent un arrière-plan de compréhension difficile à remettre en question. Cela renvoie à l'indexicalité, à l'adhérence des comptes-rendus à leur contexte. Cette indexicalité s'appuie notamment sur une trame de pertinences relative aux assauts collectifs des frontières de Ceuta et Melilla faite d'occurrences qui émergent et transitent par de multiples instances et, principalement par la presse[302]. Ce qui est présenté par *Nadorcity.com* comme

[302] Il s'agit de relever comment les parties d'un échange sont associées et se font mutuellement écho, en recourant à des supports et énoncés (en particulier d'articles de journaux, de communiqués de presse et de paroles publiques) qui fonctionnent de manière dialogique et intertextuelle autour du phénomène des « tentatives d'assaut de migrants subsahariens aux frontières entre le Maroc et l'Espagne ». Si cette démarche n'apparaît pas ici, elle a été l'objet d'une troisième partie de ce chapitre dans le cadre de ma thèse de

une « tentative d'assaut » fait référence à des passages et tentatives de passage en groupe d'étrangers, principalement originaires d'Afrique de l'Ouest et centrale, pour rejoindre irrégulièrement le territoire européen, qui se sont succédé depuis les années 90. Ce sont les événements dits de Ceuta et Melilla en 2005 qui ont rendu visibles les « attaques » de frontières et de grillages et qui constituent le point d'émergence majeur du réseau dialogique dans lequel s'insère la narration de *Nadorcity.com*. Les médias ont régulièrement relayé ces « assauts massifs » ou tentatives d'« assauts », mobilisant des estimations alarmistes, numériquement importantes, mais souvent approximatives, de ces « clandestins » prêts à tout pour passer, quitte à user de violence contre les forces de sécurité. Ces éléments contribuent de la construction sociale de la menace (Bredeloup, Pliez, 2005), incarnée par ces « Subsahariens » intervenant en groupe pour attaquer les frontières européennes.

Conclusion du chapitre

A partir d'un matériau centré sur un événement situé localement, d'une vidéo et d'un article le présentant comme une tentative d'assaut de la frontière de Melilla, des mécanismes de production de sens et de vérités ont pu être mis en saillance. C'est bien par l'agencement des matériaux, la séquentialisation de la vidéo, les coupes opérées et les catégorisations employées pour contextualiser cette vidéo, ainsi que par le récit de l'article qui l'accompagne, qu'est produite la narration orientée vers une tentative d'assaut. La version rapportée par *Nadorcity.com* apparaît alors comme allant de soi. Elle s'intègre à des attentes d'arrière-plan et de normalité pour ce type de situation. L'ennemi public est constitué par sa capacité à s'organiser, à se regrouper pour transgresser les frontières. Le migrant subsaharien qui vit dans des campements ou forêts fait peur. Criminalisé (Palidda, 1999), il passe de victime éventuelle à délinquant. Comme le soulignent Bredeloup et Pliez, « ce renversement de position légitime alors toute réaction policière même musclée » (2005 : 6).

Ni le découpage ni la description de la vidéo, qui intervient comme élément probant de la tentative d'assaut opérée par ce groupe de personnes originaires d'Afrique de l'Ouest et centrale, ne viennent ici confirmer la tentative d'assaut. Ils pourraient tout autant s'insérer dans un autre contexte que celui d'un assaut contre la frontière. Les interactions et les postures des acteurs pourraient même révéler un fossé entre « ce qui s'est réellement passé » et « ce qui nous est donné à voir ». Notre volonté n'est pas de montrer que ce travail de montage et d'agencement des matériaux peut créer une réalité falsifiée, ni même que la version présentée serait erronée. Il s'agit en revanche de mettre

doctorat. Voir également la trame de pertinence relevée dans le chapitre 10 concernant le « transit des Subsahariens pour rejoindre l'Europe ».

en valeur la production de sens opérée par les acteurs de cette scène au travers de leurs pratiques, prenant en compte ce que les gens font en situation pour en analyser naturellement les éléments. Comme le soulignent Dupret et Klaus, « dans son attitude naturelle, le téléspectateur comprend ces histoires à l'intérieur d'une grammaire pratique, faite de procédés ordinaires de raisonnement, de collections catégorielles partagées et d'une connaissance d'arrière-plan de ce qui fait sens, pour l'audience dont il est membre » (Dupret & Klaus, 2010). Cela renvoie à la notion de transitivité des attributs que Jayyusi définit ainsi : « en tant qu'elle est un événement dans la vie d'un groupe, elle devient une sorte d'action (…) transférable sur les autres membres du groupe, quels que soient leurs parcours personnels » (2010 : 92). Les attitudes contrastées des agents de l'information, comme des lecteurs, par rapport à un événement médiatique singulier, les modalités de production du discours et de recueil d'informations, ouvrent un large champ de compréhension de la production de l'ordre social, de l'impact du discours sur la connaissance et les pratiques des acteurs.

CHAPITRE 12

CATÉGORISATIONS ET DROIT DES ÉTRANGERS EN CONTEXTE INSTITUTIONNEL

Dans les chapitres qui ont précédé, ont été décrites des rencontres de l'étranger avec toute une série d'acteurs. Dans ce chapitre, il s'agira de se pencher sur certains mécanismes ou pratiques qui émergent, de manière transversale, de ce travail ou révèlent des contraintes institutionnelles et des dimensions de l'activité des professionnels chargés de mettre en œuvre le droit ou intervenant dans les procédures. Cela impose de prendre en compte l'organisation pratique de l'activité professionnelle et les manières par lesquelles les acteurs institutionnels mettent en œuvre les procédures. L'acteur institutionnel est alors considéré dans son environnement, non pas comme un individu isolé, mais comme intervenant dans un réseau en continuel réagencement, dans lequel il est à la fois acteur, interlocuteur et intervenant. Il est un individu soumis aux contingences de ses propres perceptions et à ce qui est perçu comme adéquat dans son environnement. Certains des mécanismes ou des pratiques qui émergent pointent donc vers des caractéristiques qui relèvent davantage du sens commun que du contexte institutionnel ou professionnel. Dans une première partie, seront envisagées les contraintes institutionnelles et procédurales dans lesquelles s'insère le travail quotidien des acteurs de l'administration. L'activité judiciaire et administrative s'intègre en effet dans des contextes institutionnels marqués par des routines, des normes, des instructions, des mandats qui orientent, sans les déterminer, les pratiques quotidiennes des professionnels. Dans un second temps, un retour sera opéré sur certaines catégorisations de l'étranger en contexte institutionnel telles qu'elles ont émergé des cours d'action analysés dans les chapitres précédents. Il s'agit, au travers de ce chapitre, de saisir partiellement « la façon dont les structures des activités quotidiennes sont produites et soutenues de manière ordinaire et routinisée » (Garfinkel, 2009 : 100), tout en s'intéressant au mode de production de l'ordre tel que rendu visible par les participants à ces cours d'action.

I. CONTRAINTES INSTITUTIONNELLES ET PROCÉDURALES

Qu'il s'agisse de l'entrée sur le territoire, de procédures policières et judiciaires, d'accès au travail ou d'autorisation de mariage, les procédures administratives, policières et judiciaires, font l'objet d'une organisation faite de séquences, de routines et de contraintes institutionnelles. Les opérations de typification sont omniprésentes, dans la vie quotidienne comme dans toute interaction institutionnelle, et contribuent à situer les personnes, les situations et les procédures. Un certain nombre d'outils et de techniques sont utilisés dans ce sens, comme il en est des tickets d'accès aux guichets des administrations, du formulaire de police à remplir à l'entrée sur le territoire marocain, des rubriques à cocher dans le formulaire de demande de titre de séjour, mais également des séquences de questions/réponses qui soutiennent la détermination du profil de l'interlocuteur. L'interaction est soumise à un ensemble de contraintes du fait de son ancrage dans un contexte institutionnel et orientée vers des objectifs prédéfinis renvoyant à la tâche institutionnelle en cours (Drew & Heritage : 1992).

A. Routines institutionnelles et types de procédures

1. Identifier, contrôler, gérer

La routine est souvent présentée comme une reproduction constante de mécanismes similaires que le professionnel, en tant que bureaucrate, mettrait en œuvre. Le sens du « contrôle des frontières » et de la « protection du territoire » constituent un ensemble de contraintes normatives et institutionnelles. L'entrée peut être refusée à l'étranger qui constitue une « menace à l'ordre public », est susceptible de constituer un « risque migratoire », un « risque terroriste », correspond à un signalement qui en ferait un individu « à risque » ou non désiré. L'identification de l'étranger entrant sur le territoire par l'agent de la compagnie aérienne ou de la police aux frontières (PAF) se fait à partir de méthodes de catégorisations et d'un ensemble d'indices que l'agent évalue à l'aune de la connaissance qu'il a des types de personnes susceptibles de constituer un risque migratoire, de sa propre connaissance de sens commun, ainsi que des savoirs partagés dans l'environnement institutionnel sur les personnes à laisser entrer ou pas. Des programmes de collaboration interétatique et d'échanges d'informations portant notamment sur la lutte contre la migration irrégulière se sont développés ces dernières années. Ces coopérations ont soutenu la diffusion de techniques et méthodes d'identification des « potentiels candidats à l'immigration irrégulière » à l'entrée sur le territoire, la détection de documents suspects[303] ou le partage d'informations entre services de police et de sécurité. Le partenariat pour la mobilité, signé en juin 2014, prévoit des collaborations dans ce sens. Pour illustrations, une Brigade mobile d'Immigration marocaine est créée en 2011 au sein de l'aéroport de Casablanca. S'intéresser aux modalités de contrôle par les agents à la frontière de l'étranger entrant sur le territoire marocain ne peut se faire sans accorder une attention à ce qui, dans les négociations et coopérations entre États, impacte les orientations, priorisations, instructions et méthodes mobilisées dans les pratiques des acteurs intervenant dans ce qui est communément appelé gestion de la migration sur un territoire donné.

Les méthodes de catégorisation de ces agents aux frontières découlent également de ce que Cicourel (1968) appelle l'horizon prospectif-rétrospectif du raisonnement qui implique un travail d'évaluation des personnes se présentant aux frontières pour transiter vers un autre territoire, tenant compte des typifications opérées pour l'entrée sur le territoire de destination. Il s'agit alors de tenter d'éviter les contraintes procédurales et pratiques (coût, dispositif, ressources humaines, etc.) d'un éventuel renvoi postérieur vers le territoire marocain de personnes qui ne seraient pas admises à entrer sur le territoire de destination. Celles-ci auraient alors à être réacheminées vers une autre destination. L'aéroport de Casablanca constitue un espace de transit pour des vols à destination d'une grande diversité de pays, et notamment entre l'Afrique et l'Europe. Des personnes non admises dans leur pays d'arrivée ou de prochain transit sont régulièrement renvoyées vers l'aéroport de Casablanca, en vue d'être réacheminées vers leur pays de départ. Les autorités marocaines sont alors chargées de mener des procédures de renvoi qui peuvent concerner des personnes non admissibles dans le pays d'arrivée, des demandeurs d'asile (protégés formellement du renvoi vers un pays où ils risqueraient d'être persécutés), des personnes remplissant apparemment les conditions d'entrée dans le pays d'arrivée, des personnes dont le pays de départ n'est pas clairement identifié ou des personnes non admissibles dans le pays de départ.

En pratique, d'autres critères apparaissent dans l'évaluation que fait l'agent aux frontières du type de personnes qui se présente à la frontière. Le contrôle aux frontières de la nationalité n'est pas orienté uniquement vers la figure de l'étranger, mais intervient aussi régulièrement dans le souci que quelqu'un détenant la nationalité marocaine ne recoure pas à une autre appartenance nationale, quand bien même il en aurait formellement le droit. C'est ainsi que la PAF marocaine demande régulièrement à des personnes identifiées comme

---

303 Il s'agit également de programmes de « renforcements de capacités » orientés vers le contrôle de l'immigration et portés pour l'essentiel par des partenaires européens (formations aux agents des forces de l'ordre, fourniture de matériels de sécurité et d'identification, intervention d'officiers de liaison étrangers ou soutien aux programmes de retours volontaires).

marocaines, se présentant avec un passeport étranger et remplissant, en tant qu'étrangers, les conditions légales d'entrée sur le territoire marocain, de présenter leur carte d'identité marocaine. Cela renvoie à la non-reconnaissance officielle de la double nationalité au Maroc, à une nationalité marocaine considérée comme inaliénable, et est régulièrement justifié par des questions de sécurité, visant notamment à simplifier les croisements d'informations pour les détenteurs de plusieurs nationalités.

Le travail institutionnel est fait de cette organisation en séquences qui détermine les différentes étapes des procédures et l'ordre routinisé des interventions. Des régularités et standardisations sont visibles au travers des étapes de la procédure, des catégories de personnes interpellées et des lieux d'interpellation à un moment donné, comme nous l'avons souligné à propos de refoulements d'étrangers (chapitre 4). L'organisation de ces opérations collectives d'arrestation est soumise à des contraintes d'organisation pratique et au souci d'une rationalité logistique. Celle-ci implique des temps de regroupement de personnes successivement arrêtées, des délais de garde à vue, un souci de discrétion vis-à-vis de l'extérieur, et donc la contrainte que cette procédure policière se maintienne dans une certaine invisibilité. La dimension institutionnelle du contexte conversationnel apparaît également dans la routine visible dans les documents de procédure qui conduit à des fonctionnements stéréotypés. Le déroulement des interrogatoires de police, la rédaction des procès-verbaux ou des jugements relèvent régulièrement, pour des types d'affaires que les policiers ou le juge rencontrent fréquemment, de la reprise d'un scénario type qu'il reste à confirmer dans les grandes lignes et à valider par la rédaction d'un document juridiquement adéquat (cf. également Dupret & Ferrié, 2011) [annexes 4&5]. Certaines affaires et les documents de procédures qui les accompagnent sont perçus comme impliquant des enjeux minimes, au regard du type d'affaires et des catégories de personnes qu'elles concernent. Pour d'autres, l'orientation donnée par la police dans l'élaboration du document est plus marquée. Il n'est d'ailleurs pas toujours évident de distinguer le poids de la routine ou des contraintes institutionnelles dans ces fonctionnements ordinaires. Dans un certain nombre d'audiences pénales, l'inculpé n'a que peu l'occasion de s'exprimer dans le laps de temps qui lui est laissé ou d'échanger en amont avec l'avocat censé le représenter. D'autres difficultés découlent notamment de l'absence d'interprètes compétents au cours du jugement et, en amont, dans le cadre de la procédure et de l'interrogatoire de police. Cela n'est pas propre aux affaires concernant des étrangers[304] ou relatives à des inculpations pénales, et se retrouve dans différents domaines ou niveaux de la procédure. Outre la contrainte organisationnelle découlant des séquences de la procédure, la dimension

304 Des organisations, comme il en est d'ONG de défense des droits des imazighens, dénoncent régulière le recours à des interprètes non qualifiés pour des citoyens marocains ne maîtrisant pas l'arabe.

institutionnelle du contexte conversationnel intervient dans le système des tours de paroles (Drew & Héritage : 1992). Lorsque les policiers écoutent le couple de Nigérians (chapitre 6), les questions appellent des réponses consistant en la description du profil administratif des concernés, des modalités de leur entrée sur le territoire marocain, des conditions et des motivations de leur séjour au Maroc.

2. Quel justiciable pour quel type d'affaire et pour quelle justice ?

Dans l'affaire de Quentin (chapitre 7), le procureur du Roi et le juge de la famille, qui interviennent tous deux dans le cadre de la protection de l'enfance, ne sont pas soumis aux mêmes contraintes et ne mobilisent pas les mêmes types de catégorisation face à une personne en séjour irrégulier. Le juge de la famille s'oriente davantage vers les garanties permettant d'appuyer, de confirmer ou d'infirmer la demande de paternité formulée. Pour le procureur du Roi, placé sous l'autorité du pouvoir exécutif et largement impliqué dans les questions de lutte contre la migration irrégulière, la caractéristique du séjour irrégulier de Quentin constitue en soi une contrainte dans l'examen de sa demande de reconnaissance de paternité (comme elle l'a été pour les agents de l'ambassade). Les questions d'indépendance de la justice au Maroc et la faible autonomie du juge sont régulièrement invoquées dans le cadre de la réforme de la justice en cours. Elles sont également l'objet de dénonciation par des acteurs de la société civile et par les magistrats eux-mêmes.

L'encombrement judiciaire est à appréhender davantage dans l'évaluation que fera le professionnel de la priorité à donner à l'affaire, qui peut elle-même être soutenue par des critères relatifs aux types d'affaires, aux catégories de personnes impliquées, aux perspectives pressenties en matière d'aboutissement et d'éventuelles complications, ainsi qu'à l'investissement qui en découlera en termes de charge de travail. C'est ce qu'Emerson appelle les « effets propres de la charge de travail » (1983 : 439). Dans un certain nombre d'affaires énoncées précédemment concernant des délits relatifs au séjour, les références aux règles du séjour sont imprécises ou correspondent à des textes juridiques abrogés, ce qui ne semble pas être en soi problématique. Si l'on prend par exemple les jugements rendus par le TPI de Meknès en 2008, la référence à la loi de 1941 est dactylographiée dans la plupart des jugements (11 sur 13) et corrigée de manière manuscrite sur deux décisions pour indiquer « 9 article 2003 » et « Loi 11-11-03 » (cf. annexes 4 & 5). Les décisions sont toutes les treize basées sur un modèle type qui a ensuite été modifié et corrigé par des ratures et des ajouts manuscrits. L'action et l'orientation du juge, éventuellement du greffier, est à percevoir davantage dans les ajouts manuscrits que dans des énoncés antérieurs que le juge reprend tels quels. Les dispositions juridiques du code de procédure pénale sont énumérées de manière dactylographiée. Cela souligne le travail routinier et la contrainte organisationnelle qui interviennent sur les pratiques de ces professionnels de la justice, mais également la dimension non problématique du maintien de dispositions abrogées ou qui ne correspondent pas à l'affaire et qui pourraient être considérées comme des vices de forme.

Comme nous l'avons souligné, les décisions du juge du TPI concernant des inculpations pour séjour irrégulier consultées (cf. chapitre 5) ne font pas de différences flagrantes entre les descriptions et les catégorisations relatives aux étrangers originaires d'Afrique de l'Ouest ou centrale et ceux appartenant à d'autres catégories d'appartenance nationales ou régionales. Ces décisions semblent valider a minima les décisions prises par le procureur du Roi[305]. Elles s'appuient cependant largement sur les documents de police en soulignant leur caractère probant et incontestable. L'absence de l'inculpé à l'audience, constatée à différentes reprises, n'est alors pas indiquée dans le document de jugement (cf. chapitre 5).

3. Invisibilité et compétences de membres : l'enjeu de l'accès à ce qui se passe réellement

Si ces éléments ne sont pas propres au contexte marocain (Komter, 2001 ; Burns, 2001, Dupret, 2006b), ils éclairent certains des mécanismes de mise en œuvre de ces procédures, des relations entre les acteurs, de la police et de la justice, mais aussi l'orientation vers des finalités pratiques selon le type d'affaires qui, elles, sont bien contextuelles et situées. Comme démontré précédemment, se limiter aux documents de police et décisions de jugements élaborés dans le cadre des procédures de refoulement (chapitre 4), contribue à un fossé descriptif entre les activités pratiques et le compte-rendu de ces activités pratiques. Un certain nombre de mécanismes, qui pourraient être considérés comme visant à dissimuler, sont à l'œuvre et soutiennent le maintien dans la routine des séquences judiciaires ou administratives concernées. Il s'agit de limiter les « traces laissées » ou l'intelligibilité de certaines procédures pour des personnes qui n'y interviennent pas ou dont on ne souhaite pas l'intervention. La non-délivrance du récépissé attestant de l'accomplissement d'une démarche et de son enregistrement par l'administration, la non-remise d'une notification écrite de décision (de refoulement ou de refus d'entrée notamment), la rapidité de l'exécution du renvoi de personnes dont l'entrée a été refusée, les incertitudes sur les caractéristiques des personnes interpellées, détenues ou éloignées, les annonces par étapes de la procédure en cours (cf. chapitre 6) constituent un ensemble de pratiques qui limitent non seulement les possibilités

[305] Ce constat est à nuancer concernant les affaires intégrant d'autres charges d'inculpation que le séjour irrégulier ou la mendicité, ainsi que d'audiences ayant acquis une dimension politique.

d'intervention, de réaction, de contestation, mais maintiennent aussi les acteurs concernés dans l'incertitude quant à la procédure en train d'être mise en œuvre, et le déroulement de la séquence dans sa routine. Le peu d'informations sur les critères de délivrance des visas et sur les pratiques relatives à l'entrée des étrangers sur le territoire, les difficultés d'accès à certains textes légaux, les références faites à des circulaires qui ne sont pas rendues publiques, le peu de jugements publiés et, plus globalement, le manque de données publiques et accessibles issues de l'activité des institutions, alimente ce manque de visibilité et de connaissances de certains phénomènes relatifs aux étrangers présents, de l'activité institutionnelle et de la mise en place de certains dispositifs publics. Pour reprendre Brodeur, « c'est donc une erreur profonde que de s'obstiner à épingler sur un schéma rationalisant une activité qui conçoit son incertitude comme l'un de ses atouts décisifs » (1984 : 25).

Par ailleurs, l'acteur institutionnel n'intervient pas de manière isolée, mais dans un environnement interactionnel qui, dans la rencontre avec l'étranger, peut voir la participation, outre de l'étranger lui-même, d'une diversité d'acteurs, professionnels et profanes, susceptibles d'intervenir dans l'interaction et dans le déroulement des procédures, d'interférer sur les modalités de mobilisation du droit en action. Certaines réactions à des pratiques déployées par les acteurs de l'administration peuvent en soi constituer des expériences disruptives, des atteintes à l'ordre normal des événements, comme il peut en être d'interventions d'acteurs associatifs ou de responsables politiques pour stopper des opérations d'interpellation, de refoulement ou d'une publicisation non attendue de l'affaire. Pour reprendre Dupret, « le fait que la routine soit elle-même produite de manière circonstancielle, située et contextuelle apparaît clairement à l'occasion d'expériences disruptives de cette routine » (2006b : 135). Ce n'est pourtant pas le cas de toutes les interventions d'acteurs extérieurs à la procédure qui, tout en n'étant pas toujours souhaitées, interviennent parfois dans le cours normal des événements et de la séquence procédurale.

B. Catégories de professionnels et activités liées à une catégorie

Nous nous intéresserons ici à certaines catégories d'acteurs intervenant classiquement dans les procédures relatives aux étrangers au Maroc, en nous penchant particulièrement sur les activités qui leur sont liées.

1. Entre mandat et instructions, compétences et responsabilités

Le policier, le juge ou les agents consulaires sont chargés de différentes missions que définissent leurs mandats. Leurs interventions répondent également à des prérogatives découlant du contexte de leurs interventions, impliquant d'adapter leur mandat, ou d'instructions transmises, a priori par leurs supérieurs hiérarchiques. Cette adaptation des activités qui leur incombent et la responsabilité dont ils sont ou dont ils peuvent se sentir investis, ainsi que la manière dont ils perçoivent leurs missions ou catégorisent l'usager qui se présente, amènent régulièrement les professionnels à adapter leurs pratiques et leurs modes d'intervention. C'est ce qui sera traité succinctement ici, au travers des mandats et du travail de la police, en particulier sous le prisme de l'entrée sur le territoire, du juge, dans son rôle de suivi des procédures et de contrôle des pratiques de l'administration, ainsi que des autorités consulaires. Ces éléments viennent compléter les analyses développées dans les chapitres précédents, en pointant particulièrement certaines dimensions du travail de ces professionnels pour éclairer les contraintes que constituent l'exercice d'un mandat, dans un contexte d'intérêt grandissant accordé à la lutte contre la migration irrégulière, où interviennent des compétences et des instructions, des marges d'appréciation dans l'évaluation d'une situation, ainsi que des ambivalences dans les pratiques à mettre en œuvre dans le cadre du travail des uns et des autres.

Marges d'appréciation et missions de police aux frontières

Le policier chargé du contrôle aux frontières bénéficie d'une marge d'appréciation en vue de déterminer s'il limite son contrôle au passeport et au visa, ou s'il élargit ce contrôle à d'autres demandes de garanties susceptibles d'être fournies par la personne qui se présente à lui (cf. chapitre 3). La définition de ce que peut constituer une personne à « risque migratoire » est fortement induite par le contexte politique et social, et s'intègre à un processus de renforcement progressif des mécanismes de contrôle à l'entrée sur le territoire marocain ou au transit par le Maroc vers d'autres territoires, dans le cadre de la migration irrégulière vers l'Europe en particulier. Si ces outils et mécanismes, ainsi que l'acquisition de nouvelles techniques d'identification des personnes et des documents, sont à même de réduire le pouvoir d'interprétation des agents aux frontières, en particulier concernant la validité et l'authenticité des documents présentés, une marge d'appréciation subsiste quant aux caractéristiques associées au « risque migratoire », susceptible d'alimenter une asymétrie entre l'étranger et l'agent aux frontières. Anaïk Pian évoque ainsi un « mécanisme de garantie » mis en place dans le milieu des années 1990 à l'aéroport de Casablanca concernant les Sénégalais, qui consistait « à retirer et à garder en “garantie” le passeport de tout suspect à l'émigration clandestine », en échange d'une « fiche verte comprenant les différents éléments d'identité » de l'étranger concerné qui ne récupérait son passeport original que pour son retour au Sénégal (2005 : 169-170). Cette pratique, « vivement démentie au niveau de l'ambassade du Sénégal, mais dénoncée par plusieurs Sénégalais », permettait également de procéder à une « estimation du nombre de migrants ayant transité par l'aéroport pour regagner clandestinement l'Espagne », à partir du nombre de passeports non réclamés (2005 : 170). Si les renvois directs d'étrangers à l'entrée des frontières[306] ont pris le pas sur ces pratiques, ils ont parfois aussi été accompagnés de négociations et d'arrangements à l'amiable consistant en la rétribution financière d'agents aux frontières[307]. L'absence de matériel efficace de contrôle des documents par l'administration à certaines frontières a aussi été un motif invoqué pour justifier des entraves ou des refus d'entrée de certains étrangers sur le territoire. C'est ce que j'ai pu constater en juillet 2010, à la frontière entre le Maroc et la Mauritanie, lorsqu'un Guinéen détenteur des documents formellement demandés pour entrer sur le territoire a été bloqué par les agents aux frontières. Ceux-ci demandaient à ce que soit versée une somme d'argent, sous le motif que cette somme servirait à couvrir les frais de son renvoi éventuel au pays, ou que le concerné rebrousse chemin pour revenir par l'aéroport Mohamed V. Les agents aux frontières ont invoqué des instructions transmises pour que les étrangers entrant pour la première fois sur le territoire marocain passent par l'aéroport de Casablanca. Selon ces agents, l'aéroport disposait d'un matériel sophistiqué dont n'était pas pourvue la frontière terrestre Maroc-Mauritanie. Les pratiques de la police aux frontières ne sont pas seulement orientées vers la lutte contre la migration irrégulière, bien que l'attention portée à ce délit ait pris de l'importance ces dernières années. La situation de ce Guinéen à la frontière mauritanienne peut aussi être analysée à l'aune d'enjeux relatifs aux pratiques de corruption. La rapide réprobation de la part des co-passagers de notre taxi ou les contestations de deux commerçantes sénégalaises qui se mirent à crier dès la première question posée par un agent aux frontières (consistant à leur demander l'objet de leur visite au Maroc), font écho au caractère routinier et connu de la corruption à ces frontières. Ces réactions mobilisent la méthode documentaire d'interprétation qui leur permet d'inférer prospectivement le schéma sous-

---

306 Ces renvois ne se font pas toujours sur le même vol. Ils peuvent impliquer une attente de l'étranger refusé d'entrée, dans ce qui est formellement appelé zone d'attente, jusqu'au prochain vol susceptible de le transporter vers son pays de départ ou un pays susceptible de l'accueillir. Les délais de maintien en zone d'attente sont prévus par des dispositions de la loi n° 02-03 (article 38).

307 Ces arrangements à l'amiable consistant en rétributions financières semblent avoir largement diminués et être rendu moins visibles au Maroc, en particulier aux frontières aéroportuaires, du fait notamment de démarches volontariste de lutte contre la corruption et de sanctions prises par les responsables marocains à l'encontre des fonctionnaires ou agents contrevenants.

jacent basé sur des expériences ou des connaissances, propres à cette frontière ou à d'autres frontières, sur cette situation de passage. Les deux commerçantes sénégalaises m'expliqueront que, commerçant régulièrement entre le Maroc et le Sénégal, elles sont habituées à cette frontière et, pour éviter les tracasseries, préfèrent se faire entendre dès leur arrivée pour limiter le temps perdu et d'éventuelles demandes d'argent en contrepartie de leur passage. L'asymétrie structurée autour des rôles institutionnalisés des agents chargés du contrôle aux frontières, qui découle du pouvoir d'appréciation quant à l'entrée de tel ou tel étranger, est rattachée au statut du policier et à la responsabilité qui lui est normativement dévolue, en tant que représentant de l'administration aux frontières.

D'autres acteurs bénéficient de prérogatives similaires. C'est le cas notamment des agents des compagnies aériennes qui ont vu leurs missions et leur rôle évoluer dans le cadre du contrôle des entrées, ainsi que dans le réacheminement du voyageur qui n'aurait pas été admis sur le territoire d'arrivée. L'ANAFE associe le rôle que remplissent les agents de la *Royal Air Maroc* à une mission de police des étrangers (2015 : 73). Ces agents n'en ont pourtant ni le statut ni les attributions[308]. L'évolution et les relations susceptibles de découler de ces missions portées par des acteurs non institutionnels soulignent la dimension contingente et contextuelle de l'asymétrie institutionnelle (Dupret, 2006b : 126). L'intervention de nouveaux acteurs qui ne relèvent pas de l'administration proprement dite, mais remplissent des fonctions auparavant dévolues aux guichets des administrations, a accompagné le développement d'un ensemble de dispositifs de filtrages mis en place dans le cadre de la politique de migration d'États européens et de son traitement en matière de politique de sécurité (Bigo, 1998).

L'intervention du juge : en marge, aux côtés ou pour encadrer le travail de l'administration ?

Qu'il s'agisse de l'entrée sur le territoire, des procédures de demande d'obtention ou de renouvellement de titre de séjour de droit commun (loi n° 02-03), de reconduite à la frontière ou de maintien dans des locaux ne relevant pas de l'administration pénitentiaire (article 34 de la loi n° 02-03), des acteurs de l'institution judiciaire (président du TPI ou juge administratif) sont chargés d'intervenir en parallèle ou en contrôle des procédures mises en place

---

[308] Si ces pratiques de contrôle par les agents des compagnies aériennes découlent de la responsabilité qui incombe légalement aux compagnies de transport de réacheminer « sans délai » à son point de départ l'étranger dont l'entrée sur le territoire est refusée (art.37 de la loi n° 02-03), ces compagnies ont pris les devants en contrôlant en amont de l'embarquement les conditions d'entrée de l'étranger dans le pays d'arrivée. Cela renvoie davantage à des contraintes organisationnelles, de rentabilité économique et de gestion des ressources, qu'à des instructions découlant du droit positif.

par les acteurs de l'administration. Le président du tribunal de première instance est notamment chargé de statuer sur les mesures de surveillance et de contrôle nécessaires au départ de l'étranger maintenu « dans des locaux ne relevant pas de l'administration pénitentiaire »[309] ou assigné à résidence.

L'intervention du juge du tribunal administratif, institution qui soulève un certain nombre d'attentes quant au contrôle des pratiques de l'administration (cf. chapitre 3), n'est pas sans intérêt[310]. Les décisions rendues concernant des contestations de sanctions administratives au séjour irrégulier ne sont encore qu'occasionnelles, du fait notamment des difficultés à saisir cette juridiction[311] et des moyens limités dont disposent la plupart des personnes concernées par ces décisions. Dans la décision, rendue en 2009, relative à la contestation de l'éloignement des quatorze Africains arrêtés à Casablanca en 2008, le juge administratif a rejeté le recours formulé pour non-démonstration des cas d'éloignement et du fait que la demande n'ait pas été formulée contre le responsable ayant effectivement donné l'ordre de l'éloignement. Par là même, le juge prend une décision qui lui semble pertinente dans son environnement. Tout en rejetant le recours, il lui donne une validité et une pertinence. Il désigne le procureur du Roi comme donneur d'ordre, ce qui peut soutenir d'autres séquences de procédures judiciaires. Le 17 octobre 2012, le tribunal administratif de Rabat a prononcé un verdict contre l'État marocain concernant des étrangers expulsés du territoire en mars 2010 (cf. chapitre 5). Nous ne bénéficions ici pas d'une vision d'ensemble des jugements du TA relatif à des contestations de décisions de l'administration en matière de séjour ou d'éloignement. Il ne semble cependant pas se dégager une continuité ou une homogénéité des décisions du TA. Soulignons à ce titre que le juge du TA est a priori plus distant du parquet dans son travail quotidien, dans l'organisation des procédures, mais également physiquement, que le juge du TPI. Ce dernier doit régulièrement statuer concernant des inculpations pour séjour irrégulier. C'est également ce qui émerge de différentes situations suivies auprès du tribunal familial (cf. chapitre 7) qui implique de traiter d'affaires qui peuvent être déconnectées du séjour de l'étranger concerné. Si le juge des affaires familiales peut prendre ses distances quant à la dimension irrégulière du séjour, cela n'empêche pas cette dimension d'intervenir par

[309] Article 34 : « Peut être maintenu, s'il y a nécessité absolue, par décision écrite et motivée de l'administration, dans des locaux ne relevant pas de l'administration pénitentiaire, pendant le temps strictement nécessaire à son départ, l'étranger qui : 1 — n'est pas en mesure de déférer immédiatement à la décision lui refusant l'autorisation d'entrer sur le territoire marocain ; 2 — faisant l'objet d'une décision d'expulsion, ne peut quitter immédiatement le territoire marocain ; 3 — devant être reconduit à la frontière et qui ne peut quitter immédiatement le territoire marocain ».

[310] D'autres institutions, comme il en est du Médiateur du Royaume qui intervient depuis 2011 dans un rôle de médiation entre l'administration et l'usager, mériteraient également une attention particulière.

[311] Ces difficultés découlent notamment des modalités de mise en œuvre de la procédure par l'administration et de l'absence de notification des décisions prises par l'administration.

ailleurs dans la procédure. Que l'étranger concerné le soit en tant que justiciable, parents ou personne partie à la procédure, son séjour irrégulier peut être introduit dans la procédure par un rapport transmis par les services sociaux, un refus d'accès à un dispositif public, un positionnement du procureur ou être en soi l'un des motifs ayant orienté la procédure vers une intervention du juge de la famille (difficultés d'enregistrement à l'état civil, impossibilité de procéder à un mariage, non reconnaissance de filiation, etc.).

Comme présenté en amont, le juge du tribunal de première instance intervient, dans les décisions qu'il m'a été donné de suivre, à la marge des sanctions administratives prises à l'encontre de l'étranger inculpé pour séjour irrégulier. Si une condamnation pour séjour irrégulier n'est pas anodine et peut avoir des incidences, découlant notamment de l'inscription de la condamnation sur le casier judiciaire de l'intéressé, les sanctions prises par le juge dans ce type d'affaires peuvent être qualifiées de clémentes, au regard notamment des peines de prison ou amende que la loi n°02-03 prévoit. Comme indiqué dans le chapitre 5, ces sanctions peuvent aussi être interprétées à l'aune des sanctions administratives auxquelles l'étranger concerné peut être soumis par ailleurs, comme il en est des éloignements pratiqués à l'encontre de ressortissants d'Afrique de l'Ouest et centrale dans le cadre de la lutte contre la migration irrégulière (cf. chapitre 4). Les décisions prises dans la série de jugements émanant en 2008 du TPI de Meknès, qui concernent des ressortissants d'une diversité de pays, ne sont cependant pas plus sévères. Cela soutient le fait que le juge du TPI ne cherche de toutes les manières pas à sanctionner sévèrement le séjour irrégulier, quelle que soit la sanction administrative susceptible d'être prise à l'encontre de l'étranger. Il semble en effet peu probable que tous les étrangers jugés pour séjour irrégulier à Meknès aient fait l'objet de mesures d'éloignement. Comme nous l'avons souligné (chapitre 4), celles-ci ne sont d'ailleurs pas mises en œuvre à l'encontre de toutes les catégories nationales d'étrangers.

Les acteurs des différentes institutions judiciaires marocaines n'agissent pas avec les mêmes mandats, dans les mêmes domaines du droit et dans les mêmes contextes. Cela implique des modalités différentes de prise en compte des caractéristiques des usagers, justiciables ou inculpés concernés. Si ont été essentiellement envisagées ici les pratiques d'acteurs de l'administration et de la justice marocaine, il semble important de se pencher également sur les mandats et les activités liées à la catégorie « autorité consulaire » évoquée dans différents chapitres de cet ouvrage.

Autorités consulaires : marges d'intervention pour l'encadrement et la protection des ressortissants

Les membres de la catégorie « autorités consulaires » interviennent au Maroc sous l'égide d'un État étranger. Cette dimension a déjà été en partie traitée dans le cadre de cet ouvrage (chapitre 3 et 7), autour du mandat formel et des dispositions du droit positif, de la législation marocaine et du pays d'origine, prévoyant l'intervention des autorités de l'État d'origine au travers des autorités consulaires. Comme souligné dans le chapitre 7, la plupart des ambassades étrangères au Maroc posent le séjour régulier comme critère pour l'enregistrement de leur ressortissant sur les listes consulaires, lui-même posé comme condition à l'accès à la plupart des services fournis par les autorités consulaires[312]. Un certain nombre d'étrangers au Maroc ne sont pas enregistrés sur les registres consulaires. Des dispositions du droit marocain prévoient l'accomplissement de certaines missions consulaires, comme il en est de la communication du ressortissant avec ses autorités consulaires en cas de refus d'entrée, d'inculpation, d'incarcération ou de décision de reconduite à la frontière[313]. Les autorités consulaires sont aussi mandatées pour la protection des personnes vulnérables, notamment les mineurs, la défense des intérêts de l'État d'origine et de ses ressortissants, et pour l'accomplissement de certains actes notariés ou d'état civil (cf. chapitre 7), dans la mesure où ils ne contreviennent pas aux lois et règlements de l'État de résidence (cf. chapitre 3). L'implication des autorités consulaires des différentes représentations diplomatiques au Maroc est très variable et peut évoluer selon les catégorisations opérées du ressortissant concerné, le type d'affaires, le contexte politique de l'intervention, les moyens alors disponibles pour intervenir, les capacités d'action et les instructions reçues de leur hiérarchie. Apparaissent alors différentes catégories de membres de la catégorie nationale et une distribution différentielle de droits et devoirs associés à chacune d'entres elle, comme il en est de la catégorie « ressortissant inscrit sur les registres de l'ambassade », « ressortissant non inscrit, mais vulnérable » ou « ressortissant bénéficiant aussi de la nationalité du pays d'accueil »[314]. Les conflits de compétences intervenant lorsque deux législations nationales différentes sont en jeu font l'objet d'une large littérature dans le champ du droit international privé et ne seront pas traités ici. Les ressortissants bénéficiant de la nationalité marocaine, les binationaux, constituent généralement une limite à l'intervention des ambassades. La plupart des

[312] Les textes établissant les fonctions consulaires ne font pas de distinctions entre ressortissants ou selon le statut administratif du ressortissant dans le pays d'accueil. Les réticences des autorités consulaires à intervenir lorsque le ressortissant est en séjour irrégulier sur le territoire impliquent régulièrement le refus de tout service et assistance (cf. chapitre 7). Certains acteurs associatifs ou de « la communauté » interviennent alors parfois pour négocier et tenter d'obtenir l'intervention de l'ambassade.

[313] Il existe des entraves pratiques à ce droit de communiquer, relevant des difficultés à informer ses représentants consulaires et des réticences des représentants consulaires à s'impliquer sur certains dossiers.

[314] D'autres catégories interviennent relevant de systèmes catégoriels d'appartenance renvoyant à l'âge, à la vulnérabilité (« femme enceinte », « mineur ») ou à des caractéristiques socioprofessionnelles (« étudiant », « commerçant », « volontaire international » ou « travailleur » par exemple).

ambassades étrangères au Maroc ne célèbrent par exemple pas (ou plus) de mariages impliquant un ressortissant marocain (notamment détenteur d'une autre nationalité). Elles retranscrivent alors sous leur législation nationale des mariages célébrés en premier lieu sous la législation marocaine[315]. Des difficultés relatives à l'enregistrement des enfants à l'état civil et à l'établissement de la filiation se posent également de manière récurrente aux consulats étrangers au Maroc[316]. La décision de reconnaitre un enfant comme étant un ressortissant ou de formaliser sa filiation dans un certain nombre de situations d'irrégularité s'avère contingente et contextuelle, comme il en a été de l'examen de la demande de reconnaissance de paternité de Quentin (chapitre 7). L'importance du nombre de ressortissants dans le pays d'accueil, le poids politique et économique de ces ressortissants résidants à l'étranger et l'importance prise par la thématique de la protection des ressortissants à l'étranger pour certains pays contribuent à l'évolution des mandats et du pouvoir d'intervention donné aux missions consulaires ou représentations diplomatiques[317]. Le travail des acteurs des représentations diplomatiques et

---

[315] Pour les couples dont l'un des conjoints a la nationalité marocaine, cela implique l'obligation que ce mariage soit reconnu par les autorités marocaines (célébration ou retranscription) en cas de séjour (même court) sur le territoire marocain. C'est ainsi que des couples impliquant un conjoint marocain ont été interpellés par les autorités marocaines pour l'irrégularité de leur mariage formalisé sous une autre législation. Celui que nous appellerons Mehdi, Franco-marocain et marié à une ressortissante française sous la législation française, a été contacté par les services de l'ambassade de France, relayant une interpellation des autorités marocaines considérant que le couple vivait au Maroc dans une relation extraconjugale. Le couple s'est en effet installé au Maroc avec ses deux enfants, après avoir contracté mariage en France, et a d'abord vécu ainsi au Maroc de manière non problématique. S'il est possible de retranscrire le mariage français auprès des autorités consulaires marocaines en France ou du tribunal au Maroc, le couple ne peut vivre maritalement au Maroc sans cette retranscription, sous peine de tomber sous le coup de l'article 490 du Code pénal qui prévoit que « sont punies de l'emprisonnement d'un mois à un an, toutes personnes de sexe différent qui, n'étant pas unies par les liens du mariage, ont entre elles des relations sexuelles ». Il faudra près d'un an de procédure devant le juge marocain pour qu'une reconnaissance de leur mariage soit établie a posteriori sous la législation marocaine.

[316] Du fait de difficultés à identifier formellement certaines personnes comme étant leur ressortissant, du séjour irrégulier de ressortissants sur le territoire ou de l'absence de l'acte de mariage attestant du lien marital entre ceux qui se déclarent « père » et « mère ».

[317] Les Français à l'étranger par exemple bénéficient d'un maillage d'acteurs mandatés pour protéger leurs droits et leurs intérêts. Au Maroc, outre les associations comme ADFE – FDM (Association démocratique des Français de l'étranger - Français du monde) ou l'Union des Français de l'étranger (UFE), qui s'inscrivent dans un réseau international, des structures plus locales soutiennent la vie quotidienne (conseils, culture, assistance, intégration économique, etc.) des Français. Des conseillers consulaires, élus de proximités, interviennent également auprès des consulats et ambassades de la France au Maroc et participent à l'élection de 12 sénateurs des Français de l'étranger qui interviennent en parallèle des 11 députés des Français de l'étranger. Des dynamiques similaires existent pour des ressortissants d'autres États (cf. chapitre 3), comme il en par exemple de l'association des ressortissants sénégalais au Maroc (ARSEREM) ou d'initiatives institutionnelles portées notamment par les ministères des ressortissants à l'étranger qui existent au Maroc (ministère des MRE, devenu MCMREAM), au Mali (ministère des Maliens de l'extérieur et de l'intégration africaine) ou en Côte d'Ivoire

consulaires intègre un ensemble de règles, de contraintes et de routines dans lesquelles interviennent les directives du pays d'origine, les contraintes d'évolution de carrière institutionnelle, les ressources et moyens matériels disponibles pour pouvoir fonctionner[318] et les modalités de compréhension et d'appréhension du contexte national. Les risques que l'action du diplomate ou de la diplomatie soit sanctionnée directement ou indirectement (par une coopération réduite des autorités du pays d'accueil ou des restrictions à la marge de manœuvre accordée), apparaissent clairement dans les précautions prises par certaines ambassades dans leurs interventions. Ces précautions peuvent cependant aussi renvoyer à une anticipation démesurée de certaines réactions que provoquerait leur intervention, à un manque de volonté d'investissement sur une question de protection de ressortissants ou au souci de privilégier d'autres interventions (dans d'autres domaines, sur d'autres questions de protection ou pour d'autres catégories de ressortissants). Les ambassades et services consulaires dépendent le plus souvent du ministère des Affaires étrangères. Entre missions consulaires, encadrement des ressortissants séjournant sur le territoire (cf. chapitre 7), postures diplomatiques visant à préserver ou à défendre les intérêts de l'État d'attache et souci de ne pas interférer dans les politiques menées par les autorités de l'État d'accueil, un ensemble de négociations et de réajustements sont à l'œuvre quant au poids à donner aux missions consulaires vis-à-vis des ressortissants et aux relations à entretenir dans ce cadre avec les autorités marocaines ou d'autres acteurs, notamment associatifs.

Ces différents acteurs n'interviennent pas dans un environnement isolé. Non seulement des acteurs non professionnels interviennent dans le champ professionnel, mais les acteurs intervenant dans les institutions ne sont pas déconnectés du monde qui les entoure.

2. De la paire professionnel/profane

La paire relationnelle standardisée « professionnel »/« profane » renvoie à un ensemble de catégories associées à des droits, des obligations, des savoirs ou des compétences qui ne peuvent être envisagées que de manière contextuelle. Des prérogatives associées à certains professionnels sont

(ministère de l'Intégration africaine et des Ivoiriens de l'extérieur) notamment, ainsi que de structures comme le Conseil de la communauté marocaine à l'étranger (CCME) au Maroc.

[318] Certaines ambassades disposent de services consulaires distincts, comme il en est de la France ou du Sénégal, alors que ces services consulaires sont intégrés pour d'autres au sein de l'activité générale de l'ambassade et ne sont parfois assumés que par un fonctionnaire. Des services consulaires « classiques » ne sont pas proposés par certaines ambassades, comme il en est de l'inscription au registre de l'état civil. Certaines représentations diplomatiques et consulaires ne sont pas présentent au Maroc. Elles sont alors parfois partiellement prises en charge ou assumées par d'autres ambassades ou par des représentants ou consuls honoraires, comme il en est par exemple des Philippines au Maroc.

amenées à évoluer, comme le montre le rôle pris par les agents de compagnies aériennes dans le contrôle à l'accès au territoire. Par ailleurs, les acteurs institutionnels mobilisent dans leurs pratiques professionnelles, les ressources dont ils disposent en vertu de leur position de membres ordinaires, culturellement et linguistiquement compétents de la société. Les procédures judiciaires et administratives voient l'intervention d'acteurs qui ne sont associés ni aux mêmes catégories, ni aux mêmes statuts, ni aux mêmes caractéristiques en termes de compétences et de savoirs professionnels. Comme le souligne Dupret, « ce qui, dès lors, distingue encore le profane du professionnel tient davantage au contexte de leurs performances respectives, à leur appartenance à des "communautés" différentes engagées dans des "pragmatiques" différentes » (2006b : 129).

Le profane, extérieur à l'institution, est souvent placé dans une position d'asymétrie contextuelle qui le situe comme demandeur. Des interactions avec les professionnels de ces institutions peuvent alors faciliter l'accès à l'institution et à des responsables de l'administration, comme il en a été de mon accès en tant qu'accompagnante au président du TPI ou au substitut du procureur dans la procédure présentée dans le chapitre 7. L'univers partagé n'est alors pas seulement celui de l'enceinte institutionnelle. Un ensemble de ressources culturelles et communicationnelles communes sont disponibles et susceptibles d'être mobilisées dans les interactions institutionnelles. Le « savoir profane se fonde le plus souvent sur des éléments de savoir technique et, inversement, le savoir professionnel comporte un substrat profane important » (Dupret, 2006b : 131). Sans être membres d'une institution, nous disposons de compétences, d'une familiarité avec l'environnement institutionnel, ses acteurs, des bribes de connaissances qui peuvent limiter l'asymétrie existante entre professionnel et profane dans l'institution. Cela renvoie à l'intersubjectivité du monde social telle qu'appréhendée par Schütz (1953), qui est rendue possible par le principe de réciprocité des perspectives. L'acquisition des schèmes standards d'interaction institutionnelle, les choix lexicaux et les postures à adopter de manière située sont autant de ressources d'action fondamentales dans la compréhension pratique et contextuelle des mécanismes propres aux institutions. Les acteurs associatifs au Maroc remplissent un certain nombre de fonctions (cf. chapitre 3) et se substituent régulièrement à l'action des institutions publiques (accompagnement administratif, accès à la scolarisation par exemple) ou de professionnels du droit (conseil juridique ou rédaction de recours). Parallèlement, des sollicitations grandissantes sont adressées aux acteurs de la société civile par les gouvernants et un ensemble d'organismes internationaux. Cela a permis à ces acteurs d'acquérir une certaine légitimité, au travers d'interventions dans le cadre de procédures administratives et juridiques, de l'expertise technique acquise et de la connaissance de leur domaine d'intervention. L'expertise de ces professionnels leur permet d'intervenir en parallèle des professionnels de l'administration, régulièrement en s'y substituant, « là où les non-spécialistes sont dépourvus de légitimité et de certaines ressources cognitives indispensables à l'argumentation » (Champy & Israel, 2009 : 9). Les collaborations et expériences partagées entre certains professionnels d'institutions, d'organisations et d'associations soutiennent une meilleure connaissance réciproque. Des associations ont également été ainsi placées dans un rôle d'intermédiaire à l'accès à certains programmes et procédures (accès aux soins pour les étrangers en séjour irrégulier, prédétermination de la qualité de demandeur d'asile ou accueil dans le cadre de la procédure de régularisation exceptionnelle).

Les interventions de ces professionnels associatifs dans des activités institutionnelles peuvent être mal perçues, considérées comme intrusives. C'est ce à quoi renvoie la désapprobation exprimée par le commissaire de police lorsque j'arrive au commissariat central après avoir participé à l'interrogatoire du couple de Nigérians (chapitre 6). Il demande dans un premier temps à ce que je m'en aille, invectivant les policiers présents. Pour ce qui est de la présence d'un tiers accompagnateur familier de l'univers bureaucratique d'une préfecture en France, Spire souligne ainsi qu'« alors que la présence de ces tiers devrait être considérée comme un moyen de faciliter la relation d'interaction, ils sont unanimement qualifiés d'"emmerdeurs" » (2007 : 15). Les collaborations qui peuvent être sollicitées par certains professionnels de l'administration peuvent être rejetées par d'autres, ce qui n'empêche pas qu'une diversité d'acteurs, privés ou publics, professionnels ou profanes, intervienne, ponctuellement ou plus régulièrement, dans des procédures judiciaires ou en soutien aux démarches administratives. Il peut s'agir par exemple d'un agent de sécurité qui participe à la procédure d'obtention de l'autorisation de mariage pour les couples binationaux en les accompagnant du tribunal au commissariat de police[319] et à qui est confié le dossier du couple, de « simples citoyens » mobilisés pour assumer un rôle d'interprète dans le cadre d'interrogatoires de police (cf. chapitre 4, 5, 6 & 7) ou soutenant la rédaction de recours ou de courriers officiels[320] pour des justiciables ne sachant pas écrire ou ne maîtrisant pas l'arabe, de ressortissants mandatés par les ambassades (sans y être rattachés) pour établir un lien avec d'autres ressortissants concernés par des opérations d'interpellation policières ou de relais d'ONG prenant en charge des personnes détenues ou libérées de détention sur sollicitation d'acteurs institutionnels. À des degrés variables de compétences et de responsabilité, les professionnels associatifs sont amenés à remplir des fonctions d'assistance sociale, constituer des dossiers pour les

[319] Le développement, ces dernières années, de la sous-traitance des services de gardiennage et de sécurité à des sociétés privées par de nombreuses administrations au Maroc ont positionné les agents de ces sociétés privées comme premiers accueillants des usagers et, dans de nombreuses situations qu'il m'a été donné de constater, amenés à formuler des conseils ou à orienter les usagers.

[320] Comme il en a été de la demande de reconnaissance de paternité de Quentin (chapitre 7).

personnes qu'ils assistent, préparer les arguments de plaidoyer d'avocats, élaborer des notes ou rapports sur des questions techniques qui alimenteront la connaissance de différents acteurs sur des domaines précis, etc. Ils n'en restent pas moins extérieurs à l'institution et peuvent être maintenus dans une asymétrie associée notamment à « la difficulté voire l'impossibilité, pour des non-professionnels, de parler à parité avec les professionnels, d'agir comme eux par le biais de leurs institutions ou dans leur exercice spécifique, ou encore de se voir reconnaître la même autorité par des interlocuteurs extérieurs » (Champy & Israel, 2009 : 10). Il n'est généralement pas dans leur objectif de se substituer aux professionnels de l'institution ou aux professionnels du droit bénéficiant de prérogatives spécifiques. Leur action s'intègre au contraire généralement dans la volonté d'une implication et d'un soutien aux capacités d'intervention des professionnels du droit et des institutions, pour accompagner la mise en œuvre de l'action publique, l'avancée vers l'État de droit et un meilleur accès aux droits. Cela n'est pas sans impliquer des jugements moraux sur les modalités d'action et les défaillances constatées au sein des administrations. Les acteurs institutionnels associent régulièrement les associations de défense des droits à des acteurs contestataires, presque par essence. Il n'est ainsi pas opportun d'évoquer « la défense des droits » ou « des droits des étrangers » pour accéder aisément à la plupart des administrations, comme il est préférable de se présenter comme travaillant pour une « organisation » plutôt que pour une « association ». La notion d'organisation reste en effet plus vague et susceptible de renvoyer à une organisation supranationale. Par ailleurs, ces acteurs associatifs, susceptibles de bénéficier de compétences partagées avec les professionnels, interviennent aussi régulièrement hors des cadres officiels de contrôle de la compétence, dans un contexte où un certain nombre de missions d'accompagnement et d'accès aux droits leur sont confiées.

Soulignons également le fait que depuis plusieurs années, en particulier sous le prisme du renforcement des capacités des acteurs et programmes institutionnels, soutenu par des coopérations étrangères (UE, coopérations européennes ou organisations internationales en particulier), des personnes, marocaines ou étrangères, interviennent comme experts au sein de cabinets de consulting ou comme consultants individuels, sur différentes dimensions des politiques publiques. Ces experts procèdent à l'évaluation de dispositifs publics ou de programmes particuliers, proposent des réformes et sont parfois à la base de la construction de plans d'action mis en œuvre par les institutions. Ces programmes sont formellement élaborés en concertation avec les acteurs institutionnels et non institutionnels, deviennent, pour certains, centraux dans les politiques publiques. C'est le cas par exemple de la stratégie nationale d'immigration et d'asile (SNIA), au travers de l'intervention des experts du cabinet *Capital consulting*.

II. Les catégorisations de l'étranger en contexte institutionnel

Une diversité de catégories mobilisées en contexte institutionnel a été présentée tout au long de ce travail de manière située. La dernière partie de ce chapitre consistera en un retour sur certaines catégorisations couramment mobilisées en contexte institutionnel, aux caractéristiques associées à certaines catégories d'étrangers et susceptibles d'intervenir sur les droits et obligations de leurs membres. Il s'agira de souligner leur maintien pour certaines, leur évolution pour d'autres, en lien avec l'évolution du contexte marocain relatif à la migration, de la mise en œuvre des droits des étrangers, l'avancée (ou le retard) de certaines réformes, ainsi qu'avec les attributs associés à telle ou telle catégorie de personnes ou d'étrangers.

A. Retour sur certaines catégorisations de l'étranger en contexte institutionnel

1. Catégorisations et catégorisations de l'étranger

Les catégories administratives se réfèrent le plus souvent aux mécanismes de typification qui mobilisent l'appartenance nationale (Sacks, 1974), socioprofessionnelle, la situation conjugale ou des critères de vulnérabilité. Certains systèmes catégoriels d'appartenance renvoient alors directement à des droits ou à des obligations. Associer quelqu'un à la catégorie de « réfugié », « étudiant », « travailleur », « visiteur » ou « conjoint.e de Marocain.e » détermine aussi un type de procédure, découlant de la loi n° 02-03, dans laquelle la personne est censée s'intégrer ou être intégrée. Cela intervient également sur l'association à d'autres caractéristiques, légales ou pas, faisant référence à la loi n° 02-03, mais également à des référentiels en vigueur, qui ne sont pas toujours liés au droit positif. Face à une personne et à une situation qui se présente à lui, l'acteur de l'administration (policier, agent de préfecture ou juge notamment) effectue une première opération de catégorisation découlant des éléments qui lui sont soumis et de sa connaissance des procédures à mettre en œuvre dans ce type de situations ou face à tel type de personnes (cf. supra).

Pour définir les « cas » auxquels il a affaire et mobiliser la règle qu'il considère comme adéquate dans son environnement, l'agent administratif, comme le juge, réalise une démarche de qualification (Weller, 2003 : 448). Ce travail de qualification doit être perçu au travers des catégorisations opérées, comme il en est de celles de « femme », « victime », « enfant », « migrant », « témoin », « passeur » ou de « transit ». Il convient de considérer « les orientations propres des participants, leurs catégorisations et les compréhensions qu'ils manifestent» (Maynard, 1984 : 19). Les catégorisations et qualifications juridiques opérées au travers des écrits des acteurs institutionnels réalisent un travail pratique d'anticipation de l'usage futur qui pourra être fait des documents et de leur orientation, qui transparaît du caractère intertextuel des documents de procédure, allant par exemple de l'élaboration des procès-verbaux de police aux références qui en sont faites dans la décision du juge (cf. chapitre 5).

Dans une diversité de procédures, l'étranger est catégorisé selon son origine nationale ou régionale. La procédure d'accès à l'emploi, par exemple, distingue les ressortissants originaires du Sénégal, de Tunisie ou d'Algérie, dispensés de l'autorisation délivrée par l'ANAPEC et de la procédure de préférence nationale des ressortissants originaires d'autres pays. Si les ressortissants français ne bénéficient pas de cette dispense de l'attestation ANAPEC, les conventions bilatérales signées entre le Maroc et la France leur accordent des avantages en termes d'accès à l'emploi qui peuvent justifier que leur nationalité soit identifiée, comme il en est pour l'accès à un titre de séjour longue durée.

D'autres caractéristiques peuvent distinguer l'étranger, selon sa situation familiale, sa religion ou ses diplômes. Différentes rubriques doivent être renseignées dans le formulaire du demandeur de titre de séjour, comme il en est de la situation familiale, des diplômes ou de la religion. Il s'agit d'informations qui peuvent renseigner les autorités de la sûreté nationale sur le profil du demandeur. Faut-il les envisager comme des éléments servant de critères à la délivrance de titres de séjour, au travers du contrôle de la véracité des informations transmises ou de précisions sur le profil de l'étranger demandeur, susceptibles d'impacter la demande de titre de séjour ? Il en est ainsi de la mention de la situation familiale, que certains hésitent à renseigner, par crainte des réticences des autorités marocaines en annonçant que bien qu'arrivés seuls sur le territoire, femmes et enfants sont restés au pays, mais sont susceptibles de les rejoindre un jour. D'autres demandeurs de titres de séjour les envisagent comme des éléments susceptibles de préparer l'accès à d'autres procédures ultérieures, comme il en est du regroupement familial. Indiquer que des membres de la famille sont établis à l'étranger pourrait alors permettre d'en informer les autorités marocaines en amont et de simplifier la procédure au moment venu.

Il en est également ainsi de la rubrique correspondant à l'appartenance religieuse, intégrée dans le formulaire du demandeur de titre de séjour. Cette caractéristique peut en effet paraître injustifiée dans le cadre d'une demande de titre de séjour. Une amie française, renouvelant son titre de séjour et n'ayant pas rempli cette rubrique lors de sa première demande de titre de séjour, a jugé important de le faire dans le cadre du renouvellement de son titre de séjour. En couple avec un marocain, celle-ci a préféré signifier qu'elle était chrétienne, anticipant par là même une éventuelle procédure d'autorisation de mariage à venir, impliquant une enquête de la police et conditionnée par le fait qu'elle appartienne aux Gens du Livre (cf. chapitre 9).

Les catégorisations en contexte institutionnel soutiennent la mise en œuvre des procédures par les administrations concernées. Elles sont également mobilisées pour l'élaboration des données permettant de retracer le recours des administrés aux différentes administrations ou à des procédures particulières. Les recensements de la population les mobilisent pour établir plus largement des données sur les populations présentes au Maroc à un moment donné.

Ces catégorisations sont elles-mêmes susceptibles d'évoluer. C'est le cas des catégories mobilisées par le HCP dans le cadre des recensements de la population entre 2004 et 2014 (chapitre 3). Les données du HCP permettent, sur la base d'un calcul simple, de déterminer l'origine régionale des étrangers recensés. Cette démarche soutient une meilleure comparaison des données de 2004 et de 2014 qui n'est pas rendue directement accessible au lecteur des notes du HCP.

En décembre 2017, le HCP met en avant la présence de 40 % d'étrangers européens et de 41,6 % d'Africains. Les « Maghrébins » et les « ressortissants d'Afrique (essentiellement subsahariens) » ont été intégrés, en 2014, dans la catégorie « Africains », alors même qu'ils étaient distincts dans le RGPH de 2004. L'évolution de ces catégories n'est pas anodine et amène logiquement à la conclusion que « la majorité des étrangers qui résident au Maroc sont originaires de pays africains »[321], ce qui n'était pas le cas en 2004, si l'on se réfère aux catégories utilisées par le HCP. Comme souligné précédemment, il n'est pas évident que le lecteur revienne aux données et catégories utilisées dans le RGPH 2004, ni même qu'il intègre alors spontanément les « Maghrébins » et les « ressortissants d'Afrique (essentiellement subsahariens) » dans la catégorie plus large des « Africains », qui n'apparaît pas en tant que telle en 2004.

Par ailleurs, les données du RGPH de 2014 ont été rendues accessibles en 2015. La ventilation par origine nationale et régionale des étrangers recensés n'a été rendue publique qu'en 2017, à l'occasion de la journée internationale des migrants[322], laissant libre cours à l'imagination et à l'interprétation sur la composition de la population étrangère, entre 2015 et 2017. Pendant cette période, différents discours et actualités ont impacté les représentations des migrations au Maroc, comme il en est des discours entourant les opérations de régularisation de 2014 et de 2017, ainsi que de la SNIA, qui désignaient régulièrement les subsahariens comme étant les bénéficiaires principaux de ces mesures, s'installant de plus en plus sur le territoire marocain, passé ainsi de pays de transit à pays d'immigration (cf. chapitre 10).

---

[321] Laila Zerrour, « Plus de 84.000 étrangers résident au Maroc », *aujourd'hui.ma*, 20 décembre 2017.

[322] HCP, « Note d'information du Haut-Commissariat au Plan à l'occasion de la journée internationale des migrants », 18 décembre 2017.

Le recours à certaines catégories, leur évolution et celle des caractéristiques qui y sont associées ne sont pas anodins, en l'occurrence ici pour une institution marocaine chargée de produire des données chiffrées sur la population au Maroc et une série de dimensions de la vie sociale et économique.

L'élargissement de la catégorie d'« Africain », pour englober les « Maghrébins », soutient les orientations politiques du Maroc et alimente le discours sur l'immigration grandissante des Africains au Maroc. Ces arguments sont également susceptibles de servir les négociations et coopérations du Maroc, vers le continent africain[323], mais également vers l'UE et ses États membres. Soulignons par ailleurs que les régularisés, en particulier ceux ayant bénéficié de l'opération de 2017, n'ont pas tous étaient recensés dans le RGPH 2014, certains n'étant pas sur le territoire au moment du recensement.

Les catégories ne sont pas figées et sont amenées à évoluer. L'intégration des Maghrébins dans la catégorie des Africains peut également renvoyer à un souci de ne plus distinguer les deux catégories, soutenant de fait l'africanité des Maghrébins et donc des Marocains. D'autres catégories ont évolué dans le cadre du RGPH de 2014, comme il en est de la catégorie des étrangers « issus du Moyen-Orient » qui, tout en ayant doublé entre 2004 et 2014, s'intègrent dans la catégorie des « ressortissants des pays d'Asie », auparavant membres d'une catégorie distincte, celle des « autres pays d'Asie, d'Amérique ». L'évolution de cette catégorie, tend notamment à rendre moins visible l'augmentation du nombre de ressortissants du Moyen-Orient au Maroc qui, comme nous l'avons souligné, ne sont pas que Syriens[324].

Les catégories mobilisées en contexte institutionnel évoluent également en lien avec les modalités par lesquelles les individus sont envisagés dans les dispositifs publics, découlant d'une évolution de la législation. Il en est ainsi de la catégorie d'« enfants de Marocaines » devenus marocains en 2004, ou de l'évolution de caractéristiques et de droits associés à une catégorie, comme celles du « régularisé » ou du « réfugié », sur lesquelles nous reviendrons dans la suite de ce chapitre.

[323] Par le biais de l'UA, la CEDEAO, mais aussi des relations bilatérales avec certains États africains, en soulignant l'importance de la présence de ressortissants africains sur le territoire et les efforts fournis par le Royaume pour faciliter leur intégration.

[324] Selon les données du HCP, les ressortissants du Moyen-Orient représentent 11,5% des étrangers recensés en 2004, soit 5 915 personnes (HCP, 2009). En 2014, 10 773 ressortissants du Moyen- Orient sont recensés, dont 5 208 Syriens (6,2 %) et 5 565 ressortissants d'autres pays du Moyen-Orient (HCP, 2017). En 2004, la communauté du Moyen-Orient recensée au Maroc est représentée en particulier par des ressortissants de la Syrie, de l'Egypte, de l'Irak, du Liban, de la Jordanie et de la Palestine (HCP, 2009 :20).

2. Normalité, référence aux dispositions juridiques et moralité : des droits contingents ?

Dans différentes opérations de catégorisation explicitées de manière située, les membres de la catégorie des migrants subsahariens sont associés à des activités déviantes (réseaux de passeur, trafic de drogue, traite des êtres humains, « bandits », etc.) ou qui dérangent (mendicité, enfant hors mariage), à une illégitimité, à l'image du mauvais migrant ou du pauvre et du vulnérable, ce qui apparaît non seulement dans des propos publics d'acteurs institutionnels, qui mobilisent alors largement leur sens commun, des catégorisations qui émergent de manière intertextuelle des documents de procédures, de l'orientation donnée à certaines mesures répressives (contrôle d'identité, refoulements) ou programmes publics qui tendent à ériger le migrant subsaharien en problème ou contrainte particulière. Comme le souligne Jayyusi, « les personnes prennent les catégorisations au sérieux : ce ne sont pas de simples descriptions qui s'évanouissent une fois le moment de leur usage passé, ou après avoir été employée méthodiquement pour effectuer une tâche narrative ou descriptive (constative) : elles ont des effets pratiques » (2010 : 13). Si les inférences négatives peuvent contribuer à justifier des opérations répressives[325], qui ne sont pas toujours en accord avec les dispositions du droit positif, cela oriente parfois également certains acteurs vers une empathie qui peut s'exprimer par un *mssakine* (les pauvres), par la prise en compte exprimée (comme dans certains jugements) de la condition sociale de l'intéressé ou un engagement particulier « parce qu'il faut les aider » susceptible d'orienter la mise en œuvre de certaines procédures. Cela ne veut pas dire que les acteurs administratifs et judiciaires n'associent pas les membres des autres catégories d'étrangers au séjour irrégulier ou qu'ils associent tous les membres de la catégorie « Subsahariens » ou « Africain » aux caractéristiques du séjour irrégulier. Comme nous l'avons montré, des étrangers de catégories nationales diverses font l'objet d'inculpation pour séjour irrégulier et tous ceux catégorisés comme « Subsahariens » ou « Africains » ne font pas l'objet de mesures d'éloignement[326].

Certaines qualifications véhiculent des inférences morales et renvoient à des catégorisations qui, si elles peuvent paraître imprécises, acquièrent un sens

[325] Comme il en est régulièrement de la lutte contre les réseaux de passeurs et de traite des êtres humains pour justifier d'interpellations ou du démantèlement de campements (cf. chapitre 4).

[326] Si des personnes originaires d'Afrique de l'Ouest et centrale « en séjour régulier » ont fait l'objet de contrôles de papiers, d'arrestations et parfois d'éloignements, ces situations sont peu courantes. Pourtant, des descentes de police ont été organisées et orientées vers cette catégorie d'étrangers dans le cadre d'opérations de contrôles d'identité. Pour illustration, en octobre 2012, les « Noirs étrangers » habitants un quartier de Salé ont été sortis de leurs logements pour un contrôle d'identité collectifs qui s'est déroulé à l'extérieur des domiciles, sous le regard des voisins.

défini de manière contextuelle et intelligible dans le sens commun. C'est au travers de leur indexicalité, du contexte de leur formulation, que l'intelligibilité de certaines catégorisations est rendue accessible. L'insistance des policiers à l'égard du couple nigérian interrogé quant à l'effectivité de leur mariage fait écho à des référentiels moraux. Si ceux-ci ne sont pas nécessairement associés à la pénalisation des relations sexuelles hors mariage au Maroc[327], dont le caractère déviant concerne formellement les Marocains ou les musulmans, les interrogations sur l'effectivité du mariage pourraient faire référence à des activités de traite des personnes ou de trafic auxquelles sont couramment associés les Nigérians au Maroc (chapitre 6).

Nous ne reviendrons pas ici sur les pratiques découlant de la compréhension que l'acteur institutionnel a des droits attachés à une personne. Cette dimension a été largement développée tout au long de ce travail. À un acteur associatif qui dénonçait le refoulement d'un enfant avec sa mère, invoquant que le mineur est protégé par la loi de ces pratiques d'éloignement, un policier répond qu'effectivement le mineur est légalement protégé, mais que la mère ne l'étant pas (sauf si enceinte), la convention de protection de l'enfance interdit de séparer un enfant de sa mère. Cette réponse marque sa connaissance du droit. Elle souligne également la préférence donnée (éventuellement ironiquement) aux dispositions de cette convention internationale relativement à celles de la loi n° 02-03, mais également celle d'exécuter la décision d'éloignement pour la mère et pour l'enfant, plutôt que de devoir y sursoir pour les deux, au motif de la présence du mineur. Nous ne connaissons pas les contraintes auxquelles est soumis ce policier. Force est cependant de constater que la mobilisation des dispositions de la loi apparaît régulièrement comme variable et semble étroitement contextuelle et situationnelle, comme il en est de la catégorie de « personnes vulnérables » ou de « personnes protégées contre les refoulements », au sujet de laquelle nous avons souligné l'évolution (chapitre 4). Différents déterminants peuvent intervenir, comme il peut en être de la référence à des contingences institutionnelles, contextuelles ou morales. Il peut alors s'agir de la prise en compte de la vulnérabilité de la personne, de la protection accordée aux ressortissants de certains États, de l'image qui leur est associée, du pouvoir attribué à leurs représentants ou d'un souci de traitement réciproque de « nos ressortissants » résidant dans leur pays. Il peut également s'agir de la nécessité de « ne pas faire de vagues » ou de « nettoyer la zone » à l'occasion d'un événement ou d'une visite particulière, comme celle par exemple d'un rapporteur des Nations Unies pour les droits de l'Homme ou d'un responsable sécuritaire espagnol.

Comme cela transparaît de l'analyse des jugements opérée dans ce travail, le droit positif constitue un repère vers lequel s'orientent les acteurs, mobilisé

[327] L'article 490 du Code pénal sanctionne les relations sexuelles en dehors des liens du mariage.

en fonction de l'arrière-plan de compréhension qu'ils ont de leur activité et du type de situation qu'ils traitent, de l'autorité donnée aux textes ou à certaines dispositions et de leur pertinence pratique dans un contexte donné, étroitement lié aux contraintes organisationnelles qui se posent à eux. Comme dans l'affaire de Quentin (chapitre 6) qui a bénéficié de la reconnaissance de sa paternité naturelle et de la remise de son enfant, sans que son statut de *makfoul*[328] ne soit remis en question, le travail de qualification juridique permet d'adapter une situation complexe à une décision jugée juste et adéquate. La qualification juridique est donc étroitement liée au raisonnement ordinaire des acteurs et à l'orientation qu'ils veulent donner à leurs actions. Dans la situation de Quentin, la qualification juridique opère par une fiction juridique (Weller, 2007) en faveur du père dans sa demande de reconnaissance de filiation. Dans d'autres situations relatives à des décisions de refus de renouvellement de titre de séjour ou d'expulsion, la qualification juridique se réfère à des notions comme l'atteinte à la sûreté de l'État ou la menace à l'ordre public qui situent la compétence des services de la sûreté au cœur de la procédure.

B. Étrangers, risque migratoire et séjour irrégulier

1. Étrangers et risque migratoire

Depuis les années 1990, les autorités marocaines associent régulièrement « séjour irrégulier » et « transit vers l'Europe » à la catégorie « Africains » ou « Subsahariens » dans le cadre de leurs actions de lutte contre la migration irrégulière, comme cela apparaît dans les documents de procédure notamment de l'affaire des quatorze Africains interpellés à Casablanca en 2008 (chapitre 4) ou des cinq réfugiés jugés en 2009 (chapitre 5). L'association entre « Subsahariens » et « séjour irrégulier » se retrouve largement dans la compréhension de sens commun (cf. chapitre 9), dans les programmes publics et associatifs mis en place, ainsi que dans les déclarations et énoncés publics (cf. chapitres 10 & 11). C'est ce qu'illustrent notamment le discours tenu devant la chambre des représentants en 2003 (chapitre 3 et annexe n°3) et, de manière flagrante, ceux entourant l'opération exceptionnelle de régularisation et la stratégie nationale d'immigration et d'asile (cf. chapitre 10). En rendant particulièrement visibles certaines opérations et sanctions administratives d'éloignement prises à l'encontre des « Subsahariens en séjour irrégulier », les discours qui les accompagnent établissent des liens avec certaines caractéristiques et une normalité quant à des pratiques répressives prises à leur encontre. Bloqués au Maroc du fait des difficultés à rejoindre le territoire européen, ces « Subsahariens en transit » feraient passer le Maroc de pays d'émigration et de transit à pays d'immigration par défaut. Ces catégories

[328] *Makfoul* signifie sous régime de *kafala*, c'est-à-dire de tutelle. Cf. chapitre 7.

posent comme problème le phénomène de la migration, alors associé aux Subsahariens. Les modalités par lesquelles la sanction prise à l'encontre des « migrants subsahariens en séjour irrégulier » apparaît comme normale n'est pas, comme l'a relevé Sudnow (1965 : 261), à envisager dans la gravité du délit ou dans sa particularité par rapport aux dispositions du droit positif, mais davantage dans ses caractéristiques socialement pertinentes, en tant que « préjudice normal ». La catégorie du « migrant » mobilise un ensemble d'inférences et d'imputations catégorielles à analyser à l'aune des modalités par lesquelles la migration irrégulière est socialement constituée au Maroc, les modalités de son traitement routinier et les caractéristiques typiques associées au migrant irrégulier, comme il en est du transit vers l'Europe.

Cette catégorisation a un impact situé dans différents domaines, comme il en est de l'entrée sur le territoire où ont notamment étaient distingués, ces dernières années, les ressortissants porteurs d'un « risque migratoire », sur la base notamment de leurs origines nationales. Les membres des catégories nationales « Français » et « Sénégalais » par exemple bénéficient, selon le droit positif, des mêmes dispositions en matière d'entrée sur le territoire et de dispense de visa pour un séjour de 90 jours. Le Sénégalais est néanmoins couramment associé aux catégories de « migrant » et de « migrant subsaharien ». Il n'est pas rare que les membres de cette catégorie nationale se voient refuser l'embarquement ou l'entrée sur le territoire, comme cela s'est produit régulièrement depuis la fin des années 1990 (Pian, 2005). L'infraction associée à cette notion de « risque migratoire » étant anticipée et se basant sur un jugement prospectif d'évaluation des actions futures que l'étranger serait amené à accomplir, la distinction entre « porteur de risque migratoire » ou pas ne peut être comprise que dans le contexte non seulement de la lutte contre la migration irrégulière, mais également dans les mesures visant à restreindre le transit des « migrants » vers l'Europe. L'incongruité de sens commun de désigner un « Européen » comme potentiel « migrant irrégulier » au Maroc, viendrait ici s'adjoindre à celle de lui inférer une « volonté de se rendre irrégulièrement en Europe ». Des ressortissants sénégalais transitent par le Maroc pour rejoindre l'Europe. D'autres effectuent des allers-retours entre leur pays d'origine et le Maroc pour réactiver leur séjour autorisé sur le territoire. D'autres y séjournent régulièrement, en s'intégrant aux dispositions prévues par la loi. D'autres enfin se maintiennent irrégulièrement sur le territoire à la suite de leur période de séjour autorisé. Un certain nombre de ressortissants sénégalais ont fait l'objet d'éloignements ou de déplacements forcés à l'intérieur du territoire, s'insérant dans les mesures mises en œuvre par les autorités marocaines dans le cadre de la lutte contre la migration irrégulière.

Interviennent alors dans ces typifications, non seulement l'origine nationale, les séjours antérieurs et autorisés au Maroc, les motifs du voyage, mais aussi les garanties fournies en termes de position sociale ou de ressources économiques. Des enjeux liés au tourisme, aux échanges économiques, aux relations entre le Maroc et d'autres pays, et au statut de certains ressortissants étrangers au Maroc interviennent également dans les catégorisations opérées. Des instructions vis-à-vis de catégories d'étrangers particulières soutiennent parfois l'orientation des acteurs vers une plus grande souplesse ou rigueur dans le contrôle.

2. L'étranger désiré/désirable et l'étranger indésiré/indésirable

La convention internationale sur la protection des droits de tous les travailleurs migrants et des membres de leur famille considère, en son article 5, que les travailleurs migrants et les membres de leur famille sont « considérés comme pourvus de documents ou en situation régulière s'ils sont autorisés à entrer, séjourner et exercer une activité rémunérée dans l'État d'emploi conformément à la législation dudit État et aux accords internationaux auxquels cet État est partie ». Pourtant, le séjour sous un autre statut que celui occupé effectivement et le travail irrégulier sont bien moins associés, dans le sens commun comme dans les pratiques administratives et de lutte contre la migration irrégulière, au « séjour irrégulier ». C'est ce qu'illustrent le ciblage sur les populations d'Afrique de l'Ouest et centrale, pour ce qui est des opérations de refoulement et de déplacements internes menés jusqu'en 2018 (chapitre 4), ou le communiqué du ministère de l'Intérieur invitant, en juin 2013, les Européens ayant dépassé les trois mois de séjour accordés aux touristes à régulariser leur situation (chapitre 8).

Il est intéressant de revenir, pour les analyser, sur les catégorisations issues du rapport d'état des lieux et diagnostic, établi par *Capital Consulting* et le ministère des Marocains résidants à l'étranger et des Affaires de migration, dans le cadre de l'élaboration de la SNIA. Dans ce document, ceux qualifiés de « visiteurs séjournant légalement sans titre de travail »[329] appartiennent à la catégorie des étrangers « dispensés de visa d'entrée ». Si ceux-ci sont associés à des « Européens qui viennent s'installer au Maroc sans titres de séjour, au titre de visites touristiques ou d'affaires » (Capital Consulting, 2014 : 39), la catégorie des « dispensés de visa pour entrer au Maroc » ne concerne pas que les Européens, mais des ressortissants d'un certain nombre d'États, européens et africains en particulier.

[329]Cette catégorie correspond, selon Capital Consulting, à « une autre migration, moins médiatisée, mais non moins signifiante par ses conséquences » qui consiste en « la présence de plus en plus nombreuse d'Européens qui viennent s'installer au Maroc sans titre de séjour, au titre de visites touristiques ou d'affaires » (Capital Consulting, 2014 : 39). Parallèlement, le document évoque la catégorie des « réfugiés et demandeurs d'asile » (point 4).

La catégorie de « visiteur », qui renvoie ici à des Européens dispensés de visa d'entrée[330], implique le séjour régulier pendant une durée de 90 jours. Formellement, la catégorie « visiteur séjournant légalement au Maroc sans titre de travail » n'a pas le droit de travailler et comme nous l'avons explicité au chapitre 8, les membres de la catégorie « Européen » font partie des catégories d'étrangers soumis à la procédure de demande d'autorisation de travail, sauf à faire aussi partie d'une autre catégorie administrative dispensée de cette procédure (« conjoint.e de Marocain.e » ou « réfugié » par exemple). Les membres de la catégorie « Sénégalais » en sont quant à eux dispensés (cf. chapitre 8). Ainsi, si le droit positif attribue des facilités légales pour l'accès au territoire et à l'emploi des membres de la catégorie « Sénégalais », dans la paire disjonctive « Sénégalais »/« Français », les ressortissants sénégalais se voient conventionnellement imputer des prédicats catégoriels qui renvoient non seulement au risque d'un maintien irrégulier sur le territoire, à une volonté de transit vers l'Europe, mais également à des compétences professionnelles ou à un apport économique qui sont moins couramment valorisés que ceux communément attribués a priori aux ressortissants européens. Cela ne sous-entend pas que les ressortissants européens ne rencontrent pas également des difficultés pour obtenir un contrat de travail ou un titre de séjour.

Les agents de l'inspection du travail se préoccupent peu du travail irrégulier des étrangers et le code du travail ne prévoit qu'une amende légère[331] pour l'employeur qui emploie un salarié étranger sans autorisation de travail[332]. Les réactions exprimées à différentes reprises concernant ces étrangers qui travaillent sans autorisation de travail et sans titre de séjour restent ponctuelles et timides.

A contrario, des étrangers membres de catégories bénéficiant légalement de dispenses d'autorisation de travail exercent un emploi sans bénéficier de contrat de travail (cf. chapitre 8). C'est le cas notamment de certains des Sénégalais dont le séjour a été temporairement régularisé dans le cadre des deux opérations exceptionnelles de régularisation de 2014 et 2017. Les conséquences de la disjonction entre une catégorie d'appartenance formelle et une catégorie que la personne occupe effectivement et réellement, ou la disjonction entre les caractéristiques de la personne et la catégorie auxquelles elle est rattachée formellement ont, le plus souvent, des incidences sur les droits auxquels cette personne peut accéder, comme il en est par exemple de

[330] Tous les ressortissants de pays de l'UE sont dispensés de visa d'entrée au Maroc pour un séjour de 90 jours.

[331] De 2000 à 5000 dirhams, selon l'article 521 du Code du travail.

[332] L'article 40 de la loi n° 02-03 dispose que « (...) Lorsqu'un étranger est autorisé à séjourner au Maroc, sous couvert d'un titre de voyage revêtu d'un visa requis pour les séjours n'excédant pas trois mois, ce visa peut être annulé si l'étranger exerce au Maroc une activité lucrative, sans avoir été régulièrement autorisé, ou s'il existe des indices concordants permettant de présumer que l'intéressé est venu au Maroc pour s'y établir, ou si son comportement trouble l'ordre public ».

celui qui exerce une activité professionnelle salariée sous couvert de la catégorie formelle de « stagiaire ». Ces travailleurs sénégalais, détenteurs du droit de travailler sans autorisation de travail, n'ont pas pu régulariser leur séjour à ce titre pour différentes raisons[333]. En intégrant la catégorie de « régularisés », ils bénéficient de conditions facilitées de régularisation, du moins de manière temporaire, et n'ont pas besoin de fournir un contrat de travail. Les « régularisés » ne savent pour l'instant pas comment évolueront les droits qui leur sont actuellement accordés, visant à soutenir leur intégration dans la société marocaine. En pratique cependant, les conditions de délivrance et de renouvellement des titres de séjour semblent s'être durcies depuis 2013, par l'exigence quasi généralisée notamment d'un contrat de bail.

Évoquer le séjour irrégulier d'autres catégories d'étrangers que les « Subsahariens », éventuellement les « réfugiés syriens » ou les « domestiques philippines », constitue une sorte d'incongruité qui renvoie au sens de la normalité mobilisé et communément admis[334]. Les énoncés renvoyant à une catégorie de « migrants français » par exemple, qui constitue pourtant manifestement la population migrante ou étrangère la plus présente au Maroc, de manière régulière et probablement irrégulière, apparaissent comme disruptifs, contredisant le postulat ordinaire qui entoure la migration et les migrants au Maroc. Pollner traite de la « raison mondaine » (1987) et des postulats sur l'objectivité et l'intersubjectivité de la réalité sociale quotidienne. Il identifie dans les pratiques qui la constituent des idéalisations qui « fonctionnent comme des contraintes que le corpus des déterminations mondaines - les comptes-rendus, affirmations et expériences - de la réalité doivent satisfaire si elles veulent être tenues pour intelligibles et rationnelles » (Pollner, 1987 : 27). C'est ce qu'illustre l'affirmation énoncée en amont (cf. chapitre 8) indiquant que « la présence irrégulière la plus visible est celle des subsahariens », tout en faisant suite à la présentation des données de l'inspection du travail indiquant que « les Chinois et les Français demeurent les plus nombreux » à travailler « au noir » (Khachani, 2010 : 6)[335] Quand bien même la réalité de la présence d'Européens en séjour irrégulier est admise, celle-ci n'est que difficilement associée à un phénomène de « migration irrégulière » et ne semble que peu poser problème.

---

[333] Absence de contrat de travail, absence de contrat de bail, entrée irrégulière sur le territoire, etc.

[334] Dupret souligne, en reprenant la réflexion de Pollner (1987), que : « Toutes ces présuppositions sur la nature déterminée, non contradictoire, identique à elle-même et cohérente du monde se situent au-delà de toute possibilité d'invalidation. Si des observations contradictoires de la réalité se présentent, ce ne sont dès lors pas ces présuppositions qui seront mises en cause, mais la nature des observations et la compétence des observateurs. Ainsi, l'on dira que ce que les observateurs ont vu est exact, mais correspond à deux moments différents de la réalité ; ou encore, l'on dira que l'un des observateurs n'a pas pu voir ce qu'il prétend avoir vu parce que les conditions d'une vision exacte n'étaient pas réunies » (2006b : 66).

[335] Rapport de l'OIT, « Maroc : Migration, marché du travail et développement », 2010.

Les étrangers qui séjournent irrégulièrement sous couvert de séjours renouvelés autorisés de 90 jours, pour les dispensés de visas d'entrée, ont été très peu concernés par ces deux opérations, comme il en est des programmes d'action mis en place dans le cadre de la stratégie nationale d'immigration et d'asile (SNIA). Comme souligné en amont, ils remplissent alors les critères de l'« irrégularité administrative », mais ne sont, institutionnellement et communément, pas intégrés dans la catégorie des « migrants irréguliers ». Pour les concernés qui l'ont tenté, ils n'ont pas eu accès à ces régularisations. Leur séjour était considéré comme toujours régulier pendant la durée de 90 jours de séjour autorisés et leur éventuel statut parallèle n'était pas pris en considération, quand bien même celui-ci les situe dans l'irrégularité administrative. Une partie de ces personnes exerce une activité professionnelle au Maroc sans y être autorisée (sous statut de « touriste » ou « visiteur » en particulier). Le séjour irrégulier sous un statut qui ne correspond pas à l'effectivité du séjour fait en effet l'objet de sanctions administratives et pénales bien moindres, en pratique, dans les dispositions prévues par la loi n° 02-03 et le Code du travail notamment.

La diversité des origines nationales des étrangers en séjour irrégulier, ayant dépassé la durée de leur séjour autorisé, est pourtant visible au travers de celle des personnes ayant bénéficié de l'opération exceptionnelle de régularisation de 2014. En effet, si celle-ci a concerné d'abord des ressortissants d'Afrique de l'Ouest et centrale ou des Syriens, des étrangers de 116 nationalités ont bénéficié de cette opération. Cela a révélé l'irrégularité administrative et vis-à-vis du séjour de ressortissants de diverses nationalités (Irakiens, Bengalais, Américains, Vénézuéliens, Chinois, français, etc.), mais également de membres de catégories nationales dont la présence est visible au Maroc, comme il en est des Philippins (en particulier des femmes). Les étrangers qui ont formulé une demande de régularisation dans le cadre de l'opération de régularisation menée en 2017 semblent originaires grosso modo des mêmes zones géographiques[336].

Le fait que tous les étrangers en séjour irrégulier ne fassent pas l'objet de mesures d'éloignement (cf. chapitre 4) n'empêche pas que l'administration et la justice interviennent régulièrement pour sanctionner ou souligner l'irrégularité du statut d'un ressortissant européen, nord-américain ou d'une origine non « africaine ». Des refus de renouvellement de titre de séjour, au motif d'un contrat de travail non visé par le ministère de l'Emploi et de l'absence d'autorisation de travail, ou une présentation devant le procureur pour dépassement du délai de séjour autorisé, se posent pour ces catégories d'étrangers. Les décisions de justice analysées dans le chapitre 5 concernent ainsi des étrangers d'une diversité d'origine nationale (Syriens, Français, Congolais ou Saoudiens), inculpés dans le cadre de « la lutte contre

[336] Au moment de l'élaboration de cet ouvrage, les données et résultats officiels de l'opération de régularisation n'ont pas encore été rendus publics.

l'immigration clandestine et la résidence illégale au Maroc ». Certains ne percevaient d'ailleurs pas leur séjour comme irrégulier, comme l'illustrent les propos rapportés dans le procès-verbal du ressortissant français jugé le 8/10/2008 à Meknès qui admet ignorer la loi qui organise la condition des étrangers au Maroc (cf. chapitre 5). La catégorie d'action « sanctions pénales au séjour irrégulier » est donc associée à la catégorie « étranger en séjour irrégulier », sans être exclusive à une catégorie d'étranger, en termes notamment d'origine nationale ou régionale. Si le traitement accordé par l'administration souligne régulièrement leur déviance, ils ne font cependant alors pas l'objet d'éloignements du territoire pour ce seul motif (cf. chapitre 4). Comme évoqué en amont, les sanctions pénales prises par le juge ne sont par ailleurs généralement pas sévères, au regard des dispositions prévues par la loi n° 02-03. Les personnes sont alors le plus souvent condamnées à une légère amende et à de la prison avec sursis. Cette condamnation peut cependant impacter les possibilités pour l'étranger concerné de revenir sur le territoire marocain ou de régulariser ultérieurement son séjour. Il ne m'a cependant jamais été donné de constater du refus d'entrée ou de régularisation du séjour d'un étranger condamné uniquement pour un motif de séjour irrégulier.

Par contre, l'évolution des modalités de mise en œuvre de certaines procédures révèle une certaine évolution des modalités par lesquelles ces catégories d'étrangers peuvent être appréhendées. L'administration chargée de l'attribution des titres de séjour semble ainsi faire preuve de moins de souplesse quant aux conditions de régularisation. Comme souligné en amont, les situations d'étrangers ne parvenant plus à renouveler leur titre de séjour selon les modalités antérieures de leur délivrance semblent être plus courantes. Il ne s'agit alors pas de personnes dont la situation a changé, mais de personnes qui se voient appliquer une procédure plus contraignante. Si des conditions supplémentaires ont pu être appliquées à certaines procédures (visa correspondant au titre de séjour demandé, contrat de bail comme unique justificatif de domiciliation admis, etc.), il s'agit également de l'application plus rigoureuse de certaines procédures à des personnes qui, jusque là, bénéficiaient de souplesse dans la mise en œuvre de la procédure ou d'un traitement de faveur. Ce traitement n'a le plus souvent pas été sollicité par les personnes concernées, mais découle des caractéristiques identifiées par l'administration (nationalité, employeur, etc.). C'est ce qui explique leur surprise lorsqu'à l'occasion du renouvellement de leur titre de séjour, il leur est demandé par exemple de fournir leur contrat de travail visé par le ministère de l'Emploi. Cette exigence a engendré la prise de conscience d'un certain nombre d'étrangers, notamment européens, de leur irrégularité administrative ou de celle dans laquelle leurs employeurs les ont placés. Ce qui pourrait révéler une régularisation de procédures, qui s'appliqueraient de manière plus homogène pour les différentes catégories d'étrangers, ne peut être appréhendé sans une évaluation plus globale des modalités d'accueil et de traitement des étrangers dans le cadre des différentes procédures à mener en amont de la régularisation (autorisation de travail, de mariage, demande de visa ou entrée sur le territoire), permettant d'identifier les étrangers dont la présence est perçue de manière positive par les acteurs de ces administrations, dans toute leur hétérogénéité comme dans les orientations qu'ils reçoivent de leurs institutions.

2. « Régularisé », « régulier », « irrégulier » : des catégorisations en mouvement et étroitement contextuelles

Les opérations de régularisation exceptionnelles des étrangers en séjour irrégulier sur le territoire, menées en 2014 et 2017, ont permis à certains étrangers, membres de la catégorie « étranger irrégulier » ou « réfugié irrégulier », d'intégrer la catégorie des « régularisés ». Il s'agit alors de la validation administrative d'une décision autorisant des personnes en séjour irrégulier qui en ont formulé la demande à séjourner sur le territoire, à partir de critères de régularisation assouplis par rapport aux dispositions de droit commun (loi n° 02-03). Les étrangers auparavant « en séjour irrégulier » intégrés dans la catégorie des « régularisés » sont principalement membres des catégories « migrants subsahariens » et « réfugiés syriens », bien que ces opérations aient concerné des étrangers d'une diversité de nationalités[337], dans des proportions variables.

Les opérations de régularisation exceptionnelles mises en œuvre ont accentué la distinction opérée entre étranger « régulier », « régularisé » et « irrégulier ». Les migrants « irréguliers », ne s'étant pas intégrés dans le cadre de l'opération de régularisation (parce que ne répondant pas aux critères, ne souhaitant pas ou ne se sentant pas concernés), ont rapidement été considérés comme ne souhaitant pas s'intégrer au Maroc. Les « irréguliers » originaires d'Afrique de l'ouest et centrale qui se trouvaient dans les zones nord du Royaume ont fait l'objet, jusque début 2019 du moins, de mesures répressives d'éloignements. Certains ressortissants de ces régions en séjour régulier ou régularisés ont également subi ces mesures, suspectés de vouloir émigrer irrégulièrement en Europe du fait de leur présence dans le nord du Maroc. Il n'en est pourtant pas ainsi de tous les étrangers en « situation administrative irrégulière ».

---

[337] Au 31 décembre 2014, date officielle de fin de l'opération de régularisation, les résultats annoncés par le ministère de l'Intérieur sont de près de 18 000 étrangers en situation irrégulière (sur 27 332 demandes), ressortissants issus de 116 nationalités, à leur tête les Sénégalais (6 600), suivis des Syriens (5 250), des Nigérians (2 380) et des Ivoiriens (2 281) (MAP, 09/02/2015).

Par ailleurs, la catégorie du régularisé s'émancipe de celle du régulier. Être régularisé permet l'accès à des mesures dédiées à cette catégorie d'étrangers, en séjour régulier au bénéfice de l'une des deux opérations exceptionnelles de régularisation. Il en est ainsi des programmes d'intégration prévu par la SNIA, de la dispense d'autorisation de travail accordée aux régularisés ou de la délivrance de titre de séjour, au renouvellement, d'une durée de 3 ans. Cette dernière mesure a parfois créé des distorsions entre bénéficiaire des dérogations de la SNIA et bénéficiaire de droits découlant de la loi n° 02-03, comme l'illustrent les difficultés d'accès à une carte de résidence longue durée pour des étrangers réguliers ayant le droit (conjoint.e de Marocain.e par exemple) ou la possibilité (selon les catégories juridiques) d'y accéder, face à des régularisés qui, tout en ayant été auparavant en séjour irrégulier, bénéficient d'un titre de séjour de 3 ans.

Dans le même sens, si l'accès aux procédures d'accompagnement à l'emploi, mises en œuvre par l'ANAPEC ont été ouvertes aux « régularisés » et aux réfugiés reconnus par les autorités marocaines, elles n'ont pas été ouvertes aux étrangers en séjour régulier sur le territoire, quand bien même les articles 43 et 45 de la convention sur les droits de tous les travailleurs migrants et membres de leurs familles prévoient que les travailleurs migrants et les membres de leurs familles bénéficient de l'égalité de traitement avec les ressortissants de l'État d'emploi, en ce qui concerne l'accès aux services d'orientation professionnelle (et de placement pour les travailleurs migrants) ; l'accès aux institutions et services de formation professionnelle, sous réserve que les conditions pour y participer soient remplies, ainsi qu'aux services de recyclage pour les travailleurs migrants.

C. La catégorie de réfugié et ses évolutions

Les catégories issues de la catégorie de « réfugié » au Maroc sont particulièrement intéressantes à analyser, en lien avec les droits qui leur sont associés et leurs évolutions contextuelles. La catégorie « réfugié » appartient au système catégoriel légal des « personnes protégées contre les éloignements » (« mineur », « femme enceinte » ou « réfugié »). Différentes caractéristiques sont couramment associées aux membres de la catégorie de « réfugié », renvoyant à des notions de légitimité et de crédibilité de la demande de protection, découlant d'une normativité juridique ou morale. A contrario, la référence au « faux réfugié » associe le « réfugié » à un potentiel « migrant économique »[338] et, régulièrement au Maroc, à une volonté de transit vers l'Europe ou à une menace pour la sécurité nationale.

[338] Le fonctionnement en paire catégorielle disjonctive, opposant réfugiés « économiques » et « politiques », se retrouve dans la procédure de détermination du statut de réfugié mise en place notamment par l'UNHCR au Maroc et l'orientation des questions posées. Il est sous-jacent dans l'ensemble des procédures d'examen des demandes d'asile (concernant l'OFPRA

À partir de 2005, l'enregistrement de personnes comme demandeurs d'asile et la reconnaissance de réfugiés par l'UNHCR a d'abord associé, dans les pratiques administratives, cette catégorie de « réfugié » à celle d'« étrangers en séjour irrégulier » en matière de droits accordés par les autorités marocaines, concernant notamment l'accès à l'emploi, à la protection contre les refoulements (cf. chapitre 4), à l'état civil ou à l'école. Progressivement a été instituée une catégorie de « réfugiés protégés ». Ces « réfugiés reconnus par l'UNHCR » ont pu accéder à certains services d'assistance accordés par l'UNHCR et à une protection par les autorités marocaines contre les refoulements. Cette protection n'a cependant pas été systématique, impliquant des interventions régulières de l'UNHCR et d'ONG contre des mesures d'éloignements prises à l'encontre de « réfugiés » et « demandeurs d'asile ». C'est ce que révèle également l'inculpation pour « séjour irrégulier » des cinq réfugiés interpellés en 2009 (qui l'ont été aussi pour d'autres motifs) présentée dans le chapitre 5. Par ailleurs, non seulement les réfugiés et demandeurs d'asile interpellés dans certaines zones – essentiellement proches des frontières nord du Maroc - se sont vu refuser cette protection[339], mais certains demandeurs d'asile ont été intégrés à une catégorie transitoire, celle des « demandeurs d'asile préenregistrés » (cf. chapitre 4), qui ne bénéficient pas des droits découlant formellement de la catégorie des demandeurs d'asile. Soulignons que la convention de Genève relative au statut de réfugiés (1951) ne parle pas de demandeurs d'asile. Les « demandeurs d'asile » sont formellement les personnes intégrées dans une démarche de reconnaissance de leur statut de « réfugié ». L'UNHCR était alors réticente à intervenir en cas de mesures de refoulement prises par les autorités marocaines à l'encontre de ces « demandeurs d'asile préenregistrés ». Cette catégorie du « demandeur d'asile préenregistré », instaurée par l'UNHCR, correspond à la catégorie précédant celle du « demandeur d'asile ». Elle est justifiée par l'institution onusienne, non seulement par des contraintes organisationnelles et de gestion des dossiers, relatifs aux délais de traitement des demandes et à la possibilité d'entendre le demandeur dans le cadre d'un premier entretien avant de lui accorder une attestation de demandeur d'asile, mais également par des dimensions politiques, le souci de limiter le nombre de demandeurs d'asile placés sous sa protection et de ne pas dévaloriser ce statut faisant

en France, voir AKOKA, 2011 ou Valluy, 2006) et véhiculé dans le vocabulaire utilisé par certaines organisations internationales, au travers de notions comme celle de « flux » ou de « migration mixte ».

339 La présence dans ces zones frontalières, les renvoyant à la suspicion d'être de faux réfugiés cherchant à rejoindre l'Europe, limite les droits attachés à la catégorie formelle de « réfugié ». L'UNHCR donnait d'ailleurs comme instructions à « ses » réfugiés et demandeurs d'asile de ne pas se rendre dans le nord du Maroc. La légitimité d'un réfugié associée à un confinement géographique ou, du moins, au fait qu'il ne se rende pas dans certaines zones, en particulier frontalières, se retrouve dans le rapport du CCDH relatif aux événements de Ceuta et Melilla qui affirme ainsi que « théoriquement, le demandeur d'asile ne doit pas s'éloigner du HCR et doit rester dans les environs du siège ou de la représentation du HCR » (2007 : 36).

régulièrement l'objet de suspicion et d'imputations de fraude à la procédure d'asile par les autorités marocaines. Le passage de la catégorie de « demandeurs d'asile préenregistrés » à celle de « demandeurs d'asile » protégés dépend d'éléments qui ne relèvent pas de caractéristiques associées aux membres de ces catégories,[340] mais de contraintes institutionnelles propres à l'UNHCR, liées en particulier au temps d'attente avant de bénéficier d'un entretien. C'est en effet le premier entretien de détermination du statut de réfugié[341] qui permet l'accès au statut de demandeur d'asile, qui précède l'examen de la demande d'asile et l'accès éventuel au statut de réfugié de l'UNHCR.

Aujourd'hui, outre ces catégories de « réfugiés », émergent de nouvelles catégories constituées notamment à la suite de l'impulsion de la NPIA. La reconnaissance du statut de certains réfugiés par les autorités marocaines a institué une catégorie de « réfugié reconnu par les autorités marocaines » qui bénéficie d'un titre de séjour de réfugié marocain, de l'accès au travail sans passer par une autorisation de travail de l'ANAPEC, comme le prévoient par ailleurs les textes relatifs à l'emploi des étrangers depuis 2005, ainsi qu'aux programmes de la SNIA. Tous les droits découlant formellement de l'accès au statut de « réfugié » ne leur sont cependant pas accordés (document de voyage, droit au regroupement familial, etc.). Parallèlement, un certain nombre de réfugiés ne bénéficient pas de cette reconnaissance, soit parce que n'ayant pas pu bénéficier d'une audition par la commission ad hoc de régularisation des réfugiés, soit parce qu'auditionnés, leur statut de réfugié de l'UNHCR n'a pas été reconnu par les autorités marocaines. C'est le cas en particulier des réfugiés d'origine syrienne ou yéménite. Depuis le début du conflit en Syrie, les Syriens qui demandent l'asile à l'UNHCR sont considérés réfugiés prima facie. Cette reconnaissance correspond à un statut accordé à titre collectif pour les ressortissants de certains États. Certains Syriens ont été régularisés en passant par l'opération de régularisation de 2014. Ils ne sont pourtant alors formellement pas intégrés à la catégorie administrative de « réfugié » et ne bénéficient pas d'une carte de réfugié délivrée par les autorités marocaines. Il en est également ainsi des personnes reconnues « réfugiées » par l'UNHCR qui n'ont pas été auditionnées par la commission ad hoc de régularisation des réfugiés. À la suite de l'impulsion de la nouvelle politique d'immigration et d'asile, l'UNHCR qualifie l'ensemble des demandeurs d'asile et réfugiés placés sous son mandat de « personnes en besoin de protection internationale », dans le souci notamment de ne pas faire de distinction entre les différentes catégories de réfugiés placés sous sa protection. Pourtant, les droits accordés aux réfugiés varient selon l'étape de leur reconnaissance par

---

340 Certains demandeurs d'asile catégorisés comme vulnérables bénéficiant de procédures adaptées et d'une détermination accélérée de leur statut.

341 Selon la capacité de l'agence onusienne à traiter les nouvelles demandes d'asile, cet entretien pouvait avoir lieu plus de deux mois après l'enregistrement du demandeur d'asile.

l'UNHCR et l'état de leur reconnaissance par les autorités marocaines. Le projet de loi sur l'asile constitue l'une des mesures de la stratégie nationale d'immigration et d'asile. Son adoption est attendue depuis 2014 et pourrait intervenir en élaborant de nouvelles catégories de réfugiés, placées sous des systèmes de protection et répondant à des profils de réfugiés différents.

L'évolution des catégorisations mobilisées pour les « réfugiés » ou les « réguliers » est étroitement liée à l'impulsion de la nouvelle politique d'immigration et d'asile. Cela a soutenu un décalage et des procédures différenciées entre réfugiés, ainsi qu'entre « réguliers » et « régularisés ». Les documents présentant la SNIA parlent pourtant uniquement de « réfugiés », de « demandeurs d'asile », d'« étrangers » et de « migrants ».

CONCLUSION DU CHAPITRE

Dans ce chapitre, nous avions le souci de mettre en lumière certaines catégorisations de l'« étranger » ou du « migrant » en contexte institutionnel. Ces catégorisations, qui ne peuvent être considérées que de manière située, sont en constante évolution et ne peuvent être généralisées. Cela n'empêche pas que des régularités ou des « airs de famille » émergent, révélant l'impact de contraintes institutionnelles, des routines, des mandats et des rôles attribués aux acteurs en contexte institutionnel qui tendent à une certaine stabilité. Par ailleurs, envisager les pratiques catégorielles en contexte institutionnel implique nécessairement de tenir compte de caractéristiques découlant de la compréhension de sens commun du professionnel ou de l'intervenant en contexte institutionnel qui, comme nous l'avons souligné à plusieurs reprises, n'est pas nécessairement un professionnel de ces institutions.

Les autorités marocaines ont fait l'objet de nombreuses critiques ces dernières années pour leur gestion de la migration irrégulière et leur répression contre les « migrants subsahariens en séjour irrégulier ». Un ensemble de pratiques que nous avons examinées sont en disjonction avec les dispositions de la loi n° 02-03. Pourtant, il serait erroné d'avancer que le droit positif n'apparaît pas comme référence dans de nombreuses circonstances. Comme nous l'avons démontré, savoir si les professionnels appliquent le droit positif est d'un intérêt limité dans la compréhension des pratiques du droit. L'absence de délivrance d'une notification de refus d'entrée, d'éloignement, l'orientation vers un type de personnes pour le contrôle du séjour régulier ou la non-délivrance d'une carte de résidence à certaines catégories de conjoint.e.s de Marocain.e.s, comme le prévoit la loi n° 02-03, ne découlent pas de l'ignorance, ni de l'idiotie des acteurs ni ne seraient simplement basées sur un préjugé racial. Cette position de surplomb nous ferait passer à côté du phénomène des pratiques du droit, de l'intentionnalité qui transparaît de ces pratiques, des catégorisations qui interviennent et de leurs effets, ainsi que des modalités par lesquelles les gens « très largement, agissent et parlent dans et de leur monde en connaissance de cause et, ce faisant, le décrivent et s'orientent intersubjectivement vers cette description, sa pertinence, son intercompréhension » (Dupret, 2006b : 10).

Les dispositifs publics évoluent, soutenant une évolution des pratiques catégorielles. Comme l'illustre la SNIA, l'annonce d'une nouvelle politique migratoire n'implique pas nécessairement le changement radical des catégorisations employées par ceux en charge de l'élaboration du dispositif public ou de sa mise en œuvre. Si la SNIA a permis, dans une certaine mesure, de faire sortir certains étrangers en séjour irrégulier de leur irrégularité, elle n'a pas permis d'évacuer le biais consistant à réduire « cette réalité complexe, qui constitue à la fois un défi et une richesse, que cache la figure, largement médiatisée, mais réductrice, du Subsaharien errant sur les routes, acculé à recourir à la charité publique ou s'attaquant, régulièrement et en groupe, aux frontières des deux enclaves espagnoles » (CNDH, 2013).

CONCLUSION GÉNÉRALE

Cet ouvrage est né du constat que le droit ne pouvait être appréhendé sans une attention particulière portée aux mille et une manières dont il est pratiqué et au contexte sociopolitique dans lequel il se déploie. À seulement considérer le droit en surplomb des réalités sociales, l'analyste prend le risque de s'enfermer dans un monde de postulats et d'occulter les interventions et interactions des acteurs, notamment politiques. Cela m'a amenée non seulement à réinterroger ce à quoi renvoie le droit des étrangers comme domaine d'action, mais également à revisiter la catégorie « étranger ».

Depuis les événements de Ceuta et Melilla, en 2005, une pluralité d'acteurs s'est impliquée, en particulier dans l'accompagnement des migrants subsahariens pour l'accès aux droits et aux dispositifs sociaux et publics marocains. Durant les trois dernières décennies, le Maroc s'est engagé dans un mouvement de réformes qui prend comme références l'État de droit et la justice. Le pays s'est ouvert à l'international en même temps qu'il libéralisait, de façon contrôlée, le régime de gouvernement et l'action des acteurs sociaux, économiques et politiques. Une société civile plurielle a émergé. La réforme par le droit apparaît comme l'une des modalités des avancées politiques et sociales. Impliquées dans le plaidoyer pour la défense des droits, des associations recourent au droit comme mode d'action sur le politique ; elles revendiquent sa mise en œuvre effective en se référant aux droits de l'homme. Elles s'inscrivent alors aussi dans le prolongement des discours portés par les organisations internationales, notamment onusiennes, qui interviennent au Maroc.

Les mécanismes d'organisation et de mobilisation du droit par les acteurs associatifs ont été ici traités à partir de l'analyse d'interactions avec l'administration. Il n'y a aucune raison de préjuger la relation entre les organisations de la société civile et les institutions publiques. Elle oscille entre coopération et posture critique, selon les perceptions associées aux mesures concernées, selon les intervenants ou selon les intentions attribuées à l'une ou l'autre des parties. Des organisations de la société civile ont pris en charge de vastes programmes relevant formellement de la responsabilité publique. Nombre d'entre eux, supportés par des financements étrangers, ne bénéficient que peu du soutien des institutions marocaines. L'action associative a permis des avancées notables dans le développement de services destinés aussi bien aux catégories d'étrangers en situation de précarité qu'à d'autres catégories de populations vulnérables au Maroc. Des rapports et des communiqués ont été régulièrement publiés pour dénoncer les violations des droits des étrangers ou des migrants, essentiellement originaires d'Afrique de l'Ouest et centrale. Comme le montre ce travail, les interventions associatives ne semblent pas constituer un frein aux pratiques des administrations qu'elles dénoncent. Ces associations sont plutôt susceptibles d'intervenir dans la réorientation et le redéploiement de leurs actions, notamment en termes de visibilité. Elles accompagnent parfois certaines réformes politiques ou juridiques en émergence. Si les changements sont lents à se mettre en place, l'évolution qu'ont connue certains dispositifs publics ces dernières années au Maroc est rapide.

D'une façon générale, les réformes entreprises illustrent le positionnement du royaume comme interlocuteur entre l'Europe et l'Afrique sur un ensemble de questions politiques, sécuritaires, diplomatiques, économiques et religieuses. Il en est ainsi de la gestion des migrations à un niveau national, régional et supranational, alors même que la migration au Maroc se caractérise par la diversification des catégories d'étrangers présents sur le territoire. Ce travail permet de mettre en lumière la dimension politique de la question migratoire et du droit des étrangers au Maroc. Il déconstruit l'image de la migration au Maroc, tout en s'inscrivant dans le débat actuel sur les migrations irrégulières dans les pays du sud et du nord.

LE DROIT DES ÉTRANGERS ANALYSÉ AU REGARD DES PRATIQUES

Ce travail prend frontalement pour objet le droit des étrangers. Il apporte des éléments factuels sur les modalités de sa mise en œuvre et sur les méthodes utilisées par les acteurs en charge des procédures d'entrée des étrangers, de régularisation ou d'éloignement. Il éclaire les mécanismes par lesquels les acteurs s'approprient, réinterprètent et mettent en œuvre le droit tel qu'ils le comprennent dans un contexte donné. Se préoccuper davantage du « comment » que du « pourquoi » implique également la remise en question de certaines de nos routines dans les méthodes et analyses de recherche. Il est particulièrement heuristique d'adopter cette démarche pour traiter de questions qui, comme le droit des étrangers, leur accueil, la migration ou la lutte contre la migration irrégulière, sont l'objet d'une multitude de catégorisations morales et d'enjeux politiques. Loin de nous cependant l'idée d'élaborer une énième recherche sur « les migrants subsahariens en transit au Maroc », ni même d'éliminer a priori la pertinence de cette catégorie. Il s'agit plutôt de considérer la manière dont elle émerge éventuellement in vivo. Pour mettre en lumière les raisonnements et les routines à l'œuvre dans l'application des procédures administratives, je me suis appuyée sur des observations empiriques effectuées lors des nombreux échanges mettant en scène des membres du personnel administratif marocain et des populations migrantes, essentiellement originaires de l'Afrique subsaharienne. C'est donc sur la base de ces matériaux que les effets de ces interactions sur les pratiques du droit et de leur évolution sont décrits et analysés. Cette réflexion conforte par ailleurs la nécessité de prendre en compte le rôle joué par le sens commun dans la construction des discours et des pratiques des acteurs institutionnels. S'intéresser à la manière dont un policier ou un juge perçoit tel ou tel type d'action ou d'individus dont il traite le dossier permet de mieux comprendre les droits, les obligations, les savoirs et les attributs qu'il leur associe.

Sur la base de l'analyse d'une série d'épisodes de rencontres entre des étrangers et des membres de l'administration ou de la justice marocaine, cet ouvrage décrit les mécanismes par lesquels les procédures administratives et les pratiques du droit vis-à-vis de certaines catégories d'étrangers au Maroc se recomposent. Quasi-exclusivement et de manière routinière, les ressortissants d'Afrique de l'Ouest et centrale font l'objet de sanctions d'éloignement pour séjour irrégulier. Bien que peu mis en lumière dans les documents de procédure, les services du procureur du roi y jouent un rôle déterminant. Sont également retracées les évolutions des mesures administratives d'éloignement au gré des changements politiques. À l'origine, si le refoulement était entendu comme l'éloignement de l'étranger à la frontière terrestre marocaine, il est devenu synonyme de déplacements internes, du nord du Maroc vers l'intérieur du pays à la suite du lancement de la nouvelle politique migratoire en 2013. Il s'agissait d'éloigner les ressortissants d'Afrique de l'Ouest et centrale de la frontière nord du territoire et de les dissuader de rejoindre l'Espagne. Les étrangers provenant d'autres régions du monde ne sont pas pour autant à l'abri de sanctions et peuvent faire l'objet d'inculpations pénales pour séjour irrégulier. Ils sont le plus souvent interpellés à l'occasion d'autres démarches entreprises pour obtenir un titre de séjour ou sortir du territoire. Quand le tribunal de Première Instance (TPI) est sollicité à l'occasion d'une inculpation pour un délit au séjour irrégulier, le juge s'appuie, pour prendre sa décision, sur des documents de police qui instillent dans les procédures des catégorisations spécifiques sur l'affaire et l'inculpé. Les catégorisations auxquelles ils se réfèrent sont sous-tendues par des questions de morale, qui transparaissent dans les qualifications juridiques utilisées lors des interrogatoires et des jugements, et dans les documents de procédure. Le juge intervient généralement en aval de la procédure mise en œuvre par la police. La position du juge du TPI est à distinguer de celle du tribunal administratif (TA) sur les questions de séjour irrégulier. En l'absence d'une notification des décisions, les possibilités de saisir le juge administratif pour contester le bien-fondé des mesures administratives prises sont restreintes. Les dysfonctionnements de la justice exacerbent en outre les difficultés de contestation. Les juges et les policiers interviennent le plus souvent de manière routinière. Ils mettent en œuvre des pratiques répétitives et standardisées.

Le travail a aussi consisté à rendre compte du rôle d'une multitude d'acteurs, extérieurs à la procédure policière ou judiciaire. Qu'ils soient associatifs, consulaires ou membres d'organisations internationales, parfois simples accompagnants, ces acteurs interviennent dans les négociations et procédures administratives. Ils contribuent alors au réajustement de certaines pratiques du droit, à leur évolution, ponctuelle ou pérenne.

L'entrée sur le territoire, tout comme les questions de mariage, d'asile, d'accès au travail ou de régularisation, sont des dimensions constitutives et centrales du droit des étrangers. Pour partie imbriquées les unes dans les autres, ces procédures influencent la condition des étrangers. Cette réflexion a mis en relief non seulement l'interdépendance existant entre une pluralité de droits, mais également les disjonctions qui s'instaurent entre les catégories administratives et les catégories de sens commun. C'est ainsi que des travailleurs étrangers séjournent sur le territoire marocain avec le statut légal de visiteur, de stagiaire ou d'étudiant sans répondre aux conditions qu'impose le droit positif en matière d'accès à l'emploi. Ceux-ci sont considérés communément comme en séjour régulier. Par ailleurs, un certain nombre d'étrangers qui ne sont pourtant pas soumis à la règle de la préférence nationale, et qui pourraient répondre aux conditions fixées par la loi, ne bénéficient pas de droit au séjour au Maroc, en lien avec leur activité professionnelle ou sous un autre titre. C'est le cas de Sénégalais, de Tunisiens, d'Algériens, de conjoint.e.s de Marocain.e.s ou de réfugiés. Outre les efforts entrepris pour soutenir une plus grande formalisation de l'emploi au Maroc, le travail d'information et de simplification des procédures, réalisé ces dernières années par les institutions chargées de l'emploi, pourrait laisser escompter une évolution des modalités d'accès des étrangers à l'emploi formel.

Entre le droit tel qu'il est prévu par les textes juridiques, nationaux et internationaux et le droit tel qu'il se pratique au quotidien, il s'agit parfois davantage d'une démarche de régularisation des procédures que de celle des personnes considérées comme irrégulières. Cela est illustré par la régularisation de réfugiés statutaires de l'UNHCR ou, au bénéfice de l'une des deux opérations exceptionnelles mises en œuvre depuis 2014, par celle de personnes qui auraient pu y prétendre au bénéfice du droit commun.

La déconstruction d'évidences

De la distinction entre migrant et étranger

Cet ouvrage permet d'interroger l'usage différencié des notions de migrant et d'étranger à la fois dans le langage commun et en contexte institutionnel. La catégorie de migrant s'émancipe régulièrement du parcours migratoire effectif, est largement associée à celle du Subsaharien et davantage utilisée que celle d'étranger. La catégorie d'étranger ne se limite pas à des critères relevant de l'appartenance nationale. Le migrant est supposé vulnérable, associé au besoin d'être pris en charge ou à des difficultés d'intégration. Les membres de ces deux catégories ne sont pas définis de manière stable et définitive.

La lutte contre la migration irrégulière — ou la politique migratoire aujourd'hui — a tendance à concerner le « migrant » davantage que l'« étranger ». Il s'agit moins pour les autorités de lutter contre la migration irrégulière au Maroc que d'empêcher des étrangers supposés en transit sur le sol marocain de poursuivre leur route vers l'Europe. Regroupant une pluralité de nationalités, de statuts juridiques et de profils, les Subsahariens sont devenus une catégorie à part entière qui a été stigmatisée à partir des années 2000. Ces assignations dépréciatives sont à resituer dans un contexte politique plus large que celui du Maroc, dans lequel les discours politiques et médiatiques contribuent à associer les personnes originaires d'Afrique de l'Ouest et centrale à une migration non désirée, au transit vers l'Europe et, régulièrement, à des activités délictueuses.

Le poids des Subsahariens au sein de la population étrangère, et de la population en séjour irrégulier au Maroc, mérite pourtant d'être relativisé. Une plus grande diversité d'étrangers est confrontée à l'administration et à la justice marocaine pour des questions relatives au statut personnel, professionnel et de séjour. Ce travail le montre au travers d'illustrations concernant des ressortissants du Moyen-Orient, de Syrie ou d'Europe.

Immigration, migration de transit et lutte contre la migration irrégulière

La migration des Subsahariens au Maroc est communément interprétée comme étant de transit, ce que soutiennent nombre de discours politiques et médiatiques. La catégorie « transit » est utilisée de manière récurrente, à partir des années 1990, comme argument politique dans les négociations entre le Maroc et l'UE pour lutter contre le passage des migrants, essentiellement subsahariens, vers l'Europe. La référence au transit soutient le postulat que ces migrants ne sont pas intéressés par le Maroc et ne sont pas là pour s'y installer. Leur présence ne relèverait pas de la responsabilité du Maroc, ou du moins de sa seule responsabilité. Cela justifie alors une approche fondée sur un partage des responsabilités, appelant en particulier à une implication financière européenne, pour lutter contre la migration irrégulière s'orientant vers l'Europe, pour la mise en œuvre d'une action humaniste en vue de soutenir la stabilisation au Maroc d'Africains en rêve d'Europe ou leur retour au pays.

Or tous les ressortissants d'Afrique de l'Ouest et centrale ne sont évidemment pas en séjour irrégulier au Maroc ou dans une volonté de transit. Ce travail met en exergue les mécanismes par lesquels les procédures administratives font évoluer le statut des étrangers et sont susceptibles d'alimenter l'irrégularité administrative d'étrangers qui auraient pu prétendre à une régularisation de leur séjour.

L'étranger en séjour irrégulier peut être celui qui ne s'est pas soumis ou qui n'a pas pu se soumettre aux règles telles qu'énoncées par la loi, en matière d'entrée sur le territoire, d'accès à l'emploi et de régularisation de son séjour. Dans la compréhension de sens commun comme dans celle des acteurs institutionnels, tous ceux qui ne respectent pas les lois du séjour telles qu'édictées par le droit positif ne sont pas considérés comme en séjour irrégulier. Si les catégories « étrangers exerçant une activité professionnelle sans y être autorisée » et « étrangers dont le séjour est régularisé sous un statut qui n'est pas celui qu'il occupe effectivement » font peu l'objet de sanctions administratives ou légales, d'autres telles que - « personne entrée irrégulièrement » et « personne ayant dépassé la validité de leur séjour autorisé » sont plus largement pénalisées, administrativement et pénalement.

Politique(s) migratoire(s), NPIA et SNIA

Par le lancement de la Nouvelle politique d'immigration et d'asile (NPIA), le souverain marocain affiche son intention d'élaborer une politique cohérente et globale de la migration. Depuis 2013, une disjonction croissante apparaît entre les discours qui entourent cette « nouvelle politique », la réalité de la présence étrangère au Maroc et des dispositifs communément destinés aux étrangers, et les programmes de la Stratégie Nationale d'Immigration et d'Asile (SNIA).

Les dispositifs intervenant sur la condition des étrangers, en matière d'entrée, d'accès à l'emploi, de régularisation de leur séjour, d'accès au mariage ou au regroupement familial, et de lutte contre la migration irrégulière s'émancipent le plus souvent de la SNIA. Cette stratégie nationale correspond davantage à un programme d'actions temporaires, le plus souvent dérogatoires au droit commun et s'adressant à une partie seulement des étrangers au Maroc.

La SNIA pourrait être considérée comme un dispositif transitoire, accompagnant et soutenant la sortie de la précarité de certains étrangers au Maroc. Pourtant, tous les étrangers ayant obtenu des avis favorables dans le cadre des opérations exceptionnelles de régularisation ne sont aujourd'hui pas en séjour régulier. Se pose par ailleurs de manière prégnante la question du passage de ces dispositifs dérogatoires aux procédures de droit commun. Plus de quatre ans après le lancement de la nouvelle politique d'immigration et d'asile, le projet de loi relatif à l'asile est en attente, la loi n° 02-03 n'est toujours pas amendée et certaines des mesures phares de la SNIA n'ont pu être mises en œuvre, comme il en est de l'accès des régularisés à une couverture médicale de base. Parallèlement à la SNIA, le Maroc continue d'accueillir des étrangers, de permettre ou non l'entrée de personnes souhaitant s'établir sur le territoire, d'autoriser des étrangers à travailler, de délivrer des titres de séjour, d'en refuser, d'interpeller des étrangers pour séjour irrégulier, etc.

L'expérience du royaume est portée en exemple par différentes instances nationales et internationales, dans un contexte euro-méditerranéen et mondial où les politiques migratoires ont, à quelques exceptions près, tendance à se montrer plus restrictives, peu enclines à l'accueil de l'étranger, et à davantage limiter la migration. La « diplomatie migratoire » relève de dynamiques et d'investissements qui servent différents intérêts. Elle soutient la redéfinition de la place du Maroc comme acteur régional. Se déployant dans l'économie, la coopération religieuse ou la promotion d'un discours sur la coopération Sud-Sud, la diplomatie marocaine s'accompagne d'une redéfinition formelle de l'identité nationale, traduite dans le préambule de la constitution de 2011[342] ou dans le discours du souverain à Addis Abeba[343] qui marque le retour du Maroc au sein de l'Union africaine.

La dynamique de la diplomatie marocaine en Afrique contribue par ailleurs à un changement de regard des décideurs marocains et des Marocains sur le reste du continent. Une plus grande diversité dans les catégories d'étrangers au Maroc s'accompagne, de plus, d'une familiarité entre populations se côtoyant sur le territoire. Des relations se nouent, des travailleurs marocains fréquentent des personnes originaires de différentes parties du monde, des mariages se concluent, etc. La présence de certains étrangers est cependant moins désirée ou ceux-ci sont associés à des caractéristiques négatives, voire néfastes pour la société. Les pratiques du droit des étrangers sont étroitement liées aux manières dont l'étranger est perçu, aux caractéristiques qui lui sont associées. Comment ces catégorisations évoluent-elles dans la société marocaine, dans certains groupes, quartiers ou localités, auprès de certains individus ou au-delà de la société marocaine ? Comment interviennent les discours publics ou médiatiques, les expériences de chaque individu dans la manière dont il considère l'autre ou l'étranger ? L'intérêt d'insister sur ces questionnements, dans un souci de compréhension de la société en mouvement, se double de celui de mieux saisir les manières par lesquelles les catégorisations interviennent dans le déploiement des procédures de mise en œuvre du droit, dans l'élaboration des politiques et dans les pratiques de la vie quotidienne.

---

[342] « Le Royaume du Maroc entend préserver, dans sa plénitude et sa diversité, son identité nationale une et indivisible. Son unité, forgée par la convergence de ses composantes arabo-islamique, amazighe et saharo-hassanie, s'est nourrie et enrichie de ses affluents africain, andalou, hébraïque et méditerranéen ».

[343] Le roi Mohammed VI déclare ainsi : « Il est beau le jour où l'on rentre chez soi, après une trop longue absence ! Il est beau le jour où l'on porte son cœur vers le foyer aimé ! L'Afrique est Mon Continent, et Ma maison ».

RÉFÉRENCES BIBLIOGRAPHIQUES

AGBETSE Yao (2004) « La Convention sur les droits des travailleurs migrants : un nouvel instrument pour quelle protection ? », *Droits fondamentaux*, n°4, p. 47-66.

AIT SAKEL Mourad (2007) « L'exécution des décisions de la justice administrative », *REMALD*, série « Thèmes actuels », n°5, p. 13-66.

AKOKA Karen (2011) « L'archétype rêvé du réfugié », *Plein droit*, n° 90, p. 13-16.

ALIOUA Mehdi (2011) *L'étape marocaine des transmigrants subsahariens en route vers l'Europe : l'épreuve de la construction des réseaux et de leurs territoires,* thèse de doctorat soutenue à l'université de Toulouse le Mirail.

AMSELLE Jean-Loup (2001) *Branchements, Anthropologie de l'universalité des cultures*, Paris, Flammarion. 265p.

AMZAZI Mohieddine (2013) *Essai sur le système pénal marocain*, Collections électroniques du Centre Jacques-Berque, Rabat, 232p.

ARDOINO Jacques, LECERF Yves (coord.) (1986), *Ethnométhodologies*, Pratiques de formation (analyses), *Revue de la formation permanente*, n° 11/12, Université de Paris 8 - Vincennes, 238p.

ATKINSON J. Maxwell, DREW Paul (1979) *Order in court: The Organization of Verbal Interaction in Courtroom Settings,* Oxford Socio-Legal Studies, Atlantic Highlands, NJ: Humanities, viii, 275p.

AUSTIN John L. (1970) *Philosophical Papers*, New York, Galaxy Books, 320p.

BARBOU DES PLACES Ségolène (2008) « La catégorie en droit des étrangers : une technique au service d'une politique de contrôle des étrangers », *Asylon(s)*, n°4, disponible sur http://www.reseau-terra.eu/article762.html

BARROS Lucile, LAHLOU Mehdi, ESCOFFIER Claire, *et al.* (2002) *L'immigration irrégulière subsaharienne à travers et vers le Maroc*, Genève, Cahiers des migrations internationales, BIT, 145p.

BARTHÉLÉMY Michel, QUÉRÉ Louis (1991) *La mesure des événements publics : structure des événements et formation de la conscience publique*, Paris, Centre d'Etude des Mouvements Sociaux, E.H.E.S.S., 86p.

– (2009) « Introduction », dans Garfinkel, *Recherches en ethnométhodologie*, Paris, PUF, p. 14-44.

BARTHELEMY Michel (1996) « L'événement dans le texte : quand le sida devient un scandale public », *Langage et société*, n°78, p. 5-54.

– (1999) « La lecture-en-action : entre le présupposé d'un monde objectif et son accomplissement situé », *Langage et société*, n°89, p. 95-121.

– (2002) « Exclusion ou intégration ? Aide publique et conflit d'identité catégorielle des destinataires », *Quaderni*, n°48, p. 23-39.

BARTHÉLÉMY Michel, BONU Bruno, MONDADA Lorenza, RELIEU Marc (1999) « Enquêtes en ethnométhodologie et en analyse conversationnelle. Du texte à la vidéo », *Langage et société*, n°89, p. 5-8.

BECKER Howard (1985 -1ère éd. 1963) *Outsiders. Études de sociologie de la déviance*, Paris, Métailié, 248p.

BELGUENDOUZ Abdelkrim (2003a) « Le Maroc, vaste zone d'attente ? », *Plein droit*, n° 57, p. 35-40.

– (2003b) *Le Maroc non africain gendarme de l'Europe ? Alerte au projet de loi n°02-03 relative à l'entrée et au séjour des étrangers au Maroc, à l'émigration et l'immigration irrégulières !*, Beni Snassen, Salé.

– (2005) « Expansion et sous-traitance des logiques d'enfermement de l'Union européenne : l'exemple du Maroc », *Cultures & Conflits*, 57, p. 155-219.

– (2009) *Le Maroc et la migration irrégulière - une analyse sociopolitique*, Consortium for Applied Research on International Migration (CARIM) Florence, 43p.

BENABDELLAH Mohamed-Amine (1998) « Justice administrative et inexécution des décisions de justice », *REMALD*, n°25, p. 9 et s.

– (2004) « Le contentieux administratif marocain : dix ans d'évolution », Communication présentée au colloque « L'évolution contrastée du contentieux administratif » organisé à Tunis, les 5 et 6 mars 2004, *REMALD*, n° 54 -55, p. 7 et s.

BENRADI KHACHANI Malika (1990) « L'image de la justice dans le public marocain : à propos d'une enquête », *Revue de droit et d'économie, La justice au Maroc : Réalités et perspectives*, n°6, p. 61-74.

BERRIANE Johara (2009) « Les étudiants subsahariens au Maroc : des migrants parmi d'autres ? », *Méditerranée*, 113, p. 147-150.

– (2012) « La ziyâra des tijanes sénégalais vers Fès : les diverses facettes d'un pèlerinage transnational », *HESPERIS-TAMUDA*, Vol. XLVII. p. 131-150.

BERNOUSSI Nadia, EL MASLOUHI Abderrahim (2012), « Les chantiers de la « bonne justice ». Contraintes et renouveau de la politique judiciaire au Maroc », *Revue française de droit constitutionnel*, n° 91, p. 479-510.

BIGO Didier (1991) « Editorial - L'idéologie de la menace du Sud », *Cultures & Conflits,* Editorial n°2, p. 3-15.

– (1998) « Sécurité et immigration : vers une gouvernementalité par l'inquiétude ? », *Cultures & Conflits,* n°31-32, p. 13-38.

– (1998b) « L'immigration à la croisée des chemins sécuritaires », *Revue européenne de migrations internationales*, vol. 14, n°1, p. 25-46.

BITTNER Egon (1967) « The Police on Skid-Row: A Study of Peace Keeping », *American Sociological Review*, vol. 32, n° 5, p. 699-715.

– (1970) De la faculté d'user de la force comme fondement du rôle de la police (traduction de « The Capacity to use Force as the Core of the Police Role », dans BRODEUR Jean-Paul, MONJARDET Dominique (2003) *Connaître la police, Grands textes de la recherche anglo-saxonne*, Les Cahiers de la Sécurité intérieure, Diffusion Documentation française, Hors-série, p. 48-62.

BJELIC Dusan I. (1999) « Frenching the real and preaxeologial therapy: An ethnomethodological clarification of the new French theory of the media », *In* JALBERT Paul L., ed., *Media studies: Ethnomethodological approaches*, Lanham, NY; Oxford, University Press of America, p. 231-257.

BLANCHARD Emmanuel, WENDER Anne-Sophie (dir.) (2007) *Guerre aux migrants. Le livre noir de Ceuta et Melilla*, Paris, Éditions Syllepse, Migreurop, 236 p.

BOLTANSKI Luc, CLAVERIE Elisabeth (2007) « Du monde social en tant que scène d'un procès », *In* OFFENSTADT Nicolas, VAN DAMME Stéphane, *Affaires, scandales et grandes causes : De Socrate à Pinochet*, Stock, p. 395-452.

BONU Bruno, MONDADA Lorenza, RELIEU Marc (1994) « Catégorisation : l'approche de H. Sacks », *In* FRADIN Bernard., QUÉRÉ Louis, WIDMER Jean, (eds), *L'enquête sur les catégories, Raisons pratiques : Epistémologie, sociologie, théorie sociale,* 5, Paris, EHESS p. 129-148.

BOUAGGA Yasmine (2010) « Rentrer dans le droit commun ? – Comment les étrangers en prison subissent et pratiquent la loi», *Champ pénal/Penal field*, vol. VII, disponible sur https://journals.openedition.org/champpenal/7898

BOUDAHRAIN Abdellah (1994), *Eléments de droit public marocain*, Paris, Harmattan, Coll. Logiques juridiques, 356p.

BOUTALEB Assia, FERRIÉ Jean-Noël (2008) « Les parlements dans les régimes autoritaires arabes », *Revue internationale de politique comparée*, vol. 15, p. 179-188.

BREDELOUP Sylvie (2013) « Les temps du transit dans la migration africaine », *Journal des Africanistes*, tome 83, fascicule 2, p. 58-90.

BREDELOUP Sylvie (2012) « Sahara Transit: Times, Spaces, People », *Population, Space and Place,* volume 18, 4, p. 457–67.

BREDELOUP Sylvie, PLIEZ Olivier, « introduction », *Migrations entre les deux rives du Sahara, Autrepart*, 2005/4, n° 36, p. 3-20.

BRODEUR Jean-Paul, MONJARDET Dominique (2003) *Connaître la police, Grands textes de la recherche anglo-saxonne*, Les Cahiers de la Sécurité intérieure, Diffusion Documentation française, Hors-série, 476p.

BRODEUR Jean-Paul (1984) « La police : mythes et réalités », *Criminologie*, vol. 17, n°1, p. 9-41.

– (2001) « Le travail d'Ergon Bittner : une introduction à la sociologie de la force institutionnalisée », *Déviance et société*, vol. 25, p. 307-323.

BURNS Stacy (1997) « Practicing Law: A study of Pedagogic Interchange in a Law School Classroom », *In* TRAVERS Max, MANZO John F. (ed.) *Law in action: Ethnométhodological and Conversation Analytic Approaches to Law*, socio-legal studies series, p. 265-287.

– (2001) « "Think your blackest thoughts and darken them": Judicial mediation of large money disputes », *Human Studies*, vol.24, p. 227-249.

CALLON Michel (1986) « Éléments pour une sociologie de la traduction: La domestication des coquilles Saint-Jacques et des marins-pêcheurs dans la baie de Saint-Brieuc », *L'Année sociologique* (1940/1948), Troisième série, vol. 36, p. 169-208

CARBONNIER Jean (1994) *Sociologie juridique*, Paris, PUF, coll. Quadrige, 416p.

CALVÈS Anne-Emmanuèle (2009) « « Empowerment » : généalogie d'un concept clé du discours contemporain sur le développement », *Revue Tiers Monde*, n° 200, p. 735-749.

CAMAU Michel (2005) « Remarques sur la consolidation autoritaire et ses limites », dans BOUTALEB Assia, FERRIÉ Jean-Noël, REY Benjamin (dir.) *L'Autoritarisme dans le monde arabe : autour de Michel Camau et de Luis Martinez*, Le Caire, CEDEJ, p. 6-22.

CANUT Cécile, SMITH Étienne (2006) « Pactes, alliances et plaisanteries. Pratiques locales, discours global », *Cahiers d'études africaines*, n° 184, p. 687-754.

CARRÈRE Violaine (2006) « Le Gisti et le travail social », *Plein droit*, n° 70, p. 3-8.

CATUSSE Myriam, VAIREL Frédéric (2010) « Question sociale et développement : les territoires de l'action publique et de la contestation au Maroc », *Politique africaine*, n° 120, p. 5-23.

CEFAÏ Daniel (1994) « Type, Typicalité, Typification », *in* FRADIN Bernard, QUÉRÉ Louis, WIDMER Jean (eds), *L'enquête sur les catégories, Raisons pratiques :Epistémologie, sociologie, théorie sociale,* 5, Paris, EHESS, p.105-128.

CHAMPAGNE Patrick (1991), « La construction médiatique des "malaises sociaux" », *Actes de la recherche en sciences sociales*, vol. 90, La souffrance. p. 64-76.

CHAMPY Florent, ISRAËL Liora (2009) « Professions et engagement public », *Sociétés contemporaines*, n° 73, p. 7-19.

CHEVALLIER Jacques (1995) « For intérieur et contrainte institutionnelle », dans *Le for intérieur*, Presses Universitaires de France, p. 251-266.

– (2011) « La place de l'administration dans la production des normes », *Droit et société*, n° 79, p.623-636.

CHOPLIN Armelle (2010) « Quand la mer se ferme : Du transit au post-transit migratoire en Mauritanie », *Hommes et migrations,* N°1286-87, p. 74-95.

CICOUREL Aaron (1968) *The Social Organization of Juvenile Justice*, New York, Wiley, 345p.

CLAVERIE Élisabeth (2004) « Techniques de la menace », *Terrain,* 43, p. 15-30.

COHEN Mathilde (2009) « "L'épreuve orale" Les magistrats administratifs face aux audiences de reconduite à la frontière », *Droit et société*, n° 72, p 387-410.

COLLYER Michael & DE HAAS Hein (2010) « Developing Dynamic Categorisations of transit migration », *Population, Space and Place*, vol. published advanced of print 22.10.2010

COULON Alain (1986) « Indexicalités de l' « indexicalité » » dans *Pratiques de formation,* analyses, 11-12, oct, Service de Formation Permanente, Université de Paris VIII, p. 57-61.

– (1987) *L'éthnométhodologie*, Paris, PUF, coll. Que sais-je, 127p.

COULTER Jeff (1989) *Mind in action*, Humanity Books, 168p.

– (1994) « Logique et praxéologie : esquisse d'une « socio-logique » de la pratique », *Sociétés contemporaines*, n°18-19, Juin / Septembre, "Langage en pratique" p. 43-65.

DAVID Gary, JALBERT Paul (2008) « Undoing Degradation. The Attempted "Rehumanization" of Arab and Muslim Americans », *Ethnographic Studies*, 10, p. 23-47.

DREW Paul, HÉRITAGE John (eds.) (1992) *Talk at Work: Interaction in Institutional Settings*, Studies in Interactional Sociolinguistics, Cambridge, Cambridge University Press, 580p.

– (1997) « Contested Evidence in Courtroom Cross-Examination : The Case of a Trial for Rape », *In* TRAVERS Max, MANZO John F. (ed.) *Law in action: Ethnométhodological and Conversation Analytic Approaches to Law*, socio-legal studies series, p. 51-76.

DUBOIS Vincent (2010) *la vie au guichet. Relation administrative et traitement de la misère*, Paris, Economica, 204p.

DUPRET Baudouin (1998) « Repères pour une praxéologie de l'activité juridique », *Égypte/Monde arabe*, Première série, 34, p. 115-140.

– (2000) *Au nom de quel droit ? Répertoires juridiques et référence religieuse dans la société égyptienne musulmane contemporaine*, LGDG / CEDEJ / Éd. de la Maison des sciences de l'Homme, Paris/Le Caire, 360p.

– (2000b) *Droit et sociologie de la norme*, in *Annuaire de l'Afrique du Nord*, Centre national de la recherche scientifique ; Institut de recherche et d'études sur le monde arabe et musulman (IREMAM) (es.), Paris, Editions du CNRS, vol.37, p. 495-521.

– (2001) « Le droit en action et en contexte. Ethnométhodologie et analyse de conversation dans la recherche juridique », *Droit et Société*, n°48, p. 343-348.

– (2005) « Le corps mis au langage du droit : comment conférer à la nature une pertinence juridique », *Droit et société*, n° 61, p. 627-653.

– (2006a) *Droit et sciences sociales*, Paris, Armand Colin, 208p.

– (2006b) *Le jugement en action : ethnométhodologie du droit, de la morale et de la justice en Egypte*, Genève/Le Caire, Librairie Droz/Cedej, 491p.

– (2006c) *Droit, pratiques et discours réformateurs dans le monde arabe*, Rapport pour la Direction-Générale Politiques Externes de l'Union du Parlement Européen, 15p.

– (2007) « What is islamic law ? A praxiological answer and an Egyptian case study », *Theory, Culture and Society,* 24(2): p. 79-100.

– (2010) « Droit et sciences sociales : Pour une respécification praxéologique », *Droit et Société*, n°75, p. 315-335.

– (2011), *Practices of Truth, an ethnomethodological inquiry into Arab contexts,* Pragmatics & Beyond New Series, 214, xiv, 173p.

DUPRET Baudouin, FERRIÉ Jean-Noël (2004) « Morale ou Nature. Négocier la qualification de la faute dans une affaire égyptienne d'homosexualité », *Négociations*, n°2, p. 41-57.

– (2006) « Ethnométhodologie : le corps et les sens en contexte et en action », In ANDRIEU Bernard (dir.), *Dictionnaire du corps*, Paris, CNRS Éditions, p. 113-114.

–(2007) « The Audience They Assign Themselves: Three Arab Channels and Their "Self-Presentation" (al-Jazeera, al-Manar, al-Hurra) », *In* DUPRET Baudouin, NEKVAPIL Jiři LEUDAR Ivan. (dir.), « Media, Wars, and Identities », *Ethnographic Studies*, 9, p. 63-80.

– (2008) (dir.), *Médias, guerre et identités*, Paris, éditions des Archives contemporaines, 256p.

– (2010) « L'idée d'une science sociale et sa relation à la science politique », *Revue française de science politique*, vol. 60, p. 1159-1172.

– (2011) « Réforme par le droit et société civile », *in* Anna Bozzo *et al.*, *Les sociétés civiles dans le monde musulman*, La Découverte « TAP / Islam et Société », p. 273-292.

– (2012) « "Miroir, mon beau miroir". Quand trois chaînes satellitaires arabes se donnent un profil », *Oriental archive 80*, p. 307-326.

– (2014) *Délibérer sous la coupole : L'activité parlementaire dans les régimes autoritaires,* Beyrouth, Presses de l'Ifpo, 208p.

DUPRET Baudouin, BELHADJ Souhaïl, FERRIÉ Jean-Noël (2007) « Démocratie, famille et procédure », *Revue européenne des sciences sociales*, Tome XLV, n° 139, p. 5-44.

DUPRET Baudouin, FERRIÉ Jean-Noël, LEGRAND Vincent (2008) « Comprendre la délibération parlementaire. Une approche praxéologique de la politique en action », *Revue Française de Science Politique*, n°5, p.795-815.

DUPRET Baudouin, FERRIÉ Jean-Noël, KLAUS Enrique (2008), « Parlement et contraintes discursives. Analyse d'un site dialogique », *Réseaux*, n° 148-149, p. 369-404.

– (2008b) « Derrière le voile. Analyse d'un réseau dialogique égyptien », *Droit et Société*, 68, p. 1-27.

DUPRET Baudouin, KLAUS Enrique (2010) « Dire la vérité à propos du terrorisme – La socio-logique des vidéoclips de plaidoyer », *Cahiers ethnométhodologie*, n° 4, p. 53-73.

– (2010a) « Terrorisme et vidéoclips de plaidoyer », in Olfa Lamloum (dir.), *Médias et islamisme*, Beyrouth, Presses de l'Ifpo (« Cahiers de l'Ifpo »), p. 93-111.

DUPRET Baudouin, KLAUS Enrique, GHAZZAL Zouhair (2010), « Commenter l'actualité sur internet. La structure d'intelligibilité d'un forum de discussion arabe », *Réseaux*2, n° 160-161, p. 285-317.

– (2011) « L'identité occasionnée sur Internet », *Communication*, vol. 28/2, disponible sur : https://journals.openedition.org/communication/1820?lang=fr

DURANTI Alessandro, GOODWIN Charles.(eds) (1992) *Rethinking Context: Language as an Interactive Phenomenon*, Studies in the Social and Cultural Foundations of Language (Book 11), Cambridge University Press, 363p.

EBA NGUEMA Nisrine (2015) « Loi sur l'entrée et le séjour des étrangers au Maroc : les conditions pour résider régulièrement au Maroc », dans KHROUZ Nadia, LANZA Nazarena, *Présence des étrangers, cosmopolitisme et changements sociaux au Maroc contemporain*, publications Konrad-Adenauer-Stiftung e.V, p. 96-110.

EDOGUÉ NTANG Jean-Louis, PERALDI Michel (2011) « Un ancrage discret. L'établissement des migrations subsahariennes dans la capitale marocaine », *In* PERALDI Michel (dir.), *D'une Afrique à l'autre*, p. 37-54.

EGLIN Peter, HESTER Stephen (1997) (dirs.), *Culture in Action: Studies in Membership Categorization Analysis*, Washington D.C,University Press of America, 193p.

– (2003) *The Montreal Massacre: A Story of Membership Categorization Analysis*, Waterloo, Ontario: Wilfrid Laurier University Press, 168p.

El ASRI Farid, « « W'lad l'Kafala » : entre abandon, protection et malentendus », blog Farzyat du CJB, 6 décembre 2013.

EL AYADI Mohammed (2004), « Le domaine socio-politique et de gouvernance », *In* KHROUZ Driss et al., *Barcelona monitoring : Suivi de l'accord de libre-échange,* Publication de la Friedrich Ebert Stiftung, Rabat, p. 25-94.

EL MADMAD Khadija (2001) « Les réfugiés et apatrides au Maroc », *Minbar Al Jamiaa*, n°3, Regards croisés sur l'étranger, Meknès, p. 35-72.

– (2004) *Les migrants et leurs droits au Maghreb*, édition la croisée des chemins, Casablanca, 305p.

EL QADIM Nora (2010) « La politique migratoire européenne vue du Maroc : contraintes et opportunités », *Politique européenne,* n° 31, p. 91-118.

– (2014) « Postcolonial challenges to migration control: French–Moroccan cooperation practices on forced returns », *Special issue on Border security as practice,* Security Dialogue, Vol. 45(3), p. 242 –261.

– (2015) *Le gouvernement asymétrique des migrations. Maroc/Union Européenne,* Nouvelle bibliothèque de thèse, édition Dalloz, 04/2015, 508p

EL MESBAHI Kamal (1994) « La corruption entre droit et pratiques », Actes du Colloque « Droit et pratiques au Maroc », Fès, Publications de la faculté de droit de Fès, p. 211-225.

EL YAAGOUBI Mohamed (2006), *Le juge protecteur de l'administré : entre le mimétisme et l'autonomisation*, Imp INFO-PRINT Fès, 121p.

EMERSON Robert M. (1983) « Holistic Effects in Social Control Decision-Making », *Law & Society Review*, Vol. 17, No. 3, p. 425-456.

FAGET Jacques (2008) « La fabrique de la décision pénale. Une dialectique des asservissements et des émancipations », *Champ pénal/Penal field*, vol. V, disponible sur https://journals.openedition.org/champpenal/3983

FASSIN Didier (1996) « Clandestins ou exclus ? Quand les mots font des politiques », *Politix*, 34, p.77-86.

– (2005) « Compassion and Repression: The Moral Economy of Immigration Policies in France », *Cultural Anthropology*, Vol. 20, Issue 3, p. 362–387.

FELUI MARTÍNEZ Laura (2009) « Les migrations en transit au Maroc. Attitudes et comportement de la société civile face au phénomène », *L'Année du Maghreb*, V, p. 343-362.

FISCHER Nicolas, DARLEY Mathilde (2010) « Le traitement de l'immigration, entre logique administrative et logique pénale »,», *Champ pénal/Penal field*, Vol. VII, p.2-9.

FISCHER Nicolas (2009a) « Jeux de regards. Surveillance disciplinaire et contrôle associatif dans les centres de rétention administrative », *Genèses*, n° 75, p. 45-65.

– (2009b) « Une frontière "négociée" L'assistance juridique associative aux étrangers placés en rétention administrative », *Politix*, n° 87, p. 71-92.

– (2006) « "Les territoires du droit" Sur quelques aspects du secours juridique associatif dans les centres de rétention », *Vacarme*, n° 34, p. 106-111.

FISCHER Nicolas, SPIRE Alexis (2009) « L'État face aux illégalismes », *Politix*, n° 87, p. 7-20.

FORNEL Michel (de), QUÉRÉ Louis, OGIEN Albert (dir.) (2001) *L'Ethnométhodologie : une sociologie radicale*, Paris : La Découverte, « colloque de Cerisy ». 448p.

FRADIN Bernard, QUÉRÉ Louis, WIDMER Jean (dir.) (1994) *L'enquête sur les catégories, Raisons pratiques : Epistémologie, sociologie, théorie sociale,* 5, Paris, EHESS, 301p.

FRANGUIADAKIS Spyros, JAILLARDON Edith, BELKIS Dominique (2004) *En quête d'asile : aide associative et accès au(x) droit(s)*, collection droit et société, Paris, 304p.

GARFINKEL Harold (2009 - ed. originale de 1967) *Recherches en ethnométhodologie*, Paris, PUF (trad. M. Barthélemy, B. Dupret et J.-M. de Queiroz), 480p.

– (1949) « Research notes on inter- and intra- racial homicides », *Social forces*, 27, p. 369-381.

– (1956) « Conditions of Successful Degradation Ceremonies », *The American Journal of Sociology*, 5 (61), p. 420-424.

– (1964) « Studies of the Routine Grounds of Everyday Activities, Social Problems », Oxford University Press on behalf of the Society for the Study of Social Problems, vol. 11, n° 3, p. 225-250.

– (1997) « Practical Sociological Reasoning: Some Features in the Work of the Los Angeles Suicide Prevention Center », *In* TRAVERS Max, MANZO John F. (ed.) *Law in action: Ethnométhodological and Conversation Analytic Approaches to Law*, socio-legal studies series, p. 25-41.

– (2001) « Le programme de l'ethnométhodologie », *In* FORNEL Michel (de), QUÉRÉ Louis, OGIEN Albert (dir.), *L'Ethnométhodologie : une sociologie radical*e, Paris,La Découverte, , p. 31-15.

GARFINKEL Harold, SACKS Harvey (1970) « On formal structures of practical action », *In* John C. McKinney & Edward A. Tiryakian (Eds.), *Theoretical sociology: Perspectives and developments*, New York: Appleton-Century-Crofts, p. 337–366.

GUÉRIN Isabelle (2011) « L'expérience vécue de la microfinance », *Cultures & Conflits*, 83, p. 39-56.

GISTI (dir.) (2011) *Liberté de circulation : un droit, quelles politiques ?*, 164p.

GOLDSCHMIDT Elie (2002) « Migrants congolais en route vers l'Europe », *Temps modernes*, 620-621, p. 208-239.

HÉRITAGE John (1984) *Garfinkel and Ethnomethodology*, Cambridge, Polity Press, 344p.

–(1991) (*traduction Albaret Michèle, Quéré Louis*), « L'ethnométhodologie : une approche procédurale de l'action et de la communication », *Réseaux*, vol. 9, n°50, p. 89-130.

HESTER Stephen (1994), « Les catégories en contexte », *in* FRADIN Bernard, QUÉRÉ Louis, WIDMER Jean (eds), *L'enquête sur les catégories, Raisons pratiques : Epistémologie, sociologie, théorie sociale,* 5, Paris, EHESS, p.219-241.

HESTER Stephen, HOUSLEY William (2002) *Language, interaction and national identity: studies in the social organisation of national identity in talk-in-interaction*, Cardiff University. School of Social and Administrative Studies, Ashgate. 260p.

HESTER Stephen (2002) « Bringing it all Back Home: Selecting Topic, Category and Location in TV News Programmes », *In* HESTER Stephen, HOUSLEY William, *Language, interaction and national identity: studies in the social organisation of national identity in talk-in-interaction*, Cardiff University. School of Social and Administrative Studies, Ashgate, p. 16-33.

HESTER Stephen, FRANCIS David (dir.) (2012) *Orders of Ordinary Action: Respecifying Sociological Knowledge*, Ashgate, 231p.

HILL COLLINS Patricia *et al.* (1995) « Symposium on West and Fenstermaker's "Doing difference" », *Gender and Society*, 9 (4), p. 491-506.

HOUSLEY William, FITZGERALD Richard. (2002) « National Identity, Categorisation and Debate », *In* HESTER Stephen., HOUSLEY William, *Language, interaction and national identity: studies in the social organisation of national identity in talk-in-interaction*, Cardiff University. School of Social and Administrative Studies, Ashgate, p. 38-59.

HUGHES Everett C. (1945) « Dilemmas and Contradictions of Status », *American Journal of Sociology*, vol. 50, n°. 5, p. 353-359.

INFANTINO Federica (2011) « Les mondes des étudiants subsahariens au Maroc », dans PERALDI Michel (dir.) *D'une Afrique`à l'autre. Migrations subsahariennes au Maroc*, Karthala, p. 99-119

ISRAËL Liora (2001) « Usages militants du droit dans l'arène judiciaire : le cause lawyering », *Droit et société*, n°49, p. 793-824.

– (2003) « Faire émerger le droit des étrangers en le contestant, ou l'histoire paradoxale des premières années du GISTI », *Politix,* vol. 16, n°62, p. 115-143.

– (2005) *Robes noires, années sombres. Avocats et magistrats en résistance pendant la second guerre mondiale*, Paris, Fayard, 547p.

– (2008) « Question(s) de méthodes. Se saisir du droit en sociologue », *Droit et société*, n° 69-70, p. 381-395.

JACKSON Bernard S. (1995) *Making Sense in Law. Linguistic, Psychological and Semiotic Perspectives,* Deborah Charles Publications, Liverpool, 516p.

JAYYUSI Lena (1991) « The equivocal text and the objective world: an ethnomethodological analysis of a news report », *Continuum: The Australian Journal of Media & Culture,* vol. 5, n°. 1, p. 166-190.

– (1992) « The Reflexive Nexus: Photo-practice and Natural History », *The Australian Journal of Media and Culture*, 6 (2), p.25-52.

– (1995) « Language, Moral Order an Political Praxis », *Argumentation*, 9, 199, p 75-93

–(2007): « Between saying and Showing: Making and Contesting Truth Claims in the Media », *Ethnographic Studies*, 9, p. 19-43.

– (2010) (trad. Barthélémy M.) *Catégorisations et ordre moral*, Paris, Economica, 302p.

JMAHRI Mustapha (1994) *Les consulats étrangers à El Jadida*, Rabat, Impr Elite, 49p.

JOBARD Fabien, LEVY René (2009) *Police et minorités visibles : les contrôles d'identité à Paris*, Open Society Institute, New York, 84p

JOBARD Fabien (2010) « Gibier de police. Archives de politique criminelle », 32, p 93-103.

–(2012) « Propositions sur la théorie de la police », *Champ Pénal*, vol. IX, disponible sur : https://journals.openedition.org/champpenal/8298

JOBARD Fabien, FAVRE Pierre (1997), « La police comme objet de science politique », *Revue française de science politique*, 47e année, n°2, p. 204-210.

JOBARD Fabien, NÉVANEN Sophie (2007) «"La couleur du jugement" Discriminations dans les décisions judiciaires en matière d'infractions à agents de la force publique (1965-2005) », *Revue française de sociologie*, vol. 48, p. 243-272.

KHACHANI Mohamed (2008) « La migration clandestine au Maroc », *CARIM Analytic and Synthetic Notes, 22p.*– (2010) *Maroc : Migration, marché du travail et développement*, Document de travail, Projet de recherche « Faire des migrations un facteur de développement : une étude sur l'Afrique du Nord et l'Afrique de l'Ouest », ILO, 68p.

KHROUZ Nadia, LANZA Nazarena (2015) (coord.) « Migrants au Maroc Cosmopolitisme, présence d'étrangers et transformations sociales », *publications* Konrad-Adenauer-Stiftung e.V, 184p.

KLAUS Enrique (2008) « Derrière le voile. Analyse d'un réseau dialogique égyptien », *Droit et société*, 1, n° 68, p. 153-179.

– (2012) *De la morale au politique. Médias, public et scandalisation en Égypte,* thèse de doctorat, laboratoire PACTE, UPMF –Grenoble (non publiée)

KOMTER Martha (1997) « Remorse, Redress, and Reform: Blame-Taking in the Courtroom », *In* TRAVERS Max, MANZO John F. (ed.) *Law in action: Ethnométhodological and Conversation Analytic Approaches to Law*, socio-legal studies series, p. 239-264.

– (1998) *Dilemmas in the Courtroom: A Study of Trials of Violent Crime in the Netherlands*, Hillsdale, New Jersey: Lawrence Erlbaum Associates, 2016p.

– (2001) « La construction de la preuve dans un interrogatoire de police », *Droit et société*, n°48, p. 367-393.

LANZA Nazarena (2011) « Les domestiques sénégalaises au Maroc », *In* PERALDI Michel (dir.), *D'une Afrique`à l'autre. Migrations subsahariennes au Maroc*, Karthala, p.119-144.

– (2015) « Quelques enjeux du soufisme au Maroc : le tourisme religieux sénégalais et la construction d'un imaginaire sur l'amitié », *In* KHROUZ Nadia, LANZA Nazarena (2015) (coord.) *Migrants au Maroc Cosmopolitisme, présence d'étrangers et transformations sociales*, publications Konrad-Adenauer-Stiftung e.V p. 65-71.

LAPASSADE Georges (2002) « Observation participante », *In* BARUS-MICHEL Jacqueline *et al. Vocabulaire de psychosociologie*, éditions ERES « Hors collection », p. 375-390.

LASCOUMES Pierre (1990), « Normes juridiques et mise en œuvre des politiques publiques », *l'Année sociologique* (1940/1948), Troisième série, vol. 40, p. 43-71.

LAURENS Sylvain (2008) « Les agents de l'État face à leur propre pouvoir. Éléments pour une micro-analyse des mots griffonnés en marge des décisions officielles", *Genèses*, n° 72, p. 26-41.

LATOUR Bruno (2002) *La Fabrique du droit. Une ethnographie du Conseil d'État*, Paris,La Découverte, 320p.

LECERF Yves (1986) « Indifférence éthnométhodologique, refus de l'induction, sociologie sans induction », dans *Pratiques de formation (analyses), Ethnométhodologies*, n°11-12, Université de Paris VIII, p. 46-49.

LE COURANT Stefan (2010) « Ce que fait la politique de contrôle de l'immigration », *Champ pénal/Penal field*, vol. VII, disponible sur : https://journals.openedition.org/champpenal/7889

– (2015) « Le poids de la menace. L'évaluation quotidienne du risque d'expulsion par les étrangers en situation irrégulière », *Ethnologie française*, vol. 45, p. 123-133.

LEONARD Thomas (2010) « Ces papiers qui font le jugement : Inégalités entre Français et étrangers en comparution immédiate », *Champ pénal/Penal field*, vol. VII, disponible sur https://journals.openedition.org/champpenal/7879

LEUDAR Ivan, NEKVAPIL Jiři (2002) « On dialogical Networks: Arguments about the Migration Law in Czech Mass Media in 1993 », in HESTER Stephen, HOUSLEY William, *Language, interaction and national identity : studies in the social organisation of national identity in talk-in-interaction*, Cardiff University. School of Social and Administrative Studies, Ashgate, p. 60-101.

– (2004) Media networks and political argumentation, *Journal of Language and Politics* 3:2, p. 247-266.

– (2006) « Sequencing in Media Dialogical Networks », *Ethnograhic Studies*, 8, p. 30-43.

LEUDAR Ivan, MARSLAND Victoria, NEKVAPIL Jiří (2004) « On membership categorization: us',them' and doing violence' in political discourse », *Discourse & Society*, vol. 1 5 (2-3), p. 243-266.

LEVY René (2001), « Egon Bittner et le caractère distinctif de la police : quelques remarques introductives à un débat », *Déviance et Société*, vol.25, p. 279-283.

LIORA Israël (2005) *Robes noires, années sombres*, Paris, édition Fayard, 550p.

LIPSKY Michael (2010) (Expanded Edition) *Street-Level Bureaucracy: Dilemmas of the Individual in Public Services*, New York, Russell Sage Foundation, 275p.

LIVINGSTON Eric (1986) *The Ethnomethodological Foundations of Mathematics*, Londres: Routledge & Kegan, 281p.

– (1987) *Making Sense of Ethnomethodology* , Londres: Routledge & Kegan, 148p.

LYNCH Michael (1997) « Preliminary Notes on Judges' Work: The Judge as a Constituent of Courtroom "Hearings" », *In* TRAVERS Max, MANZO John F. (ed.) *Law in action: Ethnométhodological and Conversation Analytic Approaches to Law*, socio-legal studies series, p. 99-130.

MAINSANT Gwénaëlle (2008) « L'État en action : classements et hiérarchies dans les investigations policières en matière de proxénétisme », *Sociétés contemporaines*, n° 72, p.37-57.

MANNHEIM Karl (1952) « On the interpretation of "Weltanschauung" », *In Essays in the Sociology of Knowledge,* New York, p. 53-63.

MANZO John F. (1997), « Ethnomethodology, Conversation Analysis, and the Sociology of Law », *in* TRAVERS Max, MANZO John F. (ed.) *Law in action: Ethnométhodological and Conversation Analytic Approaches to Law*, socio-legal studies series, p. 1-15.

MARTEU Elisabeth (2011), « Des usages de l'*empowerment*, du genre et du féminisme dans les associations de femmes bédouines du Néguev (Israël) », *Cultures & Conflits,* 83, p. 57-77

MATOESIAN Gregory (1993) *Reproducing Rape: Domination through Talk in the Courtroom*, Chicago, The University of Chicago Press, 264p.

– (1997) « "I'm sorry we had to meet under these circumstances": Verbal Artistry (and Wizardry) in the Kennedy Smith Rape Trial », *In* TRAVERS Max, MANZO John F. (ed.), *Law in action: Ethnométhodological and*

Conversation Analytic Approaches to Law, socio-legal studies series, p. 137-182.

– (2001) *Law and the Language of Identity: Discourse in the William Kennedy Smith Rape Trial*, Oxford University Press, 280p.

MAYNARD Douglas W. (1984) *Inside Plea Bargaining. The Language of Negotiation*, New York/London: Plenum Press, 257p.

MAYNARD Douglas W., MANZO John F (1993) « On the sociology of justice: Theoretical notes from an actual jury deliberation », *Sociological Theory*, 11 (2), p. 171-193.

– (1997) « Justice as a Phenomenon of Order: Notes on the Organization of a Jury Deliberation », *in* TRAVERS Max, MANZO John F. (ed.), *Law in action: Ethnométhodological and Conversation Analytic Approaches to Law*, socio-legal studies series, p. 209-237.

MEHAN Hugh, WOOD Houston (1975), *The reality of ethnomethodology*, New York, Wiley, 259p.

MEEHAN Albert J. (1997) « Record-Keeping Practices in the Policing of Juveniles », *in* TRAVERS Max, MANZO John F. (ed.), *Law in action: Ethnométhodological and Conversation Analytic Approaches to Law*, socio-legal studies series, p. 183-208.

MEKNASSI FILALI Rachid (1994) « Transformations sociales et mutations juridiques au Maroc », dans *Politiques législatives : Egypte, Tunisie, Algérie, Maroc (coll.)*, Dossiers du Cedej (Publication sur OpenEdition Books : 15 avril 2013), p. 59-78.

MILBURN Philip (1994) « L'honoraire de l'avocat au pénal : une économie de la relation professionnelle », *Droit et Société*, 26, p. 175-195.

– (2002) « La compétence relationnelle : maîtrise de l'interaction et légitimité professionnelle. Avocats et médiateurs », *Revue française de sociologie*, vol. 43, n° 1, p. 47-72.

MOREAU DE BELLAING Cédric (2009) « Violences illégitimes et publicité de l'action policière », *Politix*, n° 87, p. 119-141.

MOUAQIT Mohamed (1997), «Le mouvement des droits de l'homme au Maroc : du makhzen à l'État de droit », *In* MAHIOU M. (dir.), *L'État de droit dans le monde arabe*, Paris, CNRS-Editions, p. 271-287.

– (2015) « Droit et changement politique et social au Maroc », *In* DUPRET *et al.*, *Le Maroc au Présent : d'une époque à l'autre, une société en mutation*, Ville, édition Fondation du Roi Abdul Aziz Al-Saoud et CJB, p. 815-840.

MOULIÈRE Monique (2001) « À propos des interactions au guichet de l'État-social », *Mouvements*, n°15-16, p. 190-192.

NIANDOU Touré (2015) « Les étudiants subsahariens, nouveaux visages du cosmopolitisme des villes marocaines : l'exemple des étudiants maliens à Fès » *In* KHROUZ Nadia, LANZA Nazarena (coord.) *Migrants au Maroc Cosmopolitisme, présence d'étrangers et transformations sociales*, publications Konrad-Adenauer-Stiftung, p. 129-136.

NIEMANTS Natasha S. (2014) « La voix de l'interprète dans l'entretien clinique réel et simulé », *Repères DoRiF Traduction, médiation, interprétation*, volet n°2, https://www.dorif.it/ezine/ezine_articles.php?art_id=162

NOIRIEL Gérard (1988) *Le Creuset français. Histoire de l'immigration XIX-XXe siècle*, Paris, Le Seuil, 441p.

OGIEN Albert (1994) « Les propriétés sociologiques du concept », *In* FRADIN Bernard, QUÉRÉ Louis, WIDMER Jean, (eds), *L'enquête sur les catégories, Raisons pratiques : Epistémologie, sociologie, théorie sociale*, 5, Paris, EHESS, p. 243-269.

OLLION Étienne, SIMÉANT Johanna (2015) « Le plaidoyer : internationales et usages locaux », *Critique internationale*, n° 67, p. 9-15.

PALIDDA Salvatore (1999), « La criminalisation des migrants », *Actes de la recherche en sciences sociales*, n°129, p. 39-49.

PAPADOPOULOU-KOURKOULA Aspasia (2008), « Transit migration through Greece », Paper presented at the Conference « (Irregular) Transit Migration in the European space: Theory, Politics and Research Methodology », IMISCPOE, 18-20 April 2008, Koc University, Istanbul (Sariyer).

PAPERMAN Patricia (2001) « Indifférence, neutralité, engagement », *In* FORNEL Michel (de), QUÉRÉ Louis, OGIEN Albert (dir.) *L'Ethnométhodologie : une sociologie radicale*, Paris, La Découverte, p. 345-360.

PERRIN Delphine (2008) « L'étranger rendu visible au Maghreb – la voie ouverte à la transposition des politiques juridiques migratoires européennes », *Asylon(s)*, n°4, http://www.reseau-terra.eu/article770.html

PIAN Anaik (2005) « Aventuriers et commerçants sénégalais à Casablanca : des parcours entrecroisés », *Autrepart*, n° 36, p. 167-182.

POLLNER Melvin (1974) « Mundane Reasoning », *Philosophy of the Social Sciences*, 4, p. 35-54.

– (1974b) « Sociological and Common-Sense Models of the Labelling Process », *in* TURNER Roy (eds.), *Ethnomethodology*, Harmondsworth, Penguin Books, p. 27-40.

– (1987) *Mundane Reasoning: Reality in Everyday and Sociological Discourse*, Cambridge, Cambridge University Press, 200p.

POUZOULET Philippe (2005), « La parole et la violence : le cas du diplomate », *Revue d'éthique et de théologie morale*, n°236, p. 129-132.

QUÉRÉ Louis (1986) « Comprendre l'ethnométhodologie une antisociologie, un néo-populisme sociologique ? », interview de Louis Quéré par Georges Lapassade, *In* ARDOINO Jacques et LECERF Yves (coord.), *Ethnométhodologies*, Pratiques de formation (analyses), Revue de la formation permanente, n° 11/12, Université de Paris 8 – Vincennes, p. 21-23.

– (1987) « L'argument sociologique », *Réseaux*, vol. 5, n°27, Questions de méthode. p. 97-136.

– (1989) « L'impératif de description », *Revue du MAUSS*, 4, p. 64-69.

– (1994) « Présentation » *in* FRADIN Bernard, QUÉRÉ Louis, WIDMER Jean, (eds), *L'enquête sur les catégories, Raisons pratiques : Epistémologie, sociologie, théorie sociale,* 5, Paris, EHESS, p. 7-37.

RELIEU Marc (1994) « Les catégories dans l'action », *In* FRADIN Bernard, QUÉRÉ Louis, WIDMER Jean, (eds), *L'enquête sur les catégories, Raisons pratiques : Epistémologie, sociologie, théorie sociale,* 5, Paris, EHESS, p.185-215.

ROBILLARD Albert B. (1999) *Meaning of a Disability: The Lived Experience of Paralysis*, Philadelphia, Temple University Press, 191p.

RODIER Claire (2012), *Xénophobie Business,* Paris, La Découverte, 200p.

SACKS Harvey (1972) « Notes on Police Assessment of Moral Character », *In* David Sudnow (dir.) *Studies in Social Interaction*, New York: The Free Press, p. 280-293.

– (1974) « On the Analysability of Stories by Children », *In* TURNER Roy (eds.), *Ethnomethodology*, Harmondsworth, Penguin Books, p. 216-232.

–(1997) « The Lawyer's Work », *In* TRAVERS Max, MANZO John F. (ed.), *Law in action: Ethnométhodological and Conversation Analytic Approaches to Law*, socio-legal studies series, p. 43-49.

– (1995) *Lectures on Conversation* (vol. I & II), Oxford:Blackwell, 1520p.

SACKS Harvey, SCHEGLOFF Emanuel. A., JEFFERSON Gail (1974) « A Simplest Systematics for the Organization of Turn-Taking for Conversation », *Language*, vol.50, n°4, Part.1, p. 696-735.

SALLE Gilles, CHANTRAINE Grégory (2009) « Le droit emprisonné ? Sociologie des usages sociaux du droit en prison », *Politix*, Volume 22, p. 93-117.

SANTUCCI Jean-Claude (1995) « État de droit et droits de l'État au Maroc: réflexions à propos du Conseil consultatif des droits de l'homme », *Annuaire de l'Afrique du Nord*, tome XXX1V, CNRS Éditions, p. 289-300.

SAUVEL Jean (1965) « La réforme de la justice au Maroc », *In* FLORY Maurice MIEGE Jean-Louis (dir.), *Annuaire de l'Afrique du Nord,* Centre de recherches sur l'Afrique méditerranéenne (CRAM), Paris, Editions du CNRS.

SAWICKI Frédéric (2000) « Les politistes et le microscope », *Les méthodes au concret : démarche, formes de l'expérience et terrain d'investigation en science politique*, Paris, PUF, p.143-164.

SCHEGLOFF Emmanuel (1992) « On Talk and its Institutionnal Occasions », in DREW Paul and HERITAGE John (dirs), Talk at Work. Interaction in Institutional Settings, Cambridge University Press, 101-134.

– (1992) « in another context », in DURANTI, Alessandro, GOODWIN, Charles (eds), *Rethinking Context: Language as an Interactive Phenomenon*, Studies in the Social and Cultural Foundations of Language (Book 11), Cambridge University Press, p. 191-227.

SCHEFFER Thomas (2010) *Adversarial Case-making: an ethnography of English Crown Court Procedure*, Brill, January, 283p.

SCHÜTZ Alfred (1953), « Common-Sense and Scientific Interpretation of Human Action », *Philosophy and Phenomenological Research*, vol. 14, n°1, p. 1-38.

– (1987) *Le Chercheur et le quotidien. Phénoménologie des sciences sociales* (traduction d'une sélection de textes par A. Noschi-Giliéron), Paris, Méridiens Klincksieck, 172p.

– (1990) Collected Papers I – The Problem of Social Reality, Dordrecht : Kluer Academic Publishers, 364p.

– (2010) *L'étranger* (traduction française de *The stranger,* paru en 1944, et The *homecomer,* paru en 1945), Paris, édition Allia, 77p.

SEFRIOUI Houcine (1973) *La condition des étrangers au Maroc*, Dar el Kitab, Casablanca, 382p.

SIMÉANT Johanna (1994) « Immigration et action collective. L'exemple des mobilisations d'étrangers en situation irrégulière », *Sociétés contemporaines,* n°20, p. 39-62.

– (2013) « Protester/mobiliser/ne pas consentir. Sur quelques avatars de la sociologie des mobilisations appliquée au continent africain », *Revue internationale de politique comparée*, vol. 20, p. 125-143.

SIMÉANT Johanna, TAPONIER Susan (2014) « Interpreting the Rise of International "Advocacy" », *Humanity: An International Journal of Human Rights, Humanitarianism, and Development*, vol. 5, n° 3, p. 323-343.

SPIRE Alexis (2007) « L'asile au guichet » La dépolitisation du droit des étrangers par le travail bureaucratique, *Actes de la recherche en sciences sociales*, n° 169, p. 4-21.

– (2008) *Accueillir ou reconduire. Enquête sur les guichets de l'immigration*, Paris, Raisons d'agir, 128p.

– (2011) « Administration : la lutte continue », *Plein droit*, n° 91, p. 3-7.

SPIRE Alexis, WEIDENFELD Katia (2009) « Les usages sociaux de la justice administrative », *Tracés. Revue de Sciences humaines,* Hors Série, p. 75-85.

SUDNOW David (1965) « Normal Crimes: Sociological Features of the Penal Code in a Public Defender Office », *Social Problems*, vol. 12, n° 3, p. 255-276.

TAMANAHA Brian Z. (1993) « The Folly of the « Social Scientific » Concept of Legal Pluralism", *Journal of Law and Society*, 20(2), p. 192-217.

– (1997) *Realistic Socio-Legal Theory: Pragmatism and a Social Theory of Law*, Oxford, Oxford University Press, 296p.

– (2000) « A Non-Essentialist Version of Legal Pluralism », *Journal of Law and Society*, 27(2), p. 296-321.

THERRIEN Catherine, *et. al.* (2014) *La question du « chez-soi » au Maroc: les représentations des migrants français confrontées aux points de vue des Marocain-es,* AMERM, 190p. Disponible sur : http://amerm.ma/wp-content/uploads/2014/02/La-question-du-chez-soi-au-Maroc-les-repr%C3%A9sentations-des-migrants-fran%C3%A7ais-confront%C3%A9es-aux-points-de-vue-des-Marocain-es-Catherine-Therrien.pdf

TIMÉRA Mahamet (2011) « La religion en partage, la "couleur" et l'origine comme frontière. Les migrants sénégalais au Maroc », *Cahiers d'études africaines,* n° 201, p. 145-167.

TRAVERS Max, MANZO John F. (ed.) (1997) *Law in action : Ethnométhodological and Conversation Analytic Approaches to Law*, socio-legal studies series , 321p.

TRAVERS Max (1997) *The Reality of Law:* Work and Talk in a Firm of Criminal Lawyers, Ashgate, Aldershot, 175p.

–(1997) « Introduction to Part I » *In* TRAVERS Max, MANZO John F. (ed.) *Law in action : Ethnométhodological and Conversation Analytic Approaches to Law*, socio-legal studies series, p. 19-23

–(1997) « Introduction to Part II » *In* TRAVERS Max, MANZO John F. (ed.) *Law in action : Ethnométhodological and Conversation Analytic Approaches to Law,* socio-legal studies series, p. 133-136.

– (2001) « Ethnométhodologie, analyse de conversation et droit », *Droit et Société,* 48, p. 349-366.

TURNER Roy (eds.) (1974) *Ethnomethodology*, Harmondsworth, Penguin Books, 287p.

VAIREL Frédéric (2004) « Le Maroc des années de plomb : équité et réconciliation ? », *Politique africaine*, 4, n° 96, p. 181-195.

VALLUY Jérôme (2006) « Genèse du "faux réfugié"», *Plein droit*, n° 69, p. 19-22.

– (2007) « Le HCR au Maroc : acteur de la politique européenne d'externalisation de l'asile », *L'Année du Maghreb*, III, p. 547-575.

VAN CHARLDORP Tessa C. (2011) *From police interrogation to police record,* thèse universitaire, Université Libre d'Amsterdam, Uitgeverij BOXPress, Oisterwijk, 259p.

VAUCHEZ Antoine (2006) « La justice comme "institution politique" : retour sur un objet (longtemps) perdu de la science politique », *Droit et société*, n°63-64, p. 491-506.

WACQUANT Loïc J. D. (1999) « Des "ennemis commodes" », *Actes de la recherche en sciences sociales*, vol. 129, septembre, p. 63-67.

WATSON Rodney (1994) « Catégories, séquentialité et ordre social » *In* FRADIN Bernard, QUÉRÉ Louis, WIDMER Jean (eds), *L'enquête sur les catégories, Raisons pratiques :Epistémologie, sociologie, théorie sociale,* 5, Paris, EHESS, p.151-184.

– (1997) « The Presentation of Victim and Motive in Discourse: The case of Police Interrogation and Interviews », *In* TRAVERS Max, MANZO John F. (ed.) *Law in action: Ethnométhodological and Conversation Analytic Approaches to Law*, socio-legal studies series, p.77-97.

– (2001) « Continuité et transformation de l'ethnométhodologie », *In* FORNEL Michel (de), QUÉRÉ Louis, OGIEN Albert (dir.) *L'Ethnométhodologie : une sociologie radical*e, Paris, La Découverte, p. 17-29.

WELLER Jean-Marc (2003) « Le travail administratif, le droit et le principe de proximité », *L'Année sociologique*, vol. 53, p. 431-458.

– (2007) « La disparition des bœufs du Père Verdon. Travail administratif ordinaire et statut de la qualification », *Droit et Société*, n°67, p. 713-755.

WEST Candace, ZIMMERMAN Don H. (1995) « Doing difference », *Gender & Society*, vol.9, n°1, p. 8-37.

WIEDER Lawrence (1974) « Telling the code », in TURNER Roy (eds.), *Ethnomethodology*, Harmondsworth, Penguin Books, p. 144-172.

WITTGENSTEIN Ludwig (2014 – publication originelle en 1953), *Recherches philosophiques*, Paris, Gallimard, Collection Tel, 372p.

– (1987), *De la certitude*, Paris, Gallimard, 154p.

ZURLO Yves (2011), « Ceuta et Melilla. Villes espagnoles ou dernières colonies en Afrique ? », *Grande Europe*, n° 28, Paris, La Documentation française, sur https://www.ladocumentationfrancaise.fr/pages-europe/d000478-ceuta-et-melilla.-villes-espagnoles-ou-dernieres-colonies-en-afrique-par-yves-zurlo

DÉCLARATION / DOCUMENTS OFFICIELS / D'INSTITUTIONS

BANQUE MONDIALE (2003) *Maroc : évaluation du système juridique et judiciaire,* 106 p.

ROYAUME DU MAROC ET UE ET SES ETATS MEMBRES (2013) Déclaration conjointe établissant un partenariat de mobilité, juin.

CAPITAL CONSULTING (2014) *Rapport d'état des lieux et diagnostic : Elaboration de la stratégie nationale de l'immigration et de l'asile*, Rabat, le 04 Juillet 2014, 144 p.

UE (1998) Document de stratégie sur la politique de l'UE en matière de migrations et d'asile - CK4-27- ASIM 170, 1er juillet.

PARTENARIAT EURO-MED (2001) *Maroc : document de stratégie 2002-2006 & programme indicatif national 2002-2004*, 6 décembre, 90 p.

COMMISSION EUROPÉENNE (2006) « La commission renforce par un appui budgétaire au Maroc la nouvelle stratégie marocaine de lutte contre les migrations clandestines », Communiqué de presse, Réf. IP/06/1121, 23/08/2006

COMMISSION EUROPÉENNE (2001) Communication de la Commission européenne du 15 novembre 2001 concernant une politique commune en matière d'immigration clandestine, COM/2001/0672 final

CCDH (2007) *Rapport sur l'établissement des faits relatifs aux évènements de l'immigration illégale*,

CNDH (2013) Conclusions et recommandations du rapport : « Étrangers et droits de l'Homme au Maroc: pour une politique d'asile et d'immigration radicalement nouvelle », septembre

HCP (2017) « Note d'information du Haut-Commissariat au Plan à l'occasion de la journée internationale des migrants », 18 décembre.

HCP (2015) « Note sur les premiers résultats du Recensement Général de la Population et de l'Habitat 2014 », mars.

Ministère de l'Emploi et de la Formation Professionnelle (2011) *Rapport sur l'emploi des salariés étrangers au Maroc*, janvier, 8 p.

RODRIGUEZ PIZARRO Gabriela (2004) rapporteuse spéciale sur les droits de l'Homme, Rapport visite au Maroc : *Groupes et individus particuliers, travailleurs migrants*, Nations Unies, Conseil Economique et Social, Rapport soumis à la 60ème session de la Commission des droits de l'Homme, E/CN.4/2004/76/Add. 3 du 15 janvier

RESULTATS D'ENQUÊTES

AMERM/CISP (2007) « Synthèse des principaux résultats de l'Enquête : « Profil des migrants Subsahariens au Maroc 2007 », décembre

BADDOU Tajeddine (1974), *La population du Maroc*, Institut National de Statistique et d'Economie Appliquée, Rabat, CICRED Séries

MGHARI Mohamed (2009) « La migration irrégulière au Maroc », Communication présentée à l'occasion de la XXVI IUSSP International Population Conference, Marrakech

MGHARI Mohamed (2010) « La migration irrégulière au Maroc », *Les cahiers du plan*, n°28, mars-avril, p. 32-44.

Principaux rapports d'ONG OU d'OI utilisés

AMDH (2013) Rapport parallèle Au premier rapport du Maroc sur la mise en œuvre de la Convention internationale sur la protection des droits de tous les travailleurs migrants et des membres de leur famille

ANAFE (2015) *Des zones d'atteintes aux droits, Rapport d'observations dans les zones d'attente*

APDHA (2005) *Informe sobre la inmigración clandestina durante el año 2004,* 16 p.

APDHA (2004) *Informe sobre la inmigración clandestina*

AFVIC-CIMADE (2004) *La situation alarmante des migrants subsahariens au Maroc*, octobre 2004

Cimade, AFVIC (2005) *Refoulements et expulsions massives de migrants et demandeurs d'asile : réçit d'une mission de l'AFVIC et de la Cimade,* 12 octobre

FILALI MEKNASSI Saâd (2014) *Accéder à l'information c'est notre droit - Guide pratique pour promouvoir l'accès à l'information publique au Maroc*, UNESCO

FIDH, GADEM (2013) « Maroc : entre rafles et régularisations, bilan d'une politique migratoire indécise »

GADEM, APDHA, Cimade, Migreurop (2015) *Ceuta et Melilla, centres de tri à ciel ouvert aux portes de l'Afrique*

GADEM (2007) *La chasse aux migrants aux frontières sud de l'Europe : Conséquence des politiques migratoires européennes. Les refoulements de décembre 2006 au Maroc*

– (2009) *Étude sur le cadre juridique relatif à la condition des étrangers*

– (2009) *Rapport relatif à l'application par le Maroc de la Convention internationale sur la protection des droits de tous les travailleurs migrants et des membres de leur famille*

– (2011) *Petit guide de plaidoyer pour la défense des droits des migrants, réfugiés et demandeurs d'asile.*

– (2013) (coord.) *Rapport alternatif sur l'application au Maroc de la Convention internationale sur la protection des droits de tous les travailleurs migrants et des membres de leur famille*

GISTI (2008) « 30 ans après le « grand arrêt » Gisti de 1978 : Défendre la cause des étrangers en Justice », colloque du 15 novembre, Paris, 96 p.

IPPR (2013) *Le mythe du transit La migration subsaharienne au Maroc*, rapport,

MSF (2005) *Violence et immigration, Rapport sur l'immigration d'origine subsaharienne (ISS) en situation irrégulière au Maroc*, septembre, p. 24.

– (2013) *Violences, Vulnérabilité et Migration : Bloqués aux Portes de l'Europe Un Rapport sur les Migrants Subsahariens en Situation Irrégulière au Maroc*

MIGREUROP (2007) *Guerre aux migrants - Le livre noir de Ceuta et Melilla*, 236 p.

– (2009) *Les frontières assassines de l'Europe*, 55 p.

IOM (2004) *Study on Transit Migration Throught Azerbaïjan*, Geneva

REMDH (2008) *Maroc : l'indépendance et l'impartialité du système judiciaire*, rapport élaboré par Abdelaziz Nouaydi

WENDER Anne Sophie (dir.) (2004) *Gourougou, Bel younes, Oujda : la situation alarmante des migrants subsahariens en transit au Maroc et les conséquences des politiques de l'union européenne*, Cimade, Service des Solidarités internationales

Presse et Presse en ligne : ressources principales

MAP, AFP,

lavieeco, Le Matin, MarocHebdo, Liberation (ma), Tel quel, L'Économiste

Yabiladi.com, Aujourd'hui. Ma, LesEco

Le Monde, abc.es, Le Monde diplomatique, abc.es,

Principaux documents administratifs mobilisés

Ministère de l'Emploi, « Projet de réponse relatif à l'accès des étrangers au marché du travail », document non publié remis en mai 2013

Parlement, Compte-rendu de l'audience 347 du 23 juin 2003 à la chambre des conseillers

Parlement, livret remis aux députés de la chambre des conseillers dans le cadre de l'examen de la loi n° 02-03 relative à l'entrée et au séjour des étrangers au Royaume du Maroc, à l'émigration et l'immigration irrégulières, session d'avril 2002

LISTE DES TABLEAUX

ANNEXES

TABLE DES ANNEXES

- **Annexe n° 1** – Ressortissants de pays dispensés de visa d'entrée (au 1ier juillet 2017)
- **Annexe n° 2** – Traduction de l'extrait du PV de l'audience n°347, tenue le 23 juin 2003, pour étude et vote de la loi n° 02-03 devant la chambre des conseillers au parlement.
- **Annexe n° 3** – Introduction projet de loi n° 02-03 devant la Commission de la Justice, de la législation et des droits de l'Homme de la Chambre des conseillers du Parlement, en juin 2003, et présentation des éléments du livret remis aux députés de la chambre des conseillers dans le cadre de l'examen de la loi n° 02-03.
- **Annexe n°4** – Traduction jugement n° 1681-08 du 08/10/2008 – TPI de Meknès
- **Annexe n°5** – Traduction jugement n° 1781-08 du 22/10/2008 – TPI de Meknès
- **Annexe n° 6** - Extraits des procès-verbaux dans la « Note informative sur le procès des cinq réfugiés » élaborée en juillet 2009 par le GADEM

ANNEXE 1

RESSORTISSANTS DE PAYS DISPENSÉS DE VISA D'ENTRÉE AU MAROC (AU 1IER JUILLET 2017) - SITE INTERNET DE L'AÉROPORT DE CASABLANCA

Les nationalités concernées *

Fidèle à sa réputation touristique et à sa tradition d'accueil, le Royaume du Maroc est l'une des Nations les plus ouvertes. Les citoyens de 70 pays (au 1er juillet 2017) peuvent visiter le Maroc pour une durée maximale de 90 jours sans autre document que leur passeport valable au moins 3 mois à la date d'arrivée.

Exemple : si vous atterrissez à l'aéroport de Casablanca le 1er mars, votre passeport doit être encore valable au moins jusqu'au 2 juin.

Nationalités exemptées de visa : citoyens de l'Union européenne, Algérie, Andorre, Argentine, Australie, Bahrein, Brésil, Canada, Chili, Chine, Congo-Brazzaville, Gabon, Guinée, Hong Kong (30 jours) Islande, Indonésie, Côte d'Ivoire, Japon, Koweït, Liechtenstein, Macao, Mali, Mexique, Monaco, Nouvelle-Zélande, Niger, Norvège, Oman, Pérou, Philippines, Qatar, Russie, San Marin, Arabie Saoudite, Sénégal, Singapour, (30 jours), Corée du Sud, Suisse, Tunisie, Turquie, Emirats arabes unis, Etats-Unis, Vénézuéla

Nationalités sujettes au visa : les nationaux de tous les autres pays doivent obtenir un visa dans les ambassades et consulats du Royaume du Maroc.

Source : https://www.aeroportdecasablanca.com/visa_maroc.php

ANNEXE 2

TRADUCTION DE L'EXTRAIT DU PROCÈS-VERBAL DE L'AUDIENCE N° 347, TENUE LE 23 JUIN 2003, POUR ÉTUDE ET VOTE DE LA LOI N° 02-03 DEVANT LA CHAMBRE DES CONSEILLERS AU PARLEMENT

Audience n° 347

Date : 23/06/2003

Présidence : Mustapha Oukacha, président de la 2e Chambre/Chambre des conseillers

Horaires : 2 h 20 à partir de 11 h 20

Ordre du jour : étude et vote su les projets de loi suivants :

1) Projet de loi n° 65.99 relatif au code de l'emploi[344]
2) Projet de loi n° 02.03 relatif à l'entrée des étrangers au Royaume du Maroc et à l'immigration irrégulière (1 paragraphe, dernière page).
3) Projet de loi n° 15.03 relatif au dahir Cherif n° 338.74.01 du 15 juin 1974 relatif à l'organisation juridique du Royaume du Maroc

[...]

La Chambre des conseillers a voté de façon unanime sur le projet de loi 65.99 relatif au Code du travail et passe au deuxième point pour l'étude et le vote du projet de loi n° 02.03 relatif à l'entrée des étrangers au Royaume du Maroc et à l'immigration irrégulière, présentée par le gouvernement. Le rapport a été diffusé et j'ai un seul inscrit pour intervenir, il s'agit de M. Saïd Tadlaoui : qui s'est retiré : on passe au vote du projet de loi n° 02.03.

Article 1, qui est d'accord ? : unanimité

Article 2 jusqu'à article 58 : unanimité

En conséquence, l'assemblée adopte ce projet de loi.

Le gouvernement représenté par Mustapha El Mansouri, ministre de l'Emploi et des Affaires sociales et de solidarité

[344] L'étude du projet de loi n° 65.99 relatif au code de l'emploi occupe 20 des 21 pages de ce compte-rendu de séance.

Copie des pages du procès-verbal (p. 1 et 21) concernant la loi n° 02-03

محضر الجلسة 347

التاريخ: الاثنين 22 ربيع الثاني 1424 ([illegible] 2003).

الرئاسة: السيد مصطفى عكاشة، رئيس مجلس المستشارين.

التوقيت: ساعتان وعشرون دقيقة ابتداء من الساعة العاشرة و[illegible] دقيقة صباحا.

جدول الأعمال: الدراسة والتصويت على مشاريع القوانين التالية:

1- مشروع قانون رقم 65.99 يتعلق بمدونة الشغل.

2- مشروع قانون رقم 02.03 يتعلق بدخول الأجانب إلى المملكة المغربية وبالهجرة غير المشروعة.

3- مشروع قانون رقم 15.03 يتعلق بتغيير الظهير الشريف رقم 1.74.338 بتاريخ 15 يوليو 1974 يتعلق بالتنظيم القضائي للمملكة المغربية. حضر جزء من أشغال هذه الجلسة [illegible]

السيد مصطفى عكاشة، رئيس الجلسة:

بسم الله الرحمن الرحيم والصلاة والسلام على سيد المرسلين.

السيد الوزير الأول،

حضرات السادة الوزراء،

حضرات السادة المستشارين المحترمين،

نخصص هذه الجلسة للدراسة والتصويت على مشاريع القوانين التالية:

1- مشروع قانون رقم 65.99 يتعلق بمدونة الشغل.

2- مشروع قانون رقم 02.03 يتعلق بدخول الأجانب إلى المملكة المغربية وبالهجرة غير المشروعة.

3- مشروع قانون رقم 15.03 يتعلق بتغيير الظهير الشريف رقم 1.74.338 صادر في 24 جمادى الآخرة 1394 (15 يوليو 1974) المعتبر بمثابة قانون يتعلق بالتنظيم القضائي للمملكة. [illegible]

[illegible]

السيد مصطفى المنصوري، وزير التشغيل والشؤون الاجتماعية والتضامن:

بسم الله الرحمن الرحيم والصلاة والسلام على أشرف المرسلين.

[illegible]

الموافقون؟ الإجماع. إذن هذا التصويت يسري على جميع المواد. السي بروال تفضل صوتنا على جميع المواد. والآن أعرض للتصويت تصدير وديباجة المشروع والمشروع برمته كما تم تعديله. الموافقون؟

إذن وافق مجلس المستشارين على مشروع القانون رقم 65.99 والذي يتعلق بمدونة الشغل. شكرا لكم ونمر إلى الجزء الثاني. نمر للدراسة والتصويت على مشروع قانون رقم 02.03 يتعلق بدخول الأجانب المملكة المغربية وبالهجرة غير المشروعة. التقديم من طرف الحكومة. التقرير قد وزع. وعندي مسجل واحد في التدخل هو السيد سعيد التدلاوي. انسحب. نمر للتصويت على مواد مشروع القانون رقم 02.03.

المادة 1، الموافقون: الإجماع

المادة 2، المادة 3، المادة 4، إلى المادة 58 الإجماع

إذن وافق المجلس على هذا المشروع بالإجماع.

إذن نمر إلى المشروع الثاني رقم 15.03 يتعلق بتغيير الظهير الشريف المعتبر بمثابة قانون يتعلق بالتنظيم القضائي للمملكة المغربية.

الكلمة للحكومة. التقرير قد وزع. المناقشة لم يسجل أحد في هذه المناقشة. إذن نصوت على هذا المشروع.

المادة 1: الإجماع

المادة 2: الإجماع

نعرض المشروع برمته على التصويت: الإجماع

إذن وافق مجلس المستشارين على القانون رقم 15.03 الذي يتعلق بتغيير الظهير الشريف المعتبر بمثابة قانون ويتعلق بالتنظيم القضائي للمملكة.

إذن انتهينا وجئنا على جميع النقط المدرجة في جدول الأعمال.

شكرا لكم جميعا ورفعت الجلسة.

ANNEXE 3

Introduction projet de loi n° 02-03 devant la Commission de la Justice, de la législation et des droits de l'Homme de la Chambre des conseillers du Parlement, en juin 2003

Présentation des éléments du livret remis aux députés de la chambre des conseillers dans le cadre de l'examen de la loi n° 02-03 relative à l'entrée et au séjour des étrangers au Royaume du Maroc, à l'émigration et l'immigration irrégulières

La présentation de ces éléments permet de bénéficier de la structure du livret et d'éléments de contenu dont ont bénéficié les conseillers.

Ce dossier est constitué de 16 pages de présentation du projet de loi, du projet de loi et de pages d'annexes [cf. infra].

Page de couverture

Royaume du Maroc

Parlement

Chambre des conseillers

Rapport de la Commission de la Justice, de la législation et des droits de l'Homme

sur le projet de loi n° 02.03 relatif à l'entrée et au séjour des étrangers au Royaume du Maroc, à l'émigration et l'immigration irrégulières [tel que validé par la Chambre des représentants en date du 5 juin 2003]

Direction de la législation et du contrôle des relations extérieures

Année législative 1997 — 2006

Division des commissions et des sessions publiques

Cinquième année législative

Service des commissions permanentes

Session d'avril 2002

Table des matières du dossier

Introduction[345]

Honorable président,

Mesdames et Messieurs les honorables Ministres,

Mesdames et Messieurs les honorables conseillers,

J'ai l'honneur de présenter devant l'honorable conseil, le rapport de la Commission de la Justice, de la législation et des droits de l'Homme relatif au projet de loi n° 02.03 relatif à l'entrée et au séjour des étrangers au Royaume du Maroc, à l'émigration et l'immigration irrégulières.

La commission a étudié ce projet en présence de Mohamed Bouzoubaa, ministre de la Justice, qui a fait un exposé dans lequel il a montré que ce texte entre dans le cadre de la révision et de la mise à jour des textes juridiques portant sur la migration, à travers l'adoption d'une approche globale de cette problématique, comme il a pour objectif la lutte contre les réseaux de la migration clandestine qui ciblent notre pays, du fait de sa situation géographique privilégiée, par des décisions fermes, mobilisant les différentes sanctions et amendes prévues, selon les infractions commises, en veillant à son application, conformément au droit pénal. Le projet pénalise la migration clandestine et prévoit l'application de sanctions sévères à l'encontre de ceux qui s'en rendraient coupables.

Ce projet vise également — ajoute Monsieur le ministre — le respect des principes reconnus internationalement et la mise en conformité avec les directives des conventions internationales en matière de migration. Il détermine également des dispositions essentielles concernant l'entrée des étrangers au Maroc et leur résidence, les conditions d'entrée, ainsi que les conditions et procédures d'obtention des cartes de séjour des étrangers. Il détermine les conditions de reconduite à la frontière et d'expulsion, et il impose à l'administration de justifier ses décisions.

Ce projet garantit aux étrangers concernés toutes les voies de recours devant les tribunaux, contre les décisions administratives prises à leur encontre.

[345] Ce texte a été traduit en tentant de maintenir les phrases en arabe dans leur formulation initiale, en vue de ne pas le dénaturer. Certaines ponctuations et les tirets ont été ajoutés pour permettre cependant une meilleure compréhension de la retranscription écrite de ce discours.

Honorable président,

Mesdames et Messieurs les honorables Ministres,

Mesdames et Messieurs les honorables conseillers,

Les interventions et discussions des honorables conseillers ont toutes souligné l'importance de ce projet qui constitue un des éléments essentiels de la sauvegarde de la souveraineté marocaine contre tout ce qui peut porter atteinte au fondement de son organisation ou de son système de référence. Ce projet intervient dans des conditions caractérisées par l'ouverture sur l'extérieur et l'adhésion à l'organisation internationale du commerce. Cela n'a pas empêché certains intervenants de se poser la question des raisons de la non-présentation de ce projet devant la chambre des Conseillers, dès le début de la législature, du fait de la composition de la chambre des conseillers dont sont membres les représentants de collectivités limitrophes des frontières nationales. Le projet de loi prend acte du changement historique que connait la migration clandestine et de son impact sur les Marocains, ce qui est nettement visible à travers les *pateras* de la mort. Pour déterminer de façon nette ce phénomène, celui-ci est envisagé dans son contexte économique et social, en l'analysant sous ce prisme, au-delà d'une démarche purement juridique, ce qui rend nécessaire une nouvelle conception des relations entre le Maroc et l'Union européenne.

Il a été souligné que, depuis l'indépendance, le Code pénal marocain n'a pas pénalisé ce phénomène, à l'exception du dahir de 1949, promulgué pendant le protectorat, qui est en contradiction avec la souveraineté nationale et porte atteinte à la dignité des Marocains. Cela a concrètement provoqué un grand vide. Ce projet de loi vise à combler ce vide et à donner aux autorités judiciaires et aux instances chargées du contrôle des frontières, les instruments de son suivi et des outils pour sanctionner les organisateurs et les instigateurs de l'expansion de l'émigration irrégulière, en les soumettant à des sanctions sévères. Pour une application efficace des dispositions de ce projet, Messieurs les conseillers ont soulignés la nécessité d'entreprendre une campagne de communication avec le public pour faire connaitre la réalité de ce phénomène et les difficultés que rencontre le marocain qui migre à l'étranger, surtout lorsqu'il est en situation illégale, tout en soulignant le rôle que peut jouer la société civile dans ce cadre, et l'importance d'avoir une vision sur les dossiers en suspend liés à ce sujet.

Les intervenants considèrent que ce projet vise à préciser les manières dont le Maroc se comporte vis-à-vis des étrangers, de la même façon que les citoyens marocains sont traités à l'étranger, en conformité avec les textes des Conventions internationales. Il s'agit d'affirmer la souveraineté de l'État, d'une part, tout en assurant la protection des droits de la main-d'œuvre marocaine à l'étranger, d'autre part. Et c'est à ce propos que la question des politiques européennes sur la migration a été soulevée, ainsi que celle de la place des accords internationaux en la matière, particulièrement ceux qui concernent la protection des droits humains.

Les débats ont soulignés les impacts et les effets négatifs de la résidence des étrangers dans certaines zones du Maroc et les perturbations qui en résultent, du fait de résidences prolongées ou limitées, surtout qu'ils utilisent abusivement le droit de la propriété, en achetant de grandes surfaces, sous prétexte de les consacrer à des projets touristiques ; ce qui a un impact négatif sur le secteur agricole dans ces zones.

Les discussions sont également revenues sur la rédaction de quelques articles. Il s'agit notamment de l'article 3 du projet initial dans lequel il y a une répétition, qui pourrait être évitée, de l'expression « comme tout autre document de voyage ». Il est également proposé d'intégrer l'expression « il doit quitter » au lieu de « il est dans l'obligation d'avoir quitté » qui apparaît dans l'article 38. Il a été demandé de supprimer l'article 31, qui contient des directives non réalistes, et de supprimer l'expression « ou de l'une des deux sanctions », mentionnées dans les articles 42,43, 44, qui indiquent que la sanction peut être soit une peine de prison, soit une amende, mais peut également parfois être seulement une peine de prison. La question des sources de revenus constants qui doivent être garantis pour le séjour des étrangers telles que mentionnées dans l'article 16 a aussi été soulevée, ainsi que les règles de maintien dans les zones d'attente et les instances qui doivent contrôler ses lieux, des solutions quand l'étranger ne veut pas retourner dans son pays, ainsi que les garanties d'un jugement équitable, en cas de contestation de la décision du juge, et des conditions de prolongation du délai de 15 jours mentionné dans l'article 20.

Une demande d'éclaircissement sur le terme « enfant » a été formulée pour savoir si ce terme intègre les garçons et les filles, dans la mesure où l'on ne peut pas élargir à dessin le sens des mots en matière de législation pénale. Il en est de même de l'utilisation de « moyens de subsistance » dans l'article 4 qui s'avère préférable à la référence à la prise en charge des frais découlant du séjour et de l'hébergement.

D'autres remarques ont été formulées aussi, parmi lesquelles :

- ✓ Le caractère imprécis du délai pour que le président du tribunal administratif statut sur la demande du concerné tel que mentionné dans l'article 20, alors que l'article 23 fixe ce délai à 4 jours ;
- ✓ Quelles sont les raisons pour lesquelles on exige que le père bénéficie de la tutelle légale sur l'enfant, alors que cela fait partie des principes généraux ;
- ✓ Le caractère imprécis de la procédure de mariage avec l'étranger ;
- ✓ La mention par l'article 28 de l'effet suspensif de l'exécution de l'appel présenté devant le président administratif, parallèlement à la possibilité

de formuler une demande de suspension de l'exécution de la décision telle qu'elle est mentionnée dans l'article 33.

Certains intervenants se sont interrogés sur la partie qui se charge de la prise en charge des dépenses de l'immigrant clandestin qui a été condamné à être éloigné. Certains se demandent pourquoi l'article 37 ne parle que de voie aérienne et maritime d'entrée de l'étranger, sans mentionner la voie terrestre, alors que l'article 50 mentionne les trois voies d'entrée.

Honorable président,

Mesdames et Messieurs les honorables Ministres,

Mesdames et Messieurs les honorables conseillers,

Au début de sa réponse aux interventions de messieurs les conseillers, M. le ministre a précisé que ce projet vise à prendre en considérations toutes les conventions internationales, générales ou bilatérales, que le Maroc a ratifiées, ainsi que les principes de base des droits de l'Homme tels qu'établis à l'échelle internationale et mentionnés dans la Constitution marocaine. De ce fait, cette loi reflète les choix sur lesquels le Maroc se positionne dans le concert des nations.

Quant à la détermination de la peine, Monsieur le Ministre a montré qu'il fallait laisser à l'autorité judiciaire le soin de trancher sur les délits mineurs, tout en adoptant une position ferme, concernant la peine de prison à l'encontre des organisateurs de réseaux de migration clandestine, en les condamnant à des peines de prison et d'amende. Le traitement réservé aux victimes de ces réseaux doit être humain et respectueux du principe de l'individualisation de la peine.

Les efforts fournis dans la discussion du projet de loi, devant la commission juridique de la Chambre des députés, particulièrement l'affirmation nette, dans l'article 58, de la nécessité d'abroger tous les règlements en vigueur pendant la période du protectorat et qui servaient les intérêts du colonisateur.

Le ministre a ajouté que ce projet de loi complète les autres lois qui concernent l'organisation du séjour des étrangers, pour protéger les frontières marocaines contre l'infiltration des immigrés clandestins sur son territoire, le Maroc étant un pont et une voie de liaison entre l'Afrique et l'Europe, tout en veillant à la volonté du Maroc de préserver les relations privilégiées avec les pays africains.

Ce projet de loi, ajoute Monsieur le Ministre, vise à assurer la cohérence entre ce projet de loi et les conventions internationales en la matière, avec l'engagement du Maroc à travailler en collaboration avec les pays européens pour le contrôle des frontières. Ce texte pourrait aussi lever l'ambigüité sur un certain nombre d'aides fournies par des pays européens pour combattre le phénomène de la migration clandestine.

Le ministre a ajouté que la nécessité d'organiser le séjour des étrangers au Maroc relève de conditions réalistes, notamment après que certains étrangers séjournant de façon irrégulière au Maroc aient été pris en flagrant délit de participer aux derniers actes terroristes de Casablanca.

Il mentionne aussi que l'article 53 durcit les peines de prison et a revu à la hausse le montant des amendes prévues, en comparaison de ce qui était auparavant en vigueur. Les peines sont donc aujourd'hui plus dissuasives en ce qui concerne les actes criminels des trafiquants qui organisent la migration clandestine, surtout que ces actions aboutissent souvent à la mort de nombre de victimes.

Monsieur le ministre a assuré, pour ce qui est du contrôle de l'état de santé et de sécurité sur les maladies des étrangers qui entrent au Maroc, que ces situations sont prévues par les textes en la matière. Les recommandations de l'OMS mentionnent les maladies pour lesquelles il est possible d'interdire aux étrangers porteurs de ces maladies d'entrer dans le pays d'accueil. En tant que membre de l'OMS, le Maroc a adhéré à ce dispositif.

Concernant la question de l'acquisition des étrangers de propriétés, à travers l'achat ou la location, M. le ministre a précisé que le projet de loi est bien formulé puisqu'il ne concerne que l'organisation de l'entrée des étrangers et leur résidence au Maroc.

Le ministre a ajouté que ce projet de loi garantit les droits des étrangers conformément aux conventions concernées à l'échelle internationale et auxquelles Maroc a adhéré en matière de respect des droits humains.

En cas de sanctions répressives non justifiées dans ce projet, il y aura des répercussions négatives dans nos relations avec les autres pays qui appliqueraient la règle de la réciprocité. Le respect de la réciprocité est obligatoire même s'il n'est pas toujours facile à appliquer.

En ce qui concerne les actes qui portent atteinte à la bonne conduite, non conformes à la morale et à la norme, contraires aux traditions et aux spécificités du Maroc commis par des étrangers, le ministre a rappelé que le Code pénal contient des clauses claires qui pénalisent ces agissements et qui en punissent les auteurs.

Pour ce qui est de la question concernant la différence entre les lieux de rétention et les zones d'attente, il a expliqué que les lieux de rétention sont ceux qui sont mentionnés à l'article 34 du projet de loi. Ceux-ci ne relèvent pas de l'administration pénitentiaire. Un texte réglementaire précisera les conditions de leur gestion et de leur fonctionnement. Le ministère public est chargé du contrôle des personnes concernées par des décisions d'expulsion pour leur entrée illégale au Maroc, celles qui sont arrivées au terme de leur durée de séjour autorisée ou qui l'ont dépassée. Ces personnes sont retenues dans des lieux de rétention avant renvoi dans leur pays d'origine.

Les zones d'attente sont mentionnées à l'article 38. Elles sont situées dans les ports ou les aéroports et c'est là que sont gardées les personnes qui entrent au Maroc par la mer ou par les airs. Ajoutons que les lieux d'attente se situent au niveau des frontières entre la zone de départ et la zone d'arrivée. L'absence de mention des entrées par voie terrestre, au même titre que par les ports et les aéroports, se justifie par le fait que la personne qui entre par la voie terrestre peut être renvoyée facilement vers le pays de départ á partir du point d'entrée à la frontière, ce qui n'est pas possible quant les entrées se font par les ports ou les aéroports.

Le délai de recours est déterminé selon l'urgence des cas, dit le ministre. En général ce sont les procédures normales qui s'appliquent. Le délai de 15 jours mentionné à l'article 20 est lié au délai précisé à l'article 21. Il n'aboutit pas de façon immédiate à la décision de reconduite à la frontière de l'étranger qui est elle-même soumise à la possibilité d'un recours devant le tribunal. Le délai est suspensif.

Le délai mentionné, dit-il, concerne la personne pour laquelle la délivrance ou le renouvellement de la carte de résidence ou d'immatriculation a été refusé. Les poursuites judiciaires restent en vigueur dans ce cas et les autorités administratives peuvent éloigner la personne en question, après décision du juge. Dans ce cas, le pays vers lequel il sera renvoyé est fixé. Cette décision est-elle même susceptible d'un recours qui suspend le renvoi de l'étranger.

L'article 17, ajoute le ministre, apporte de nouvelles garanties dans le cas du mariage d'un étranger avec une citoyenne marocaine. Il en est de même pour la délivrance de la carte de résidence aux enfants adultes ou sous la tutelle de la mère marocaine, à titre individuel ou collectif.

Concernant la proposition de remplacer l'expression « enfants' par "progénitures", du fait que la première désigne les garçons et non les filles. Le ministre a répondu qu'"enfants" se rapporte aux deux sexes comme le précise le code de la famille.

Quant à la question sur l'octroi de la tutelle légale aux parents, le ministre a précisé qu'elle ne leur est pas accordée de façon définitive.

Pour la proposition d'un document unique délivré qui intègre carte de résidence et d'immatriculation, le ministre a affirmé que cela n'est pas possible la carte d'immatriculation est une autorisation délivrée à l'entrée au Maroc pour un séjour limité, de une à dix années.

La carte de résidence est délivrée aux étrangers séjournant au Maroc pendant une durée minimale de quatre années consécutives et qui disposent de ressources nécessaires pour vivre ; ceux-là bénéficieront d'un statut de résident de deuxième catégorie.

Concernant la remarque relative à l'intérêt de mentionner, dans certaines dispositions, les tribunaux administratifs et, dans d'autres, les tribunaux ordinaires, le ministre a considéré que cette remarque est importante. Cela s'explique, dit-il, par le fait que les tribunaux administratifs ne couvrent pas l'ensemble du territoire. Il n'y a pas lieu de créer des tribunaux spécialisés. Les tribunaux ordinaires sont compétents dans ce domaine.

La question de la réciprocité en matière de visas à l'égard des pays qui l'appliquent aux Marocains relève des prérogatives du ministère des Affaires étrangères et de la Coopération, répond le ministre. Il faut prendre en compte les intérêts économiques et politiques du Maroc. Le tourisme, qui est un secteur essentiel dans le développement pourrait en subir des impacts néfastes.

Lors de la réunion du 17 juin 2017, la commission a approuvé à l'unanimité les articles et l'ensemble du projet de loi n° 02.03, portant sur l'entrée et le séjour des étrangers au Maroc ainsi que sur l'immigration illégale.

Le rapporteur de la commission

Driss Boujouala

Intervention du ministre de la justice — Monsieur Bouzoubaa — devant la commission de la justice, de la législation et des droits de l'Homme de la chambre des conseillers à l'occasion de la présentation du projet de loi n° 02-03 relatif à l'entrée et au séjour des étrangers au Royaume du Maroc, à la migration irrégulière, tel qu'il a été adopté par la chambre des députés

Chambre des conseillers, mercredi 11 juin 2003

Projet de texte tel qu'il a été proposé devant la commission qui l'a approuvée

Royaume du Maroc — Parlement marocain — chambre des représentants

Projet de loi n° 02-03 relatif à l'entrée et au séjour des étrangers au Royaume du Maroc, à la migration irrégulière (tel qu'il a été approuvé par la chambre des députés le 4 rabii tani 1424 correspondant au 5 juin 2003)

Conventions concernant la migration

- Convention internationale pour la protection des droits de tous les travailleurs migrants et des membres de leur famille : adoptée par décision de l'assemblée générale 158/45 en date du 18 décembre 1990.
- Accord de coopération entre le Royaume du Maroc et le gouvernement de la Roumanie dans le domaine de la lutte contre le commerce illégal de drogue, le crime organisé et l'immigration clandestine ;
- Accord entre le royaume d'Espagne et celui du Maroc relatif à la circulation des personnes, du transit et de la réadmission des étrangers entrés illégalement.
- Accord de coopération entre le gouvernement du Royaume du Maroc et le gouvernement de la République du Portugal pour le contrôle des frontières et des flux migratoires

ANNEXE 4

TRADUCTION JUGEMENT N° 1681-08 DU 08/10/2008 - TPI DE MEKNÈS

Cette traduction reprend le contenu et la forme (éléments barrés, ajouts manuscrits, ...) tels qu'ils apparaissent dans le document de jugement.

Légende de la retranscription :

[Italique] = ajouts manuscrits
~~En date de~~ = raturé sur la version du jugement

Royaume du Maroc
Ministère de la Justice
Cour d'appel de Meknès

Tribunal de première instance de Meknès

Dossier n° : 1681-08
Jugement n° :
Date : 08/10/2008

Colonne droite du document

Au nom de Sa Majesté le Roi

~~En date de~~ le TPI de Meknès a émis
Et a (...) l'affaire délictuelle dans la salle d'audience de Meknès
Celle-ci était composée de messieurs :
Maître : (.............) président
En présence de Maître (...) représentant du Ministère public
Avec le soutien de Madame : (...) Greffier
Le jugement suivant :
Entre monsieur le procureur de Sa Majesté le Roi près ce tribunal
D'un côté

Et le dénommé

[(…………) *Pierre, français de nationalité, né le (………). Ses parents (……………), veuf, père de 2 enfants, retraité. Son adresse : (……………), Meknès].*

De l'autre

Suite à la poursuite en cours contre l'accusé ci-dessus, d'avoir commis l'infraction de résidence illégale, les actes sus mentionnés et leurs sanctions à l'article ~~3 de la loi (Dahir) 1941/5/216, rectifiée par la loi de 1950/1/5~~. [*art. 21 et 4 du dahir du 11-11-2003*]

Conformément à ce qui est mentionné dans le procès-verbal de l'enquête préliminaire, daté du [*08/10/2008]*, sous n° [*28]*, rédigé par la police judiciaire, on en déduit que dans le cadre de la lutte contre l'immigration clandestine et la résidence irrégulière au Maroc, a été appréhendé l'accusé en question qui est de nationalité .

Après audition devant le greffe, il a répondu qu'il ~~ne dispose pas de documents et qu'il réside d'une manière irrégulière.~~ [*il ignore la loi qui organise la condition des étrangers au Maroc]*

Sur cette base, la procédure et l'accusé ont été présentés à Monsieur le procureur du Roi, qui a décidé la poursuite de l'accusé pour les faits mentionnés ci-dessus.

L'affaire a été discutée en l'audience du [*08/10/2008]*, en présence de l'accusé en état d'arrestation, son identité est portée sur le procès, ~~sans antécédents judiciaires, le fait qu'il ne parle pas l'arabe et pour cela on a désigné~~

, à propos de ce qui leur est reproché, il a répondu qu'il réside au Maroc de manière illégale. Le tribunal a considéré l'affaire prête et a donné la parole à Monsieur le Procureur du Roi, qui a réclamé la condamnation, l'accusé était le dernier à prendre la parole et il n'a rien ajouté de nouveau, le tribunal a décidé de reporter l'affaire pour l'audience [*du jour]*

Après délibération et conformément à la loi.

Considérant que l'accusé est poursuivi suite aux faits mentionnés en application des articles de poursuite mentionnés ci-dessus

Et l'accusé a déclaré, lors de l'audition préliminaire, qu'il ne possède aucun document et qu'il est entré et séjourne de manière irrégulière.

Considérant que pour le tribunal, il n'y a rien qui contredit ce qui a été rapporté dans le procès-verbal de l'enquête préliminaire.

Considérant que le tribunal a la conviction ferme, et sans aucun doute, de la véracité des actes qui sont attribués à l'accusé, ce qui permet la déclaration de sa culpabilité suite à ces actes.

Considérant que l'accusé n'a pas d'antécédents judiciaires, le tribunal, en tenant compte sa situation familiale et sociale, a décidé de suspendre l'exécution de leur emprisonnement, conformément à l'article 55 du code pénal.

Pour ces motifs

En application des articles sus mentionnés, et l'article 297-304-319, et suivants, et l'article 362 et s., l'article 384 et s., l'article 635 et s., jusque l'article 641 et s. du nouveau Code de procédure pénal, et les articles de poursuite :

Le tribunal a jugé en première instance, publiquement et en présence

De condamner l'accusé pour ce qui lui est reproché et le punir à un mois de prison avec sursis, à sa charge les frais de justice et les contraintes minimums.

Avec cela, le jugement a été prononcé le jour, le mois et l'année sus mentionnés, et signé par le président du tribunal et secrétaire du greffier.

Président Greffier

ANNEXE 5

Traduction jugement n° 1781-08 du 22/10/2008 - TPI de Meknès

Légende de la retranscription :

[Italique] = ajouts manuscrits

~~En date de~~ = raturé sur la version du jugement

* Changement manuscrit de personne

Passage au pluriel. Si indiqué, passage au féminin

Royaume du Maroc

Ministère de la Justice

Cour d'appel de Meknès
Tribunal de première instance
de Meknès

Dossier n° : 1781-08
Jugement n° :
Date : 22/10/2008

Colonne droite du document

Au nom de Sa Majesté le Roi

~~En date de~~ le TPI de Meknès a émis
Et a (...) l'affaire délictuelle dans la salle d'audience de Meknès
Celle-ci était composée de messieurs :
Maître : (.............) président
En présence de Maître (....) représentant du Ministère public
Avec le soutien de *Madame : (...) Greffier

Passage manuscrit au féminin

Le jugement suivant :

Entre monsieur le procureur de Sa Majesté le Roi de ce tribunal

D'un côté

Et le dénommé

[1) (…………………….), syrien, né en (….) à Alep, de mère (…..), célibataire, creuseur de puits, habite (………), Alep, en Syrie.

2) (…………………….), syrien, né en 1979 à Alep, de mère (…..), marié, creuseur de puits, habite à la même adresse sus mentionnée

3) (…………………….), syrien, né en 1984 à Alep, de mère (…..), célibataire, creuseur de puits, habite à la même adresse sus mentionnée]

De l'autre

Suite à la poursuite en cours contre *les accusés ci-dessus, d'avoir commis l'infraction de résidence irrégulière, les actes sus mentionnés et leurs sanctions à l'article 3 du dahir 1941/5/216, rectifié par la loi de 1950/1/5.

Conformément à ce qui est mentionné dans le procès-verbal de l'enquête préliminaire, sous n° 247/ج ج ش ق, rédigé par la police judiciaire, on en déduit que dans le cadre de la lutte contre l'immigration clandestine et la résidence irrégulière au Maroc, ont été appréhendés *les accusés, qui *sont de nationalité [*syrienne*].

Après *leur audition devant le greffe, *ils ont répondu qu'il ne dispose pas de documents et *qu'ils résident d'une manière irrégulière.

Sur cette base, la procédure et l'accusé ont été présentés à Monsieur le Procureur du Roi, qui a décidé la poursuite de l'accusé pour les faits mentionnés ci-dessus.

L'affaire a été discutée en l'audience du 22/10/2008, en présence *des accusés en état d'arrestation, *leurs identités est portée sur le procès, *ils n'ont pas d'antécédents judiciaires, ~~le fait qu'il ne parle pas l'arabe et pour cela on a désigné~~

, à propos de ce qui leur est reproché, *ils ont répondu qu'ils résident au Maroc de manière irrégulière

Le tribunal a considéré l'affaire prête et a donné la parole à Monsieur le Procureur du Roi, qui a réclamé la condamnation, l'accusé était le dernier à prendre la parole et *ils n'ont rien ajouté de nouveau, le tribunal a décidé de reporter l'affaire ~~pour l'audience~~ [*à la dernière audience du jour]*

Après délibération et conformément à la loi

Considérant que *les accusés sont poursuivis suite aux faits mentionnés en application des articles de poursuite mentionnés ci-dessus, et *les accusés ont déclarés, pendant leur audition préalable, qu'*ils ne possèdent aucun document, qu'*ils sont entrés au Maroc et y *séjournent de manière irrégulière.

Considérant que, pour le tribunal, il n'y a rien qui contredit ce qui a été rapporté dans le procès-verbal de l'enquête préliminaire.

Considérant que le tribunal a la conviction ferme, et sans aucun doute, de la véracité des actes qui sont attribués à l'accusé, ce qui permet la déclaration de sa culpabilité suite à ces actes.

Considérant que ~~l'accusé, n'a pas d'antécédents judiciaires, le tribunal~~, *leurs conditions économiques et sociales a décidé de suspendre l'exécution de leur emprisonnement, conformément à l'article 55 du Code pénal.

Pour ces raisons

En application des articles sus mentionnés, et l'article 297-304-319, et suivants, l'article 362 et s., l'article 384 et s., l'article 635 et s., jusque l'article 641 et s. du nouveau Code de procédure pénal, et les articles de poursuite :

Le tribunal a jugé en première instance, publiquement et en présence

De condamner *les accusés pour ce qui leur est reproché et *les punir [*chacun* d'entres eux] à un mois de prison avec sursis, à leur charge les frais de justice et contraintes minimums.

Avec cela, le jugement a été prononcé le jour, le mois et l'année sus mentionnés, et signé par le président du tribunal et le secrétaire du greffe.

Président Greffier

Copie de la retranscription du jugement n° 1681-08 du 08/10/2008 – TPI de Meknès Jugements Meknès

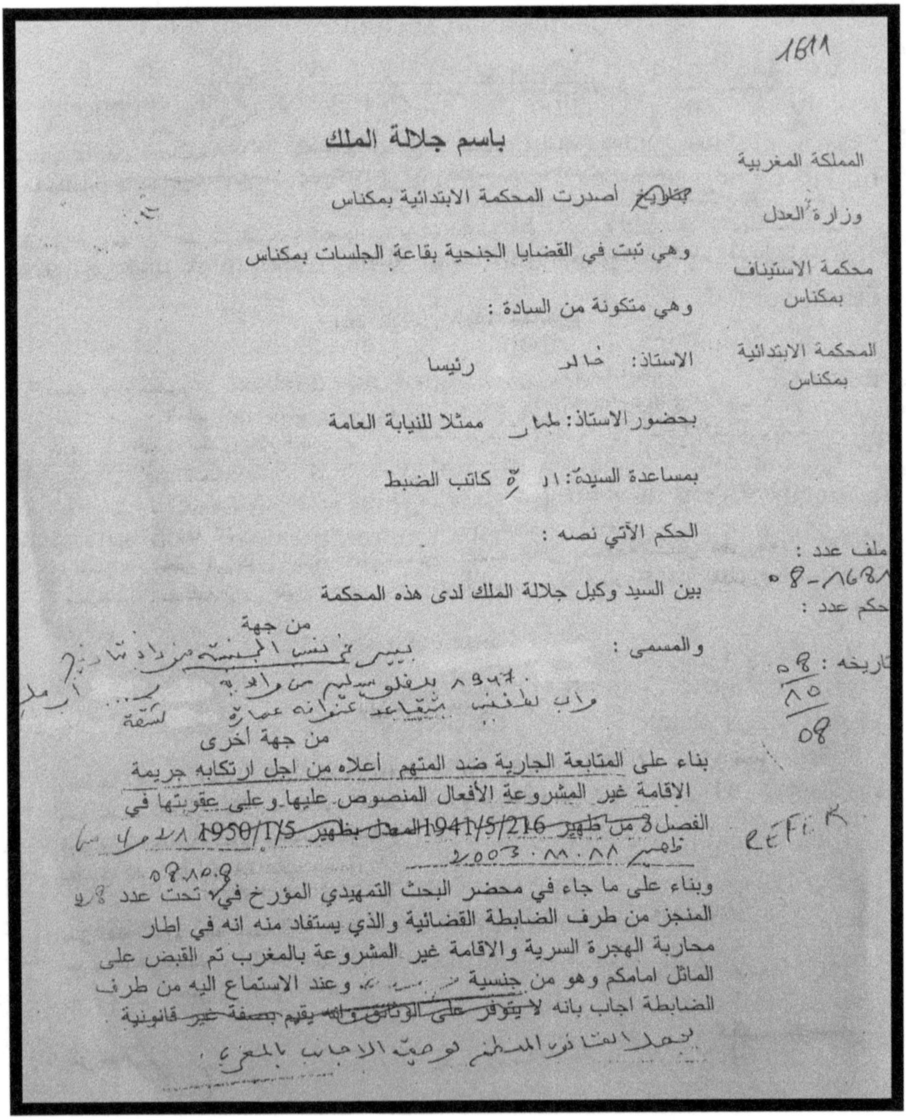

1681

المملكة المغربية
وزارة العدل
محكمة الاستيناف بمكناس
المحكمة الابتدائية بمكناس

باسم جلالة الملك

أصدرت المحكمة الابتدائية بمكناس

وهي تبت في القضايا الجنحية بقاعة الجلسات بمكناس

وهي متكونة من السادة :

الأستاذ: خالد رئيسا

بحضور الأستاذ: ... ممثلا للنيابة العامة

بمساعدة السيدة: ... كاتب الضبط

الحكم الآتي نصه :

ملف عدد : 08-1681
حكم عدد :
تاريخه : 08/10/08

بين السيد وكيل جلالة الملك لدى هذه المحكمة

من جهة

والمسمى :

من جهة أخرى

بناء على المتابعة الجارية ضد المتهم أعلاه من اجل ارتكابه جريمة الاقامة غير المشروعة الأفعال المنصوص عليها وعلى عقوبتها في الفصل 3 من ظهير 1950/1/5 المعدل بظهير 1941/5/216

ظهير 2003.11.11

وبناء على ما جاء في محضر البحث التمهيدي المؤرخ في 08.10.08 تحت عدد ... المنجز من طرف الضابطة القضائية والذي يستفاد منه انه في اطار محاربة الهجرة السرية والاقامة غير المشروعة بالمغرب تم القبض على الماثل امامكم وهو من جنسية ... وعند الاستماع اليه من طرف الضابطة اجاب بانه لا يتوفر على الوثائق وانه يقيم بصفة غير قانونية

وبناء على ذلك تمت إحالة المسطرة والمتهم على السيد وكيل الملك الذي قرر متابعة المتهم من اجل الأفعال المسطرة أعلاه .

وأدرجت القضية بجلسة ٢٨.٠٥.٢٠٠٨ احضر لها المتهم في حالة اعتقال ، هويته بالمحضر ، لا سوابق له بتذكره ، وتبين انه لا يتكلم اللغة العربية لذا تقرر تعيين

، وعن المنسوب اليه اجاب بانه يقيم بالمغرب بشكل غير قانوني . وبعد أن اعتبرت المحكمة القضية جاهزة اعطيت الكلمة للسيد وكيل الملك الذي التمس الادانة وكان المتهم اخر من تكلم دون ان يضيف جديدا ، فتقرر حجز القضية للتامل لجلسة يومه

وبعد التامل طبقا للقانون

حيث توبع المتهم من اجل الافعال المشار اليها طبقا لفصول المتابعة اعلاه .

وحيث صرح المتهم عند الاستماع إليه تمهيديا بانه لا يتوفر على اية وثيقة وانه دخل الى المغرب واقام به بشكل غير قانوني وانه كان يشتغل منذ ١٦ سنة بشرة ١٣ شهر ولبسه ٨٥ أيام

وحيث لم يثبت للمحكمة ما يخالف ما جاء في محضر البحث التمهيدي .

وحيث تكونت لدى المحكمة القناعة الكافية وبما لا يدع مجالا للشك بثبوت الافعال المنسوبة الى المتهم في حقه الشيء الذي يتعين معه التصريح بادانته من اجلها .

وحيث انه بالنظر إلى كون المتهم عديم السوابق القضائية فان المحكمة اعتبارا لظروفه العائلية والاجتماعية ترى القول بإيقاف تنفيذ عقوبة الحبس طبقا للمادة 55 من القانون الجنائي .

لهذه الأسباب

وتطبيقا للفصول المشار اليها اعلاه والفصل 297 – 304 – 319 وما بعده والفصل 362 وما بعده والفصل 384 وما بعده والفصل 635 وما بعده والى غاية الفصل 641 من قانون المسطرة الجنائية الجديد وفصول المتابعة :

حكمت المحكمة ابتدائيا علنيا حضوريا

بمؤاخذة المتهم بما نسب اليه ومعاقبته على ذلك بشهر واحد حبسا موقوف التنفيذ مع تحميله الصائر والإجبار في الحد الادنى .

بهذا صدر الحكم في اليوم والشهر والسنة اعلاه وامضاه رئيس الهيأة وكاتب الضبط

الرئيس | كاتب الضبط

ANNEXE N° 6

Extraits des procès-verbaux dans la « Note informative sur le procès des cinq réfugiés » élaborée en juillet 2009 par le GADEM

GADEM

Groupe antiraciste d'accompagnement et de défense des étrangers et migrants

Note informative sur le procès des cinq réfugiés

Juillet 2009

La mobilisation des réfugiés devant le bureau du Haut commissariat des Nations unies pour les réfugiés (HCR) à Rabat, commencé le 15 juin 2009, s'est conclu le 2 juillet 2009, par des affrontements entre les manifestants et les forces de l'ordre venue les déloger. D'après les diverses sources d'information, 40 blessés dont cinq réfugiés et un policier transportés à l'hôpital. Suite à ces événements, cinq réfugiés ont été interpellés et accusés de « rassemblement armé, rébellion et violence contre un fonctionnaire public » et « **séjour irrégulier** » bien que ces cinq personnes soient reconnues réfugiés par le HCR et que, conformément aux engagements internationaux relatif à l'application de la Convention de Genève de 1951, les Etats signataires ne peuvent appliquer **aux réfugiés** de **« sanctions pénales, du fait de leur entrée ou de leur séjour irrégulier,**».

Cette note explicative reprend des informations sur la procédure appliquée à ces cinq réfugiés, qui comporte des éléments plus que douteux et tente de retracer le déroulement des faits.

Extraits des procès-verbaux[346]

02/07/2009 – 17h00

Déclarations du plaignant – K.D (officier de police, chef du district d'Agdal-Hassan, Riyad).

« [...] A dater d'aujourd'hui, à environ 13h20, au cours de la couverture sécuritaire au Centre de documentation des Nations unies situé Avenue Roudana et Tarik Ibn Ziad, lieu de la réunion entre le président de la délégation du Haut commissariat des Nations unies pour les réfugiés et dix représentants des réfugiés africains au Maroc, 60 manifestants, rejoints à la fin de cette réunion devant la porte de cette même institution par les dix représentants, ont commencé à saccager les lieux en essayant d'entrer dans les locaux. Déçus par les décisions du président de la délégation du HCR, ils ont cassés les caméras fixées à l'extérieur et ont jeté des pierres sur les portes et les fenêtres s'armant de tout ce qu'ils trouvaient comme des bâtons ou des barres en fer.

[...] sur la base des instructions des autorités locales en la personne du PACHA en charge de la région de Hassan et du CAID responsable de l'annexe administrative de Hassan et suite à la demande de M. le Président de la délégation ; nous sommes intervenus avec le soutien d'agents des forces auxiliaires et durant l'intervention, je fus surpris par un Africain me frappant avec un bâton en bois au niveau du bras gauche. J'ai été transporté, suite à cela, aux urgences d'Ibn Sina. Après auscultations, le médecin traitant m'a informé que j'avais une fracture au niveau du bras gauche et il m'a fourni une attestation médicale qui fixe la durée de l'incapacité à 60 jours [...]. Je vous informe que j'ai reconnu mon agresseur au moment de son arrestation ».

02/07/2009 – 18h15

Déclarations du Résident permanent du Système des Nations Unies – M.M.W

« [...] J'ai demandé l'évacuation des employés de la délégation et l'intervention des forces de sécurité pour éloigner les assaillants, certains réfugiés ont commencé à jeter des pierres sur le bureau de la délégation causant des dégâts matériels dont deux fenêtres cassées et quatre caméras. Ils ont également brûlé le compteur d'électricité et le

---

[346] Les procès verbaux ont été traduits de l'arabe par le GADEM.

tableau d'affichage. C'est à ce moment que les agents de sécurité sont intervenus suite à ma demande et sous ma responsabilité [...] à la fin de l'opération, j'ai remercié les agents de sécurité pour leurs efforts pour garantir la protection des biens des Nations Unies et la sécurité de ses employés et leur ai demandé plus d'attention pour prévenir la répétition d'événements regrettables de ce genre. Nous enregistrons une plainte contre les concernés et nous ne tenons pas à poursuivre les prévenus [...] »

03/07/2009 – 10h00

Déclarations de S.D de nationalité ivoirienne

S.D ne sait ni lire, ni écrire l'arabe

« [...] A la fin de 2008, j'ai quitté mon pays pour immigrer en Europe à cause des problèmes économiques que connaît la Côte d'Ivoire. En compagnie d'un nombre de mes concitoyens, nous avons traversé le désert africain à pied et nous sommes arrivés au poste frontière « *colonel Abdelkader* ». Après avoir pris contact avec une personne sur place, qui nous a aidé moyennant une somme de 100 euros, nous avons traversé la frontière vers le Maroc. Après être entré au Maroc, je suis resté, comme le reste des migrants irréguliers dans une forêt au Nord du Royaume afin de préparer mon voyage à l'intérieur du Royaume du Maroc en attendant l'occasion de migrer vers l'Europe.

Afin de pouvoir circuler librement, je me suis adressé au Haut-Commissariat des Nations Unis pour les Réfugiés pour obtenir la carte de cette institution, sachant que je n'appartiens à aucun parti politique ou milice anti-gouvernement ivoirien, mais c'est une manœuvre inventée par les migrants clandestins pour qu'ils puissent vivre dans les pays où ils séjournent.

Je vous confirme que je vis au Maroc de manière illégale, comme tous les autres migrants africains et que je ne possède aucun document officiel [...] »

Q/R : « [...] Je sais que je séjourne au Maroc de manière illégale, je vous confirme que j'ai exercé la violence sur les forces de l'ordre et que j'ai refusé d'obtempérer. Après m'être armé d'un bâton en bois, j'ai frappé quelqu'un avec cet instrument au niveau du bras. »

Q/R : « En effet, je me suis procuré un grand bâton et j'ai frappé une personne en civil, je vous confirme que les personnes qui ont été arrêtées avec moi ont commis les mêmes actes criminels que moi »

[...] **Après la traduction du procès-verbal par l'inspecteur de police A.C, le prévenu a insisté sur ses déclarations et a signé** »

AVIS : Nous signalons que le dénommé S.D a été placé en garde à vue du 02/07/2009 à 13H30 jusqu'au 04/07/2009 à 10H00. Les autorités consulaires en ont été informées ainsi que le parquet par un rapport sur le sujet.

Signature du concerné par la garde à vue

Et signature de l'officier de la police judiciaire. »

03/07/2009 – 11h00

Déclarations de N.S de nationalité ivoirienne

N.S ne sait ni lire, ni écrire l'arabe

« [...] Au début de l'année en cours, j'ai quitté mon pays pour immigrer en Europe à cause des problèmes économiques que connaît la Côte d'Ivoire. En compagnie d'un nombre de mes concitoyens, nous avons traversé le désert africain à pied et nous sommes arrivés au poste frontière « *colonel Abdelkader* ». Après avoir pris contact avec une personne sur place, qui nous a aidé moyennant une somme de 100 euros, nous avons traversé la frontière vers le Maroc. Après être entré au Maroc, je suis resté comme le reste des migrants irréguliers dans une forêt au Nord du Royaume afin de préparer mon voyage à l'intérieur du Royaume du Maroc en attendant l'occasion de migrer vers l'Europe.

Afin de pouvoir tromper les autorités marocaines et de pouvoir circuler librement, je me suis adressé au Haut-Commissariat des Nations Unies pour les Réfugiés pour obtenir la carte de cette institution, sachant que je n'appartiens à aucun parti politique ou milice anti-gouvernement ivoirien, mais c'est une manœuvre inventée par les migrants clandestins pour qu'ils puissent vivre dans les pays où ils séjournent.

Je vous confirme que je vis au Maroc de manière illégale, comme tous les autres migrants Africains et que je ne possède aucun document officiel [...] »

Q/R : « [...] Je sais que je séjourne au Maroc de manière illégale, je vous confirme que j'ai exercé la violence sur les forces de l'ordre et que j'ai refusé d'obtempérer. Après m'être armé d'un bâton en bois, j'ai frappé quelqu'un avec cet instrument au niveau du bras

Q/R : « En effet, je me suis procuré un grand bâton et j'ai frappé une personne en civil, je vous confirme que les personnes qui ont été arrêtées avec moi ont commis les mêmes actes criminels que moi »

[…] **Après la traduction du procès-verbal par l'inspecteur de police A.C, le prévenu a insisté sur ses déclarations et a signé**

AVIS : Nous signalons que le dénommé N.S a été placé en garde à vue du 02/07/2009 à 13H30 jusqu'au 04/07/2009 à 10H00. Les autorités consulaires ont été informées de cela ainsi que le parquet par un rapport sur le sujet.

Signature du concerné par la garde à vue

Et signature de l'officier de la police judiciaire. »

03/07/2009 – 13h00

Déclarations de D.S de nationalité ivoirienne

D.S ne sait ni lire, ni écrire l'arabe

« […] Au début de l'année en cours j'ai quitté mon pays pour immigrer en Europe à cause des problèmes économiques que connaît la Côte d'Ivoire. En compagnie d'un nombre de mes concitoyens, nous avons traversé le désert africain à pied et nous sommes arrivés au poste frontière « *colonel Abdelkader* ». Après avoir pris contact avec une personne sur place, qui nous a aidé moyennant une somme de 100 euros, nous avons traversé la frontière vers le Maroc. Après être entré au Maroc, je suis resté comme le reste des migrants irréguliers dans une forêt au Nord du Royaume afin de préparer mon voyage à l'intérieur du Royaume du Maroc en attendant l'occasion de migrer vers l'Europe.

Afin de pouvoir tromper les autorités marocaines et pouvoir circuler librement, je me suis adressé au Haut-Commissariat des Nations Unies pour les Réfugiés pour obtenir la carte de cette institution, sachant que je n'appartiens à aucun parti politique ou milice anti-gouvernement ivoirien, mais c'est une manœuvre inventée par les migrants clandestins pour qu'ils puissent vivre dans les pays où ils séjournent.

Je vous confirme que je vis au Maroc de manière illégale, comme tous les autres migrants africains et que je ne possède aucun document officiel [...] »

Q/R : « […] Je sais que je séjourne au Maroc de manière illégale, je vous confirme que j'ai exercé la violence sur les forces de l'ordre et que j'ai refusé d'obtempérer. Après m'être armé d'un bâton en bois, j'ai frappé quelqu'un avec cet instrument au niveau du bras

Q/R : « En effet, je me suis procuré un grand bâton et j'ai frappé une personne en civil, je vous confirme que les personnes qui ont été arrêtées avec moi ont commis les mêmes actes criminels que moi »

[…] **Après la traduction du procès-verbal de la part de l'inspecteur de police A.C il a insisté sur ses déclarations et a signé**

« AVIS : Nous signalons que le dénommé D.S a été placé en garde à vue du 02/07/2009 à 13H30 jusqu'au 04/07/2009 à 10H00. Les autorités consulaires ont été informées de cela ainsi que le parquet par un rapport sur le sujet

Signature du concerné par la garde à vue

Et signature de l'officier de la police judiciaire. »

03/07/2009 – 16h00

Déclarations de M.K de nationalité ivoirienne

M.K ne sait ni lire, ni écrire l'arabe

« […] Au début de l'année 2008, j'ai quitté mon pays pour immigrer en Europe à cause des problèmes économiques que connaît la Côte d'Ivoire, en compagnie d'un nombre de mes concitoyens nous avons traversé le désert africain à pied et nous sommes arrivés au poste frontière « *colonel Abdelkader* ». Après avoir pris contact avec une personne sur place, qui nous a aidé moyennant une somme de 100 euros, nous avons traversé la frontière vers le Maroc. Après être entré au Maroc, je suis resté comme le reste des migrants irréguliers dans une forêt au Nord du Royaume afin de préparer mon voyage à l'intérieur du Royaume du Maroc en attendant l'occasion de migrer vers l'Europe.

Afin de pouvoir tromper les autorités marocaines et pouvoir circuler librement, je me suis adressé au Haut-Commissariat des Nations Unis pour les Réfugiés pour obtenir la carte de cette institution, sachant que je n'appartiens à aucun parti politique ou milice anti-gouvernement ivoirien, mais c'est une manœuvre inventée par les migrants clandestins pour qu'ils puissent vivre dans les pays où ils séjournent.

Je vous confirme que je vis au Maroc de manière illégale, comme tous les autres migrants africains et que je ne possède aucun document officiel [...] »

Q/R : « […] Je sais que je séjourne au Maroc de manière illégale, je vous confirme que j'ai exercé la violence sur les forces de sécurité et que j'ai refusé d'obtempérer. Après m'être armé d'un bâton en bois, j'ai frappé quelqu'un avec cet instrument au niveau du bras

Q/R : « En effet, je me suis procuré un grand bâton et j'ai frappé une personne en civil, je vous confirme que les personnes qui ont été arrêtées avec moi, ont commis les mêmes actes criminels que moi »

[…] **Après la traduction du procès-verbal de la part de l'inspecteur de police A.C il a insisté sur ses déclarations et a signé**

AVIS : Nous signalons que le dénommé M.K a été mis en garde à vue du 02/07/2009 à 13H30 jusqu'au 04/07/2009 à 10H00. Les autorités consulaires ont été informées de cela ainsi que le parquet par un rapport sur le sujet.

Signature du concerné par la garde à vue et empreintes digitales

Et signature de l'officier de la police judiciaire. »

03/07/2009 – 17h00

Déclarations de M.D de nationalité congolaise (RDC)

M.D ne sait ni lire, ni écrire l'arabe

« […] Au début de l'année en cours, j'ai quitté mon pays pour immigrer en Europe à cause des problèmes économiques que connaît le Congo RDC. En compagnie d'un nombre de mes concitoyens, nous avons traversé le désert africain en marchant à pied et nous sommes arrivés au poste frontière « *colonel Abdelkader* ». Après avoir pris contact avec une personne sur place, qui nous a aidé moyennant une somme de 100 euros, nous avons traversé la frontière vers le Maroc. Après être entré au Maroc, je suis resté comme les autres migrants irréguliers dans une forêt au Nord du Royaume afin de préparer mon voyage à l'intérieur du Royaume du Maroc en attendant l'occasion de migrer vers l'Europe.

Afin de pouvoir tromper les autorités marocaines et circuler librement, je me suis adressé au Haut-Commissariat des Nations Unies pour les Réfugiés afin d'obtenir la carte de cette institution, sachant que je n'appartiens à aucun parti politique ou milice anti-gouvernement congolais, mais c'est une manœuvre inventée par les migrants clandestins pour qu'ils puissent vivre dans les pays ou ils séjournent.

Je vous confirme que je vis au Maroc de manière illégale, comme tous les autres migrants africains et que je ne possède aucun document officiel [...] »

Q/R : « […] Je sais que je séjourne au Maroc de manière illégale, je vous confirme que j'ai exercé la violence sur les forces de sécurité et que j'ai refusé d'obtempérer. Après m'être armé d'un bâton en bois, j'ai frappé quelqu'un avec cet instrument au niveau du bras

Q/R : « En effet je me suis procuré un grand bâton et j'ai frappé une personne en civil, je vous confirme que les personnes qui ont été arrêtées avec moi ont commis les mêmes actes criminels que moi »

[…] **Après la traduction du procès-verbal de la part de l'inspecteur de police A.C il a insisté sur ses déclarations et a signé**.

AVIS : Nous signalons que le dénommé D.M a été mis en garde à vue du 02/07/2009 à 13H30 jusqu'au 04/07/2009 à 10H00. Les autorités consulaires ont été informées de cela ainsi que le parquet par un rapport sur le sujet

Signature du concerné par la garde à vue

Et signature de l'officier de la police judiciaire. »

TABLE DES MATIÈRES

PARTIE II

RENCONTRES DE L'ÉTRANGER AVEC L'ADMINISTRATION ET LA JUSTICE

Structures éditoriales du groupe L'Harmattan

L'Harmattan Italie
Via degli Artisti, 15
10124 Torino
harmattan.italia@gmail.com

L'Harmattan Hongrie
Kossuth l. u. 14-16.
1053 Budapest
harmattan@harmattan.hu

L'Harmattan Sénégal
10 VDN en face Mermoz
BP 45034 Dakar-Fann
senharmattan@gmail.com

L'Harmattan Cameroun
TSINGA/FECAFOOT
BP 11486 Yaoundé
inkoukam@gmail.com

L'Harmattan Burkina Faso
Achille Somé – tengnule@hotmail.fr

L'Harmattan Guinée
Almamya, rue KA 028 OKB Agency
BP 3470 Conakry
harmattanguinee@yahoo.fr

L'Harmattan RDC
185, avenue Nyangwe
Commune de Lingwala – Kinshasa
matangilamusadila@yahoo.fr

L'Harmattan Congo
67, boulevard Denis-Sassou-N'Guesso
BP 2874 Brazzaville
harmattan.congo@yahoo.fr

L'Harmattan Mali
Sirakoro-Meguetana V31
Bamako
syllaka@yahoo.fr

L'Harmattan Togo
Djidjole – Lomé
Maison Amela
face EPP BATOME
ddamela@aol.com

L'Harmattan Côte d'Ivoire
Résidence Karl – Cité des Arts
Abidjan-Cocody
03 BP 1588 Abidjan
espace_harmattan.ci@hotmail.fr

L'Harmattan Algérie
22, rue Moulay-Mohamed
31000 Oran
info2@harmattan-algerie.com

L'Harmattan Maroc
5, rue Ferrane-Kouicha, Talaâ-Elkbira
Chrableyine, Fès-Médine
30000 Fès
harmattan.maroc@gmail.com

Nos librairies en France

Librairie internationale
16, rue des Écoles – 75005 Paris
librairie.internationale@harmattan.fr
01 40 46 79 11
www.librairieharmattan.com

Lib. sciences humaines & histoire
21, rue des Écoles – 75005 paris
librairie.sh@harmattan.fr
01 46 34 13 71
www.librairieharmattansh.com

Librairie l'Espace Harmattan
21 bis, rue des Écoles – 75005 paris
librairie.espace@harmattan.fr
01 43 29 49 42

Lib. Méditerranée & Moyen-Orient
7, rue des Carmes – 75005 Paris
librairie.mediterranee@harmattan.fr
01 43 29 71 15

Librairie Le Lucernaire
53, rue Notre-Dame-des-Champs – 75006 Paris
librairie@lucernaire.fr
01 42 22 67 13

www.ingramcontent.com/pod-product-compliance
Lightning Source LLC
LaVergne TN
LVHW011141061026
849535LV00003B/554